平装本前言

1999 年，本书第一版问世。作者的初衷是，对东亚—美国关系进行理论化、历史化的分析，而避免时事评论式的写法，至少不要让它被铺天盖地、朝来暮往的事件淹没，沦为明日黄花。当时，适逢世纪末和千禧年，这促使我更坚定地采取历史化方法，深入过去寻找线索和先例，以帮助我们理解现时代每天都蜂拥而来的种种事件。本书更深远的目的则是既从东亚一方，也从美国一方探寻双方复杂的互动关系，尤其是对美国进行自我反思：不仅反思其对外政策，更反思其行为、假设，同时也反思跌宕起伏的情节赖以发生的美式舞台布景。

现在，已是新世纪、新千年，但我们距离 1999 年仍很切近；我们依然处身于从可以明确定义的 20 世纪向着崭新的、截然不同的，但尚不能把握的某物转折的时代。由于距离太近，在美国世贸大楼和五角大楼遭受恐怖袭击的灾难发生之前，美国和东亚的关系只有些微改变。中国在申请加入世界贸易组织的过程中一丝不苟，下足了功夫，终于看到了世贸组织美洲和欧洲看门人同意的眼神。2000 年，一位被控谋求"台独"的人获得了台湾的权杖，但陈水扁对于推动台湾岛独立的兴趣，似乎远比不上中国大陆的领导人对他的刺激。在经历了 1995 年、1996 年与台湾地区的紧张关系后，中华人民共和国的领导人看上去开始改变做

1

法，以更审慎的克制（当然，只是相对而言）表明了北京对台湾的立场。与此同时，中国经济持续深化与世界经济的关联。在经历了飞速发展之后，中国日益成为东亚最具资本主义活力的地区。

不出所料，中国作为一个巨大的经济因子和一个日益强大的政治力量的迅猛崛起，让美国国会中保守的共和党人益发活跃，他们开始谋求将对克林顿夫妇无休无止的调查（调查引发了一场不成功的弹劾）进一步扩大，对据说遍布于克林顿政府中的中国间谍进行搜捕。结果是，大部分毁谤落在了生于台湾的美籍华裔物理学家李文和身上，共和党人指控他泄露了美国全部核武库的秘密。按照美国众议院某委员会 1999 年 5月提交的《考克斯报告》，被李博士和其他中国间谍窃取的秘密包括"7种美国热核弹头的绝密信息，其中包括当前正在美国弹道导弹工厂装配的所有热核弹头"[1]。在为该报告的出版本撰写的序言中，美国前国防部长卡斯帕·温伯格（Carspar Weinberger）指控克林顿—戈尔政府"自朱利斯·罗森伯格和埃塞尔·罗森伯格（Julius and Ethel Rosenberge）向苏联泄露原子弹秘密以来，使国家安全遭受了最严重的威胁"[2]。这绝非共和党人试图从又一个"谁失去了中国"的妄想中谋求政治利益的孤例。

然而，正如后来所发生的那样，所谓邪恶计划不过是一个妄想。《考克斯报告》墨迹未干，共和党人就撇清了与"自美国国会成立以来最振聋发聩的报告"的牵连。[3] 他们非但没有对报告所揭示的背叛行为采取任何行动，反而完全弃之不顾；很快，这些罪责就被遗忘了（对克林顿的弹劾庶几相似）。被指控出卖秘密的克林顿政府很快就感受到了自由，并为将功能强大的美国计算机出口到中国提供了长期有效的清关措施，这一举措立即得到了一位名叫乔治·布什的共和党人的击节称赞。李博士被控案也以联邦调查局承认自己在许多方面不符合程序而如所预料地大事化小。李博士被判有罪，罪名是将为数很少的涉密材料不适当地存储到了自己的计算机上。许多报道认为他是美国核实验室中所在多有的种族定性的牺牲品。与此同时，中国却从未部署过哪怕一枚美国设计的核弹头——不管是偷来的、剽窃的，还是用别的什么方式得到的。尽管如此，显而易见，一个叫作中国的地方依然为美国任何一项可以想见的计划——不管这个计划有多么野蛮、多么愚蠢——提供了便于进行罗夏测验*的墨迹。

依然是世界在撼动中国，而不是相反。也许中国的确发展迅猛，但它依然是一个贫穷的国家，其庞大人口的三分之二依然在从事农业生产，而其中大多数只能维持最基本的生存；经过了十年发展之后，中国的人均收入指数依然低于西方的10%；中国的生活水平依然低于伊朗以及最近这场战争之前的伊拉克和科索沃。以科技支出在GDP中的比重而论，中华人民共和国排在世界第四十位（在巴西之后）[4]，而其国防开支则比邻近的本国台湾地区和韩国的总和略高（台湾地区和韩国的总和为三百五十亿美元，中国大陆的在三百亿美元至五百亿美元之间）。一般来说，中国看上去是在追随日本的新重商主义发展模式，我在第六章将对此展开讨论，但中国同样欢迎数额巨大的海外直接投资（DFI）。极低水平的海外直接投资堪称日本模式的鲜明标志，而多年以来，中国一直是海外直接投资的最大接受者。换言之，中华人民共和国的政治经济有许多无法概括的复杂面相，然而西方决策者却执意要将中国有可能变成"另一个日本"的种种迹象消灭于萌芽之中。他们对韩国之所为，也如出一辙。

1997年末，1950年代以来最严峻的经济危机爆发，国际货币基金组织投入了数额惊人的紧急救助款（约七百亿美元）。就在这场危机中，韩国的公民社会将长期持不同政见者金大中推选为总统。美国的权威专家们认定这是在错误时间、错误地点的一个错误选择，《华尔街杂志》

---

* 罗夏墨迹测验（Rorschach inkblot）：通过让被测者解释墨水的图形以判断其性格的测验。——译注

甚至公开对之进行抨击。毫无疑问，随着金大中这样的"激进分子"上台，强势的韩国工会必将破坏一切严肃认真的改革努力。[5] 但事实上，并不存在一位能真正改变韩国体制的更理想的韩国领导人；金大中在其漫长的政治生涯中一直振臂呼吁的改革，其实正是国际货币基金组织之所欲为——金大中尤其致力于打破国家、银行和大企业财团之间牢固的裙带关系。[6] 就在1998年2月末就职之前，金大中将劳工参与政治合法化，并将劳动联盟、政府以及企业领导人召集在一起进行高层磋商，这在韩国历史上前所未有。这一成功举措不仅实现了韩国劳工运动长期追寻而不得的一个关键目标，并且为其提供了制度保障，同时也鼓励了经验丰富的劳工领导人去规范、监督金总统的改革方案，而不是去摧毁之。自此以后，一个强大而成熟的公民社会规约着金总统及其政党，使其每一项动议都必须付诸彻底的（且常常是否决性的）民主论辩，但从未有任何哪怕勉强可以和曾经困扰过连续几个独裁政权的混乱相比附的事情发生。2000年，韩国经济重新取得了两位数的增长。2001年，尽管由于美国经济不景气，韩国经济的增速开始减缓，但是仍然远远好过深受1997年亚洲经济危机影响的其他亚洲国家。

亚洲经济危机之后，西方主流金融分析家和政治分析家有一种主导性的观点：亚洲经济之所以遭受了1997—1998年的危机，是因为其"权贵资本主义"：市场极不规范，常常伴随着"道德风险"；因此，亚洲国家的不二选择乃是放弃以任何一种东亚方式追求富强的想法，转而追随由开放市场、公开透明、"法治"所定义的西方模式。新自由主义的这种"新普世福音"[7]——国际货币基金组织是其全球代表，在1998年及其后一段时间席卷了整个政治—经济评论界，而同一时段美国经济的持续增长又为这一现象提供了有力支持。但问题是亚洲经济"奇迹"何以在一夜之间变成了"权贵资本主义"的污水坑？从1960年代中期开始，中国台湾和韩国一直是世界上发展最快的经济实体，过去十年，中国大陆先是与其并驾齐驱，之后又实现了反超。1990年代，东亚和东南亚国家占据了全球资本投放总额的三分之二（其中不包括长期不景气的日本），以及世界总产出增长额的一半，尽管这些国家只占世界GDP的20%。如果我们接受西方对1997年经济危机原因的裁定，那么我们又如何解释几十年来依据相同材料得出的完全相反的权威结论？他们不能翻手为云覆手为雨。这种由危机引发的感觉上的逆转看上去固然令人惊叹，实则只会强化观察上的逆转，对此我将在本书第一章展开讨论。

不过，亚洲金融危机以及日本经济的持续低迷确实使发展型国家模式在21世纪的走向面临着一个新的挑战。金融危机后，日本引领的"晚期"工业发展时代看上去已经终结，[8] 而且，的确，韩国和中国台湾的民主化浪潮已经极大地消解了官僚－威权的国家形式，我将在第三章对此展开讨论。如果当初这种官僚－威权式工业政权（BAIR）模式有效运转，致力于（在钢铁、化工、铁路、汽车等领域）建立第二次工业革命的强健肌体，那么它必将与第三次工业革命（数字或信息时代）缘悭一面。但是正如梅瑞迪斯·卡明斯（Meredith Woo-Cumings）指出的那样，1997年以来韩国、马来西亚、日本的改革在很大程度上都是由国家主导的，而西方法制的金科玉律很多时候倒更像是一种改头换面的计谋，为的是打开亚洲市场和企业，让更为强大的西方银行和财团进行掠夺性竞争和并购。[9] 因此，在日本经济重新恢复持续增长、我们得以看清其庐山真面目之前，似乎不宜对发展型国家做出任何终审裁定。

这一天何时才能到来，将会是商业报刊时事评论栏目经久不衰的话题，不过，日本民众显然对这一问题更为关注。过去十年中，日本内阁频繁更迭，平均每隔十四个月就要更换一次首相，这让日本民众不堪其苦，终于（在1993年）直接威胁了长期执政的自民党的统治。就像最终找回了神灯的阿拉丁，日本经济的决策者们不停地摩擦同一盏神灯，一直试图用同一剂奇方复兴日本经济。但连续几年将利率降低到零的做法并没有使日本消费者变得更大方，同样，凯恩斯式政府的财政刺激经济虽然使得高速公路和子弹头列车的轨道不断延长，直达最边远的地区，却并没有阻止日本经济年复一年的衰退。2001 年，来自焦头烂额的自民党的资深党魁森喜朗首相以有史以来最低的支持率（个位数）下台，仓促继任的小泉纯一郎来自同一个老迈的政党，其改革宣言却意外地为他赢得了前所未有的高支持率（超过了 80%）。也许小泉耀眼的民意支持率不仅仅是一次成功的媒体运作，接下来会有一个严肃的改革方案；但是如果他不能够咬紧牙关解决日本所面临的最糟糕的问题，即大量的、快要占到 GDP 六分之一的银行坏账和不良贷款（作为参照，1980 年代美国信贷危机的比例是 3%）[10]，那么等待他的也将是失败。

如果说在美国人眼里，日本已经从雷达屏幕上消失，迅速取而代之的是来自中国的威胁，那么这种不期而至的结果似乎并没有让日本人感到困窘。如果能有一个普遍调查的话，那么一定可以说，在 21 世纪（前不久被封为"太平洋世纪"），日本不会再提出争当发达工业国家"老大"的种种诉求。毕竟，千年"老二"并没有什么不好：有和平的国家安全环境（因为有美国人在这个地区——且不说全世界——充当警察）；取得了战后最了不起的成就——建立了社会保障体系。现在，这个国家六十五岁以上的老龄人口已经超过了十五岁以下的人口，但老年人并不为医疗保健和退休金问题担心。午夜时分，东京的灯火辉煌依然像衣冠楚楚的护卫，照看着酩酊大醉的"工薪族"回家时的踉跄脚步；清晨，一尘不染的街道上，成群结队身着制服的少年无忧无虑地走向学校。一边是承受着火星探测计划（见第一章）无限期受阻之痛的日本，一边是享受着新自由主义繁华盛世的美国，似乎用不着再去追问，谁是 1980 年代竞争的赢家。

如果将朝鲜与其宿敌美国的关系比作一条弹道，那么这条弹道依然在沿着本书第五章所描述的轨迹前行。事实证明，平壤不仅想以其耗资不菲的核反应堆为筹码寻求与华盛顿的新关系，同时还想以其中程和远程导弹进行同样的交易。克林顿当局很晚才破解这一秘密，直到 1998 年年中，总统才愿意听取更新对朝关系的建议。建议者主要是指巡回大使威廉·佩里（William Perry）博士——他受命专门负责此事，但也包括政府部门一些卓有远见的官员。此后，事情进展顺利，克林顿试图将对朝关系的突破作为其总统遗产的一部分。2000 年 9 月 1 日，金正日的高级军事代表赵明录（Cho Myong Rok）将军来到华盛顿，走进了美国总统的椭圆形办公室。几个星期后，美国国务卿玛德琳·奥尔布赖特（Madeleine Albright）创历史地回访平壤，会晤了与世隔绝的金正日，并称他是理性的（如果说离标准还有差距的话）。美国的突然之举很大程度上是"阳光政策"刺激的结果。1998 年，在离经叛道的总统就职演说上，金大中首次提出"阳光政策"，其后，他又以英雄般的气概表达了无论结果如何都将访问平壤的意愿，将"阳光政策"推向了极致。2000 年 1 月，金大中践行了自己的诺言。自 1945 年分治以来，朝鲜半岛两位领导人的手第一次握在了一起。由于致力于谋求与北方和解，以及数十年来所领导的民主反抗运动，2000 年，金大钟总统荣膺诺贝尔和平奖。

佩里大使长达数月连续发表评论，强调要建立美国对朝新政策，签署真正符合美国和东亚利益的导弹协定。2000 年 11 月，克林顿对平壤的访问万事俱备，只欠东风，此行若能成功，将使朝鲜的导弹计划束之高阁，而代之以双方的民主导弹（即使并不一定互派大使）。平壤已经声明准备停止所有射程超过五百公里的导弹的制造、部署和国际交易。美国谈判代表被确切告知，如果克林顿能够赏光与金正日进行会晤，金正日将同意加入导弹技术控制公约。按照公约，朝鲜所有导弹的最大射程将不能超过三百公里（这势必解除其近邻日本的心头之患）。作为回报，美国将为朝鲜提供十亿美元的粮食援助。[11] 突然，祸起萧墙，一场出乎所有人意料、堪称美国历史上最势均力敌的总统竞选成了此事的绊脚石。克林顿总统非常想去平壤，事实上，11 月之前几个星期，他的谈判代表们就已经整理好了公文包，然而正如国家安全顾问桑迪·伯格后来所说，对总统来说，在不能确知"是否会发生巨大的宪法危机"之前，出国绝非明智之举。[12] 等到最高法院的 5 个法官鱼贯将票投给乔治·W. 布什后，一切已为时太晚。

1950 年代，有篇文章的观点广受推崇，即所谓"侥幸拯救了台湾岛"。这种观点认为，中共的军队原已枕戈待旦，准备在朝鲜战争开始前几个星期进攻台湾，但军队中间突然爆发了血吸虫病，而朝鲜战争又转移了注意力，这才使得台湾逃过一劫。而 2000 年 10 月，一次发生在选举中的侥幸（与之相比，一切选举中的侥幸都难称侥幸）却将一位在普选中以五十万张选票落败的失败者推向了总统宝座，使其成为了自沃伦·哈丁和卡尔文·柯立芝以来最平庸、最不够格的总统。* 当政的前八个月，虽然没有获得美国民众任何授权，但并没有妨碍布什及其顾问们像闯进瓷器店的公牛一样莽撞地插手亚洲问题。问题很快便九九归一：第一场危机是否会出现在韩国、日本或者中国？正如公元 2001 年 9 月 11 日一样，美国人现在生活在一个新纪元中。"九一一"之后，如果谁还对布什总统的上台方式耿耿于怀，那他一定是不明智的——就算不能说他是不爱国的。但是回顾这一灾难性的开端终归是重要的。

在布什就职之前，民众自认为知道他将如何应对日本（如何应对中国和韩国则几乎无迹可循）：他将给予日本以更多关注，他的顾问们说。

---

* 2000 年的美国总统选举是历史上选举结果最为接近、争议最大的大选之一。争执焦点出现在佛罗里达州。由于两个主要候选人——得克萨斯州州长、共和党人乔治·W. 布什和时任美国副总统的民主党人艾尔·戈尔——此前均未取得过半选举人票，因此佛州的 25 张选举人票将决定选举胜负，而两人在佛州的得票数异常接近。第一次投票结果显示布什仅领先戈尔 2000 票，第二次点算后更是下降到只有 1000 票。之后，民主党要求对全部选票进行人工点算，而布什则就点算程序对戈尔提起诉讼。12 月 12 日联邦最高法院以 7 票对 2 票判定重新点算的过程违宪，因为选票重计工作并没有在佛罗里达全州展开，并以 5 票对 4 票反对重计选票。最终结果是，戈尔虽然比布什多赢了 50 万张普选票（戈尔 50999897 票，布什 50456002 票），但仍由获得较多选举人票的布什当选总统（布什 271 票，戈尔 266 票）。——译注

接踵而至的果然又是一个完全超乎想象、备受关注的"侥幸"事件——尽管完全让人大跌眼镜。总统就职后三个星期，美国潜艇"格林威尔"号从威基基海滩（Waikiki Beach）启航，开始进行军事演习。为什么是威基基海滩？因为小城里的不少富豪对这次出航充满了期待，他们可都是恭顺的纳税人。[13] 这些成群结队四处游逛的嘉宾实际上操控着指挥权，所以船长决定向他们展示一下他的核潜艇浮出水面的速度有多快，结果招致了一场灾难："爱媛丸"号被撞沉，九名日本人遇难，其中包括四名高中生。这是一场混杂了悲剧和闹剧的事故：处置失当的森喜朗首相听到消息时，正准备打高尔夫球的第五洞，而他的决定是将球打完；布什当局则在几个星期之后才向日本民众正式道歉。它是一起必然会发生的事故，是耗费巨资却毫无用处的美国军事机器的一个绝好的象征。

诚然，很快，世贸中心的悲剧重新激起了讨论：在苏联解体已经十年，且没有另外一个对手取而代之的情况下，美国为什么还要持续不断地花费比所有基于冷战而设定的每一个军事对手都要多的、高达三千三百亿美元的军费预算？同样，美国在韩国和日本的远程军事部署也一仍其旧，继续维持着十万人的军队和每年四百二十亿美元的预算。[14]"九一一"之前，如果你问国家安全专家：为什么我们的军队还驻扎在那里？你最先听到的词语一定是"北朝鲜"。事实上，正如我将在第一章中所论，支撑上述远程军事部署的理念可以追溯到"二战"的结束以及1940年代冷战的开始，它实则包含了双重战略目的：既扼制共产主义，又约束我们的盟友——刚刚战败的日本。直到今天，日本依然是一个半主权国家，在国防、情报以及海上通道政策制定——这直接影响着日本经济资源的保障——等方面，都完全依赖美国。到1990年代，上述双重战略潜隐的一面已经昭然若揭，因为，欲望的伪装已经不复存在，而美国海军陆战队和冲绳当地居民之间不愉快的摩擦却愈演愈烈（共有两万六千名美军士兵驻扎在冲绳县，其中包括一万七千名海军陆战队士兵)。大规模远程军事部署的收益日减，而费用迭增，但五十多年来，这种逻辑上完全不能自洽的战略却几乎没有任何调整，至少"九一一"之前是这样。

在那场地动山摇、撕心裂肺的事件之后，任何一个试图说"我早就告诉过你了"或试图谈论未来的人，都不啻为傻瓜。我曾经写道：恐怖袭击中断了不断展开的世界历史；没有人知道明天会发生什么，更遑论一年或十年之后。不过，总有一天我们会看清楚，受冷战驱动的美国军事和情报机器，对于解决由戴着伊斯兰原教旨主义面纱的自杀式恐怖分子所引发的全球问题，究竟是沉重的包袱还是药到病除的良方。对"黑色九月"的恰当回应，毋宁是在一切可能的地方寻求和平与和解，进而使焦点集中于由流动的恐怖分子所引发的全球问题。

且不管批评者之所言所想，相比于所有想使朝鲜半岛退回到1945年分治状态的国家首脑而言，比尔·克林顿和朝鲜半岛的两位领导人确乎更想缓和半岛的紧张局势。2001年3月，金大中总统成为了首位在白宫与布什会晤的外国领导人。当时，金大中对朝鲜领导人2001年4月访问首尔及随后的平壤最高会谈充满了期待，他需要布什的支持。孰料椭圆形办公室的会晤最终变成了一次外交灾难。金大中两手空空地打道回府，其顾问公开宣称会谈结果"令人尴尬"，私下里更是对美国新任总统高声咒骂。[15] 布什告诉韩国领导人，他不信任朝鲜领导人(不经意间，"究竟谁不信任"的问题被提了出来)，因为朝鲜没有遵守协议。晚近唯一的重要协议乃是签署于1994年的关于关闭朝鲜石墨核反应堆的协议，而布什的顾问们不得不承认朝鲜并没有违反这一协议。金正日很快中止了预定与南方的几次会晤，而首尔则不得不直面"阳光政策"的黯淡前景。

在金大中灾难性的访问之后，布什当局声称将对朝鲜半岛政策进行全面评估，以便决定如何对朝鲜采取措施。在此之前，克林顿已经率先对后冷战时期的朝鲜半岛政策进行过全面的重新评估。该评估由佩里(他不仅是前国防部长，同时也是共和党人）[16] 领导的国务院负责，耗时六个月而成。2001 年夏天，新的评估报告完成，布什当局宣称将与平壤开启新的会谈。但评估报告也引发了若干新问题，如朝鲜常规部队的部署问题，而布什的顾问们一再声称，他们的最得意的导弹防御计划主要是针对朝鲜的。按照克林顿的方案，将朝鲜纳入导弹技术控制公约不仅可以使问题得到解决，而且仅需在接下来的几年内每年提供十亿美元的粮食援助；而截至 2000 年 3 月，导弹防御计划已经耗资六百亿美元。[17]

韩国、欧盟、俄罗斯、中国（姑以为例，恕不赘举）灵活的外交斡旋，使朝鲜重新回到了高层会谈的轨道，而在此之前，布什当局在"阳光政策"中原本占据着举足轻重的位置。2001 年 9 月中旬举行的一次颇为成功的会谈做出了若干决议，其中一项是在南北朝鲜和俄罗斯之间修筑铁路。要不了几年，便又可以像朝鲜分治之前一样，从釜山乘火车直达巴黎。金正日释放了新的发展计划的信号，他乘坐一辆行驶缓慢的列车于 7、8 月间往返莫斯科，和俄罗斯总统普京进行了首脑会谈；这段惬意的旅行使他离开平壤达 4 个星期之久，而这也彰显了他对权力的牢牢掌控。

美国世贸中心悲剧发生的第二天，朝鲜以毫不含糊的措辞予以严厉谴责，称这一事件"令人发指，是一场悲剧"，并称这一事件再次提醒全世界警惕恐怖主义的危害性："作为联合国成员国，朝鲜民主主义人民共和国反对一切形式的恐怖主义以及对恐怖主义的一切支持活动，这一立场将永不改变。"[18] 读者也许会说，这不过是犬儒主义的策略而已，目的只是让身处危机之中的美国将枪口偏离朝鲜，但是我们最好不要忘记，在朝鲜战争中，美国炸弹曾经将朝鲜北部的所有城市夷为平地，曾经炸死了虽然至今仍然未知但一定数目惊人的平民百姓。我将在第二章中对这种来自空中的恐怖活动进行简要讨论。问题是，在一个正义的世界中，对这种恐怖活动进行真诚反思并道歉，居然遥遥无期。不过，平壤的领导人已然克服了恐怖的过去，并且显然正在朝着新的方向前进。

如果说朝鲜一直就是导弹防御计划的公开目标的话，那么它在很大程度上还代表着中国及其老掉牙的、由二十一枚依赖 1960 年代技术的单弹头洲际导弹组成的核打击力量。只消动用一个导弹防御系统便足以使中国的核威慑化于无形。果真如此的话，中国毫无疑问将和 1970 年代的美国、苏联一样，在其导弹上部署多弹头，而这势必会引发新的、一发而不可收的军备竞赛。克林顿将中国视为"战略伙伴"，而国家安全助理康多莉扎·赖斯（Condoleeze Rice）则将中国视为和"二战"前的德国、日本庶几相似的"正在崛起的大国"，与其说是一个伙伴，不如说是一个竞争者。[19] 导弹防御系统很可能会将其当下的幻想转变为未来的现实。

2001 年 4 月 1 日，美国海军一架 EP-3 型侦察机在南中国海岸线附近进行侦察时，显然是在与一架中国战斗机撞击后，紧急迫降于海南岛。中国飞行员罹难。中国领导人的选择是：扣留二十四名机组人员并对其展开讯问，以了解事故真相，十一天后允许他们返回美国（换了美国，也会照此办理）。飞机则被继续扣留、检查了几个星期。上述事件引发了布什政府的第一次中国危机，而媒体则不出所料，喋喋不休地大肆渲染中国人如何骇人听闻地摧残一架美国飞机，而这架飞机不过是不慎飞离其基地七千英里而已。（冷战期间，我们曾派侦察机沿苏联海岸线进行侦察，苏联也派侦察机沿我们的海岸线进行侦察，在双方都接受的游戏规则中，有一套非常纤细精微的礼仪管控着双方的活动。而中国从未派侦察机沿我们的海岸线进行侦察。）在经过了一开始的错误之后，布什当局终于放下身段，与北京进行了耐心的磋商，并最终在乔治·W.布什及其父亲（任总统期间，他自诩为中国问题专家）戮力同心的努力下，解决了这一纷争。心满意足的中国将 EP-3 型侦察机送回了美国，尽管是拆解后装箱运回的。

在这次对危机的成功化解中，很少被注意到的是，在冷战早已结束、苏联也不复存在的情况下，依然以巨资维持并运转着一套侦控系统，而且是用来反对一个友好国家、一个在克林顿时代被称为"战略合作伙伴"的最大贸易合作伙伴国。这一事实背后，其实隐含着一种傲慢。EP-3 型侦察机的驻地是普吉特海湾（Puget Sound）的威德比海军航空站（Whidbey Naval Air Station）；大约有六万名直接或间接派驻人员仰仗着威德比岛的设施吃饭。里根时代的冷战专家爱德华·卢特瓦克（Edward Luttwark）在一篇鲜为人知的文章中提到，2000 年 10 月，在没有获得总统授权的情况下，美国太平洋司令部司令员、海军上将丹尼斯·布莱尔（Dennis Blair）擅自启动了沿中国海岸线的侦察飞行；稍后，中国做出反应，不断增加对 EP-3 型侦察机的干扰。[20] 让我看看能否参透个中玄机：整个 10 月份，总统选举激战正酣，如果考虑到中国将会做出的反应，那么布莱尔上将擅用职权所进行的这样一次不合时宜、充满挑衅性的情报活动，其挑衅性就更强——试想，一旦中国做出反应，将会怎样？很显然，中国领导人足够聪明，他们没有在 10 月份冒险去咬这个诱饵，而是一直等到第二年 4 月才对升级了的侦察飞行采取行动；同样非常清楚的是，五角大楼也为其冷战时代的军事力量找到了太多的用场。

正如布什总统一直要等到金大中飞越半个地球来向其致意时，才得以推翻此前几年对朝鲜半岛政策方面的精审工作；同样，直到德国总理施罗德造访白宫的前夜，他才找到机会宣布，美国不拟支持旨在控制全球气温升高的《京都议定书》。施罗德向来是《京都议定书》在欧洲的主要推动者，而日本（不喜欢繁文缛节的布什同样没有照会之）一直为在亚洲捍卫了这一条约，并且能够在其最尊贵的城市签署条约而引以为荣。只此一举，这个为世界提供了 25% 污染物的国家便对减少温室气体排放，同时也对其长期的盟友再也不理不顾，而这些盟友则无不强烈谴责布什的决定。

一言以蔽之，正如任何一种外国报纸的读者都可以从铺天盖地的批评中获知的那样，外交政策上的这些灾难性的惊人之举的实质乃是单边主义。几十年来，单边主义一直是共和党奉行的政策，它始于 30 年前回荡于日本的"尼克松冲击"（Nixon Shock），其后绵延于里根时代对"星球大战"狂想的追逐。然而，相比之下，单边主义对东亚的影响更为糟糕：如果说美国的欧洲战略作为第二次世界大战同盟国的成果之一，经常是双边主义的，那么从 1945 年 9 月道格拉斯·麦克阿瑟（Douglas Macarthur）抵达东京开始，单边主义就一直是东亚问题的本质所在。在任职的最初几个月里，布什的新任国防部长拉姆斯菲尔德（Donald Rumsfield）主持了一项高度机密的工作——修改五角大楼的《四年防务评估报告》，释放了美国战略重心将从欧洲大幅度转向亚洲的信号。据称，拉姆斯菲尔德及其盟友所担心的是中国的崛起、印度和巴基斯坦的核竞赛以及朝鲜的种种用心。然而，自从"九一一"事件以来，所有这些都一变而成为了陈年旧事。

没有人能够预测对世贸中心和五角大楼的攻击将产生怎样的影响，那些灭绝人性的凶犯尤其无法预测。随着双子塔在 9 月一个风和日丽的日子里的轰然倒塌，一个新的现实已在曼哈顿以及世界其他地区初露端倪。事件所带来的刻骨铭心的惊恐于刹那间揭示了单边主义的愚妄，与此同时，我们的传统盟友对我们，也是对布什当局伸出的援助之手表明，美国在全世界有如此多的朋友。甚至在"九一一"当天，各种各样的多边主义就已经在全世界铺展开来。无论如何，这场悲剧性的灾难是我们成年以后的大部分时间中第一场不牵涉东亚的重大危机（1990—1991 年的海湾战争远不能和朝鲜战争、越南战争相提并论，更不必说珍珠港事件和第二次世界大战）。因此，它极有可能是上帝的一个恩典，让我们有机会终结东亚地区的冷战，实现朝鲜半岛的和解，使日本重新焕发生机，同时使中美关系回归到二十多年前邦交正常化以后一度习以为常的平稳状态。

写于 2002 年

致 谢

本书的部分章节曾先期发表过，但后来全都进行过增补和修改。第一章见三好将夫（Masao Miyoshi）与哈里·哈鲁图尼亚（H.D.Harootunian）合编的《世界之中的日本》（杜尔海姆：杜克大学出版社，1993），第79—111页。对哈里·哈鲁图尼亚、彼得·卡赞斯坦（Peter Katzenstein）、詹姆斯·库尔茨（James Kurth）、三好将夫和伊曼努尔·沃勒斯坦不无裨益的评论，笔者心存感激。第二章只以日文刊布过，见《文艺春秋》的"战争意义讨论会"（东京，1996年10月）。第三章为未刊稿，原是为1995年8月在芝加哥举行的美国政治学会年会所作，1997年1月又在斯坦福大学做过一次讲座；对阿图尔·柯尔（Atul Kohli）、丽莎·安德森（Lisa Anderson）和马克·佩蒂（Mark Pettie）的评论，谨致谢忱。第四章较早的一稿发表于韩国杂志《创作与批评》（首尔，1995年春季号），但从未以英文发表过。第五章曾发表于拉朱·托马斯（Raju G. C. Thomas）编辑的《核不扩散体系》（纽约：麦克米兰出版社，1997），见该书第207—241页，有修订。第六章的删节稿发表于《国家利益》第43卷（1996年春季号），第28—41页。第七章最早发表于《亚洲研究学人通讯》第29卷第1期（1997年1—3月），第6—26页。第八章没有发表过，不过部分内容曾见于拙文

《迈向 21 世纪的日本与东北亚》，收入彼得·卡赞斯坦和白石隆（Takashi Shiraishi）编辑的《网络帝国：日本与亚洲》（伊大卡，纽约：康奈尔大学出版社，1997），第 136—168 页。对杜克大学出版社雷诺兹·史密斯（J. Reynolds Smith）、米里亚姆·安吉雷斯（Miriam Angress）和简·布兰迪（Jean Brady）为本书的悉心付出，以及辛西娅·贝特尔森（Cynthia Bertelsen）在索引方面所做的无与伦比的工作，一并致谢。

导 论

视差（Parallax）：由于观察位置的实际变化（或不同）所引起的，对处于显著位置的观察对象所产生的视觉上的显著位移或差异。

————《牛津英语词典》

晚近十年，美国人对日本、朝鲜和中国的想象出现了急剧的逆转，如：日本的经济实力开始削弱；朝鲜和美国之间差点爆发一场新的战争，不料却因此找到了一种新型关系；韩国正从残暴的独裁政权向萌芽初绽的民主社会转变；中国越来越取代日本，被看作美国利益的威胁者。

如果说上述逆转似乎清晰可见的话，那么，它们绝没有清晰可见地将变动不居的权力关系之真实情形表露出来。毋宁说，当美国人眼看着自己的财富随着美国经济和美国公司的世界竞争力的缓慢复苏而有所增长，当年轻的总统试图使其国家成为市场经济和自由民主的两用信号塔，以便正当化其强有力的对外经济战略时，上述逆转似乎沿着一条观察线标示出了若干转折点。本书旨在将变动不居的国际关系和政治经济，与我们长期以来思考这些变化习焉不察的方式方法联系起来：我想要破解紧随着财富逆转的意义逆转。本书的每一章都讨论一个重要问题，比如，近来美国与中国或朝鲜的紧张关系，抑或美国的东亚问题专家们借以展开工作的方式方法；并试图从时事评论转向对相关问题的理论的、历史化的理解。不过，本书最为关切的却是完全本土化的一种理论：美国的自由主义。

在《悲剧的诞生》中，弗里德里希·尼采写道："在试图勇敢地直视太阳之后，我们的眼前会出现一些黑斑，这是一种治疗。"[1] 晚近十年，詹姆斯·费洛斯（James Fallows）堪称美国资深的日本观察家之一。他还是自由主义日本观的模范。用不着太多约简，我们便可以将费洛斯的观点概括如下：现代日本（也可以替换为韩国或中国）是一个成功的市场驱动型民主国家，同时也是国际社会中一个负责任的成员——除非它不是。这个句子里并置着的矛盾和真理让人想起美国自由主义者的镜像化凝视：这是一副被部分遮蔽了的双焦透镜，当位于上部的清晰而准确的镜片在美国的"海外近邻"（也即整个世界）中聚焦于某个熟悉的事物时，下面的镜片便宣称它是自由的，因此也是好的。反之，当聚焦于不熟悉的事物时，镜像化的镜片便宣称它是不自由的，因而是坏的。随着苏联的解体，自由主义的镜片变得异常清晰；民主和市场无处不在，除了 1990 年代的东亚。

费洛斯的近著《朝向太阳》收集了他在日本（或东亚）太阳与其眼前的美国黑斑之间反复凝视而成的系列文章。书中某一章的开始，讲述了他在日本一桥大学附近的书店里寻找弗里德里希·李斯特（Friedrich List）《政治经济的自然体系》英译本的故事。他说他花了五年时间才找到了李斯特思想的英文本，他为此欢呼雀跃"找到了"："弗里德里希·李斯特！！！"他进一步论断，是李斯特而非亚当·斯密，才是日本经济的古鲁*。[2]

让我们比较一下日本学家 E.H. 诺曼（E. H. Norman）。[3] 在写于

---

* 古鲁（guru）：印度教等宗教的宗师或领袖。——译注

1941 年的《现代日本国家的起源》中，诺曼讨论了普鲁士对明治维新之后的日本的影响。他说："众所周知，伊藤博文几乎是完全模仿普鲁士创建了日本宪法（其他很多方面也一样）。"不妨再比较一下卡尔·马克思。在 1857 年一篇不太为人所知的文章《巴师夏和凯里》中，马克思写道，只有亨利·凯里（Henry Carey）堪称北美唯一具有创见的经济学家。作为弗里德里希·李斯特的继承者，凯里认为美国作为一个后发工业国家，其市场和新生的工业需要强有力的保护；凯里还认为，哈佛的经济学家们不过是无可救药的斯密主义者。[4] 既然凯里的《社会科学原理》曾经在 1880 年代的日本广为传布，也许费洛斯还应该欢呼"亨利·凯里！！！"只此寥寥数语，我们不仅发现了文明"差异"的真相，而且发现了一种基于对资本主义相似性、历史时期和工业政策中的国际竞争视而不见的循环论证。

费洛斯的著作不无启迪和裨益，但他把日本对欧洲大陆和盎格鲁——美国的西化式学习，错误地理解为双方在政治、经济和文化方面有着本质差异。和许多把"日本"和"朝鲜"这样的地区想象为遗世独立、绝然不同于美国霸权体制的分析家一样，费洛斯把事件的背景和结论都搞错了。我希望本书结束时我能够将这些都说清楚。费洛斯的眼前有很多黑色斑点，不过他绝不孤独。在有关美国和东亚关系的著述中，对 1945 年以来的美国战略缺乏应有的历史知识和识别能力的情况，实在是为数甚多。

更为可怕、在许多方面也更应批驳的是亨廷顿（Samuel Huntington）的解释。亨廷顿炮制了所谓"文明冲突论"：孕育了西欧和美国的大西洋文明在没落之途，与正在崛起的东亚相遇。[5] 亨廷顿发现，将东亚两分为中国和日本，非常有用。他说，中国和日本代表了两种相互独立、判然有别的非西方文明。这种两分法对东亚专家们可谓毫无启发，却颇合亨廷顿之需。也许他希望中日之间最终还有一战，而这是符合美国利益的。也许他只是希望美国军队远离所有的东亚战争，因为自1945年以来，美军从来就没有赢过。最重要的是，我以为，亨廷顿试图以一种新的范式取代乔治·凯南（George Kannan）的遏制战略。众所周知，在写于1940年代的《现实政治》中，凯南隐晦地表达了对西方文明同样的抬举，以及相应的对所有其他文明的贬低。亨廷顿的文明话语则遮蔽了21世纪的新的现实政治。按照亨氏的构想（他主要是通过1950年代的现代化理论这一镜头进行观察的），西方将韬光养晦，以应对正在到来的全球冲突；美国也许会，也许不会选择为之一战。

费洛斯和亨廷顿清楚地解释了他们为什么不喜欢东亚，但并没有为了我们所生活的这个世界而对他们的国家及其责任进行探究。而要理解美国与东亚的交互关系，却首先必须了解自己，了解自己的国家。为了追索晚近以来我们的未见和未知之物，我们要做的是打磨镜片，而非斧头。唯其如此，我们才能探查外部世界；唯其如此，我们才能获得一个有利于观察的立场，以同时取代本国的和外部的立场。没有比尼采（这位绝对的西方人、欧洲人）表达得更好的了：

> 让我们谨防那危险的、标举"纯粹的、无欲望、无痛苦、超时间的认识主体"的陈腐的学究式谎言；让我们谨防诸如"纯粹理性""绝对精神""知识本身"等充满矛盾的概念所设置的陷阱：这些概念要求我们设想出一只完全不可思议的眼睛，一只不向任何特定方向转动的眼睛——在这样的眼睛中，那些把看变成对"某物"的看的活跃的、解释的力量，全都付诸阙如；这些概念要求的乃是一只荒谬的、愚蠢的眼睛，只有特定视域的看，只有特定视域的"知"；关于某物，我们允许说出的情感越多，我们用于观察某物的眼睛、各不相同的眼睛越多，我们对这一事物的"概念"、我们的"客观性"就越全面彻底。[6]

三好将夫的《逃离中心》和罗兰·巴特（Roland Barthes）的《符号帝国》[7]便是两部成功运用了这种视域的著作。三好将夫以伊丽莎白时代小说批评家的身份赢得其学术声望，这本书则基于其独特经验，以深刻的洞见对日本（以及美国）进行了考察。他既没有站在民族国家的立场，也没有站在研究对象的立场，而是站在"逃离中心"的立场，从而产生出了对关乎任何事物的新知识来说都具有本质意义的视差景观和感知深度。巴特并不是把日本当作一面反观西方优劣的镜子（即 18 世纪以来"启蒙"的东方–凝视功能），而是当作一种借以对西方及其种种假设进行彻底批判的特殊体系。巴特所运用的镜片为我们提供了一种不同的视差景观，这对我们进行自我反思不无裨益。如其所说，日本为他提供了"人在其中受到了扰动的……写作情境，传统阅读的颠覆以及意义的休克"。巴特接着写道："有朝一日我们必须书写我们自身的不透明性，以彰显我们的自恋之密度。"[8]

　　本书决意不做任何想当然之推断，而是试图退后一步，冷眼旁观东亚和美国之关系，以便走向理解、走向获得真理、走向对权力说话。在美国人对美国–东亚关系的林林总总的解读中，有太多关于美国的假设、不言而喻、盲从和想当然。东亚史学家和东亚分析家们常常认定他们的祖国是透明的、已知的、可理解的。然而，多年以来，我一直认为我的国家是难以理解的。在美国，某种深隐、持久且常常不可测度的"合意"可谓根深蒂固，以至于很难称其为自觉的反思（换言之，这是葛兰西意义上的某种霸权），唯其如此，美国人才会自认为是一个没有意识形态的民族。一个自认为其目标是自明的、普世的民族，也就很难认识到，它自己其实是由其历史和特殊性所决定的。本尼迪克特·安德森（Benedict Anderson）说过，"没有哪个民族可以想象自己的边界和整个人类的边界是重合的"，这一论断提示我们，在这个意义上，任何想象的共同体都是有限的。[9]但是他的话音未落，我们又会觉得美国似乎是这一规则的一个例外。因此，在第四章进入东亚问题之前，我将多费一些笔墨，对美国的自由主义和民主政治进行探讨。

西奥多·怀特（Theodore White）曾经写道，考察"北京学"如同观看两头巨鲸在海水下搏斗；它们偶尔才会浮出水面，喷出一点水花，这便是你可以捕捉到的即将到来的麻烦的唯一迹象。但是美国政治很多时候和"中国"政治非常类似：你也必须懂一点"华盛顿学"，必须仔细地阅读报纸、观察大人物的升降沉浮、关注权力斗争。[10] 这么说无疑会深深地伤及所谓的美国性，因为它冒犯了我们的政治理念、历史理念、人类行为理念。这难免让人想起阴谋论。[11] 一个被非历史主义构造起来的民族不习惯于探本溯源，不习惯于掀起铺在地上的小地毯，去发掘潜隐的力量和趋势。只有在激进左派和激进右派中间才能发现深入探掘和寻求原动力的激情。对美国心灵来说，尼采所谓的"迷宫一般的命运"还显得非常陌生。

如果美国对其国民来说尚且如迷雾一般难以把握，对东亚人民来说，则更是有过之而无不及。比如，1997 年末，韩国新闻界惊异地发现，由美国最高行政机构支持的国际货币基金组织试图以一种非常专断的方式单方面修改韩国的政治经济政策。美国人对老友的背信弃义、对肇始于 1950 年的"血肉同盟"的破坏，引发了铺天盖地的愤怒指责。与此同时，大多数受过良好教育的美国人对韩国却近于完全无知，他们对韩国经济是否处于困境毫不关心（他们似乎更愿意鼓掌欢呼）。无独有偶，同一年早些时候，中国的领导人也被激怒了，他们发现，在 1996 年的美国总统选战中，参议院的某项调查将他们当作极端的阴谋家大肆攻击。然而在长达数月的调查中，即使是发起指控的参议员，田纳西的弗雷德·汤普森（Fred Thompson）本人，也没有能够引起民众更多的关注。调查就这样无疾而终。就像汤普森最初提出指控一样，这一结果肯定再一次让北京迷惑不解。

在本书中，我还将证明东亚和美国——亨廷顿之所谓两种完全不同的文明——其实有太多的共同之处，而且其现代化经验非常相像（这部分地是因为强大的美国在东亚地区生产了如此之多的现代化经验）。比如，拿日本和美国来说，我们发现这两个国家都以双重眼光看待世界，都形成了"走向世界"或"超离世界"的辩证法。在《美国的自由主义传统》（*The Liberal Tradition in America*）一书中，路易斯·哈茨（Louis Hartz）证明了美国与世界之关系的基本模式：美国试图按照美国的想象来改造世界；但在遭遇了注定的失败之后，又退而寻求某种形式的孤立。[12] 这庶几是对 1990 年代从全球范围的超级资本主义之中涌现出来的千奇百怪的孤立主义的最好解释。哈茨和托克维尔明白，这并不是针对地理意义上的外部世界所做的反复定向，而是一次关乎欧洲世界的摇摆：作为文明的中心，美国要么奔向欧洲（英国崇拜、大西洋主义、"欧洲老大"），要么远离欧洲（仇英情结、时代新秩序[13]、边界、"亚洲老大"）。大概从 1812 年战争以来，对制定美国外交政策的领导人来说，大西洋主义者的视线便从来没有偏移过，眼睛里也从来没有长出过视斑；相反，如同在 8 月里一个慵懒的傍晚看着太阳沉入地平线一样（那是一个旧世界；我们的世界是新的；耐心是我们的美德），这种凝视相当惬意（如果有英国海军荫蔽的话）。

奇怪的是，在与外部世界的进退纠葛中，日本戴着与美国同样的眼镜，遵循着与美国同样的模式。这或许是因为岛国日本与"岛国"美国都舒适地居于浩瀚海洋的荫蔽之下，虽然也耳闻目睹着想象的威胁和遥远的雷霆，但国内的秩序却从未受到扰动也不可能受到扰动（除了时不时的国内战争）。又或许是因为美国和日本双双宣布，21 世纪将进入一个新的历史秩序。同美国一样，日本之于世界也面临着一个选择：要么"走向世界"，要么"走向亚洲"；自由主义改革家福泽谕吉所打造的日本铸刻着"欧洲第一"（或"脱亚"论）的模印，这使得自由主义者受到了前所未有的鼓舞。当然，日本从来就没有放弃过成为"亚洲老大"的追求：出版于 1989 年的粗制滥造之作《日本可以说不》的作者之一、民族主义者石原慎太郎（Ishihara Shintaro），新近与马来西亚总理马哈蒂尔·迈哈迈德（Mahathir Mohamed）合作撰写了《亚洲可以说不》一书。通过俯拾即是的夸饰，不难看到日本以一种非常危险的方式，深刻地影响了东亚和东南亚的经济格局。更为奇怪的是，除了两次灾难性的远征（1937 年通过马可·波罗桥*、1950 年通过鸭绿江鲁莽地闯入中国），几乎每次选择，两个国家都倾向于"西方优先"，而非"亚洲优先"，而每次选择都被主流自由主义在道德上美化为"国际主义对抗民族主义"。

对美国和日本来说，这种选择是在新世界（由工业化所定义的现代化）和旧世界（由欧洲或中国所定义的文明）之间进行选择。不过，日本的选择要明确得多，因为它提出了一种全新的西方式现代化，以对抗长期处于威权地位的中华世界秩序。日本的"东方"乃是中国，恰如美国的"西方"乃是英国。两个国家都是派生文明，对此（两个国家都体现了处于蒙昧的边缘地带的某些特征）也都很明白。[14] 不过，从欧洲抽身而退的美国是向着想象中的荒芜旷野走去，而日本选择亚洲，却意味着重返茂林，去追逐深孚众望、广受尊崇的文明。对日本来说，如果没有视斑，欧洲和美洲的现代性太阳是不能长久直视的；而中国则是柔和而熟悉的夕阳，可以相对平等的目光凝视。（只有朝鲜的太阳王让日本感到惶恐不安，因为极度担心金日成的朝鲜作为一颗冉冉升起的太阳，其民众会比日本人更"日本"。）

日本（韩国、中国也一样）在 19 世纪的选择并不是在西方世界体系与无体系之间进行选择，而是在西方体系与东亚国际体系之间进行选择，前者设定了主权平等，却一心要征服日本、韩国和中国，后者设定

---

* 即卢沟桥。——译注

了中华帝国之霸权，现在却几乎完全承认了日本和朝鲜的自治。令人啧啧称奇的是，研究19世纪晚期之东亚的专家们居然以西方理论为标准，以至于完全看不到东亚自有其国际体系（当然也自有其标准），看不到这个体系已经延续了几个世纪，看不到中国、日本、朝鲜之间有相互认知、相互滋养和相互贸易，看不到对19世纪的东亚来说，西方体系乃是一个全新的、充满威胁的、完全未经尝试和证明的体系。

不平等条约被废止、被直接统治的威胁消除之后，善好之日本便企求在霸权主义的镜片中被看到、被承认，这种愿望在20世纪之初被英帝国主义的视镜看到了，在1920年代（"大正民主"）和1945年至1970年间（现代化理论）又两次被美国的视镜看到。自1970年代贸易冲突以来，双重视角使美国和日本都不堪其苦，但这毕竟还只是双重视角，还只是陷入瞽盲之前的一个长时间的可治疗的阶段。最不可思议的是，邪恶之日本同样企望在霸权主义的镜片中看到自己的影像。这充分说明，即使最低劣的日本人也不可避免地会以霸权主义的眼光来衡量一切 [对此，约翰·道尔（John Dower）和入江昭（Akira Iriye）曾经从不同角度讨论过]。

时至今日，美国人的眼睛中也有了视斑。日本被认为有且只有一种政治经济形式，即与美国的市场资本主义相对的由国家驱动的重商主义，这种经济形式对"泡沫经济"有一种投机式的狂热。然而没想到中国也出现泡沫经济，而中国也迅速取代日本成为美国的心头之患。你永远也不会知道，直到战后，美国的重商主义都要远远高于自由贸易。正如迈克·戴维斯《水晶之城》表明的那样，恰恰是中央政府为南加利福尼亚和美国西部、西南部大部分地区的工业化提供了组织和资金支持。[15] 因此本书将尽量避免将假想的"市场驱动"资本主义和"国家驱动"资本主义对立起来；当前许多热衷此道的分析要么搬起石头砸了自己的脚，要么一代又一代地做着无用功。

我还将运用世界体系的视角。这一视角之于美国的自我认知，堪比美国的世界角色研究之于伟大的历史学家威廉·艾普曼·威廉姆斯（William Appleman Williams）。按照华伦·苏斯曼（Warren Susman）之卓见："威廉姆斯对美洲的发现，与哥伦布庶几近之。"[16] 也就是说，威廉姆斯是由外而内对美国进行阅读。全球化理论则有助于我们发现何者与美国相似、何者则是例外。历史学家常常将路易斯·哈茨的《美国的自由主义传统》奉为美国例外论的重要文本，但我认为情况正好相反。和亨廷顿一样，哈茨是一个欧洲例外论者，换言之，是新保守派所标榜的"西方"的信徒。事实上，他们只关心欧洲文明。不过，哈茨倒也非常清楚自己出生的这个国家。在他看来，这个新世界并非欧洲：美国不过是一个碎片，一株移栽植物，它对欧洲的规划充其量只有一知半解。洛克的自由主义从来就没有被充分地领会和理解。至此，出现了一种看法，这种看法有助于我们对美国与世界上其他地区之关系的谱系进行解释；有助于我们从其尚没有上升为理论的经验主义、从其乐于对美国外交官做个人化解释的倾向（常常是无意识的）、从其对欧洲知识分子所思所想的匪夷所思的美国式无知，对相关课题的研究者进行解释。比如，1857 年，一位名叫马克思的欧洲分子写道，美国乃是这样一个国家：

> 在那里，资产阶级社会不是在封建制度的基础上发展起来的，而是从自身开始的；在那里，它不是表现为一个长达数百年的运动遗留下来的结果，而是表现为一个新的运动的起点；在那里，国家和一切以往的国家的形成不同，从一开始就从属于资产阶级社会，从属于这个社会的生产，并且从来未能用某种自我目的掩饰起来；最后，在那里，资产阶级社会本身把旧大陆的生产力和新大陆的巨大的自然疆域结合起来，以空前的规模发展着，在制服自然力方面远远超过了以往的一切成就……并且最后，在那里，资产阶级社会本身的对立仅仅

表现为隐约不明的因素。[17]

于此我们不难发现哈茨思想的核心：美国作为完全的资本主义，其实并没有多么"例外"：作为最发达的资本主义社会，它在被称为"未来"的某个时间，在被称作"北美"的与世隔绝的地方苟延残喘。弗里德里希·杰姆逊（Fredric Jameson）正确地指出，马克思将世界市场理解为"资本主义最后的地平线"，而自 19 世纪中期以来，美国一直占据着这道风景（佩里准将 1853 年"发现"了日本，等等）。[18] 直到 1990 年代，美国仍然占据着这条地平线。

第一章

考古学、血统、突现[*]：
美国神话与东亚现实

　　这就是人们所描绘的历史天使形象。他的脸朝着过去。我们以为是一连串事件，他看到的却是一场灾难。这场灾难将残骸层层堆积起来，抛在他的脚下。天使想停下来唤醒死者，把齑粉碎片还原成一个整体。可是从天堂吹来一阵风暴，它猛烈地吹击着天使的翅膀，以致天使再也无法把它们收拢。风暴不可抗拒地把天使刮向他背对着的未来，而他面前的残骸废墟却越堆越高，直逼天空。这场风暴就是我们之所谓进步。

——瓦尔特·本雅明（Walter Benjamin）

　　从进步思想最普遍的意义而言，启蒙一向是为了把人们从恐惧中解放出来，并为其建立主权。然而地球经历了启蒙，却造就了灾难的肆虐。

——马克斯·霍克海默与西奥多·阿多诺
（Max Horkheimer and Theodor W.Adorno）

---

* 这里的"考古学""血统""突现"三个概念来自福柯（参见福柯《尼采·谱系学·历史学》等文），英文分别对应于"Archaeology""Descent""Emergence"，但其中的"Descent""Emergence"很难在汉语中找到恰切的译名，国内学者的译法也颇不统一，姑试译如上。——译注

（启蒙）方案的破产提供了历史背景，我们借此背景，可以了解自己的文化所面临的困境。

——阿拉斯戴尔·麦金太尔（Alasdair MacIntyre）

资本主义作为一种历史性的体系，意味着它是对它所摧毁、所改造的种种历史性体系的进步，这样的论断是绝对错误的。就在我写下这个句子的时候，我甚至感受到了一种亵渎神明式的战栗。

——伊曼努尔·沃勒斯坦（Immanuel Wallerstein）

这么会这样呢？面对着如此众多、足以一劳永逸地驳倒进步理念的证据，真诚的民众还是一如既往地对进步深信不疑？

——克里斯托弗·拉什（Christopher Lasch）

即使没有邻近的圣安德烈亚斯断层*天启式的警示，还是很容易对洛杉矶做一番展望：靠着偷来的水、移民的廉价劳动力、亚洲资本，以及不顾一切地愿意以自己在高速公路上奔波一生为代价换取在死亡之谷中价值五十万美金的"梦想之家"的购房者，这座城市正向着沙漠深处无边无际地绵延开来。

莫非这就是人人都在谈论的资本主义的胜利？

——迈克·戴维斯（Mike Davis）

1940 年，正当纳粹在如入无人之境之时，本雅明对天堂里吹来的

---

* 圣安德烈亚斯断层（San Andreas Fault），位于太平洋板块和北美洲板块交界处，长约 1050 公里，洛杉矶、旧金山等大城市都位于这个断裂带上。——译注

一股风暴深为恐惧，这是问题的一方面；[1] 1944 年，马克斯·霍克海默与西奥多·阿多诺意识到了纳粹政权可能带来的毁灭性灾难，于是想象到了启蒙方案终将失败，这是问题的又一方面。[2] 然而问题还有截然不同的另外一面：美国知识分子——从新马克思主义者到小资产阶级民粹主义者再到本笃会天主教教徒——纷纷通过广有影响的著述论证说（简述如下）：（1）无论由资本主义还是社会主义所推动的国家发展都已经崩解；也无论是在相对还是绝对的意义上，我们的情况都比前现代社会糟糕得多（沃勒斯坦）。[3]（2）南波士顿比剑桥更能为我们提供获救的希望（拉什）。[4]（3）曾经被视为美国未来之城、有环太平洋海岸天堂之称的洛杉矶，即 1944 年霍克海默与阿多诺撰写其著作的地方，到1990 年代变成了科技文化的梦魇之地（戴维斯）。[5]（4）新的黑暗时代正在降临，因此我们只能静候另一位圣本笃的到来（麦金太尔）。[6]

我们似乎正在经历由经济滑坡、道德崩坏以及马克思主义已死的谣传所推动的基本范式的转换，即对"进步"的否弃。然而，要想驱散这种知识分子所营造的沮丧的氛围，我们只需横跨太平洋，到上海去、到东京去。在上海，建筑工地上升起的塔吊多如雨后春笋，经济以年均两位数的速度迅猛增长；东京尽管在 1990 年代曾身陷维谷（"泡沫经济"崩盘，而没有人知道这究竟是一个根本性问题抑或只是暂时现象），但其道德基础、国家发展、城市文明都完好如初。在中国和日本，火车准时运行，孩子们以为毒品是从药店买回的药，妈妈亲吻正要出门上班的爸爸。就算马克思已死，好像也没有人知道。

如果本雅明试图经由西班牙逃离纳粹政权时没有受阻，他将作为"最后一名欧洲人"，在美国不停辗转（他是他所谓的 1940 年代的美国为他准备的命运）。彼时，美国的道德、城市文明、对永恒进步的信仰都坚不可摧：那是美国世纪的春天。对美国人来说，不存在一个不能从断壁残垣中识别出进步的历史天使。拉什所谓"底层中产阶级"民粹派——

麦金太尔所说的被世俗进步与"现代化"所遗弃的善好的天主教徒，有时又被剑桥的社会学家们斥为极端民粹派——于波澜不惊中被自信的"新政自由主义"所湮没。不同于戴维斯的"水晶之城"，洛杉矶乃是"梦想之城"，只不过偶感风寒，出现了1940年代中期被称作烟雾污染的新现象而已。（唯一令人不解的是，分明是洛杉矶的升平时代，霍克海默和阿多诺居然悲观到如此决绝之地步。）

本章开头所摘录的题记，以及我们从上海到东京的短暂旅行，提出了一系列问题：是确乎存在着范式转换抑或不过是褊狭之见？我们所见证的究竟是世纪末的恐慌还是工业领域的萧条？我们这个时代到底是新道德的信使还是美国世纪的寒秋？从方法论来看，如果知识分子不再相信进步，我们还能进行思考吗？我们怎样才能从我们的脑袋里将"进步"观念清除出去？要知道，它可是西方文明的光荣所系，战后大多数学术机构（我指的是现代化理论、意识形态终结论、"新"左派及理性─选择理论的支持者）都奉之为圭臬。

为了方便讨论，姑且让我们设定沃勒斯坦的渎神之论是正确的：现代体系是一种资本主义体系，其理论是进步，而这种理论是错误的。问题是假如没有进步的概念及相应的理性、普世主义以及作为结果的"真理"等为现代人所熟知的"鸦片麻醉剂"（沃勒斯坦之语），我们又怎么能够理解我们的世界？[7]如果我们认同沃勒斯坦的观点，我们就必须将启蒙运动、法国大革命甚至工业革命都仅仅理解为资本主义兴衰沉浮过程中的一个瞬间，或者仅仅是一种话语（这不是沃勒斯坦的重点），和儒家所谓的黄金时代早已过去、佛教所谓人不应扰动世界而只能清心寡欲地生活等庶几相似。其实，沃勒斯坦《现代世界体系》第三卷从根本上说，是历史编纂学的檄文，解构了现代所有的重要历史时刻，只保留了创造了世界体系的16世纪的"大变革"。[8]

进步话语与工业化生产模式密不可分，后者是进步话语的合法性所在，是对进步话语的证明，按照沃勒斯坦的说法，还是其结构基础。如果我们假设在这一点上他也是正确的，那么我们就必须找到一种方法，这种方法不仅要反映经验主义的理性化、进步、普世主义的认识论，还要能够解释工业资本主义的机制（儒家和佛教的世界观无法做到）。

我的看法是，对现在的考古学考察与对过去的谱系学考察可以为我们提供这样一种方法。我的意思是，为了探究我们的生存状况，我在方法上追随尼采和福柯，但并不采信他们有关人类生存道德的思考。[9] 通过对现在的考古学考察，我们可以挖掘堆积在历史天使脚下的断砖碎瓦，在已经逝去的世界和世界观的碎片——我们现代人也只能得到一些碎片了——中进行探寻。[10]（我颇为犹豫要不要承认，我想到这个隐喻，是因为有一次吃日式早餐，它们看上去像是海水退潮后留下来的腥臭之物：一条死鱼、一些海藻、几个蛤蜊。）通过对遗传的谱系学考察，我们可以避免如此经常地规约着我们的历史学学科准则的进步主义认识论。最后，借助"突现"的概念，我们可望定义那些"非话语"（权力）的抱怨引发的"话语"（知识）之变化的转折点。[11] 我将首先澄清我用以解释美日关系话语的方法论，然后再来检讨美日关系本身。

加里和浦项

为了让我们的考古学比喻更加生动，不妨想象，在一场将人类全部灭绝、只留下了人类物产的史无前例的灾难之后，一个火星人要来探究我们的世界。这场灾难可以是一场可怕的小行星雹暴，它使得我们这个地球好多年都暗无天日、天寒地冻，就像导致恐龙灭绝的那场灾难一样；灾难也可能是臭氧层大空洞所带来的后果；它也可能就是中子弹爆炸带来的浩劫。火星人会发现所有的地球人都消失了。由于读不懂图书馆的书，他们会像考古学家挖掘古人的遗址一样考察现代文明的遗址。

今天，如果我们像那位火星人一样在地球上漫游，我们就会亲眼见证：印第安纳州的加里（Gary）这样一座老钢铁城市所留下的人类废墟和铁锈残骸，与"生机勃勃"（借用进步的观点）的大韩民国工业化进程中的钢铁之城浦项同时共存于地球之上。这算得上一曲咏唱美国衰落、韩国进步的颂歌吗？

在靠近匹兹堡的莫农格希拉河畔，坐落着伟大的家园钢铁厂（Homestead Steel Mill），这里曾是美国劳工史上的罢工运动中心。现在它成了一家纪念馆，我们指派它为我们考古发现的仓储地。这算得上一曲咏唱美国衰落的哀歌吗？

1940年代，匹兹堡是美国工业先进技术的象征，也是最大的污染源。到了1990年代，匹兹堡既没有了钢铁也没有了污染，取而代之的是蓬勃兴起的服务业，并被引领新潮的雅皮士们视为"全美最宜居城市"之一。这算得上一曲咏唱美国进步的颂歌吗？

1920年代，加里有自己的旅游标准，有令人艳羡的"生活方式"，有前卫的建筑风格，还有相当数量的文化标准。"它有稳定的社区氛围"，有数据为证：十三家电影院；一千八百间旅馆客房——这使得它成为印第安纳州最适合承办会议的城市；一千三百家零售商店；富庶的资产阶级WASP（白种盎格鲁-撒克逊新教徒）居住在城市西区，而稳定的劳工阶层则居住在东区；市政府和县政府是两幢装饰派艺术风格的建筑，它们都是新建的，外观相似，比肩而立。[12] 时至今日，它装饰风的市政建筑还在使用中，围绕着它的则是加里那空空荡荡、被掏空了内脏或者拉着百叶窗的剧院、旅馆、店铺、资产阶级住宅，还有伤心疲惫的居民。在纪录片《罗格和我》中，弗林特[*]的居民们痛恨在美国的三百个城市中

---

[*] Flint，美国中部城市，位于密歇根州。——译注

被排在第三百位。"他们没有去过加里吗？"一个弗林特人喊道。这算得上一曲咏唱美国衰落的哀歌吗？

对 1990 年代的工业岛链进行考察时，我们的考古学将选择位于繁华的浦项市的全世界最高效的联合钢铁企业作为工作点。要不要为韩国的进步奉上一曲颂歌？浦项钢铁厂是由日本技工运用日本技术安装建设的，因此颂歌还应献给日本：日本钢铁企业在被美国空军以炸为齑粉的方式重新激发生机之后，于 1950 年代开始投资（由比利时人发明的）转炉炼钢技术。

如果对 1920 年代的浦项进行考察，那么我们看到的是一座死气沉沉的城市，只有几千人口，没有工业，在日本的殖民统治下，靠出口大米勉强生存。1950 年代，先是朝鲜人民军挺进"釜山环形防御圈"，后是美国军队以"高科技"炮火将其击退，几度易主的浦项被炸得千疮百孔、奄奄一息。这算得上一曲咏唱朝鲜衰落的哀歌吗？

道格拉斯·麦克阿瑟将军从仁川登陆，撕破了朝鲜人民军的防线。未几，他的军队进抵元山，攻破了非常现代化的、技术非常成熟的元山炼油厂。这是一家苏朝合资企业。要不要为先进的苏联科技奉上一曲颂歌？且慢，进一步考察表明，炼油厂是 1930 年代由日本人安装建设的。要不要为先进的日本科技奉上一曲颂歌？且慢，日本人依据的是美国石油公司的蓝图及建议，这反映了 1930 年代美国在世界石油王国中的统治地位。[13]

元山是一个转折点。1950 年，中朝联军从群山中呼啸而出，将麦克阿瑟的仁川大捷一变而为一场惨败。时间到了 1987 年，我们发现，在同一座元山市，朝鲜正邀请日本公司对其采矿技术升级换代。而元山，正是当年日本良选矿山公司选定的矿址。1930 年代后期，朝鲜的矿产品出口至关重要，而从元山这些在技术上占据着东亚领先地位的矿井中开掘出来的正是最核心的产品：金子。这算得上一曲咏唱日本进步的颂歌吗？

下到矿井深处，我们会发现，机器并不是日本的，而是美国的。不仅如此，我们还将发现一个由美国人掌控长达四十年之久，直至珍珠港事件爆发的公司（东方联合矿业公司）——此前，伪满洲国早已建立，"门户开放"政策也被粗暴终止。如果调查一下究竟是谁拥有这种矿山特许开采权，我们会发现一大堆和赫尔伯特·胡佛不无瓜葛的共和党人，他们同时控制着内华达霍姆斯特克金矿、秘鲁塞罗德帕斯科铜矿、菲律宾海岛木材公司——全都是美帝国主义或残酷压迫劳工的最赫赫有名的象征符号。[14]

我们的考古学将测定，1930 年代，有多达四万名朝鲜人直接依存于金矿开采公司；是美国人培训出了"当地一小支熟练的矿工队伍"。朝鲜矿工被认为是东方最好的矿工，同时也是世界上最廉价的矿工：他们每天的工钱是六十仙 *，相当于墨西哥货币的三十五分。（没错，这一时期的采矿业流通的是墨西哥货币，包括在中国的许多外国企业。）与此同时，还有缠着庞丘·维拉 ** 式子弹袋、骑在马背上的士兵在保卫着其战利品。

日本之所以允许美国扩张分子从朝鲜金矿渔利，是因为他们需要美国的技术。日本在采矿业中所起的是一种"中间人"的作用：作为帝国主义国家，它拥有矿山，但又需要用它自己并不掌握的先进技术来开采这些矿山。[15] 换言之，直到世纪中叶，日本在矿山开采行业依然处于"半外围"位置。

如果我们继续回溯至 1900 年并横跨整个日本工业岛链，我们将会发现：作为日本工业化第一阶段的领头雁，数十年来，日本纺织公司一直从著名的英国普拉特兄弟公司购买机器设备。到 1930 年左右，日本公司

---

* 日元货币单位，1 日元 =100 仙。——译注

** Pancho Villa（1878—1923），墨西哥 1910—1917 年革命时北方农民义军领袖，本名何塞·多罗提欧·阿朗戈·阿蓝布拉（José Doroteo Arango Arámbula），庞丘·维拉是其绰号。——译注

终于有了自己的"高科技"设备，并一跃而成为世界上最高效的纺织品生产商（同时也以商品倾销、抢夺市场、完全异端的商业信仰等成了英国的死对头）。又过了几年，普拉特兄弟公司那些老迈的机器开始以"技术转让"之名和廉价的朝鲜劳工一起为朝鲜第一家纺织联合企业提供殷勤备至的服务。[16]

进一步回溯至 1880 年代日本工业化的第一次浪潮，我们将会发现北海道的捕鱼船、最早建立的鹿儿岛棉花厂、巨大的神户造纸厂、第一家香烟制造厂、鞣革与皮草公司、大阪手表公司、东京电力公司及其自主品牌的电灯泡，甚至美味的麒麟啤酒，无一例外都奠基于美国的科技企业或美国技术。我们将会发现，1880 年代，日本最为推崇的一位经济学家乃是贸易保护主义者亨利·凯里（Henry Carey）。[17]

再来看看几年后的首尔。我们惊奇地发现，首尔电灯公司、首尔电车公司、首尔"清泉"自来水公司，居然全都是美国公司。朝鲜从美国进口标准石油公司的煤油、里士满宝石牌的香烟、加利福尼亚的水果和葡萄酒、鹰牌牛奶、铠甲牌肉类罐头、克罗斯和布莱克威尔公司的罐头食品，以及面粉、矿山机械、铁路物资、棉花、服装，等等。与此同时，日本人让洛克菲勒公司备感头疼，他们模仿洛克菲勒的招牌罐装煤油，在朝鲜市场上低价销售。[18]

我们这次时空之旅的意义何在？我们的考古学家将通过我们知之甚少的、遥远的朝鲜以及真正的日本，揭示出现代世界体系以及以日本为中心的地区政治经济的局限性：日本依赖于美国和／或英国技术，是一个半帝国主义国家——也就是说，相对于美国，它是一个半边陲国家，而相对于朝鲜和中国，它又是一个"核心"国家。这种依附性既存在于技术领域，也存在于国际体系之中。以世界为"分析单位"，我们的考古学将我们置身于一次朝向"进步"的混乱征程之中（从大约 1880 年到 1990 年、1950 年，再到 2000 年），并且使我们得出了一种认识论：

无论过去还是现在，除非将其当作一个在生产领域发生着永不停息的转折变化的全球化体系，我们将无法理解世界。

总有一天，我们的考古学家可以得出如下结论：他所揭示的工业岛链所描绘的恰恰是工业资本主义的不均衡发展——创造与毁灭共存。而当下关于加里和浦项的话语还无法相互通约；今天的绝大多数美国专家还难以想象，日本的工业化之路部分地奠基于一位美国人的贸易保护主义思想。

考古学、血统、突现

考古学对我们大有裨益，但仅此还不足以完成我们的任务。我们还需要谱系学。考古学是静态的：它将加里和浦项定格；谱系学是动态的，但它并不必然意味着发展。通过对过去的谱系学考察，我们可以理解的不是"进步"，而是血统——也许从 1920 年代熠熠闪光的加里、1940 年代的洛杉矶到今日之洛杉矶，正存在着一种血统关系。但谱系学是否同时也意味着升级？比如从 1920 年代之浦项到今日之浦项？从 1880 年代的上海到今日的上海？

谱系学并不意味着升级，它意味的是"突现"：浦项的快速崛起为工业词汇增加了一个新词（1989 年，还为麻省理工学院增加了一个教授席位：浦项钢铁公司教席）。人们看好快速崛起的日本（或中国），认为其能成为新世纪（至少有专家在 1995 年前后如是说）的经济主导。但是从美国居高临下的观点来看，这是否意味着进步？当"进步"迁徙到了"东方"，美国知识分子们偷偷抱怨的真是日本或者中国？

考古学、谱系学为我们提供了一种方法，借此我们挖掘历史，以便发现血统和突现。它们为我们指示了一条路径，使我们能够将话语与现实联系起来，或者换言之，将思想的上层建筑与世界体系或者工业结构联系起来。借助这种方法，我试图把知识和权力联系起来进行一种不同于还原论的分析。还原论试图从阿尔都塞式难题的两端同时进行分析——斯图亚特·霍尔说："必要性——和困难——在于，不失时机地抓住'链条的两端'：某一领域（比如意识形态）的相对自主性及其……由经济所决定的……'最终的决定因素'。"[19] 我将尝试转向福柯所谓的"非话语"，在这一领域，权力形塑话语实践并将其联结起来。[20] 我将在工业结构中、在工业竞争领域可以说得清的世界体系中寻找"非话语"。

借助这种方法，我将在第一章证明：无论日本距离成为一个霸权国家多么切近（我不认为日本已经非常切近），就 20 世纪而言，不论是在与美国的双边霸权体系中，还是在与美英的三边霸权体系中，日本所扮演的始终是从属者的角色。唯一的例外是从珍珠港事件到中途岛海战的六个月，或者，如果你认为日本一方的领地应该更大一些，那么你可以将这一时限扩大到从 1941 年夏季到 1945 年夏季的四年时间。

据我所知，此前之所以从未有人对此进行过论证[21]，不是因为它不正确，而是因为它被深深地遮蔽于工业竞争的话语之中。尽管已经在霸权主义体系中持续稳固地繁荣昌盛了九十年，但在西方人的头脑中，日本实际上只是在三个关键的、完全不可同日而语的时间节点上曾经"崭露头角"：世纪之交，它是英国人眼中的神童（但也是德国人和俄国人眼中的"黄祸"）；1930 年代世界大萧条时，它是英国人眼中的工业怪兽（但也是德国人和意大利人眼中的神童）；1980 年代，它是美国国际主义者眼中的神童（但也是美国贸易保护主义者眼中的怪兽）。我对日本在 20 世纪地位的比喻是：日本老二。我的论证将止于 1940 年代，彼时战后霸权体系已经建立。到本书结尾，我会重新回来，论证今日之日本仍在该体系中运行。[22]

引文菜单

瓦尔特·本雅明说过，他最大的野心乃是写一本全部由引文组成的书。我的野心没有那么大：我只想完全用引文写作一个章节的一部分。

　　无论其品行和智力如何；无论他是否能够隐忍，是否有毅力，是否忠诚，又是否有良方妙策和卓识洞见，是否足智多谋并精力充沛；一句话，一个人所具有的全部力量都被潜移默化地刻写进他的产品中……生产！就算只是产品中最卑微可怜、最微不足道的一部分，也请把它生产出来，以上帝的名义！[23]

　　我们中的绝大多数都在这个国家工作。[24]

　　的确，他们是亚洲人，因而缺乏发展的原则，该原则是聪明颖悟、坚韧不拔的欧罗巴种族的主要特点……不过在亚洲人中，日本倒是至高至尊的。[25]

　　海军准将*在与东方人打交道的时候，在宣布采取任何行动之前，都会反复考量，但他也会很快教会这些东方人知道，决定一经宣布，他会按照他所说的一丝不苟地去执行。这是他经过深思熟虑有意为之的。[26]

　　[日本]业已被证明是最适合资本主义病菌繁殖的可怕温床。从日本"大革命"算起，它崛起的历史才不过30年……然而，资本主义病菌已经发现这里是最有利于其生长的所在……尤其是这里有大量极其廉价的劳动力。[在不远的将来]资本主义病菌将被社会主义的吞噬细胞杀死。[27]

---

* 1854年，美国海军准将佩里（Commodore Perry）率领舰队抵达江户，日本国门从此打开。——译注

在［东京商业］学校巨大的礼堂里……有许多隔间或者角落，每个上面都贴着写有世界各大商业中心名字的标签，里面则有相当数量的学生……他们被分门别类地分成了银行家、进口商、出口商、经纪人、保险商和航运商，并严格按照他们预定要与之进行贸易的各个地方的商业职能，实景模拟国际贸易。[28]

我要变成日本人，因为他们至少勤于思考，而且沉默寡言！（看看）他们的组织、他们的策略、他们的强健、他们的忠诚奉献和自我克制。最重要的是，独立自主、无私奉献以及沉默寡言已经成为他们的国力。[29]

试看当今日本的出众表现：国家高于个人；公共利益高于个人利益；无私奉献、忠于国家。[30]

（日本人）使我们的行政能力蒙羞，使我们的创造力蒙羞，使我们的领导人蒙羞。[31]

狡诈的日本佬下定决心，无所不用其极地哄骗这个国家的消费者，他们这是在窃夺我们的市场！（原文如此）[32]

对于美国自由主义的胆小卑怯，没有人能想象出比日本人那微妙的节制、崇高的自律更好的反例了。可爱的、绅士的、优雅的、英雄式的日本人！欢迎加入我们。我们将所向披靡！[33]

从最极端的程度上说，日本人都可谓既侵略成性又安分守己，既崇兵尚武又优雅唯美，既粗鲁鄙俗又彬彬有礼，既僵化教条又灵活变通，既唯命是从又痛恨受人摆布，既忠贞守信又奸诈权变，既勇敢又怯懦，既因循守旧又追新逐异。[34]

现在，我们的经济边界正在拥抱亚洲这位潜在的商业对手；伴随着逐步的循环往复，世界贸易中心正在向远东回归——这一过程在许多世纪之前就已经开始了，下一个千年的主要问题将是如何养活亚洲超过十亿的低于平均生活水平者。[35]

相比于其他任何国家，日本对后工业社会基本问题的解决都更为成功，解决问题的数量也更多。[36]

[日本国家精英阶层具备]安全感、能力才干和民族精神，能够专注于整体的国家利益。[37]

一想到日本帝国崛起的后果，我就备感焦虑。[38]

[日本存在着]非常致命的弱点——能源、粮食、军事安全……日本是一个非常弱小的国家。[39]

决定日本社会—政治现实的最为关键的因素……是它缺少一种不以世事变化为转移的可以放之四海而皆准的真理、规则、原理或者道德的理念。[40]

我相信日本人是一个个的个体……我见过不少日本人，他们都希望自己被看作独一无二的个人。[41]

作为与企业资本主义 [entrepreneurial captalism] 相对立的法团资本主义 [corporate captalism][日本是一个典范]……我们通常称之为法西斯主义。[42]

日本并不奢望取代美国成为世界领导者；它将满足于坐稳老二的位置。[43]

[日本人是]一种超时间、非道德、热衷于操控和统治的文化的造物……这种文化只适用于这一种族，只适用于这一地域。[44]

从表面看，我的引文的作用在于，它展示出关于日本的同期争论总是围于特定范围或某种话语，自从日本开始工业化以来，就一直如此。此外，这种话语同样也适用于所有"后发"工业化国家——无论是 19 世纪后期的德国还是 20 世纪后期的朝鲜和中国。（在美国人心目中，朝鲜和中国，连同日本，乃是与日俱增的"威胁"。）上述引文使我们能够将傅高义 (Ezra Vogel)（视日本为楷模）和卡莱尔·冯·沃尔夫廉（Karel van Wolferen)（视日本为威胁）并置于一种长达一个世纪的话语之中。他们为我们建立了一种非此即彼的二元论解释模式，一种被普遍运用于历史阐释的二元对立思维（如吉本：兴起和衰落；汤因比：挑战与应战；费正清：西方挑战与东方应战）。这些铭文甚至让我们为相互对立的二元赋予了道德判断：楷模是好的，威胁是坏的；勤勉是好的，偷窃是坏的；民主是好的，"国家法团资本主义"是坏的；菊花无可争议地优越于刀。

然而我们的引文同样产生了一种相互之间无法通约的二元论：日本人究竟是楷模还是威胁？他们究竟优雅唯美抑或崇兵尚武——是菊花还是刀？他们善于原创抑或工于模仿？他们是发明家还是剽窃者？日本究竟是东亚之例外还是其主宰？（韦伯夫妇和绝大多数人认为世纪之交的日本不过是一个例外，但是假如面对今日韩国和中国工业的突飞猛进，他们是否还会这样说？）日本的政治经济究竟是独一无二的，还是对先前工业经验的复制？日本国究竟是一个独裁主义的威胁者，抑或是先行启蒙了的引航员（按照贝特丽丝·韦伯的说法，日本实行的"是一种仁慈的官僚政治，未来会变为社会主义国家"）？[45] 日本政体究竟是自成一体（如 1938 年的民族主义国体论和石原慎太郎在《日本可以说不》中之所论），[46] 抑或开明的嵌入式的后工业福利国家（如傅高义之所论）？日本是自主的还是依附的？我们今天所面对的究竟是麦克阿瑟所谓的世界贸易中心因为"风水轮流转"而回到了东亚，还是因为超级大国们在冷战的四十年间拖垮了自己，才造就了他们曾经的敌人德国和日本的崛起？日本将会成为 21 世纪的霸权国家，抑或所有这些断言已经随着1997 年许多大公司、大银行的倒闭以及旷日持久的政府治理危机而过时，平息了关于环太平洋以及"冉冉升起的太平洋的世纪"的谵言妄语？

谁能说得清楚？

本雅明之所以喜欢引用别人的话，是因为在他看来，"过去的可传递性已经被可引用性所代替"[47]。随着传统的权威性不复存在，我们发现了一种安心地"栖居于现在"的趋势，并且接受了它的无稽证据及其不可通约性。[48] 我们可以将前列引文视为隐喻，它们隐喻了被观察了一个多世纪的日本，同时也隐喻了想要给这些观察赋予此时此刻式的人性解释的努力。然而更为重要的却是一致性问题（换言之，除了承认日本在 20 世纪变成了一个工业强国之外，对日本的任何解释都不能自洽，都缺乏一致性）。

本雅明对历史学家的比喻于是变成了这样的"深海采珠者"，他们搜寻出往昔的废弃之物并带到地面，与其他废弃之物并置在一起，几乎与此同时，我们现代人借之经验了过去。他说："我书中的引文好比拦路抢劫者，他们持械袭击，解除了游手好闲者的信念。"[49] 引文之于我们的意义，一如它们对于古物收藏者、考古学家或深海采珠人的意义：废弃之物弥足珍贵，却被割断了与背景的联系；虽然只是逝去的过去的碎片，却弥足珍贵。心灵阅读这些引文，并对自己说，你不可能鱼与熊掌兼得；不可能越变越是老样子。引文总是形单影只，但是为什么？是什么建构了话语？是什么为这些悖论以及这些道德评判划定了边界？

密度显示：E + D + Em = A

我们应该还记得，罗兰·巴特的光学让我们可以利用视差效应来诘问我们自己："有朝一日，我们必须写下有关我们的晦暗不明的历史——以显示我们自恋到何等地步。"我们的引文——其中绝大多数是西方人的，"所显示的正是我们自恋到何种地步"。它们并非凭空而来，而是自有其起源、原因，自有其历史意义。在《论道德的谱系》中，尼采写道，他不会到世界背后去寻找道德的起源，而是要在世界之中寻找；他发现"一个事物的发生原因及其最终功用，实际运用及其在一个目的系统中的位置，完全风马牛不相及；任何存在着的事物，无论它是如何获得其存在的，总是基于各种各样的新目的而不停地被阐释着"。[50]

"日本"和"中国"便被无休止地阐释着，然而并不是因为"进步"。一个事物的"演化"，尼采说，"绝不意味着朝向目标的进步"；诸如"进步""目的"之类的词语，不过是某些主人将意义强加于历史时使用的符号罢了。我们所认知的历史，经常是"一种最新的解释……在这种解释中，此前的'意义''进步'不可避免地被模糊，甚至完全被铲除"。因此，历史乃是"一个由连绵不绝的符号链带来的全新解释"。

因此，前列引文的作用好比是一个符号链、一个道德评判的谱系：中国或者日本"静静地站在那儿"，或者说只是做着自加入与西方的竞争以来便一直在做着的事情；然而，"中国"或"日本"却随着西方观察的起伏变化而不停地发生着形变。

在著名的论文《尼采、谱系学、历史》[51] 中，福柯重启尼采的论题。谱系学"拒绝探寻什么'起源'"，因为历史学家之所谓起源意味着"它早已经在那里了"，似乎并不需要人类去判定"它究竟是什么"便可以径直"发现"它。（受本雅明的启发[52]）他说，历史真理，或者真正的"起源"，"存在于不可避免的遗忘之地……存在于稍纵即逝的表达中——在这种表达中，话语被模糊并最终被遗忘"。谱系学的方法是"向纵深处挖掘"，"从而为这些成分提供时间，使其得以从没有真理羁绊的迷宫中逃离"。因此，历史"乃是某一发展过程的具体的机体，有其兴盛的一刻，也有不知不觉的流转飘逝，有以狂热的激情向外扩张的阶段，也有衰变羸弱的轮回间隔；只有形而上学者才试图在遥远的理想之境寻找起源的灵魂"。换句话说，我所枚举的引文乃是一种话语，其中自有人为赋予的局限性和波动性；它们的"历史"便存在于"以狂热的激情向外扩张"和"衰变羸弱的轮回间隔"之中，借此，西方世界向中国或日本所取得的非凡成功，或者说向新发现的强国，问好致意。

福柯接着说道，herkunft，即德语中的"起源"，和"家世""血统"非常接近。对"血统"的详细考察，可以"通过某个特征或某个概念最为独特的一面，发现一系列的事件——那些特征或概念正是经由这些事件才形成的"。谱系学的任务并不是去展示通过某种预定的形式或某种必然的因果关系依然存在于当下的过去的活动；过去并不是一个进化的过程，也并非指引民众命运的地图："恰恰相反，追溯血统的过程是为了让过去的事件维系于本然的散漫状态。"（着重号为本书著者所加）历史并不是一笔确切的、意义丰满的遗产，并不是一笔"不断增长的、不断固化的财富"；"（相反）它是由断层、裂缝及异质层构成的一个不稳定的集合体，它们从内里、从地下威胁着软弱的继承者"。启蒙传统的"软弱继承者们"，如我们所见，现在已经发现了自己正经受着来自内部，来自地下……以及来自东方的威胁。

尼采还利用了"突现"（emergence/entstehung）一词，为它赋予了"某种特异现象现身的原则和独特规律"的意涵。"血统"不是无间断的连续体，"突现"也不意味着"历史发展的最终阶段"，尽管两者可能都是作为若干潮流的顶峰出现的。"顶峰""仅仅是一系列的压制中当下的插曲而已"。因此"突现乃是诸多力量登场的入口；是这些力量的爆发，即从两翼跃到舞台中心……突现提供了一个对抗的场所"（着重号为本书著者所加）。突现不是一个决定、一纸条约、一场战争，而是"力量关系的翻转，是权力的被推翻，是一张词汇表被赋予新义，转而去对付那些曾经使用过它的人"。最后，他的结论是："身体（或者历史，或者血统）是由许多各不相同的体制共同范塑的。"

换句话说，"突现"绝不仅仅标志着一种逆转，它还标志着恐惧即将到来之前的某个时刻——在这个时刻，一向无足轻重的事物突然变得重要了，从而为价值重估提供了可能。在福柯看来，这是典型的尼采式表述，但是尼采为这一现象增加了警觉感和无意识向度："某种不可知的动机服务于某种未获承认的目的"——麦金太尔非常精辟地概括道。[53] 美国人有关日本和中国的大多数危言耸听的话语，就是由此而来，源于种种不知动机的警觉，服务于未经承认的种种目的。

现在我们可以列出一个让实证主义者的心扑通乱跳的公式了：用 E 代表挖掘（excavation），D 代表血统（descent），Em 代表突现（Emergence），A 代表考古学（archaeology），且：$E + D + Em = A$，这便是我们关于当下的知识考古学（历史学），便是我们对待历史的批判的方法，我们借此所要探寻的，将不仅仅是通用的"让事实自己说话"的实证主义，不仅仅是"深海采珠人"，也不是将历史等同于"朝着目标的进步"。

上述构想试图去审查某一血统，也就是说，将"消逝的事件"归于本然的散漫状态，将某项开掘工作、某种突现、某个实体置于众多各不相同的体系之中——也就是说，这是一种可辨识的谱系学，与尼采以及本雅明的思想相契合：过去乃是堆积的残砖断瓦，乃是过往现实的尖利碎片，在危急关头，它们将以崭新的、改头换面的形式出现在我们面前；更不用说尼采所谓的"一切历史都是关于现在的历史"。作为考古学，这一构想关乎挖掘、开采、揭示，但考察突现，将突现视作现象（或者特异现象），视为永不停歇的运动或所谓"进步"历史的一次质变——在兴衰往复中，从两翼跃到舞台中心——进行审查。

崛起的日本

刚刚过去的十年里，日本和中国在躁动的混乱中惊艳亮相，[54] 但这并非第一次。一百三十多年前，马克思就注意到，由于美国人不懂如何从资本主义整体运作的角度理解世界市场中经济关系的矛盾，所以当矛盾"在世界市场上出现时"，立刻将其理解为"英国式关系"，也就是说，英国资本对事物的自然秩序进行了破坏。[55] 现在，自然秩序的破坏者变成了日本。如果不是日本，便是中国，但我们暂时先说说日本。一百多年来，西方人对"日本"的想象以极端的方式展现了世界市场竞争和工业萧条的种种问题。历史地看，当工业结构出现问题时，日本就成了问题——然而我们的工业家们却愿意给予正好相反的解释。

且不管西方的日本话语中的黑白颠倒，在 20 世纪的绝大部分时候，日本的确被纳入了几个全球化体系，尤其是科技体系和国际体系之中。从 1902 年到 1922 年，日本不仅是英国的盟友，而且心满意足于在 20 世纪前二十五年间在英美"共同当政的非正式帝国中""实现繁荣"，并且没有做出任何真正的创新，一直寄生于英—美科技王国，直至 1920 年代晚期——而且创新也只在纺织业领域，英美两国该工业领域已经开始没落。

如我们所见，普拉特机械公司为日本纺织工业提供了长期的支持，美国通用电器公司主宰了电力输送市场，而到了 1890 年代，标准石油公司又为日本、朝鲜和中国在日益由美国所主宰的世界石油王国中分配好了位置。标准石油公司的比较优势虽在资金和技术方面，但也制定了一份市场开拓方案：垄断全球，同时另辟蹊径，将石油"卖进中国的灯盏"[56]。英美技术联合体的最好象征也许莫过于英美烟草公司。英美烟草公司是位于北卡罗来纳的杜克烟草公司的子公司，它将日本和中国牢牢套住：这两个国家烟瘾深重，以至于到 1990 年代，在这两个国家已经很难找到一个无烟区。[57]

甚至于连日本向满洲渗透的先头部队南满铁路公司，也是通过进口数以千计的最新美式火车头与车皮赢得其先进、高效的声誉的，更不要说不计其数的美国枕轨，几十年来一直被公认为全世界最好。[58]（现在则是韩国进口通用汽车公司生产的火车头，然后在其国内装配、下线。）日本在经历了艰苦奋斗后，到 19、20 世纪之交，已经在它所寄生的网络里变得枝繁叶茂，尽管在西方世界，"日本"还是常常被认为是一个独立的（且多半是神秘的）实体，时而被热爱，时而被仇恨。

日本的工业化进程经历了三个阶段，现在正处于最后一个阶段。第一个阶段开始于 1880 年代，主导企业是纺织业；该阶段一直持续到日本跻身世界强国，是一个持续上升的过程，其标志是 1880 年代以后的每个十年，日本都会发动一次对外侵略（对外侵略乃是日本积极向上的成功形象的反面对应物，但也是工业化国家发展过程中的普遍现象）。从 1930 年代中期起，日本开始了其工业化的第二个阶段，即以钢铁、化工、汽车以及军工（1945 年以前）为主的重工业阶段。这一阶段一直延续到 1970 年代中期。第三阶段当然是以高科技"知识"产业为主，如电子、通信、硅片微处理器等。[59]

在日本国内，每个阶段都有良好的产品生命周期模式，其特点是创业阶段强有力的国家保护，创造性地吸纳国外技术，通过低廉的劳动成本、技术和管理上的革新或者"滞后于"世界形成其比较优势，然后突然大规模地进入世界市场，令观察者感到始料不及，激起恐怖厌恶的同时也激起敬畏和崇拜。日本非但根本没有破坏"事物的自然秩序"，相反，一个世纪以来，它一直严格遵循着主要的资本主义思想家所指引的自然轨道，尤其是古典学派的生产周期理论。然而，尽管如此，日本还是给自己惹下了麻烦。

1905 年，日本击败俄国。日本第一次清楚地"突现"，所招致的便是双面雅努斯的无比惊愕。世纪之交，日本充当了罗夏墨迹测验的墨点，供美国人和欧洲人投射希望和恐惧。惯于种族思维的西方人认定日本的成功不可解释，因为他们是"黄种人"而非白种人（尽管他们很快就变成了荣誉白种人）。与此同时，传教士开始关注"不知疲倦的日本工业"："彻夜不眠的劳作带来通宵的喧嚣，这种永不停歇的工作习惯也扩展到了最高阶层。"[60]

西方人在解释所有这些时，喜欢将日本的劳工血汗及其对外国样板的无耻模仿并举。西方人有所不知的是，这一说法不过是模仿了 1880 年代英国围绕另外一个后发国家德国所编织的神话。因为担心"黄色劳工的冲击"，法国人对日本也不甚乐观。尽管当时（1905 年）对西方国家而言，"日本劳工似乎并非导致工资下降的原因"，但如果"日本战胜俄国，成为天朝中国的统治者，将中国劳工组织起来"的话，这种情况就难免会出现。[61]

英国社会学家们将美好憧憬和尖锐的道德批判一并投射于日本人身上。1904 年，贝特丽丝·韦伯——也许还有其夫君锡德尼，两人身处异邦，是费边社成员中最慧眼独具的——写道，日本是一颗"冉冉升起的代表着人类自我控制和启蒙的新星"。1911 年的东方之旅使她发现，中国人是"一个令人惊骇的种族"，朝鲜人也是"一个令人惊骇的种族"（锡德尼的说法是，他们是"低等脊椎动物"，他们"向我们呈现的乃是未经进化的智人的可能情形"）。对日本"创新的集体主义"，对"启蒙了的职业精英"所具有的"可怕的"坚强意志和开放胸襟，贝特丽丝颇为称道。这里俨然就是"未来社会主义国家的温情统治"[62]。我们也许还记得 H. G. 威尔斯。在《现代乌托邦》（1905）中，他将精英称为"武士"。同样，1930 年代，韦伯夫妇将斯大林的干部比喻为"担负着领导天命的武士阶层"[63]。

为什么在 20 世纪的第一个十年，形形色色的英国人会齐声赞美日本？答案很简单：英国正在衰落，而德国和日本正在崛起。德国是身边的威胁，而日本从 1902 年以后便是英国的盟友。在经历了长达一个半世纪的两次伟大的工业化浪潮之后，英国发现自己一方面被新兴工业国家，另一方面被自己暮气沉沉的工业基础所困厄。大多数辩论以一时热忱的灵魂反省为特点，效率是其标语口号："要么提高效率，要么死亡。"1906 年，阿尔弗雷德·斯特德（Alfred Stead）为其著作起的名字是《伟大的日本：国家效率研究》。英国学者希望找到效率和生产力的楷模，他们寄望于日本，认为"英国能够从日本身上学到经验，用以解决国内问题"[64]。英国面临着两个真正的问题——工业上的衰落和德国的威胁，这便是彼时愚蠢的亲日派存在的原因。

短短几十年，通过实施"国家经济"计划，同时靠着辛苦劳作、国家补贴、贸易保护主义、勤勉奋发、恶意模仿、技术"剽窃"，以及"与我们（英国）的保守麻木形成鲜明对照的清醒赶超意识"，便从一个农业国家转变为工业国家，德国堪称典范。[65] 换言之，德国之于英国，正好比日本和中国之于当今我们这些工业国家：都是奇迹和廉价把戏的混杂。

西方对日本的想象变化无常。"一战"期间，日本是一头诡计多端的胡狼，利用战乱迅速走向繁荣，出口额达到战前的三倍；然而到了1920 年代，由于经济进入了萎缩期，日本转而寻求自由贸易策略，其自由主义制度一度备受称赞。大正民主时期被现代化理论家认为是明治维新成功故事（稍后便被 1936 年到 1945 年这十年间的军国主义倒行逆施所污毁）的发展完善。[66] 无论 1920 年代是日本发展模式的例外抑或常态，至少我们注意到，这温和的形象对应着一个温和的日本，没有损害任何一个国家的出口和市场，反而默认了 1920 年代的国际体系，这个体系为美国、英国、日本规定了一个完美的三方比例，5：5：3（即三国在太平洋的海军舰船吨位比，其实适用于所有领域）。

1930 年代中期，世界经济一片萧条，关税保护壁垒森严，于是日本开始谋求发展重工业，"日本"再次成为一个问题。对于亨利·史汀生（Henry Stimson）这样的自由主义立场的国际主义者来说，对日本的指责主要在于："曾经与美国保持着根深蒂固的友谊"的日本，居然叛离自由贸易王国，并破坏"门户开放"政策，在满洲胡作非为。[67] 对冈瑟·斯坦因 (Guenther Stein) 来说——他于 1935 年撰写了一本前瞻性的著作，题目是语含讥讽的（就当时而言）《日本制造》——如果没有关税壁垒，日本可以成为工业效率的楷模，"将是世界上最大的出口国——而且是在极短的时间内"。很快，斯坦因就在 1930 年代中期重工业的飞跃中，看到了"新一轮世界工业化的开始"；日本的问题在于它打破了世界体系的平衡，"这便是其他国家多有怨恨的原因所在"。[68] 而在日本国内，1930 年代中期政策的急剧变化却被视为合理的，自 1868 年就是如此，这是在一个由他人统治的世界中适应残酷竞争的必要条件："（我们的）计划经济的首要目标是，通过国家的全面工业化，取得在世界市场的竞争成功……对国民生活进行以经济为本质的标准化，可能会对自由政策产生某些限制，但这是世界潮流……绝不能将（它）看作是法西斯统治的先兆。"[69] 与此同时，第一辆日产汽车在"长期以来一直被福特、雪佛兰以及其他美国汽车所占领的"日本汽车市场正式登台亮相，被看作是"新时代的曙光"。[70]

随着日本对珍珠港的偷袭，不用说，1930 年代后期以来日渐强硬的日本形象变成了天生的纯粹的种族主义。诚如 1941 年 12 月号《生活》杂志所说："一夜之间，日本的卡通形象改变殆尽。在那个突如其来的星期天之前，日本一直是一个油滑的小人，可爱而不可信，滑稽可笑，完全谈不上危险。"同一天（12 月 22 日）的《时代》杂志的封面人物是海军上将山本五十六——他的脸上被敷了一层腐烂的柠檬色；同期还教导读者如何区分"日本鬼子"与"中国佬"。到1943年，曾经被费边社崇仰过的绝大多数特征又被用以解释日本人何以侵略成性：强固的集体生活、强权国家、对权威无思考的服从等。[71]

20世纪前半叶围绕日本的种种变幻不定且完全不可通约的想象，肇因于世界体系中残酷的工业竞争，肇因于往往忽略了日本长期以来相对于英美的科技劣势所造成的冲突。然而上述世界体系并不仅仅是一个市场体系，它同时也是一个国际体系。日本又是如何嵌入其中的呢？

日本"老二"

与资本主义国家体系的统治相适应的最主要、最"标准"的机制是霸权，这一概念同时包含了帝国、殖民主义、"新殖民主义"以及有时所谓的"非正式帝国"，但又与所有这些概念不尽相同。就经济层面而言，霸权意味着"一个核心权力所拥有的对其他核心权力的优势"，这种优势既在生产、商业、金融等多领域同时并存，又有暂时性；其中占主导地位的是"生产优势"，它支配着另外两个因素（商业和金融）。军事优势向来被实用政治学视为决定性因素，但其实只是用于"固锁"霸权既有的力量。霸权最钟情的是贸易开放、去殖民化或非正式帝国，以及自由主义的无处不在——有时甚至包括国内市场。[72]

我们的考古学根据所谓的产品循环（满洲清一色的美国机车，按照美国图纸建设的元山精炼厂、浦项氧气转炉）进行了时间和地理上的追踪，从"非话语"的深层，在日本的战前工业中，发掘出了一个技术体制（美英霸权的生产性）。[73]现在我们所要探讨的则是处于国际政治话语中的"日本老二"。所谓国际政治是指：国家位于权力秩序之中，这个秩序有时也被叫作权力的平衡；各个国家既是自主的，也是相互楔入的，各个国家的结构是国内和国际力量双重作用的结果。[74] 这里，话语同样屈服于非话语，在世界体系的深层结构中，日本扮演着重要但却常常是从属性的角色。

对 20 世纪世界体系中的日本的考古学考察，发现了下面的时间表：

A. 1900—1922：日本属于英-美霸权体系。

B. 1922—1941：日本属于美-英霸权体系。

C. 1941—1945：日本是东亚的地区霸主。

D. 1945—1970：日本属于美国霸权体系。

E. 1970—1990 年代：日本属于美-欧霸权体系。

这里我想强调上述结构中的另外一个方面：有三个阶段（A、B、E）是三边伙伴关系，其中没有殖民地，帝国主义不是必要元素。在短暂的全面霸权主义（指 1945—1970 年的美国）时期，双边体制的出现自不难理解，三边体制则往往出现于霸权升降起伏的过渡时代。C 阶段是例外，但也支持上述规则。

与其现在就在权力关系的非话语中详解上述模式（且留到第八章），不如让我们先对相关话语进行抽样分析，入江昭的作品为我们提供了样本。他的著作堪称这一领域的扛鼎之作。入江昭的立场位于阿尔都塞"链条"的一端，即国际关系中的文化、观念及想象领域，文风含蓄，因此只有少数人意识到了他的著作有深层次的修正意义。[75] 在其学术生涯中，入江昭矢志不渝地论证：

1. 在 1890 年代，日本帝国主义（通常以为始于 1895 年中日战争及日本对中国台湾地区的占领）臣属于英帝国主义，并与和它庶几相似的美国一样，竭力想要进入真正的帝国行列；日本帝国主义和英国或美国的帝国主义没有什么两样。[76]

2. 在整个 20 世纪，除了 1941 年 7 月那次至关重要的转折及随后的战争，日本一直在寻求一种旨在与世界体系（入江昭没有使用过这一术语）接合的"合作性的"策略。[77]

3. 如英国和美国所愿，日本拥有了其帝国，并且在1930年代世界体系崩毁之后，与其他国家一样，全力构建一个排他性的地区势力范围。（甚至那个时候，日本的尝试都还是三心二意的，它的发展计划还是"西方式的"。）[78]

4. 日本向来被认为奉行新重商主义的政治经济政策，在国内进行贸易保护，而出口则选择国外的自由贸易区，以赚取贸易顺差，然而90年来，上述策略变得越来越不重要，取而代之的是开放国内市场，对外则奉行合作策略。

诚然，日本第一次"突现"，伴随着马修·佩里准将带来的"门户开放"以及接踵而至的明治维新（一些日本学者越来越倾向于认为是世界范围的市场力量推动的结果）。与此同时，英国作为霸权国家，正面临着来自美国的日益强劲的挑战。[79]然而，两个国家都对日本实行了"合作"策略，而我们更愿意称之为"三边"策略。

在日本与霸权体系"接轨"的过程中，外交上最惹人注目的事件是1902年的盎格鲁—日本联盟。[80]该事件也和朝鲜、中国境内铁路的修筑不无关系。对于后者，美国人［尤其E. H. 哈里曼信托公司(E. H. Harriman Trust)］一直孜孜以求，英国利益集团也不例外。[81]不过，如果该联盟是为了让英国"守住"日本，那么历史地看，它的重要性将大打折扣：更为重要的是美国在日本的科技和能源领域的影响日益显著，而且这个正在崛起的霸权国家还提供了一个投机主义策略：对外实行"门户开放"，对内（包括美国势力范围所及）则不断实施国家市场（就是人们所熟知的"门罗主义"）。

作为明察秋毫的历史学家，威廉·艾普曼·威廉斯（William

Appleman Williams）发现，在约翰·海伊（John Hay）写于 1900 年的《门户开放照会》中，有一个有关美国扩张的隐喻；他还发现这种新型霸权主义最早蘖萌于东亚。[82] 米切尔·亨特（Micheal Hunt）则详细地列举了美国出口工业中"门户开放政策的支持者"，包括的产业涉及棉花与纺织、石油、烟草、铁路设备等。尽管残存的反英情绪排除了与英国正式结盟的可能性，但美国领导人如海伊（Hay）、西奥多·罗斯福等却坚持认为美国与大不列颠的利益休戚与共（一如他们自 1812 年战争以来所认为的那样）。与此同时，日本则是双方共同选择的小伙伴；西奥多·罗斯福"期待日本能够成为发达国家，是唯一够格的地区力量，能够引导落后的中国"（并因此表达了美国对日本的殖民以及大陆依附的相关政策）。[83]

入江昭认为是日俄战争将日本变成了"帝国主义"国家，他指的"帝国主义"是狭义的，是对其他国家的残酷压迫。不过，他很快就准确地注意到，由于日本帝国主义是指向朝鲜和满洲的，所以它受到了美国人（更不必说英国），尤其是西奥多·罗斯福的祝福，啦啦队式的美国学者也给予了惯常的附和。[84]

罗斯福的继任者塔夫脱（Taft）对日本的倾心远不及中国（塔夫脱于 1905 年访问日本，并得出结论说"日本佬就是日本佬，为了壮大自己，它不会顾及任何人的利益"）。[85] 他对"美元外交"和在满洲的势力范围同样非常倾心。塔夫脱的国务卿弗兰克·诺克斯（Frank Knox），以及老牌的美国扩张主义者维兰德·斯特雷特（Willard Straight，曾长时间担任哈里曼的顾问）提出了"大视野"方案。用查尔斯·诺伊（Charles Neu）的话说，就是要"在满洲建立经济、科学、不偏不倚的政府"（诺克斯语），由大国共同监督，尤其是由英国和美国共管，特别是对铁路实行共管。这一方案的目标是建立"一个巨大的商业中立区"——即一扇开放的大门——所有国家都可以从中受惠。[86]

塔夫脱由此开启了一个沿袭至今的模式：美国外交时不时会玩弄一下"中国优先"策略（富兰克林·罗斯福、理查德·尼克松、吉米·卡特的外交政策都是范例），直至被召回残酷的现实中：拥有发达工业基地的日本才是东亚最重要的国家。塔夫脱到1910年才承认这一事实，当时，他在英美一片颂祷声中上马的满洲铁路计划化为了泡影。[87]诺伊指出，塔夫脱的计划并非出于对日本的敌意；他"敬佩日本的成就并支持它对朝鲜的吞并"。但是，还是让我们列举一些重要的事件吧：1909年，美国海军的决策者决定将珍珠港作为美国在太平洋的主要基地；1910年，塔夫脱政府的海军事务委员会（General Board）"开始着手制定对日战争的详细计划并于1911年3月出台了详细的橙色计划"。[88]（它似乎稍嫌过早地让美国—日本的脊梁骨感受到了毛骨悚然的寒意。）

"一战"甫一结束，明确地说，是1922年，美国便成为了东北亚三国霸权体系的主要参与者。这时，美国银行开始在世界经济中占据统治地位[89]，而盎格鲁—日本联盟则处于风雨飘摇之中，美国取代英国，在日本外交中变得越来越重要。华盛顿会议见证了此次指挥棒的交接，这种"巩固"所依托的是全球军事实力的关键因素——美国海军。

比尔·威廉斯（Bill Williams）发现，美国的非正式帝国肇始于1890年代，成熟于威尔逊和哈丁治下，两人都反对干预东亚现状的剧烈变革（尽管两人所运用的修辞完全不同）。在威廉斯看来，由美国主导的这一集团的功用（关注这一问题的大有人在，但鲜有高明之见）是同时限制布尔什维克、亚洲民族主义和传统的帝国主义。[90]入江昭完全不同意这种看法。他运用另外一套话语，发现同一时期出现了一种他称之为"崭新的、富有合作性的"国际秩序。[91]尽管英国和美国保持了他们的海上优势，但华盛顿海军体系的的确确是一个三边体系，事实上，美国、英国和日本三方联手，始终使中国在东亚体系中处于次要地位——抛开美国关于维持中国国家完整的主张（极为罕见）不论。[92]

整个 1920 年代，日本都以一种低姿态的外交策略适应这一趋势。与此同时，它在国内韬光养晦，为贸易竞争积蓄能量，启动了一种至今仍然特色鲜明的日本政治经济模式，也就是我们今天所说的"出口带动发展"的早期版本。约翰逊（Johnson）和弗雷切尔（Fletcher）都认为，日本开始推行国家工业战略和"行政指导"的时间是在 1920 年代中后期；对于日本在政治经济上所采取的后发战略，美国和英国都赞成。[93]（只是在 1939—1945 年和 1980 年代至 1990 年代，美国将该战略视为问题）。

1925 年的《出口协会法》是一个重要转折点，它刺激了工业重组、企业联合以及国家对出口商的各种支持；日本小心翼翼地将出口导向了非殖民的半边陲地区，而不是英美殖民地——更没敢导向英美核心市场。[94]自 1920 年代始，与出口计划相配套，日本还推行了一段时间的进口替代工业化政策。[95]到了 1930 年代，日本已经实现了重工业化的飞跃，并且已经能够对工业生产周期进行游刃有余的掌控，这一政策变得更为显眼。

所有这一切的结果是，在世界经济萧条和贸易紧缩期间，日本的出口在 1932—1937 年间实现了两倍以上的增长，并且"在世界市场上呈泛滥之势"。棉纱、纺织品、玩具、铁、钢所向披靡。不过，直到 1935 年，日本的贸易才实现了盈余。当年，日本占世界出口总量的 3%，而美国占了 10%。尽管如此，日本的贸易伙伴还是对日本出口业念念不忘。美国经济学家米里亚姆·法利（Miriam Farley）的解释是，日本不前不后，"选择了一个错误的世纪进行工业化"——这是一个不错的观察。到 1936 年，所有主要国家都开始抵制汹涌而来的日本出口业，而日本财团直到 1930 年代后期，仍然"试图诱使美国人到满洲投资"。与此同时，美国纺织业正考虑"进行游说，以限制对美国的出口，尽管美国对日本保持着巨大的贸易顺差"。[96]而这一切很快就奏效了。

在关键的 1941—1945 年间，入江昭注意到，直到 1941 年中期日本军队"转向南方"（这一决定当然很大程度上受制于苏联）之前，日本都依赖于美国。（在对这一肇始于 1920 年代的变化的精辟总结中，）入江昭说：“这是开启战后国际关系的钥匙……在整个 1920 年代，日本的资本、技术、商品充斥于世界经济体系……日本堪称世界金融、商业和政治中心。”[97] 美国执行其霸权力量的外围限制，对日本进行石油禁运，这对日本产生了巨大的心理震慑，以至于其领导人认为非战争不能解决问题。

偷袭珍珠港是一个事件（一个预兆），它为 1868 年以降的一切蒙上了一种不同的色彩——烂柠檬的色彩。《时代》杂志封面上的山本五十六就被涂上了这样的颜色：看，这个侵略者！从历史的长时段来看，这是一次突然的逆转，却也在瞬间对历史进行了重新评价：现在看起来，一切的一切都已经暗示、预言了对珍珠港的偷袭。今天，当日本，当然还有德国，“重新出现”时，无论五十年来他们有了怎样的变化，却难免再次被引入一种悖论性的话语——一种与珍珠港和纳粹罪行相关联的、永远不被信任的话语——之中。A. M. 罗森塔尔（A. M. Rosenthal）充分利用他在《纽约时报》社论版的优势，无所不用其极地制造着这种话语，时而将矛头指向德国，时而指向中国，时而指向日本。1990 年末，他变魔法似的提出所谓的“梦魇”论：“日本军队很快又将掌握政治力量”；日本右翼“甚至梦想着一种新的军国主义，一个新的帝国……谁敢说这一切永远不会发生呢？”[98]

人们永远想不到：日本战后二十五年的恢复竟然是一项美国工程。早在 1942 年，一小群国际主义核心骨干便在美国国务院以及日本，以令人惊叹的齐头并进的方式，共同努力将日本重新纳入战后美国霸权体系；[99] 1947 年，乔治·凯南已经为日本工业复兴制订了详备的计划；而且这些计划的目的是对作为东北亚前殖民者的日本进行改造和重建。[100]

简而言之，在被剥夺了战前的军事和政治力量后，战后的日本已成为世界经济的发动机，或美国人所说的“经济动物”。这一切正好和冷战出现在同一时期。随着美国为锁定亚洲腹地的朝鲜和越南而宣战，渔翁得利的日本经济更是顺风顺水。这一时期——从杜鲁门当政到约翰逊在位，日本堪称美国忠实的伙伴，而美国也的确为日本经济的成功感到心花怒放。然而，到了1960年代，美国单方面控制全球体系的能力减弱，一种新的两面性使美日关系陷入了困境。日本应该干好，没错……但是不能好到伤及美国利益的程度。(尼克松发表于1971年抗战胜利日的"新经济政策"可以说是上述逆转的象征和轴心点。)时至今日，美国对日本的思考依然没有摆脱这种两面性，它鲜明地表现为：精英阶层从来只会在自由贸易和保护主义之间、在崇仰日本的成功和害怕日本的进步之间、在对日本爆发"泡沫经济"的窃喜和对中国飞速发展的恐慌之间摇摆不定，直至所有来自西方的负面修辞全都向西转移到了上海。

结　论

在划定于1947年至1950年间的两极边界背后，在两次灾难性战争中政府对商业企业的经济补贴背后，东亚工业经济在世界体系中都扮演了重要角色，尽管日本、韩国和中国台湾一直囿于战后确立的霸权体系。到1980年代，日本之于美国，其关系已经类似于1920年代的英国之于美国：是当之无愧的世界金融中心和技术创新策源地，但却依然是一个不愿意在世界政治事务中"分担责任"的国家。历史终将告诉我们，美国作为全球领导者能否一如既往地顺利迈入21世纪，接力棒是否将传给日本、德国，或者用不那么富有煽动性的话说，传给环太平洋地区或欧盟。如果是最后一种情况，这将是对日本和德国在技术方面的领先地位，也是对1947年前后美国短视战略的一个讽刺性的证明。美国当时被预言将长久当"老大"，最终却极有可能是美国在新的三方共管体制中只能扮演次要角色——美国成了老二。

然而，日本和德国与启蒙方案之间依然是一种不确定性关系。纳粹德国的残暴罪行使得整整一代知识分子对进步观念充满了怀疑。这种怀疑在 1944 年达到了极致，霍克海默和阿多诺宣称启蒙"既是一条毁灭之路，也是一条文明之路"；地球经历了启蒙，却造就了灾难的肆虐。[101] 军国主义日本的罪行要轻一些——以 20 世纪的标准而论，只是发动了一场一般意义上的侵略战争并进行了大屠杀。然而许多观察者还是认定日本是外在于神圣的自由王国的。未经启蒙的工业化也许非常适合用作卡莱尔·沃尔夫廉《强国日本之谜》的副标题。日本是封闭的、不可思议的，支配它的是一个神秘莫测的"体系"。它的国民没有认识到或者说不相信（西方）抽象的普世性。他们不推崇个人主义。

于是问题便是：如果日本、中国或德国被证明是最能适应 21 世纪之竞争的国家，那么启蒙的方案将无以为之提供解释。如果世界中心的风水轮流转，使法国、英国和美国归于沉寂，那么又如何解释法国大革命？如何解释工业革命？如何解释美国的世界新秩序？如何解释进步？

我们正面临着"范式转换"，因为从两翼跳到舞台中心的工业化跨越引发了"人们的不安，颠覆了先前的解读，并造成了意义的休克"，罗兰·巴特的真理已深入人心。的的确确，有朝一日，我们必须为我们的含混撰写一部历史。

第二章

东风，雨　红色风暴　黑雨：
美日战争，开端和终结

总之，生活中没有比这更重要的了：发现看待事物、判断事物的正确观点，并坚持之。

——克劳塞维茨，《战争论》

那天夜里，沙漠上起了风。那是一股又热又燥的圣塔安娜丝风*，它穿过山口俯吹下来，拂动你的头发，兴奋你的神经，撩拨你的肌肤。这样的夜晚，每次酒会都结束于喧闹争吵。温柔体贴的小媳妇们一边用手试着餐刀的刀锋，一边端详着丈夫们的脖子。

——雷蒙德·钱德勒（Raymond Chandler），《红色风暴》

珍珠港和长崎分别是美日四年失和的首字母和尾字母。对于贯穿 20 世纪数十年的美日友好伙伴关系而言，这四年只是一个短暂的反常时期，尽管如前文所述，西方的解释一直众说纷纭。虽然直到现在，这两个名

---

* 形成于南加利福尼亚并影响该地区的干燥强风。

字一直不祥地同声共鸣着，但对美国来说，这意味着恶始善终；而对日本来说，却意味着善始恶终。那么，我们是否依然不同意将道德判断附加于这些真实的，但也充满了想象的开端和终结之上？

关于这次失和，有一部大名鼎鼎的著作，叫作《战争风云》。关于书名，我百思不得其解，因为作者赫尔曼·沃克（Hernan Wouk）对于日美战争中标志性的风云事件，不着一字，或者说并没有什么真知灼见。这些风云事件包括：珍珠港刮来的"东风"，1945 年初摧毁东京和其他城市的"红色风暴"，将广岛和长崎变为废墟、终结战争、开启核恐慌时代的"黑雨"。对于被美国人称为"好的战争"的日美战争中那些颇为麻烦的方面，沃克巧妙地以"风云"设喻，避而不谈。而我将从恰当的视角，直面战争中那些弄乱了"正义"标签的方面。

和平风云：自然之日本，自然之美国

日本多季节性的台风，而大陆国家美国也至少要经受三种不同类型的凶猛风暴：大西洋沿岸的台风（飓风），中西部的旋风（龙卷风），以及从内华达山脉吹到洛杉矶盆地的沙漠热风。其中，沙漠红风最少为人所知，但是，当灼人的沙漠风暴穿过山口，咆哮着冲下山谷，吸榨着不断铺展开来的城市的生机时，洛杉矶人只能不停地灌溉，再灌溉，直到将沙漠盆地变为绿洲，直到可以将其称为家园。

太平洋浩瀚的海水为洛杉矶画出了一条边界，明净的阳光终日普照，无休无止，这让早期的拓荒者以为他们发现了一个地中海式的乐园，直到有一天，热风赤浪滚滚而来，差点将他们的茅屋烤焦。不唯如此，加利福尼亚还给美国的游牧部落准备了另外的纠结：他们是大西洋人还是太平洋人？他们究竟是作为英国子民和国际主义者，在动荡不安的 19

世纪传播英国强权下的世界和平，抑或根本就是从欧洲来的扩张者？他们是因为"受两个大洋的庇护"（且不说英国海军的庇护），从而可以孵化出一种前所未有的国家形式，抑或他们不过是欧洲人中最凡俗不过的渣滓，因而内战频仍？他们究竟是北欧文明的苗裔，还是说他们正在建立一个新世界（一种新的世界秩序）？

同一个大洋滋润、哺育、保护着日本，并将它与亚洲大陆区隔开来。日本古称"太阳升起之地"，所反映的是只有生活在大陆上的人才会有的一种视角。[1] 20 世纪，日本领导人最引以为傲的一点就是：拜天堑所赐，日本得以免受亚洲大陆的艰难困苦。作为世界上唯一能够将吃生鱼升华为一种艺术形式的国家，日本想尽一切办法从亘古以来便包围着它的、无所不在的太平洋海水中汲取生存资源。

如此一来，便有了两种太平洋人，他们为同一个浩渺的大洋所滋润，各自宣称着殊异于世界上其他地区的例外论，[2] 宣称着距离决定论，宣称着（如我们在导言中所说）要以一种不可思议的方式向文明中心迈进。不过，对绝大多数学者来说，不是两种太平洋人的共同性，而是双方各种各样的不同很快成了不言而喻的共识。比如，日本是单一种族国家，而美国是一个大熔炉。然而，从 1941 年之前的洛杉矶来看，美国在种族上无论如何都同样纯粹。没有任何其他城市能被占大多数的白种盎格鲁－撒克逊清教徒连续统治这么长时间，直到 20 世纪。第二次世界大战使洛杉矶变成了一座工业城市，并带来了数以百万计的少数族裔，但是直到 1960 年代，白种盎格鲁－撒克逊清教徒的统治才被打破。南加州的情况在很大程度上适用于这个国家的其他地域：20 世纪前三分之二的时间里，"国家利益"一直被白种盎格鲁－撒克逊清教徒的上层所拥有。而通常来说，往往是外国人为美国人指明了这一点。比如，英国作家高佛瑞·哈奇逊（Godfrey Hodgson）曾经指出，"东部权势集团就对这种说法特别不屑"。他还指出，"在某种程度上说，如果欧洲人知道，作为从 1898 年到 1968 年整整 70 年间都在世界上发挥着重大作用的国家，美国的外交政策原来不过是内政的翻版，欧洲人想必会大吃一惊，因为他们从小便被告知，美国是一个伟大的大众民主国家，它坚决反对贵族偏见"[3]。自然，太平洋沿岸的看法完全不同，那里的白种盎格鲁－撒克逊清教徒精英往往将自己与征服者和牛仔、开疆拓土和自由市场的传说联系起来（这是一种神话，罗纳德·里根是其化身）。

无论如何，我们又一次看到，美国和日本之间许多被认为是永恒不变的差异，其实都不过是晚近历史的人为结果，这段历史充其量可以追溯至 1941 年或 1960 年代（尤其值得指出的是，当时，人权运动将长期以来只有白人才拥有的权利赋予了非裔、亚裔和其他少数族裔的美国人，从而打破了此前铁板一块的盎格鲁－撒克逊清教徒霸权）。

什么是战争？

和词汇表中许多重要词汇一样，"战争"也有很多转义。我们听说过雷克萨斯和英菲尼迪之间的"贸易战"，听说过帕特里克·布坎南的"文化战"，也听说过发生在波斯尼亚充斥着残暴杀戮的战争（姑举一例：1995 年 5 月，71 名年轻的中产阶级民众被呼啸而至的迫击炮弹杀死在露天餐厅和咖啡馆中）。

在西方传统中，修昔底德最早对战争的本性进行过思考。《伯罗奔尼撒战争史》中最著名的一句话也许是："战争是一位严师。"这并非对战争进行全面考察后的结论，而是源于他对科西拉（Corcyra）内战的分析："战争是一位严师。于是革命在一个又一个城市相继爆发……那些向来被描述为缺乏思考的侵略性行为，现在成了人们最希望在共同体成员身上发现的勇敢品格；筹划将来、等待时机云云，都无异于是在斥责某人是懦夫；而适度的节制则是某人用以掩盖自己缺乏男人气质的伪装。"[4] 科西拉战争是一场类似于朝鲜战争或越南战争的内战。人们经常跨越时空，到修昔底德的著作中寻找现实政治理论，即民族国家之间权力政治的起源，仿佛当下的现实仍是彼时的现实；或者在读了修昔底德对科西拉战争的分析后，便将其径直运用于所有战争。但那当然是张冠李戴。20 世纪之前的许多时代和许多地方，战争作为由职业军人所从事的有规则的、颇有骑士风范的行为，有其详尽的密符、誓约、准则，而所有这些都远离平民百姓的日常生活。不言而喻，谁也不必费心劳神地向学习日本历史的学生们解释这一切。东西方共同发明了所谓"文明战争"[5]。克劳塞维茨《战争论》对前现代和现代战争做了鞭辟入里的区分。在他看来，战争归根结底乃是"文明"的产物。特定的战争产生于特定的文明和文化，随着现代工业文明的到来，"现代战争"也联袂而来。现代战争其实是"不文明"的战争，它不过是为了竞逐国家权力而已。但无论如何，拿破仑的确是现代战争的先驱，他最先号召、动员全体民众和整个国家参与战争。用阿纳托尔·拉帕波特（Anatol Rapaport）的话说："拿破仑上了伟大的一课：政治的硬通货是权力，而权力的真谛在于有能力实施物理性摧毁。克劳塞维茨深昧个中真意，借战争哲学形成了其政治哲学。"[6] 正是借助于克劳塞维茨，我们才可以开始既从普遍的意义上理解现代战争的性质，同时又对"一战"和"二战"有专门的诠释。"战争"，按照他那著名的定义——"是一种暴力行为，意在强迫我们的对手服从我们的意志"[7]。这一命题在逻辑上包含了一个理念：战争的目标乃是"全面胜利"。因此，"克制对于战争来说是荒唐的"[8]。

可以肯定，《战争论》命中注定是一本要不断遭受误读的著作，尤其是那些军事专家，他们翻来覆去，似乎总是盯着这一个命题。然而，对克劳塞维茨著作的全面阅读将会引向完全不同的结论：战争是一种绝对政治性的人类行为，其中，人类的理性智慧与战争手段相结合，以实现政治目的。其中有逻辑、战略、诡计的运用，但也包含着对战场和总体性——也即战争与政治的"有机整体"——的良知。除非对战争和政治都有充分体验，否则不可能拥有这种良知。战争并非将军或政客的专利；它也是政治家的职责所在，或者说，在克劳塞维茨的时代，它也是至高无上的国王或国家行政长官的职责所在。[9]

在克劳塞维茨看来，战争的政治学并不主张为了己方目的而不择手段，也不主张彻底消灭敌人；和战争中的所有事情一样，胜利也必须从政治上加以考量。"战争的结果从来就不是绝对的"，他写道；如果战争仅仅意味着暴力的话，"那么在开始制定战争政策时，就应该以此为出发点"。[10] 但这种看法显然是"完全错误的"，他继续写道，战争"并非只须考虑单一因素的绝对事件；它是诸多权力的博弈"。在一个关键的段落里，他写道，战争"是一种奇妙的三位一体"，它包含着激起战争的仇恨和敌视（他称之为"盲见"），也包含着或然性和侥幸（这决定了战争是一种没有规则的心智活动），但最后也最为重要的是，战争臣属于政治，并且因此"无条件地服从于……理性"。因此，战争并不只是将军或某些拥有暴力的专家的事。战争永远趋向于一个目的：敌人的投降。但这同时也是一个政治行为。"无条件投降"不仅非常罕见，而且"它也并非和平的必要条件……对敌人的完全胜利只存在于想象的战争之中"。

拿破仑战争与第一次工业革命同时，后者开启的永无停歇的技术创新至今方兴未艾，并使得现代资本主义创造与毁灭的周期性循环[约瑟夫·熊彼特（Joseph Schumpeter）语][11]愈转愈快。第二次工业革命中的新技术（催生了潜水艇、战斗机、机关枪以及毒气）和拿破仑式的国家动员共同导致了"一战"的非理性屠杀，而"一战"作为"终结了所有战争的战争"，则被称为"历史的狡计"。

按照克劳塞维茨的观点（战争必须由理性的政治智慧指挥；战争是"以其他方式进行的政治"），"一战"是无法解释的。迄今为止，没有任何"与战争相关的"研究 [如昆西·赖特（Quincy Wright）之所为][12]，也没有任何"出诸理性行为者的"分析能够令人满意地解释，何以1914年斐迪南大公在萨拉热窝被刺杀能够引发第一次世界大战；战争动员要么完全是按照军事机构的计划自发实施的（例如德国的施里芬计划），要么是按照此前的国家动员计划完成的（如俄国），两者所依据的都非人类理性。结果是，战壕里惨绝人寰的屠杀使战争陷入了泥淖；战争变成了对人性的灾难性破坏，没有任何人从这场战争中获利，也没有任何一部合乎理性的战争法被援引、运用。伯纳德·布伦迪（Bernard Brodie）说得对，"一战"颠覆了克劳塞维茨关于战争统御于政治——统御于理性原则——的所有命题。[13]

不过，"一战"确实拉开了现代战争某一阶段的帷幕。所谓某一阶段，指18、19世纪因"国家原因"而发动的侵略战争，也即大国之间司空见惯的游戏。此前，战争曾被理解为"一种正常的、永远的状态"[14]（诚然，美国一直试图避免旧战争的这一关键特性）。然而仅此而已：停战期间的主流话语乃是和平、国际合作，以及试图通过立法宣布战争行为非法。侵入别国疆界现在被称为"俾斯麦式的侵略"，它被放置到过去，成为了过去的一部分。1928年的《凯洛格－白里安公约》（*Kellogg-Briand Pact*）试图将自卫战争之外的一切战争都定义为非法战争；然而这是停战期间仅有的、今天所谓"和平研究"的深刻而真诚的个案。"和平研究"始于对"一战"原因和结果的"调查"，其中，凯恩斯（John Maynard Keynes）率先展现了其杰出才智。诚然，国际联盟是威尔逊将世界纳入法律控制之下的思想的体现（然而美国参议院竟然辜负了威尔逊总统的苦心，拒绝加入国际联盟）。

当然，上述将世界从丛林法则转而纳入法律控制之下的足资称道的努力，并非发生在真空之中，而是发生在依然为少数帝国主义强国控制的世界之中，依然没有跳出不列颠治世霸权的手心。然而，"一战"之后，这只手开始变得颤颤巍巍、几近瘫痪，而公认的新霸主美国又因为正处于又一个萎缩期而无暇顾及国际事务。英国无力维持其霸权体系，美国又不愿意这么做，这便是对"二战"爆发原因最切中肯綮的解释。[15]

截至 1900 年，美国确乎已经执全世界生产力之牛耳；到 1920 年代，美国银行已经在世界经济中取英国和欧洲资本而代之。以福特汽车公司为象征的美国大规模生产，成了全世界嫉恨的对象。1929 年 10 月，华尔街股市的崩盘宣告了全球大萧条的到来，随后几年，世界经济全面崩溃，所有的国际合作均无疾而终。世界体系的僵死瘫痪、无力运转，使得所有强国竞相插手他国事务。"金丝线的突然断裂引发了一场世界革命"，波兰尼（Polanyi）以此比喻 1933 年金本位崩塌之后果，而金本位崩塌本身也正是霸权之手付诸阙如的象征。[16]

美国足够幸运，只需等来一场新政；欧洲国家，紧接着是日本及其殖民地，则等来了一个新秩序。波兰尼慧眼独具，认为任何国家之所以从世界体系中"撤出"，都是缘于国内社会、经济、政治力量的杂合作用，也许还可以加上一个要素：各自在帝国主义世界版图上可以获得的空间。对德国和日本来说，作为工业国家和帝国主义国家在世界时间表上的"迟到者"，"空间"的作用就更为明显。到 1930 年代，拿破仑为发动战争而进行的国家动员业已被运用于一系列服务于工业生产的国家动员，其中包括 1928 年至 1944 年斯大林所进行的大规模的、冷酷无情的，然而绝对成功的社会主义工业化。其间，日本和德国也以同样的方式——也许看上去不那么冷酷无情——开始了工业化进程，并于 1935 年成功地走出了世界经济危机的阴影。此后，两国经济保持了快速增长。在我看来，日本和德国的"国内杂合作用"并不相同：德国生长出来的是恶毒的法西斯主义，日本生长出来的是恶毒的军国主义。军国主义并不等同于法西斯主义。也许有人对此会有异议，因此本章的重心尤其在于追问 1930 年代的世界结构如何决定了日本在世界中的位置，又如何引发了太平洋战争。[17]

驱使日本和美国走向对抗的力场乃是：在浩瀚的太平洋地区，以及在帝国主义的版图上处于相对不确定状态的东北亚，都没有一个明确的霸权（或者一个有争议的霸权）。诚如诺曼等人最早所论，1880 年代及其后一段时间，日本工业蓬勃发展，而由欧洲帝国主义所统治的世界却没有在这个世界上为其留下"呼吸的空间"。[18] 日本工业要向朝鲜扩张，就必须要（通过 1904—1905 年的日俄战争）廓清俄国在朝鲜半岛的影响，而日本在对抗中则深受盎格鲁－美国眷顾。英美之所以对日本偏爱有加，缘于英国在欧洲的势力均衡立场以及美国刚刚在菲律宾取得的地位。从某种意义上说，日本建立的帝国正中美英下怀，否则，在目睹西奥多·罗斯福获得诺贝尔奖时，美英至少应该感到一丝内疚，因为罗斯福获奖的理由是，在日本使朝鲜成为其"保护国"之后，作为调解者，在普茨茅斯使东京和莫斯科握手言和。此后，直到 1943 年《开罗宣言》发表，美国再也没有挑战过日本对朝鲜的统治。

朝鲜和随后的满洲之所以能够成为日本攫取和发展的"边疆"，部分原因是自 1905 年之后，再没有其他大国对这两个地方有过主张。日本领导人将其殖民统治与美国西进运动中的移民和发展相提并论（他们甚至设想过"篷车运动"，将日本迁往满洲）。如果我们从 1930 年代的视域出发，就会发现，这种想要到美国经验中寻找相似性的企图并没有产生预期效果。当时，罗斯福的大西洋国际主义因为众所周知的"孤立主义"力量开始变得黯然失色。

孤立主义经常是一个贬义词；美国民族主义则带有更多的褒义。1930 年代，美国民族主义意味着高关税、建立在巨大但尚未充分发育的国内市场之上的独立自主的政治经济，以及针对中美洲和东亚的单边外交政策。"孤立主义者"当然有其外交政策：向对其利益"开放"的地区扩张。他们倾向于支持罗斯福的拉丁美洲政策，不过尽量避开矗立着大英帝国建筑物的地区。[19]

在一篇重要的分析文章中，加雷斯·琼斯（Gareth Stedman Jones）发现，美国帝国主义在海外表现出来的不侵占领土的典型特性（菲律宾除外），"奠基于它'在家里'表现出的史无前例的地盘占有天性"。加雷斯认为美国西进运动开创了"一个长期的攫取、霸占领土的历史进程"。[20]疆域厘定之后，东亚又吸引了扩张主义者的注意；进军东亚是进军西部边界的延展——"这是进军路线即将画圆之前的最后一笔直线"，理查德·德律恩(Richard Drinnon)如是说。[21]美利坚帝国不停地追逐着落日，追逐着"曾经被称作远西、现在变成了远东的遥远地区"，约翰·海（John Hay）如是说。[22]瓦尔特·拉菲伯（Walter LaFeber）也发现了这种不断西进的扩张主义；他将弗里德里克·特纳（Frederick Jackson Turner）的边疆理论与1890年代的帝国主义，以及伍德罗·威尔逊（Woodrow Wilson）"远太平洋地区"的"新边疆"联系到了一起。[23]然而，其中是存在着区别的：扩张主义者希望美国在太平洋地区实行单边统治，而国际主义者更希望英帝国主义与其携手共管。

如上一章所说，直到世界经济危机之前，日本一直安居于盎格鲁—美国霸权体系（即当时的"国际主义"）之中，其时美国的扩张主义已经迟暮。几乎是遂英美之所愿，日本建立了帝国，并且和其他几个国家一样，试图在1930年代的世界经济大萧条之后谋求一个利益独享的地区性势力范围。

至此，我对太平洋战争爆发前的"总体情势"进行了简要分析，"总体情势"是克劳塞维茨紧随"什么是战争"这一问题之后提出的一个概念。[24]我自认为我所借用的是克劳塞维茨的"正确观点"，尽管它既不同于美国的，也不同于日本的观点。总体情势是：在由英国霸权主义及其方兴未艾的年轻伙伴美国共同操控的世界体系中，全球已被殖民主义和帝国主义瓜分豆剖。这便是刺激日本决策者在欧战爆发几个月后即出台作战计划的有机整体。

也许现在可以直面这场战争了。然而必须再问一个问题：不仅仅是"什么是战争"的问题，而是：有为了正义的理由进行的战争吗？换言之，有所谓"正义战争吗"？在当代美国有关这一问题的论著中，影响最大的当数米切尔·瓦尔泽（Michael Walzer）的《正义和不正义战争》。"所谓正义战争，就是从道德上看必须要赢的战争"，他写道。

> 重要的价值，如政治独立、社会自由、人类生活等，受到严重威胁，其他措施均告失败（这是至关重要的一个条件），借战争保卫这些价值，因此获得了合法性……
>
> 我们需要寻找战争的合法目的，寻找可以正确的方式实现的目标。这些目的、目标也便是正义战争的界限。一旦它们赢得了胜利，或者被纳入了政治范畴，战争便应该终止。[25]

正义战争学说——最早可追溯至圣奥古斯丁——从一开始就将自卫视为合法使用武力的第一原则。许多分析家认为自卫是不证自明的，好像我们一眼便能识别出来似的。事实上当然并非如此，唯其如此，停战期间人们才会不厌其烦地定义何为侵略，因为在思考正当防御之前，必须先搞清楚何为侵略。自卫概念是瓦尔泽有关正义战争的全部思想的基础。他在奥古斯丁学说的基础上增加了一个概念：负责制定规则的国际社会，由它来判定何为侵略、何为自卫。瓦尔泽因此认为他的正义战争学说是一种"强有力的理论"。[26]

在一个经济危机接踵而至、安全保障体系纷纷解体的时代，又有什么样的国际社会能够在1930年代晚期对侵略行为进行定义呢？1950年，朝鲜北方进攻南方时，南北双方都还没有加入联合国，也都不同意联合国所划的三十八度线，但为什么联合国作为一个国际组织，又能够将发生在刚刚获得承认的韩国领土内的军事行为认定为侵略呢？上述第二个否定性条件充分说明了瓦尔泽将朝鲜战争理解为正义战争，在逻辑上是不成立的；[27] 不过，上述第一个否定性条件并不足以推翻他认为"二战"是正义战争的结论。因为尽管不存在合法的国际组织，我们还是可以认定希特勒对波兰的袭击是侵略行为，波兰人民因此有权以武力进行自卫。希特勒的行径完全是俾斯麦式的；如果希特勒是俾斯麦，也不可能更变本加厉。纳粹罪行是绝无仅有的：仅仅因为某些人是某一种族（首先是欧洲犹太人），便试图将其全部灭绝——这样的大屠杀对任何可以想见的战争目的来说，都毫无必要、极其罕见。不过，撇开这点不论，"二战"还有更多含义。这是一场"好的战争"——因为具有善良意志的人们认为击败希特勒乃是"道义的迫切要求"。希特勒冒犯了普通人的、全人类的"正确观点"，因此罪有应得。[28] 那么日本呢？

战时日本：暴行？种族灭绝？大屠杀？

绝非偶然，东西方哲学传统都非常重视事物的称谓问题：命名和重新命名被认为是思考、判断和记忆最为核心的方面。通过命名，我们将某物安放或召回到我们的记忆中，使它免于被遗忘，被湮灭，同时长久地持有、保存它，以供思想之用。记忆的敌人是忘却。在论述弗洛伊德深远影响的一段文字中，尼采写道，忘却并不仅仅是怠惰的结果，"毋宁说它是一种活跃的，并且从最严格的意义上说是积极的反抗压抑的机制"。人类这种动物需要健忘，因为健忘"就像看门人、保管员，为我们照看着精神的秩序、睡眠和礼仪……没有健忘就没有现在"[29]。同样出诸尼采，还有一段话与我们的讨论密切相关："'我做过那件事'，我的记忆说。'我不可能做过那件事'，我的自尊说，而且始终斩钉截铁。最终——记忆屈服了。"[30] 从这些思想中，我们发现，很有必要检视自太平洋战争以来便一直存在的诸多令人心痛的问题，这些问题之所以存在，一方面是因为历史被埋藏得太久，另一方面则是因为有太多的人宁愿历史被埋藏。

太平洋战争中，日本的道德最低点是 731 部队在中国战俘和持不同政见者身上所做的臭名昭著的细菌和药物实验。[31] 我们对此如何命名？它无疑是残酷的暴行，但并不构成种族屠杀（因为范围很小）。聊可慰藉的是，731 部队的行为曝光后，激起了全球范围的强烈谴责。"ianfu"或者"慰安妇"的丑恶历史从范围和程度上看，可以算得上种族屠杀，但也许称之为"女性屠杀"更为准确。绝大多数受害者即朝鲜妇女（在十万到二十万名之间）所遭受的暴行，就程度、种族和性别等各方面而言，都比性奴更有过之而无不及。这是对朝鲜人民所犯的最严重的罪行，但它只是日本人所犯罪行之不容否认的一部分，还有范围更广，也许程度较轻的罪行，那就是在太平洋战争期间，强迫数以百万的朝鲜人充当劳工或参军。[32]（美国也曾强制将十二万名日裔美国人转移至拘留营，这和日本的强制动员政策在性质上是一样的，但时至今日，最重要的区别是，美国政府已于 1988 年公开认错并对受害者进行了补偿，而日本在相关问题上却依然踟蹰不前、无意仿效。）

南京大屠杀是一种极端的暴行，死难者数目接近三十万。这固然是军队丧心病狂的极端之举，但毫无疑问又是日本灭绝战略的一部分。该战略主要由反共主义和种族主义驱动，自 1931 年以来在中国东北和华北全面推行。大约两千万中国人和朝鲜人死难，这使得日本这一卑劣丑恶的战略成为了 20 世纪最严重的罪行之一。这当然是种族屠杀。尽管有人声称所有这些都关乎战争目的，但它实则完全是对无辜平民的强奸、劫掠和杀戮。至于日本之罪行，似乎将其最暴虐的行径称为暴行（antrocity）、种族屠杀（genocide）——而不是大屠杀（holocaust）——更为恰当。现在让我们回到美国方面。

约翰·道尔（John Dower）认为发生在广岛和长崎的行为构成了"核屠杀"，而理查德·米尼尔（Richard H. Minear）则在一篇引人入胜、极富煽动性的文章中，将其与欧洲犹太人的被灭绝相提并论。[33] 此前，我曾经认为，希特勒的最终解决方案在"二战"中是绝无仅有的，因为它和战争不可能有任何关系，就是为了灭绝某一种族，换言之，就是为了种族屠杀。种族屠杀同样可以发生在下列情况下：数量巨大的平民的利益完全不被考虑。

我的看法是，在广岛投放原子弹并非种族屠杀。它是非常严重的暴行，因此属于战争罪行。美国领导人是将广岛作为终结苦难而非延长苦难的手段进行考量的——它可以说是能够实现他们的目的的最好办法，尽管下列理由并不足以否证这一行为的暴行本性，但它的确不是种族屠杀。长崎则不同：往好处说，它是一场无正当理由的战争（原子灭绝的指责乃是马后炮），往坏处说，它就是一场种族屠杀（因为它没有明确的战争目的）。大规模杀戮和对无辜生命的漠视使它成了与1945年3月的"红色风暴"（red winds）一模一样的种族屠杀。在对"二战"的结束做进一步思考之前，我们还应该对其开端进行检视。

东风，雨

"1941年12月7日早上"——有谁可以再次写下这些语句吗？——从早上7点57分第一枪打响开始，两波共二百五十架日本轰炸机，摧毁了位于珍珠港的美国太平洋舰队的大部分舰船、飞机（为了"防止蓄意破坏"，它们非常随便地、密集地停靠在一起）。与此同时，还打击了美国领土夏威夷的九个机场。九个小时之后，更多的日本飞机又攻击了菲律宾的克拉克机场。在那里，道格拉斯·麦克阿瑟将军和他的部属们莫名其妙地也将飞机停放在一起（同样是为了防止蓄意破坏），其中包括由非常宝贵的 B−17 轰炸机组成的两个空军中队。在珍珠港，共有两千三百三十五名海军、空军和海军陆战队官兵遇难，一千一百四十三人受伤。美国共损失了八艘战列舰、三艘轻型巡洋舰、三艘驱逐舰以及四艘补给船。[34] 日本人在战略战术上所取得的令人瞠目结舌的胜利 [如果不是比鲁斯（Pyrrhic）式的、得不偿失的胜利的话] 一再被提及，但很少有人注意到，日本人的攻击对军人和平民作了非常精细的区别。这是一次只针对军事目标的攻击，军人和平民的死亡比大概是 34:1。

克劳塞维茨将会对偷袭珍珠港的理据和实施过程作何评论？他也许会说，它实现了他在题为"胆魄"的章节里所提出的目标——在战争中彰显军人"最高贵的品质"，保障最基本的"平民权益"。[35] 日本明显弱于美国，因此要立足于出奇制胜；更重要的是，随着欧洲战事的持续升级，美国逐渐被带入反日同盟，日本在太平洋的地理优势也逐渐丧失。转守为攻，克劳塞维茨写道，"常常并不发生在对我们而是对敌人有利的时候"[36]。因此，勇毅果敢和好勇斗狠必须要时时服从深谋远虑和审慎克制[37]；这就说到了最愚勇的进攻——它只会"唤醒熟睡的巨人并激起它可怕的决心"（珍珠港事件的策划者海军上将山本五十六语）。

按照佐藤清三郎（Seisaburo Sato）、家永三郎（Saburo Ienaga）、入江昭的说法，正是因为石油，使得日本在 1941 年 7 月做出了极其强调自主的外交政策——"向南发展"的决策，并最终导致了对珍珠港的袭击。[38]一本新书提供了更为翔实的材料：引发争议的矿产资源除了石油，还包括其他许多战略原材料。因此结论依然是：原材料是日本的目标并充当了将美国拖入战争的杠杆。[39] 换言之，日本和美国最优秀的历史学家都承认，确如日本诸多领导人之所辩称，偷袭事件的发生，是以西方帝国主义列强对亚洲的瓜分为背景的。但这并不足以证明偷袭的合法性，对此，佐藤清三郎、家永三郎以及入江昭已有明确结论。鲜有证据能够证明西方列强排斥日本帝国，事实上当时日本作为新的合作伙伴，正充当着英国或美国的副手。1939—1941 年，美国加强了对日禁运，是计划将日本重新拉回到那个惬意的框架之中。禁运措施并不足以使日本军国主义者的侵略行径一变而成为合乎道义的武力防御——"正义战争"。这是侵略，不折不扣的侵略。

对珍珠港事件的另外一种辩护也理当批驳。这种辩护当时就提了出来，没想到时至今日仍然时不时有人老调重弹。其实，日本绝不是要将东亚从西方帝国主义手中"解放"出来。朝鲜是日本的第一受害国，在1910 年之前曾有大批的日本现代化追随者，但此后便罕有其人。同样的情况也适用于臭名昭著的"二十一条"之后的中国。在朝鲜和中国，反日乃是民族主义的同义词。太平洋战争非一朝一夕之事，而是旷日持久（1931—1945），给朝鲜和中国带来了无比沉重的压迫。因此"正确的观点"是：又一场非正义战争。

然而，按照克劳塞维茨的观点，偷袭珍珠港不过是一次普通的侵略而已，它和其他不计其数的军事冒险没有什么不同，因此并不构成某种特殊的战争罪。考虑到袭击时的精确目标定位和具体实施情况，它实际上并不残暴。日本所犯罪行，自现代以来其实早已不乏先例。因此日本人的罪行毋宁是因为它姗姗来迟，在以"保卫和平""保卫共同安全"早已成为流行口号（直到日本于 1931 年、意大利于 1936 年、德国于1938 年证明了这些口号的空洞）的英美世界中，日本使用的是时代倒错的方法，即俾斯麦式的方法。最重要的是：珍珠港事件没有提供任何能够说明其中存在着可以称得上是逼迫侵略者投降的反抗行为的正当理由。如果说在后来所谓"好的战争"中有战争罪的话（后面我将展开讨论），也并不能说在这些罪行和日本 1941 年的侵略行径之间有道德上的一致性。

所有这些，对诚实的历史学家来说应该是显而易见的，尽管它们经常会遭到美国的护教论者以及长期与自民党右翼相勾连的日本政客的否认。真正晦暗不明而日本当时也不理解的，其实是我曾经指出过的"美国的参战方式"[40]。超级强国经常发现，让弱小的一方先行挑战对自己更为有利。个中理由，从克劳塞维茨对"防御之优势"的讨论，以及毛泽东借周恩来之口说出的"我们后发制人"的声明中不难窥见。[41] 到 1941 年 12 月为止，美国一直置身于第二次世界大战之外，而此时，距离希特勒侵占波兰并迅速将整个欧洲纳于治下（从而打破了世界权力的平衡）已经超过了两年。

珍珠港事件之前十天左右，陆军部长亨利·史汀生（Henry Stimson）在日记中记下了一段非常著名且饱受争议的话：他曾经与罗斯福总统当面商讨激发日本之敌意的方案，主题是"我们如何能够设计让他们［日本人］开第一枪而又不给我们带来太大威胁"。作为 1930 年代美国杰出的历史学家，查尔斯·比尔德（Charles Beard）在其关于珍珠港的著作中引用了这段话。[42] 比尔德还引用了福雷斯特·戴维斯（Forrest Davis）和欧内斯特·林德利（Ernest Lindley）的另外一段表述：

> 困扰最高当局的问题是，在日本人没有直接攻击美国国旗时，如何将当时在外交问题上四分五裂的国民召唤起来，使之投身于当局认为至关重要的重大行动之中……一般以为，聪明过头的日本人对美国国旗的直接攻击，帮助美国总统解决了这个问题。

比尔德还引述了史汀生 1946 年在国会的一段话。史汀生说："主动等待，直到［敌人］发起进攻。"不过，他接着说道：

之所以让日本人打第一枪，是因为我们认识到，要赢得美国人民的全力支持，就必须确保日本人采取主动，这样所有的人就都不会再怀疑究竟谁才是侵略者。

谁都知道，最好的防御乃是进攻。一味等待敌人首先出招往往是危险的……另一方面，我认识到，[对日本人发出]进一步警告，将会使公众对时局看得更为清楚。

我并不想论证说，是史汀生和罗斯福的"设计"将美国（或日本）卷入了战争，而只是想通过上述分析说明，在"另一个家伙"率先开火之前，美国的绝大多数战事都已经开始。消极防御战略并不必然说明权力的运筹是清白的，任何精神分析学家都明白这一点。然而有意思的是，1990年代，居然有如此之多的日本分析家在对珍珠港事件进行"全面"分析时，纷纷援引这一观点，试图不仅对美日战争的结束，同时也对其开端进行质询。

美日战争历时很短。大多数历史学家认为，早在（1942 年 7 月的）中途岛战役时便宣判了日本在太平洋上的失败，而（1942 年 12 月的）瓜达尔卡纳尔岛之战则宣判了日本在陆地上的失败。早在珍珠港事件之后六个月到一年之间，战争的结局（如果不能说当时便已结束的话）已清晰可见：日本将战败。至此，道德领袖的关键便是避免不择手段地运用一切可支配的力量迫使对方投降。恰恰是在这一点上，美日战争作为一场不平等的对抗，提出了战争中正义的要素。

尼采，这位权力的伟大学生，说道："势均力敌，这是诚实决斗的第一个先决条件。如果你不把对手放在眼里，那就不要发动战争。假如你是发号施令者，假如你看到某物已处下风，你也不能发动战争。"⁴³简·爱尔希坦（Jean Bethke Elshtain）从尼采的教导中看到了"对倾全权以贪占的反对"，以及对报复的否证。⁴⁴ 正如阿伦特所理解的那样，这也是基督教的基本教义——"勿报复，报复会使报复者和受报复者陷入报复之无情的自我循环之中"[45]。当然，声明放弃权力也是日本武士道传统的神圣法则。[46] 不过，我们现在要讨论的是美国之于战争正义（*jus in bello*）的责任，也即与"好的战争"相适应的行为。正如瓦尔泽反复论证的那样，"战争通常会被评判两次"，第一次是以结果评判，第二次是以手段评判；好的战争有可能是以不正义的方式进行的，而坏的战争可能是以正义的方式进行的。[47] 被侵略者并不因为其牺牲者的身份而被免除对文明战争所应担负的责任。清楚了正义战争传统的这一维度，我们便可以开始思考美国之于日本人民，以及日本之于朝鲜和中国人民的民族主义行径的战争后果了。

红色风暴

火与水是最基本的生命力，有些古人或许会如是教导我们；另一些人则认为是土、风和火。水安详平静、温和柔软、光洁灵动——处于自然状态的水流堪称古老的中庸理想的具体体现。只有在旱和涝的极端状态下，水才给自然和人带来麻烦。火则桀骜不驯，永远处于极端状态，随时准备熊熊燃烧。除非面对带着极度的平静被自己消灭的牺牲者，它从来不知道平衡和中立为何物，即使极其微小的数量也足以酿成巨大的灾祸。每隔一段时间，都会有这样的事情发生：因为火种不小心掉入灌木丛，结果引发了遍及南加州的火灾。这就是为什么极小量的火——火星——在语言上没有和极小量的水相对应的词汇的原因。极小量的火的确不同于极小量的水——"滴"，后者虽然数量极少，却依然不失其美丽，依然能够拯救生命。

风和火有许多共同点：桀骜不驯、性好极端、不喜平衡中立。被火或风肆虐过的人都体验过人在自然力量前的无助与无辜。1947 年春天，印第安纳州的龙卷风将我家摧毁殆尽，我和家人幸免于难。犹记得三岁时，当父亲讲起龙卷风将大厦夷为平地或将汽车抛到近二十米高时的兴奋心情。那天，当父亲说我们将要经历"龙卷风天气"时，我甚至极其兴奋。那一天，太阳时隐时现，间或来一阵短暂的降雨。收音机通报说龙卷风已经到达我们的地区。多么激动人心！

突然，尖利的雷电声猛烈的撞击着地面，一个低沉的惊雷在头顶炸响；正午的天空突然变得漆黑一片，从遥远的地方传来一阵连续不断的咆哮声，愈来愈响，愈来愈近。父亲一个箭步，将我们推向地下室，但强劲的真空使他已经无力将门关上。当时，巨大的声音就像货运列车一样压向我们。我们刚刚扑到父母亲的双人床下，龙卷风的中央气旋便撕开了整个房子。我的神智一片眩晕，无助而惊恐：我休克了。

几秒钟后，空气魔幻般的静止了，我们从床下爬出来，拍掉身上的灰泥土尘。整个房子只有一堵墙还立在那里。屋顶被卷走了，一棵大树倒进了我们的起居室。另一棵树将我们的汽车压成了扁片。父亲的眼镜完好无损地躺在一个床头柜上。我们全都没有受伤，甚至连擦伤都没有。但是我再也不想听到龙卷风的狂暴威力（而我的两个儿子又请求我用同样的故事哄他们入睡）。

上述经验的关键是，没有亲身经历过自然灾难或人间地狱的人不可能理解龙卷风或大火灾亲历者那种巨大的、无法抚平的惊恐。因此，没有人——包括奥本海默本人——能够想象原子弹爆炸的真实情形。[48] 在被请求讲述当时的真相时，广岛和长崎的幸存者往往选择沉默，因为他们实在没有能力讲述当时所发生的一切。

严峻的考验往往来自于火与水，但依照人类最悠久的神话，人类只遭受火的审判和判决。洛杉矶向来不乏变幻莫测、反复无常之元素——火与风，唯独缺乏调节他物的水。因此，这座安坐于灾变之上的城市，完全有违孔子的中庸之道，即调节生命的内在平衡。洛杉矶盆地的幸存者——那些最能适应其自然条件者——乃是"火植"（fireplants）：稠密的灌木覆盖在地表之上，随着太阳的照射温度不断升高，一直高到人间与地狱的临界温度，一触即发。这便是灌木有害的本性：洛杉矶需要它来防水，来抵御洪灾；但它又是如此易燃，因此火轻易就可以将它吞噬、席卷，并在它被清除之地引来洪水。（这是美国边疆为游牧而来的定居者准备的又一个恶作剧。）

珍珠港事件迅速引发了洛杉矶的一场小恐慌，已故喜剧演员约翰·贝鲁西（John Belushi）主演的影片《1941》便是基于这种恐慌而拍摄的一部想象日本轰炸洛杉矶的闹剧。让我们想象一下这座被滚滚热浪包围的城市——一连数周没有降雨，草地、山坡被烤成了焦土，稠密的、一望无际的灌木丛随时都可能燃烧起来，沙漠红风穿过山口盘旋而下。突然，334 架轰炸机出现在远方，马达整齐化一地轰鸣着，机舱里装满了炸弹，炸弹里充满了凝固汽油、磷、镁和凝汽油剂。轰炸机俯冲下来，到达了 2000 米的高度，已经可以感受到洛杉矶盆地那逼人的风浪和气流了。突然，整个城市都出现了火苗。如此大气环境下，火苗马上变成了肆虐的烈火风暴，飓风般的火浪在城市中呼啸着往来穿梭。

> 被风吹起的千百个小火星变成了一堵烈焰之墙，并以令人眼花缭乱的速度向着街道、防火墙、运河俯冲过来。[49]

> 在风浪和巨大的火焰之下，许多地方都升起了巨大的、炽热的旋涡，它们席卷着、扫荡着、吞噬着成片成片的屋宇，汇成一个无比巨大的火的旋涡。[50]

> 大火……肆虐地蔓延着，一条火柱被地面风推动着几乎要跌到地面了，突然又捕获了新的氧气和燃料，再次变得狂暴起来。[51]

洛杉矶人被近千度的高温驱赶着跑向河谷，但河水已经干涸。于是他们又涌向海边求生，但对他们的伤口来说，太平洋的海水太咸了。

　　一个女人整夜都陷在齐膝深的海湾之中，双手紧紧抓着一根基桩，背上背着她三岁大的儿子；到了早上，周围已有好几个人死于烧伤、惊恐、虚弱和寒冷。数以千计的人淹死在污浊的、散发着臭气的运河里，他们的嘴巴刚刚浮出水面，但大多数人死于烟雾窒息、缺氧、二氧化碳中毒，也有人是在烈火将水烧热时被煮死的。[52]

　　当然，真正遭受"akakaze"（红风）磨难的是1945年3月9日至10日的东京，而不是洛杉矶。"二战"结束前，还会有六十五座城市遭受轰炸，但没有一座城市比空军司令柯蒂斯·李梅将军（Curtis LeMay）的纵火癖在当晚所引发的飓风和龙卷风更惊心动魄。一座方圆四十平方公里、居住着密集人口的现代化城市毁于一旦，至少有八万四千人死亡，另有差不多同样数量甚至更多的人员受伤——大都是以惨不忍睹、骇人听闻的方式。[53] 如果换了洛杉矶，美国人当时，甚或现在，又将情何以堪？他们会宽恕吗？他们会为日本的李梅颁发类似于李梅1964年12月6日在东京所获的"勋一等旭日大绶章"那样的美国勋章吗？[54] 他们会将这种制造人间地狱的行径定为战争罪吗？

　　在一本讨论战争和道德的新著中，罗伯特·霍尔姆斯（Robert L.Holmes）对奥古斯丁的正义战争理论进行了检讨（发现它比其他相关理论都更不清晰），并进而认为，即使不考虑现代科技的巨大杀伤力，也没有任何一次现代战争能够称为正义战争，因为现代战争总是以无辜平民为牺牲。[55] 在某种程度上，阿纳托尔·兰帕波特（Anatole Rapaport）以同样的方式证明了：克劳塞维茨的全面战争概念（始于拿破仑的发明）绝不等同于20世纪中叶战略家们的全面战争概念。前者强调对全部国力的动员，而后者则旨在全部灭绝，唯其如此，对"正义战争"的任何讨论都变得毫无意义。

兰帕波特揭示了"二战"中还只是为所有强权国家默认的灭绝主义，是如何在漫长的苏美"恐怖平衡"时代演变成了主流的信条："很难想象克劳塞维茨会认同'文明战争'乃是对平民[*]的屠杀。即使在论'绝对战争'时，他也将屠杀限定于战场……'全面战争'的现代提倡者，如纳粹，如美国某些盲目追捧'全面胜利'者，却明确将（现在也如此）平民列入军事目标。比如，美国空军的候补军官培训项目（ROTC）指南《航空武器系统基本原理》便将'军事目标'定义为：'为削弱或瓦解敌人的抵抗意志和抵抗能力，一切被选定可以用武器加以摧毁、失活，使之无效的人、物、观念、实体或场所。'"[56] "二战"期间，美国上述思想的化身就是李梅，轰炸日本城市的始作俑者。李梅获得过许多奖章和奖励，但是鉴于其阴暗的才能、丝毫不具反思性的心智、残酷的种族主义思想[57]，以及为达目标便无所顾忌地滥用武器，他实则是克劳塞维茨所谓"盲目本能"和阿伦特所谓"平庸的恶"的典型代表。一言以蔽之，李梅之"akakaze"乃是暴行，是战争罪行。

黑雨：广岛和长崎

1945年8月6日早上8点15分，美国"艾诺拉·盖"号B—29超级堡垒轰炸机向着广岛急速俯冲，扔下一颗重达八千磅的铀—235炸弹。炸弹在城市上空五百八十米处炸响。百万分之一秒不到，滔天巨浪般的火球便达到了数百万摄氏度的高温。"之后，随着激震前沿（shock

---

[*] 这里所谓"平民"，原文为 civilian population。civilian 本义为"文明的"，卡明斯意在与"文明战争"（civilized war）形成互文反讽效应。——译注

front）或者说震波的移动，刹那间产生了巨大的压力，火球则产生了两个同心区——位于中心的高温区和位于外层的相对低温的区域。有一段时间，火球不断爆裂膨胀，然而震波爆裂膨胀的速度更快。随着激震前沿的扩张，火球周围的空气温度不断升高，直到变得完全透明。"[58] 李梅曾苦思冥想，试图用数量巨大的燃烧弹来制造一场烈火风暴，而广岛的一颗原子弹便将无比巨大的过热空气变成了直冲云天的旋涡—— 一场灾变性的"黑风"，烧焦的人体和各种物质材料被吸进漏斗中央的可怕真空中，抛向天空，然后被后面和下面涌来的冷空气从四面八方吞噬；新鲜氧气助纣为虐，烈火风暴以每秒十八米的速度持续了几个小时。传统燃烧弹烧起的火球会将距中心四十米范围内的木结构房屋烧毁或卷走，而设计当量为一万二千五百吨 TNT 的广岛原子弹的破坏半径为两公里，共摧毁了约十三平方公里的地区。从上午 11 点开始，从爆炸中心升起的强劲旋风向北吹过城市，直到下午很晚才平息下来。

与烈火风暴同时，大约爆炸后一小时，广岛北部和西部附近地区下起了一场不祥的、高辐射的"黑雨"[59]。构成这场"黑雨"的成分是这个被蒸发了的城市的细微颗粒——炭化的木头、人肉和骨头。可怕的降雨同样下了五个小时，许多人情不自禁地以为这是上天在为广岛死难者哭泣。当面目全非的人们一言不发地拼命逃往山里（也许还会有第二次轰炸）或水边时，因为离得很远而在爆炸中幸免于难的人看到的不啻是一支行尸走肉的队伍。"大块的皮肤从器官上剥落下来，就像稻草人身上的破布一样晃荡着。"[60] 仅此一颗铀－235 炸弹便夺去了八万人的生命，随后又有十万人死亡。

三天以后，8 月 9 日上午 11 时，一架绰号为"博克的汽车"的 B－29 轰炸机出现在长崎上空，炮兵军士克米特·比恩（Kermit Beahan）*坐在

---

* Kermit 源于凯尔特语，意为"武器之神"。

飞机机头的玻璃罩内。那天恰逢他的 27 岁生日。他将被称为"胖子"的钚−239 炸弹投向了城市上空。40 秒钟之后，这颗系在一个降落伞上、重九千磅的炸弹从两千四百米的高空下落到了爆炸点，距离一座天主教堂屋顶五百米的空中。这颗炸弹的当量为两万两千吨 TNT，差不多是第一颗的两倍。不过它引起的烈火风暴反倒要小一些，因为爆炸的方向是沿着山谷朝向长崎北部的，而那里的人口和建筑密度都不大。爆炸之后大约二十分钟，更大的黑雨降落在了长崎附近地区，震中的东边。[61]

当天上午，在纯心学校，一个修女正带领着一群女孩唱赞美诗，以纪念几个世纪之前去世的二十六位天主教殉道者。所有的女孩都不幸罹难。深受刺激的永井隆（Nagai Takashi）写下了这样的诗句：

> 百合花一样洁白的纯洁少女
> 消逝于红色的火海
>
> 在大屠杀的烈焰中
> 我们高声颂祷
> 无上天主[62]

爆炸之后几分钟之内，大约三万人殒命，其后，又有四万四千人因受伤、火灾、辐射中毒而去世。

时至今日，很多人已达成共识：对广岛和长崎的原子弹轰炸并非明智之举。依此观点，两次轰炸实际是希特勒丧心病狂、惨无人道的伦敦轰炸战略的极端发展，为了惩治德国城市，伦敦和华盛顿采取了和希特勒一样的战略，并在德累斯顿和东京制造了仅次于广岛和长崎的烈火风暴。[63] 对广岛和长崎的轰炸还是一个自动过程的结果：核物理学家们一旦启动了曼哈顿工程，便忘我地沉浸于炸弹的技术问题，却从来不曾停下手中的工作想一想原子弹是否应该运用于人类。物理学家们认为原子弹将被用来抵御德国，因为德国也在实行一项核工程。绝大多数物理学家同样赞同原子弹改投日本的决定。（最新资料表明，军方决策者之所以更倾向于以日本为目标，是因为倘若原子弹没有爆炸，被日本人获得也不会推动其核计划，而相反则会极大地推动德国的核计划。）

无论如何，1995年，纪念原子弹使用五十周年时，原子弹与普通美国民众纪念、庆祝好的战争的期许相摩擦，引发了一场爆炸性的争议。对绝大多数民众和许多历史学家来说，历史学家的第一要务乃是澄清"事实"；事实一旦被"澄清"，则听凭事实"自行言说"。据说这是一种幼稚的认识论观念，但这并不足以阻止人们——包括历史学家——对之深信不疑。[64] 如我们现在所知，广岛，尤其长崎的事实，从平民的角度是无法理解的。诸如巴顿·伯恩斯坦（Barton J. Bernstein）这样充分利用了时间、后见之明和解密档案对杜鲁门的决定进行研究的历史学家，并非"修正主义者"或后现代相对主义者。他们乃是实证史学家。问题正在于，这些历史学家不断发现的事实表明，恶魔式的炸弹并非迫使日本尽快投降的必要手段。或者说，他们告诉我们，以数十万无辜平民的死亡挽救数万进攻战士的生命，这在正义战争（或好的战争）的法则里殊难找到理据。

当然，围绕着这些决定，历史学家还有很多争论（比如，可以参见深孚众望的《外交历史》杂志1995年春季号）。然而，按照一位公允的主流历史学者［塞缪尔·沃克（J. Samuel Walker）］的看法，舆论普遍认为，官方所谓杜鲁门决定使用原子弹是为了挽救美国人的生命的说法［1947年，在发表于《哈帕》（*Harber*）杂志的一篇文章中，史汀生最早将这一说法公之于众］是错误的。"美国并不是为了拯救成千上万的美国人才投放原子弹的"，沃克写道。沃克指出，按照当时的估计，计划于1945年11月发动的对九州岛的进攻将造成两万五千人的死亡——而不是史汀生和杜鲁门所宣称的五万到十万人。不仅如此，他说，终结战争的并非原子弹："学者普遍认为，即便不使用原子弹，战争也将在较短的时间内结束，因此可能并不需要对日本本岛发动进攻。"[65]

舆论还延伸到了第二颗核弹，即在长崎上空爆炸的钚弹。马丁·舍温（Martin Sherwin）出版于 1975 年的著作《被摧毁的世界：长崎和伟大的同盟》以令人信服的证据告诉读者，在长崎投放原子弹的必要性为零，而其集体屠杀的定性却不容置疑。[66] 尽管长崎没有引起诸如广岛那样的关注，但客观地说，绝大多数历史学者都同意舍温的结论。[67] 无论如何，鉴于城市的地位、历史，长崎原子弹的破坏性要两倍、三倍于广岛。长崎是一座港口城市，"兰学"最早从这里传入日本，从而开启了日本现代化和西化的历史进程。1600 年到 1868 年的德川幕府割据时代，这里是各种不能见容于日本其他地区的异教思想的避难所。这里还是众多基督徒的避难所：在一个绝不允许传教士劝谕民众改变宗教信仰的国家，长崎取得了辉煌的成功。试想，8 月 9 日，在很长时间被公认为东亚最壮丽的浦上天主教堂的红色穹顶上空，一颗既无关任何战事考量又无任何明确目标的炸弹突然炸响，而就在这颗炸弹所产生的漩流般的黑色风暴中，上述一切都被炸得灰飞烟灭——这确乎应该引起我们的深刻反思。

随着时间的推移，不断有连篇累牍的证据将裕仁天皇卷入战争纠葛，因为他非但没有推动日本投降，反倒竭力阻碍。"他经常直接插手战争计划与战事运筹"，在一篇鞭辟入里、令人信服的文章中，赫尔伯特·比克斯（Herbert Bix）写道。比克斯指出，1945 年初，天皇一再否弃了终止战争的建议，而"一心向战"则对日本军人的自杀式进攻心态起了推波助澜的作用，并最终将冲绳岛变成了血流成河的"最后战场"[68]。据称最多有三十万人、最少有十五万人死难，这使得美国人认定冲绳乃不祥之兆，预示着进攻日本本岛时，必将会有一场（对美国人和日本人的）大屠杀；这为用原子弹终结战争提供了更充分的理由。太平洋两岸的政治势力还共同构想了投降后天皇地位这一关键问题的解决方案。美国要求日本投降，并声称如要保证帝国王朝的存续，就必须为和希特勒如出一辙的战争狂热谢罪。日本则强烈要求谈判，因为日本不能不考虑到，盟军要求的无条件投降，极有可能会将天皇带上审判席。比克斯的结论是，即便考虑到上述一切因素，在进攻九州岛之前，用原子弹敦促日本人投降仍然是不必要的。[69]

史汀生和投放原子弹的决定所遗留的一个重大问题关系更为密切。这个问题就是：能否说杜鲁门之所以迫不及待地将原子弹投向日本城市，并不是为了终结战争，而是为了开启冷战。换言之，是为了阻止1945 年初已开始潮水般涌入东北亚（并最终将涌入日本）的苏联红军，并威慑斯大林，以便将来坐在谈判桌前的是一个更为温驯的苏联。这一观点在加尔·阿尔佩罗维茨（Gar Alperovitz）出版于 1965 年的《原子化外交》与出版于 1975 年的后继著作中得到了更为生动的论证。[70] 史汀生及其日记常常被阿尔佩罗维茨引为核心论据。比如，他引证了史汀生 1945 年 4 月的一段话：原子弹"与我们当前的对外关系有着如此密切之关系，并且……对我们全部的所思所想都有无比重要的影响"[71]。

从史汀生 1945 年的这段话以及他的许多类似言论中，不难看出原子武器在美国最高当局心目中的分量。（罗斯福已经去世，杜鲁门尚无经验，因此史汀生实际上扮演着克劳塞维茨所谓的国家理性代理人的角色，要通盘考虑国家的外交关系。）原子弹研究进展顺利的消息也曾让罗斯福总统大为兴奋。诚如克劳塞维茨之所预言，罗斯福马上明白了原子弹的政治功用。他从未让对原子弹的控制权"从手中滑落"，且悉心倾听了丘吉尔的判断——原子弹"在战后世界将成为威慑力量，无论哪个国家拥有了这项秘密，都必须进行绝对控制"。到 1943 年中，罗斯福已经将原子武器纳入了其外交政策及对战后世界的通盘规划之中。[72]

美国政治体系将权力分解到了政府的三个分支机构、国家联邦体系和以相互妥协为特点、充满了吵闹声的民主政治之中。在这个体系中，总统的最高权力不仅要受到节制（如必须由国会授权才能发动战争），同时也是暂时的（至下届总统选举即告结束）。他孤独地高居于万人之上：权倾一时但稍纵即逝，总统宝座朝不保夕，必须独自承担别人不愿或无权承担的决断责任。从孤独的总统的角度看，原子弹的魅力是无法抵御的。从象征意义上看，这种神奇的毁灭性权力可以统御一切政治潮涌、官僚纷争、军事骚乱。此物非总统莫属，非总统不能掌控，因此它是任何他人都不具有，只有总统才可以独享的权力的真切体现。1950 年 1 月，另外一位美国高级官员，约翰·麦克洛伊（John J. McCloy）不仅支持主宰性的武器氢弹，并且认为美国"还应该研发氧弹"——如果真有所谓氧弹的话。正是权力机关的这种心醉神迷促生了新的大规模杀伤性武器。

杜鲁门总统曾向原子能委员会索取对原子能的控制权，后者独立于美国军队，掌握着原子弹的裂变核。冷战初期的其他总统全都干过同样的事情。我们不止一次发现过总统"觊觎原子能"的证据，而原子能之所以掌握在其他高级官员，尤其空军高层手中，正是为了分散权力，避免最高首脑一人做出独断之决定。限于篇幅，恕不对此问题展开讨论，但从舍温的研究，从美国行政体系理论中，我们都不难理解为什么原子弹甫一问世便被使用：不只是为了威慑苏联，也是为了威慑从不听话的共和党议员到这个泱泱大国中的孤立主义者，再到天皇、斯大林、丘吉尔的每一个人，以及自 1941 年以来美国业已掌控的"全部领地"，也就是说，是为了威慑全世界。（我个人认为，只有了解克劳塞维茨对知识和权力的定义才能参透个中玄机。）

晚近五十多年来，真正能够反映美国人的好的战争观念的，不是历史学家所取得的越来越多的共识，而是有更多的民众越来越不愿意直面令人不快的事实。这种不愿意是某些作家、出版商迎合、煽动的结果。我们可以称之为"大卫·麦卡洛（David McCullough）策略"，一种在当下的美国公共舆论环境下最行之有效的策略。其做法是，完全置历史学家于不顾，径行去建构一种和官方故事如出一辙的大众史学。不用说，这里所说的"麦卡洛"，是指传记作品《杜鲁门》的作者，该书曾获普利策奖，同时也一度是最畅销图书。麦卡洛对杜鲁门—史汀生所谓炸弹拯救了美国生命（他的粉饰性数字为二十五万人）的说法照单全收，却对相反的原始材料视而不见。[73] 麦卡洛的所作所为完全有悖于历史学家的成果。而事实是，史密森学会（即美国国家博物馆学会，Smithsonian Institution）居然采用了同样的策略。

1995 年 1 月 30 日，史密森学会秘书米切尔·海曼（I. Michael Heyman）擅自决定，撤除历史学家为太空博物馆题为"最后的行动：原子弹与二战的终结"的展览所写的解说词。该展览通常叫作"艾诺拉·盖号（Enola Gay）"展览。为了配合这一飞机展览，几位绝对够格的历史学家对投放原子弹的决定给予了周详的解说。这些解说引来了国会和退伍老兵协会沸反盈天的抗议，当然还有别的抗议。国家博物馆，我们的国立文物收藏机构，屈服于政治压力，随手就将历史学家扔进了最近的垃圾桶。这不能不说是这个国家沉疴日重的征象。

史密森学会为什么要这么做？我不知道全部答案，但部分原因是为了避免招致美国"二战"老兵的不满。出生于 1960 年前后的美国退伍老兵协会负责人身先士卒，反对历史学家的解读。我和他在芝加哥哈罗德·华盛顿公共图书馆就"艾诺拉·盖号"展览有过一场辩论，他的主张是，退伍老兵有权以分享集体记忆的方式纪念胜利，用不着历史学家不停地吹毛求疵、大煞风景。当被问及这架名为"艾诺拉·盖号"的 B—29 究竟有什么值得纪念，而博物馆为什么不去纪念冲绳岛"最后的战役"中真正的英雄主义的时候，他说他同意我的看法。在他看来，当海曼秘书说展览的初衷是纪念，而非对投放原子弹之决定进行研究时，他已经为自己 1 月份的决定做出了有力的辩护。[74]

每个老兵都有权对来之不易的胜利拥有自己的记忆，同样，历史学家的职责则是把历史事实告诉民众，他绝不能文过饰非以求皆大欢喜。我们崇仰、尊重战士，因为他们为了国家的胜利，置自己的一切——生命、家庭、未来（总是年轻人在打仗）——于度外。然而，讲述过去是历史学家而非战士的职责。受命参加对日作战的老兵有充分的权利庆幸原子弹挽救了自己的脖子；但是他们无权告诉比他们知道得更多的历史学家，仅此就能证明杜鲁门的决定是正义的。[75] 如果有谁从来不曾思考过对正义战争来说至为关键的"罚当其罪"的问题，以及战士的神圣誓言与妇孺的无辜之间的区别，那么他就无权对我们说，靠杀死数十万平民以拯救两万五千名士兵的生命是正义之举。

美国报纸对日本并非事无巨细地进行报道，但只要日本中学课本修改与战争相关的内容，或者某位自民党右翼又发表反动言论，高调声称日本人对其"二战"历史尚没有达成共识，美国报纸都会不失时机地进行报道。[76] 我完全同意，与众多的作家、学者、宗教人士、政治活动家以及普通民众形成鲜明对照，日本战后领导人迄今没有对日本在"二战"中所犯的无可置疑的累累暴行进行忏悔。[77] 不过，美国记者却也很少去检查自己的高中课本。事实上，根据几项最新调查，几乎所有的课本对美国原子弹轰炸日本两座城市的事实，都"充斥着虚构和错误的解释"[78]。

原子弹与战争中的道德

1945 年 8 月 9 日，联邦基督教会理事会负责人萨缪尔·卡弗特（Samuel McCrea Cavert）给杜鲁门总统写信，指责发生在广岛的"无区别"杀戮行为。两天后，杜鲁门回信说："没有人比我对使用原子弹更深感不安，但最令我感到不安的乃是日本人对珍珠港所发动的毫无理由的进攻，以及他们对战俘的杀戮。看来他们唯一能够理解的语言就是我们对他们轰炸时所使用的语言。如果你不得不与野兽打交道，你就必须以野兽之道对待之。这诚然令人痛心，却是实情。"[79] 个中逻辑是：日本的海空军袭击了我们的海空军部队，他们的某些士兵杀死了我们的投降士兵，因此，日本人是野兽。要对付野兽，自己也必须变成野兽，不管这多么令人心痛。现在不妨比较一下东京审判时，印度法官拉达宾诺德·帕尔（Radhabinod Pal）所引"一战"期间威廉二世皇帝（Kaisar Wilhelm Ⅱ）的一段话："我的灵魂被撕裂了，但任何事物都必须经受火与剑的考验；男人、女人、儿童以及老人，都必须被屠杀殆尽，甚至不能有一棵树、一间房屋站着留在原地。凭借这种恐怖主义的方法，事实上也只有这种方法对如法国这般堕落的民族有效，只需两个月就可以结束战争，倘若我考虑人道，战争将延长至几年。"威廉二世的思想尖锐地表明，杜鲁门总统并没有能够超越种族主义；正是种族主义使得美国面对日本帝国主义时，完全泯灭了狂暴的军国主义者和日本人民、军人和平民之间的区别。伯恩斯坦痛切地评论道："究竟是哪一个集团，是美国领导人抑或普通民众，更希望大规模地屠杀日本人，包括非军人？难道追问答案的过程，不是和答案本身一样让人费解、让人不安？"直到8月10日，杜鲁门本人才亡羊补牢，认识到原子战在道义上和传统的轰炸判然有别。按照副总统亨利·华莱士（Henry Wallace）的说法，杜鲁门对内阁说，"再毁灭十万人的想法太可怕了。他不喜欢'杀死所有孩子'之类的想法"。[80]

诚然，如果东条英机或者希特勒拥有原子弹，他们一定也会使用，但使用这一推定（这是冷战恐怖平衡时期最陈词滥调的一条准则）的人似乎没有明白，如此一来，他们实际上把美国领导人和20世纪的恶魔们放到了同一个平面上。这是丧失了清明的理性思考之后产生的另外一种愚昧。不仅如此，这里所刮的并非赤风（由火引起的极端暴行，但鲜为人知的是，它在很小的范围内也指由战争引起的极端暴行），而是由原子弹引起的黑风，这种全新的事物会前所未有地执行"一种总体的方案，即彻底消灭城市、国家和世界"[81]。换言之，在这里，灭绝主义已现端倪。

或者有人会说，战争中对平民的杀戮"不可预见，〔因而〕不是故意的"。[82]平民在战争中会被杀戮，一如他可能会死于州际高速公路的一场车祸。而在瓦尔泽看来，战时的审判标准是有没有故意杀戮平民，因为战士的天职是坚定不移地保护平民生命，甚至不惜为此牺牲自己的生命。[83]杜鲁门和他的幕僚们清楚地"预见"到了对平民的杀戮，这就提示了双重的故意：马歇尔将军建议选择明确的军事目标以挽救无辜者的生命，却遭到了其他所有人的反对，这些人在制定城市轰炸战略时根本没有对军事和平民目标进行任何甄别，因此是故意屠杀了大量的无辜者。只有马歇尔的建议能够经受住道德审判，而杜鲁门实则比其他人更有过之而无不及，因为他不加区别地将领导者和被领导者统统视为"日本野兽"。

从来不进行道德考量，相反却沉溺于战争狂热之中，这使得杜鲁门的错误做法从道德的角度看全都是有罪的。我们曾经说过，战争总是要被评判两次；大多数人会说杜鲁门是为了尽快终结一场正义战争，因此动机高尚，手段则不然。然而，瓦尔泽却发现，美国领导人犯了"双重罪行"。他写道，有证据证明在轰炸广岛之前战争即已结束，因此，"所谓敦促战争结束……无异于再次罹犯了侵略罪。1945年夏季，欢庆胜利的美国人理应尝试与日本人民进行谈判。在没有进行任何谈判努力之前，径行使用原子弹，径行屠杀、恐吓平民，乃是双重犯罪"[84]。许多人可能不同意瓦尔泽的看法，但没有人敢说杜鲁门的手段符合交战正义原则；事实上，时至今日，这些暴行仍在阻碍着现代历史的进程。伟大的奥地利经济学家熊彼特（Joseph Schumpeter）1930年代早期曾经访问过日本，轰炸事件发生后不久，他在日记中为广岛和长崎写下了无与伦比的墓志铭：“愚蠢的兽行，或兽行式的愚蠢。”[85]

不妨比较一下杜鲁门的墓志铭：全世界的科学界将最后的权力放到了他的手掌中，他选择了使用这种权力。伟大的中国之所以能够在东亚历史上产生无比深远的影响，有许多原因，但其中有一条，那就是古代儒家思想认为：最好的领导乃是道德和榜样。试想，1945 年，如果杜鲁门对日本人说：

1. 美国掌握着全世界闻所未闻的决定性的、恐怖的、恶魔般的武器。

2. 我们知道，日本人民不同于袭击珍珠港并挑起战事的战争狂魔。

3. 因此，为了以东京的军国主义者唯一能够听得懂的语言对其进行告诫，我们将在两小时内，在他们将美国战俘移往该地区之前，往东京湾的某个岛上投放上述武器。

4. 如果他们仍然拒不投降，一个星期后，我们将进行新的打击，这次打击将选择一个重要的军事设施。

5. 与此同时，我们将生产更多的同类炸弹，并以海空军对日本列岛进行严密封锁，直至 1945 年 11 月 1 日，届时我们将发动世界历史上最大的攻势。

果真如此的话，一切就将变成道德判断或领导能力的一次运用，不过它当然还是会和权力有关系。如果杜鲁门能够英明地发表声明，放弃美国科学界交到他手中的至高无上的权力，那么无论他后半生做了什么，都绝不会有哪一位历史学家、哪一代历史学家、哪一位历史爱好者，也不会有什么“修正主义者”，能够抹灭他和他的国家的这个闪耀着道德光辉的时刻。正如克劳塞维茨所说，归根结底，是政治支配武力，因此上述道德行为——从深层次上看也是一种政治行为，原本是应该成为美国战后全球霸权之基石的。

1945 年 5 月 31 日和 6 月 11 日，围绕着以原子弹爆炸之后果进行非军事威慑的可能性，有过两次高层审议。该方案之所以被否弃，一是因为原子弹有可能是哑弹，二是因为日本人很可能会将美国战俘运往所宣称的爆炸地。第一条反对理由毫无意义，因为根据 1995 年解密的最新材料，日本之所以被选定为目标，恰恰是因为如果是哑弹的话，将无助于他们尚不存在的原子弹工程（而德国则正相反）。第二条反对理由之所以没有说服力是因为，一方面威慑活动可以不事先宣告（秘而不宣的威慑会产生更大的震慑力），另一方面，可以在爆炸之前一个小时左右才宣告。其间也简单地讨论过只轰炸军事目标的提议。5 月 29 日，马歇尔将军敦促史汀生用原子弹轰炸"军港等纯粹的军事目标"，以免因为滥杀平民而使美国领导人蒙上"耻辱"的恶名。[86] 马歇尔这条直到其去世后才被披露的建议，同样使他经得起对领袖道德的考验。

如果说原子武器提升了当权者的绝对权力，那么同样，它也增加了他或她作为道德楷模的责任。当局者责无旁贷，理应成为国家最高道德模范。在对最高领导人的众多期许中，这一条也许是最大的期许。人们会宽容身边的男男女女们各种各样符合人之常情的行为，却绝不会宽容他们的国家元首的相同行为。1945 年 8 月，杜鲁门手上原本握有这样一种权力，但他却没有行使。结果是以坏的方式结束了一场好的战争，而正是这种坏方式使得美国人甚至难以对胜利进行庆祝。

也许我们压根儿就不应该指望，我们选举出来的领袖会比美国最好的头脑更富有德性智慧，或者更不急功近利，更疏于理性的算计。罗伯特·奥本海默，其才智何其耀眼夺目，他在曼哈顿计划中表现出来的领袖气质何其卓越，却依然不能免于被追逐权力和浮名的野心所损伤。而这又继而剥夺了他成为道德楷模的机会。有许多次，奥本海默试图抓住道德的斗篷,最早的一次见于他在阿拉莫戈多*接受三人小组调查的故事（极有可能是不真实的），当时,《薄伽梵歌》的声音在他耳边响起:"我乃死神，世界的毁灭者。"后来，在同样的情境中，他又声明说:"物理学家们已经知罪。"这些话可能还没有被真正理解，但无论如何，大概是在广岛原子弹爆炸后十年，我们发现了他和保罗·尼采（Paul Nitze）[和迪安·艾奇逊（Dean Acheson）、迪安·腊斯克（Dean Rusk）等名流]的谈话。尼采说,"即使在广岛"也能感受到日本人民的热情和高贵，奥本海默回应说:"没错，尤其是在这些城市……他们好极了。"尼采接着说:"我有一种感觉:'天哪，我们侥幸活了下来，我们曾……'"作为结论，奥本海默补充说:"我们罪有应得。"[87]

结论：朝鲜眼中的美日相似性

如果象征着美日战争"首字母"和"尾字母"的分别是"东风、雨"和"黑雨"的话，那么，我们借以开始寻找美日相似性的地方，则非朝鲜莫属，因为那里不久又刮起了赤风（红色风暴）。对美日两个国家来说，朝鲜都是一个离散的民族，一个可有可无的国家，一个龙套角色。日本领导人因为战争罪行向中国道歉时曾何其诚恳，然而对朝鲜却从来都表现出一种令人吃惊的冷漠。美国人对朝鲜的冷漠同样不遑多让，而他们对朝鲜历史的无知也许更有过之而无不及。对太平洋战争中的日本来说，首字母也许是野村吉三郎大使（Nomura Kichisaburo，也是海军上将）1941年12月向科德尔·赫尔（Cordell Hull）传递的一条信息，而尾字母则是外务大臣重光葵（Shigemitsu）1945年在东京湾的美国军

---

* 美国新墨西哥州南部城市。附近有空军基地、导弹研究中心以及导弹发射场。1945年7月16日世界第一颗原子弹在距离这里96公里的特里尼蒂发射场成功爆炸。——译注

舰"密苏里"号上签署了投降书。在1932年发生于上海的一起恐怖爆炸中,两人都因公致跛,野村还失去了右眼。就连戈尔登·普朗格(Gordon Prange)这样笃信真凭实据的实证派历史学者,也厉声谴责"中国恐怖分子"所制造的这起案件。[88]事实上,是朝鲜人金九(Kim Ku)组织了此次袭击。金九是一位反殖民统治的民族主义者,早在1896年,在日本人策划杀害明成皇后之后,他就杀死过一位日本殖民者。

仅此一件奇闻便足以见出我们的朝鲜历史知识何其贫乏,而这势必会影响我们对日本和美国现代史的理解;类似的例子还有很多。比如,学者们在围绕是否使用原子弹的决定进行争辩时,从来都只是褊狭地聚焦于日本和苏联。实际上决策者们所关注的远不止这两个国家,还包括中国、朝鲜、印度支那,以及如何统治该地区的其他国家。阿拉莫戈多爆炸不仅缩短了通过对日本谈判谋求和平的时间,同时也影响了朝鲜。在我看来,华盛顿和莫斯科在波茨坦原本有可能通过谈判达成协议,要么让朝鲜中立,要么最多由美苏共管。然而,原子弹爆炸试验成功让杜鲁门底气大增,以至于公然放弃外交手段,转而寻求如何使苏联在战后东北亚安排中的影响最小化。

1945年8月10日,当日本第一份和平倡议由外务大臣东乡茂德(Tōgō Shigenori)正式提出时,朝鲜实际上已经被分裂。当天午夜,约翰·麦克洛伊、迪安·腊斯克以及查尔斯·邦斯蒂尔(Charles Bonesteel)在北纬三十八度画下了致命的一条线,正是这条线使这个自古以来一直完整统一的民族不堪其苦。8月15日,麦克阿瑟在太平洋上对日本投降者下达《一号将军令》,美国对东亚的司马昭之心更是昭然若揭。朝鲜沿北纬三十八度线、越南沿北纬十六度线一分为二,中华民国则被授权接收中国大陆的日军投降,虽然这可能并不足以弥补其偏安重庆、风雨飘摇的地位。

这一扩张性决定的理由是:第一,美国人并不担心来势汹汹的苏联红军，而是担心共产主义和民族革命弥漫整个亚洲；第二，英美想独占当时为其所控制的殖民地，尤其朝鲜南部和越南。汉城和西贡双双被美英军队迅速占领，在美军以最快的速度占领汉城的同时，英军也进入并代替法国人接管了西贡。从这段历史中，不难看出以往解释日本投降时被忽视，至少被重视得不够的一条理由，那就是日本、美国和英国心照不宣地假设：相比于东京、华盛顿和伦敦之间任何一个长期存在分歧的问题，共产主义都是一个最为糟糕的前景。到8月底，汉城的日军指挥官已经和驻冲绳美军交换了大量信息，并敦促美军尽快占领朝鲜，以免"共产主义"趁着权力真空捷足先登。受美日之间迅速上升的同志之爱的感召，美国人重新恢复了汉城所有的普通政府机构，其中包括全部的日本员工，直到后来华盛顿罢免了高层日本官员，但殖民性质的国家机制却保留了下来，并且成为后来大韩民国的行政基础。[89]

不妨更直接地设问，假如苏联红军进入日本并与美军联手发起进攻，又将发生什么样的情况？也许最终会出现日本分治，就像德国一样。果真如此的话，现在"南日本"将极有可能是一只"亚洲虎"，而"北日本"则可能处在世袭制的儒家／共产主义王朝统治之下。更为可能的是，日本国土上会重燃战火。换言之，背负着某种历史正义的日本将成为另一个朝鲜。然而事实是，惨败后的日本获得了长久惬意的和平，而分裂的朝鲜却不断地承受着历史正义之痛。

美国人在1945年之后，尤其在朝鲜战争中对朝鲜的亏欠一旦为世人详知，他们将不敷成为任何人的榜样。和之前的日本人一样，美国人视朝鲜人为非人的"他者"，一个劣等种族，即使最高等的朝鲜人也终究不能和最低等的美国人相提并论。时至今日，美国人对朝鲜半岛依然知之甚少且漠不关心，尽管过去五十年间，曾有数以百万计的美国士兵在那里服役。最重要的是，从来没有人要求美国领导人对他们在朝鲜所犯的战争罪行进行反思，道歉更无从提起。然而事实是：

1. 美国空军用燃烧弹——海量的凝固汽油弹（连丘吉尔都对此予以谴责），将所有的朝鲜城市炸成了瓦砾，杀害了数十万无辜平民（"二战"期间，平民死亡人数约为士兵死亡人数的 40%，朝鲜战争约为 70%）。

2. 1953 年 5—6 月，美国空军将朝鲜的许多大型水坝炸毁，使泛滥的洪水淹没了大量农田，以此来断绝敌人的粮食——这种方法曾经计划用于日本，后因违反战争法而被否决。

3. 在 1951 年秋季实施的哈德逊港行动中，为试探究竟能否在交战情况下使用原子弹，美国空军 B—29 轰炸机投放了数枚假原子弹，给朝鲜带来了极大的恐慌。

4. 1950—1951 年之交的冬季，李奇微将军请求以化学武器对付朝鲜和中国军队，后被麦克阿瑟否决。

5. 麦克阿瑟（1950 年 12 月）和李奇微（1951 年 5 月）都曾经请求华盛顿用二十多颗原子弹打击朝鲜和中国。

6. 杜鲁门否决了上述请求，但是却将这些原子弹的核心部分运到了东北亚现场（这是第一次），并装配就绪，以便随时对朝鲜和中国进行打击；杜鲁门提出的方案实施时间是 1951 年 4 月，届时预计将有新的中国主力部队投入战斗，方案之所以没有执行，是因为麦克阿瑟不久便被解职了。[90]

这其实正是美国现在所谓"被遗忘的战争"的争议所在，但尼采也许会说，这样一个名字并无什么不妥：因为对广岛来说，遗忘毋宁是重建精神秩序、抚平道德创伤的必要条件。

而 20 世纪上半叶的日本在朝鲜留下的糟糕记录比 20 世纪下半叶的美国更有过之而无不及。比如，多年以后才被披露出来的一件事情是：

至少 10000 名朝鲜人，其中绝大多数是被征召的劳工，在广岛和长崎遇难。然而在广岛和平公园，直至今日，也没有一个朝鲜人被安葬于众多的日本死难者之中。对日本这样一个高调门的国家来说，不能切实反思并忏悔自己在朝鲜的亏欠记录，不啻是一个耻辱。诺贝尔奖获得者大江健三郎（Oe Kenzaburo）说："在我们走向现代化的全部进程中，但尤其是在标志着现代化进程之顶点的侵略战争中，我们失去了作为亚洲之一部分的资格，并且不得不继续维系这种未能重获资格的生活。如果不能重获这种资格，我们将永远不能消除我们面对邻国时的矛盾心态，我们就会永远感觉我们和他们的关系是不真实的。"[91]

本章试图总结"二战"的道德和政治教训，但我也附带论证了历史学家家永三郎的许多判断，这些判断是二十年前我从他的著作中获知的。在长达三十年的时间里，家永就"教科书问题"始终不遗余力地同日本最高法院做斗争，并因此赢得了崇高的声望（也可以说他因此而臭名昭著）。就我所知，他是第一个研究以下问题的日本历史学家：南京大屠杀、在中国实行的"三光"（杀光、烧光、抢光）政策、慰安妇、731 部队的细菌战，以及 20 世纪大部分时间里由日本领导人参与或支持的对朝鲜和朝鲜人的残酷统治。更重要的是，他是在 20 年前从事所有这些研究的，当时这些事件还远没有为人所熟知，更没有引发公众讨论。[92] 请允许我将其判断概括如下：

1. 关于珍珠港：日本军国主义者"不计后果地挑起了一场毫无胜算的战争，并不断地把国家拖入毁灭的深渊"。

2. 关于军国主义者在国内的政治压迫："在一个重大事件和思想都被禁止传播交流的社会中，不可能生长出健康的政治意识和社会意识。"

3. 关于前面讨论过的"美国参战路径"："让日本先动手，这样一来，就连［美国的］孤立主义者也会被爱国主义者吁求战争和胜利的喧嚣席卷一空"，以及这句饶有趣味的判断："大谈'国际道义'，同时总是让别人对我们挑衅，这会让日本人占小便宜吃大亏。"

至于原子弹问题，家永是从 1945 年 3 月的东京轰炸谈起的。他认为后者和广岛原子弹爆炸没有什么区别：两者都是从空中对平民进行屠杀，都由盟军实施。然后他引用诺贝尔物理学奖获得者布莱克特（H.M.S.Blackett）的话说，美国理应对原子弹爆炸后果进行一次展览。家永最后以远东军事法庭法官拉达宾诺德·帕尔的话作结：轰炸和原子弹爆炸都犯了战争罪，都是暴行——也就是说，都是"不加甄别的谋杀"[93]。

家永身上有一种我们常常要求于历史学者但实际上我们也很少具备的品质：独立。历史学者的领地不是权力，而是为人类树立楷模：筛捡最可靠的证据，得出最可信的结论，任由无关紧要的琐屑之事随风而去。这样的历史学者的产品也许并非真理，但它一定是对真理的吁求，即对过去的事情进行还原，或对过去的事情做出尽可能好的解释。然而，并没有更好的人选能够为我们树立起民主公民的榜样。弗雷德里克·杰姆逊写道："过去常常是一种假设：面对过去时我们不可能没有自己的态度。过去是不可改变的；但我们总是依照我们的生活赋予不可改变的事实以某种意义，即使将它们忘却时也是如此。"[94]

附　录

1945 年 8 月 6 日上午 8 点 15 分，两个朝鲜劳工，柳春承（Yu Chun-sung）和申泰龙（Shin Tae-ryong）来到了广岛火车站。就在柳春承看表的时候，一道炽热炫目的闪电裹住了他。

　　他绝望地向着车站后面的富图纳山跑去。他不停地跑着，时不时被铁轨和车站的铁栅栏绊得跌跌撞撞……他来到了富图纳山脚，整个晚上都待在一座半倒塌的农舍里，第二天被救援车送到了吴市的海军医院。他躺在那里，烧毁的脸上缠满了浸透了油脂的纱布，几天后疮口上出现了蠕动着的蛆虫……

　　1950 年左右，他开始吐血，并患上了便血症……

1972 年，柳春承和他的四位家人生活在一间狭小的温突屋（ondol room）中，紧邻的是一家农户的茅草顶小屋厨房。柳春承 1917 年出生于井邑，1944 年被征为劳工，在一家海军工程公司工作。广岛原子弹爆炸后，他的妻子生下了第一个孩子东苏（Dong Su）。东苏的下肢一直没有发育。他们的另一个孩子下肢同样没有发育，而脑袋却是同龄孩子的两倍，生下来三个月就夭折了。柳春承贩卖蔬菜水果曾小有起色，但1968 年他再一次病倒了。1972 年，只有五十五岁的他已经无力走出他那间并不适宜居住的小屋。他"瘦得像一个鬼"，"脸像蜡一样白"。

　　他忍受着差不多每隔一分钟就会袭来的疼痛，这时，他的四肢和整个身体都蜷缩着，他紧咬牙关，强忍着痛楚。

柳春承死于几个月之后。东苏进入青春期后，曾经三次尝试自杀。父亲去世后，精神失常的他拒绝吃饭，不到一年，他也去世了。[95]

1945 年 8 月 9 日上午，天气炎热湿闷。三十六岁的石川神父——一位来自朝鲜的天主教教士，正在长崎的浦上医院给病人们布道。他是这家医院的牧师。很快就要到圣母升天日了，教众想赶在 8 月 15 日的盛大节庆之前先行忏悔罪过。大概 11 点钟左右，就在他回自己的房间取一本要用到的书时，"突然，伴着闪光，白色气团充满了整个走廊"。紧接着是"一声巨响"，他被抛向了空中，脑袋撞到了一根杆子上。没有人知道他是怎么回到教堂的，等护士们发现时，他已经躺在地板上了。护士们把他救醒后，他不顾头上的伤口，为很快出现在医院门阶上的奄奄一息的人们做完了临终祈祷。他后来返回朝鲜，成为了一名天主教主教，于 1970 年代去世。[96]

第三章
殖民的形态与变体：
朝鲜、中国台湾和越南

　　日据33年间［台湾］岛内所发生的变化充分说明了日本殖民者的伟大。日本在台湾岛的所作所为，与美国在菲律宾群岛、古巴、波多黎各的所作所为恰成鲜明对比［原文如此］。两个国家都进行了势在必行的法律改革，使污秽不堪的城市变得洁净，建起了公路和铁路，并依据科学法则为他们建立了所有的生活组织。

——哈罗德和艾丽斯·福特

（Harold and Alice Foght）

　　要问为什么中国台湾人像日本人而朝鲜人不像……原因可能是……日本在台湾的殖民统治要更好一些，但我认为更为根本的原因是台湾人独特的人格：他们易于被任何人统治——因为没有悠久的民族主义传统，而且比朝鲜人更温文守礼。

——岸信介（Kishi Nobosuke）

完全可以说，殖民机制建立在这样一个事实之上：国家
行政部门只是将法国传统和现行做法套用于［印度支那］殖民
地的耕作和栽培技术，并未对后者进行任何改良。政治在殖
民统治中所扮演的角色仅限于加强对大城市的垄断统治，以
抵御外国染指、压制当地居民反抗、资助经济基础建设，以
便为日益扩大的大城市创造适宜的贸易和投资环境。

——马丁·莫雷（Martin Murray）

围绕韩国和中国台湾经济增长之原因，正在进行一场争论：是两者
都在 1960 年前后，在人均国民收入非常微不足道的情况下，突然以某
种说不清楚的方式，便自力更生，实现了向出口导向型增长的转轨，还
是说应该追本溯源，从日本殖民统治的遗产中寻找两者经济增长的原
因？[1] 这场争论还关涉到另外一个前殖民地国家在另外一个时段的出口
导向型计划：我指的是 1990 年代的越南。

首先需要搞清楚何为"殖民遗产"，以及为什么在今日之东亚，殖
民史依然是一个敏感而沉痛的话题。在我看来，"殖民"乃是与现代世
界体系相适应的一种区域性组织方式，即取消殖民地政治主权，垄断其
经济并获取垄断利益（尽管各帝国主义国家的方式不尽相同）。"遗产"
则是针对殖民主义的种种各不相同的历史经验的次生物。"遗产"可以
是褒义词、贬义词，也可以是中性词：殷富之家的遗产可能会被认为是
好的，老校友的遗产对刚入学的新生来说可能是坏的，而从河内到西贡
的铁路则可能是中性的，好与坏完全取决于人们看问题的视角。正如我
们所看到的那样，三个个案所呈现的"视角"是相对的、完全不同的，
这对我们思考民族主义、抵抗运动、发展、现代化等问题大有裨益。我
将检讨殖民传统的功用，用以解释战后（中国）台湾、朝鲜、日本——
以其奇异的方法——所取得的发展；以及发生在越南的正相反的一面，

也即，由法国人所留下的主要包括三十年战争和革命的后殖民"遗产"。

依照民族主义的视角，根本不存在什么"好"的殖民遗产，因此帝国主义对经济增长的贡献是零，甚至是副作用。比如，（南、北）朝鲜历史认为，日本殖民主义的所有好的、有用的事物都不过是其残酷无情地攫取自身利益的诱饵和手段；从釜山到新义州的铁路诚然有用，但是一条由朝鲜人建造、为朝鲜人所用的铁路无疑会更好。（举例来说，这一铁路体系将不会连通正处在东南和西北对角线上的釜山和新义州，从而把进出釜山港的日本轮船与满洲的原材料连接起来。）不仅如此，如果没有日本人，本土的铁路系统早就建立起来了。朝鲜人认为，日本不仅妨碍而且中断了其现代化进程。

另一方面，（中国）台湾人则将日本带给他们的殖民地经验看作一段插曲，一段介乎昏聩无能的清王朝和贪得无厌的国民党之间的一段相对可以容忍且不乏成效的插曲。一位政治科学家在 1970 年行将结束时有过短暂的台湾之旅，他发现，对日据时期的追怀无处不在。[2]（比如：以"猪猡统治下的台湾无异于人间地狱"与战前相比较。）日本统治台湾的时间为 1895—1945 年，比它统治任何其他殖民地的时间都长。日本是否在此间做了某些事情而在朝鲜却没有做？或者虽然做的事情相同，却方法有别？

法国花了很长时间（1856—1885）才实现对越南的殖民统治，此后直到 1945 年，越南一直为法国所占据。之后，又是长达 30 年的战争。到 1975 年战争结束时，越南变成了世界上最穷困的国家之一。与此同时，朝鲜半岛南北方和（中国）台湾，纷纷于 1970 年代中期写就了自己的成功故事 [1975 年，朝鲜半岛南北方人均 GDP 相差无几，（中国）台湾则高于两者]。不久，越南的设计者发现，强调重工业的苏联发展模式对于一个基本上还处于农业时代的国家来说并不合适。1970 年代末，他们将自己的低起点与 1945 年的朝鲜半岛北部和 1949 年的中国进行了比较。[3] 现在，越南的设计者们将韩国和（中国）台湾的出口导向型发展模式作为自己的样板。这个迥然不同的结果是否和作为日本殖民统治之对照的法国殖民统治的特性有某种关联？或者说经济倒退乃是三十年战乱之遗赠？

本章试图论证：上述国家和地区各不相同的殖民地经验是导致战后各自走向殊途的主要原因（如果不是唯一原因的话）。这将是一个复杂的论证过程，因为，（中国）台湾和朝鲜半岛有着相同的殖民地经验，但结局却判然有别；因为，上述每一个国家和地区都有着不同的前殖民地经验；又因为，韩国和（中国）台湾在后殖民时期，深受美国霸权主义的眷顾，而越南和朝鲜作为后殖民时期美国霸权主义的对手，却吃尽了苦头。尽管如此，简言之，我试图揭示一个事实：现在正引起广泛讨论的资本主义之"东亚模式"，自有其深刻的历史原因，绝不能被简单地理解为某项刺激了"出口发展"的包治百病的一揽子政策的结果。正如我将在本章结尾处扼要讨论、在其他地方曾以很大篇幅论述过的那样[4]，从很多方面看，这种模式意味着在一个充满了狗咬狗式竞争的世界体系中，东亚对 19 世纪欧洲（大陆）之国家概念以及国家与国家工业经济之关系的适应。

现代与殖民

殖民统治初期，无论从现代化还是工业化的标准看，（中国）台湾和越南几乎都是落后的。越南是一个纯粹的农业国；（中国）台湾在 1885—1891 年间有过些微的发展，随后是四年的沉寂，接着便被日本割据。[5] 至于朝鲜，一般以为，是从 1880 年代开始其"现代化"进程的；1905 年，朝鲜现代化进程被引入迷途，因为那一年日本变成了其保护国，但可以肯定地说，朝鲜的发展比（中国）台湾和越南都更为快速。1904 年，安格斯·汉密尔顿（Augus Hamiiton）发现朝鲜"是一个异常美丽的国度"[6]，首尔则远非北京可以比拟："[首尔的]街道宏伟、开阔、干净，建造技术精良，有良好的排水系统。狭窄肮脏的胡同被拓宽；沟壑被填平，马路得到了扩建……在可以预见的将来，首尔都将是东方最好、最有魅力、最干净的城市。"在汉密尔顿看来，相对于中国（如果不是日本的话），朝鲜生活条件之"优越"——无论朝鲜人还是外国人——都"无可挑剔"。首尔是东亚第一个同时拥有电力、电车、自来水、电话、电报系统的城市。如我们所知，这些系统大都由美国人安装、运营。首尔电灯公司、首尔电车公司、首尔"清泉"自来水公司都是美国公司。各种各样的学校——法律学校、工程学校、卫生学校——如雨后春笋般出现在首尔。汉密尔顿注意到，高宗国王喜欢亲自督管各项事务；在汉密尔顿看来，高宗是一位开明君主，他在西方和日本所提供的样板中做出了正确的选择。国门开放以来的这个时期为朝鲜人提供了不计其数的"自主选择制度"的机会——"如果这些制度果真实现的话，想必已经极大地提高了其生活水平。"

这的确是非常有力的证据，足以证明朝鲜人所宣称的他们的现代化之路非但没有受益于日本，相反却被后者拖离轨道、强行劫持。不过，请注意美国人汉密尔顿特别强调的这张清单：电力、电话、电车、学校、清洁业，所有这些全都仰仗美国出口。设若我们发现日本将同样的设备带到了首尔和台北，我们是该将其记到殖民主义账上呢？还是现代化的账上呢？朝鲜人的答案是殖民主义，而日本人和（中国）台湾人的答案是现代化。

蒂莫西·米歇尔（Timothy Michell）为上述问题提供了更好的答案。该答案试图"以现代化的标准对殖民地"进行言说："殖民并不简单地意指建立起欧洲人的在场，同时也意指某种政治秩序的传播。这种政治秩序将在社会世界中铭刻某种新的空间概念、各种新的人格形式，以及某种操控人们关于真实世界之经验的手段。"[7]米歇尔追随福柯，对英国在埃及的殖民统治进行了检讨，认为英国的殖民统治与其说是某种"压制性的、外在的权力"，不如说是某种为现代性所要求的"内在的、生产性的权力"，是一种规训。正是这种规训生产了"军队、学校和工厂赖以组织起来的权力"，以及最为重要的现代意义的个体——"一个孤立的、被规训了的、有接受能力的、工业化的政治主体"。

此处值得大书特书，但是如果我们循此路径，采纳福柯的权力概念和现代性概念，则第二阶段（即 19 世纪后期）的殖民主义和现代化工业方案自身之间的基本区别将不复存在。如此一来——依照这样一种抽象——则日本殖民主义、美国霸权主义和南北朝鲜或者（中国）台湾的现代化之间的区别将不复存在。至少，没有哪个上述国家或地区的现代性话语会告诉你，走时精准的工厂考勤钟、铁路时刻表、警官的社区巡逻有什么不好；个中区别只在于，支持上述事物的引进和运用，会对国家主权产生什么影响。上述所有政治实体，尤其日本，都将国民纳入精心设计的公共教育体系之中，以培养勤勉的政治主体。上述所有政治实体都谆谆教诲其国民：米歇尔在英属埃及所看到的那种自我监管和镇压是多么邪恶。

然而，越南却既没有在殖民统治，也没有在现代化的分类账簿中记下任何好的进项：反殖民文学声嘶力竭地反对法国的勘探[8]，法国文学也总是一刻不停地指责法国的殖民计划[9]，"勤勉的政治主体"始终未能出现。事实上，法国人的教育更有可能培养出勤勉的政治叛逆者（比如1921 年胡志明曾留学巴黎）。作为印度支那的殖民者，法国人并没有"迟到"；但他们并没有将殖民开发的重心放在大城市的工业化上。和 16 世纪便已进入非洲的葡萄牙一样，他们更倾向于少花钱——只要做到这些就可以了：驻守的殖民者丰衣足食；稻米、橡胶、锡矿源源不断；原住民平静安逸。

至此，我们可以看到日本殖民统治留下的无可否认的（同时也是带有讽刺意味的）遗产：日本人是帝国主义者，却也是资本家；他们是殖民者，却也是现代化的推动者。在创建工业化网格时，在规训、训练、管教劳动力时,他们和弗雷德里克·泰勒*完全如出一辙。在深受以西方帝国主义面目出现的现代化方案震慑之后,1868 年,日本人开始在国内推行现代化方案,其后又强加于四邻。这是一种高度制度化、理性化、几近于韦伯式的殖民主义,但归根结底是非理性的,不可能长久,因为它没有为自己培养竞争者,也就等于自掘坟墓。(最具象征意义的例子是位于中国东北的朝鲜棉纺厂,这些全新的工厂甫一投产,就于 1945 年 8 月落入了苏联人之手。)[10] 尤为重要的是,晚于世界时间,日本人将现代化方案——连同相伴而来的全盘否定、畸变、自我约束、自我否定、断裂的成果,以及飞蛾扑火般的恐惧——强加于自身,所有这些深刻影响了日本现代史,并且至今仍在影响着国民之心智(广岛和长崎乃是最明显且最有说服力的例证)。现代性乃是一种非自然的增长,在国内的自我殖民化过程中,日本人早已对此深信不疑。

日本最重要也抵抗最顽强的殖民地:朝鲜

对南北双方的朝鲜人来说,只消提及日本人或许曾经"促进了"朝鲜的现代化,便都足以引发义愤填膺的反驳和激烈的情绪,那些曾经发生或即将发生的累累罪行马上便会涌上心头。对外国人来说,哪怕只是以最漫不经心的方式提到了日本人的暴行,便足以使你郑重其事提到的发生于殖民时期的所有积极的、至今仍有影响的事情相形见绌。我当然不是想说日本"发展了"朝鲜,或者战后韩国的经济增长是拜日本所赐。我只是想比较朝鲜和(中国)台湾在反思日本帝国主义时所采取的两种不同视角,并进而对日本和法国的帝国主义进行区分。

---

*弗雷德里克·泰勒(Frederick Winslow Taylor, 1856—1915),美国古典管理学家,被称为"科学管理之父"。

朝鲜和（中国）台湾的关键差异首先在于，朝鲜有上千年连续、自主的历史，有明确的边界线，有令人吃惊的种族统一性，而且在种族、语言、文化上都和周边国家截然不同（以近邻日本而论，由于自1590年代的战争以来长达二百五十年的互不往来，双方的差异越积越多）。至于殖民统治上的最大不同，则表现为太平洋战争最为紧张之时日本对朝鲜所采取的骇人听闻的政策。当时，数以百万计的朝鲜人被强征到日本、（中国）满洲和朝鲜北部，在矿山和工厂从事艰苦的劳动——或者，最糟糕的是：充当性奴。与此恰成对比的是，1890年代，（中国）台湾在日本进驻时只做了轻微的抵抗；1945年之前，有且只有很少的（中国）台湾人离开台湾岛去了日本或曰帝国（总共大概有三万人，其中大都不是被强征的）。[11]有少数台湾人甚至离开世居的村庄来到台北。我认为，1935—1945年间日本对朝鲜的治理既可以解释朝鲜的发展，也可以解释朝鲜的发展不足，同时，它也是解开朝鲜战后动荡及爆发内战的钥匙。对此，我在别处已多有论述，因此这里只拟约略强调一下。个中关键是：日本战败后5年内，其殖民化的努力产生的结果是，（中国）台湾人将中国国民党斥责为"猪猡"[12]，朝鲜人怀着既敬重又仇恨的痛苦心情看待日本，同时也产生了一个完全是为了"抗日"才建立起来的国家——朝鲜民主主义人民共和国。按照这种说法（且不去编造意在迎合朝鲜民族主义的故事），我们将会发现一个重要现象，即朝鲜的战前和战后经济具有连续性；这种连续性可以溯源至1920年代。不同于（中国）台湾，朝鲜在日本对整个东北亚经济的"行政指导"中，扮演着牵一发而动全身的角色。朝鲜是大城市经济向内陆延伸的桥梁；循此出发，我们可以推断贴着日本独特品牌、起控制作用的资本主义何时开始对东北亚产生影响，直至今日。

如我们所知，"一战"后，日本经济进入了停滞期，因此日本在国内广泛推行贸易自由和政治自由，同时对朝鲜和（中国）台湾的殖民统治也有所缓和。如果回顾这一时期的朝鲜，将不难发现一个具有连续性的逻辑——行政指导逻辑——的核心关键。1921年，总督府工业委员会的设计者首次呼吁支持新兴的朝鲜纺织工业，理由是纺织业不仅可以发展国内市场，更重要的是产品可以出口至亚洲内陆，并凭借朝鲜低廉的劳动力成本在价格上占据优势。这绝不能说完全是日本人"自上而下"的决定，因为朝鲜人占据了委员会的相当一部分，他们也马上呼吁政府给予朝鲜各公司以资金支持和温室"保护"。对商业阶层的扶持是必要的，否则新的"渐进主义"政策（1919年3月1日独立起义发生后开始实施）就变成了摆设。工业委员会成立大会的召开意在为新政策庆祝生日，孰料适得其反（就在委员会成立前三天，有两枚炸弹投进了总督府大楼）。[13]日本人心里显然有更大的想法，这在1921年会议所提"工业化总方针"的建议中有非常清楚的表达："既然朝鲜是帝国的一部分，那么朝鲜的工业计划就应该与帝国的工业化方针相一致。该方针必须以朝鲜和日本、中国以及俄国远东部分的地缘关系为基础，充分考虑邻近地区的经济情况。"[14]一个日本代表解释说，朝鲜工业应该纳入东京的总体计划之中；而且，如果愿意接受它在"一个统一、共存、共荣的日朝联合体"中的正确定位的话，它将获得某些保护。[15]

上述观点中同样清晰可见的是朝鲜的发展模式：以优惠利率提供国家贷款来刺激工业发展，并借"产品周期"优势赢得先机。[16]这就激活了那些实收资本经常远远不能抵偿债务的公司。企业家并不向股票市场提供股份，而是直接向国家寻求资本。战略投资的决定权掌握在政府官僚、国家银行和国营公司（如东方发展公司）手中。这意味着总的方针可以"灵活而有序"地进行调整，而这正是韩国后来在1960年代和1970年代的发展时期所因循的路径。[17]

经济危机极大地延缓了这一模式的实施，但是到1930年代中期，这已经变成了一种标准的投资方式。处于殖民模式枢纽地位的关键机构是朝鲜工业银行（朝鲜殖产银行），它是朝鲜各大公司最主要的资本来源。

到殖民统治结束时，它有大约半数员工是朝鲜人。与此同时，朝鲜首尔银行扮演着中央银行的角色，负责为东北亚的所有帝国疆域提供资金支持。它在（中国）满洲有二十家分行，事实上是日本关东军的财政代理机构；它在纽约也有一个办事处，主要负责追回美国债务，为殖民扩张做准备。另一方面，它还从事鸦片和白银交易，并且走私纺织品。它还卷入了臭名昭著的西原借款（Nishihara Loan）[*]事件。西原借款旨在用借贷的方式消除中国人的反对，间接实现"二十一条"——其中有十九条严重损害了中国主权——之主张。无论如何，对朝鲜而言，最重要的是，正是在有贺三丰主政时期（Ariga Mitsutoyo，1919—1937）的工业银行的扶持下，"涌现出了朝鲜第一批工商业企业家，如闵泰植（Min T'ae-shik）、闵奎植（Min Kyu-sik）、朴兴植（Pak Hǔng-sik）、金延秀（Kim Yǒn-su）等"[18]。

表1　朝鲜境内企业雇用朝鲜工人人数，1923—1943

年份	人数	增幅
1932	384,951	100
1936	594,739	154
1940	702,868	183
1943	1,321,713	343

来源：布鲁斯·卡明斯，《朝鲜战争的起源》，普林斯顿，新泽西：普林斯顿大学出版社，1981年，1:26。

备注：本表未包括采矿业和运输业，这两个行业的用工人数超过数万；

---

[*] 1917至1918年间，段祺瑞政府通过西原龟三向日本借了一系列款项，其中最大的8次借款总额达1.45亿日元，是谓"西原借款"。作为交换条件，段祺瑞把在东北修筑铁路、砍伐森林和采矿等一系列中国主权出卖给日本，为日本后来全面侵占东北埋下隐患。

也不包括 1940 年代数百万境外朝鲜劳工。

截至 1936 年，朝鲜重工业在全部工业产出中的份额为 28%，与（中国）台湾非常接近，有超过五十万朝鲜人成为工业雇工——这个数字到 1945 年增加了两倍。朝鲜的工业扩张速度是（中国）台湾的两到三倍（参见表 1）。到 1943 年，朝鲜重工业和轻工业的产出比基本持平。有一个绝不符合事实的说法：半岛北部据有所有的大工厂，南部只有轻工业；事实上，在战争期间，南部在机器制造、电力设备、重型机械、采矿工具等等方面都已经超过了北部。[19] 因此，朝鲜的工业革命毫无疑问是始于日本统治的最后十五年。

赫尔曼·劳腾萨赫（Hermann Lautensach）绝不是殖民主义的辩护士，但他对朝鲜在 1930 年代后期的快速发展深有感触。这里取得了"显而易见、着实令人吃惊的成功"，尽管这种发展是"服务于帝国之需要的"。[20] 在劳腾萨赫看来，上述成功，加上 1936—1938 年的大丰收，促生了一个概念："朝鲜式繁荣"。"伴随着朝鲜所有的经济生产力的飞速发展……甚至在农民的茅草屋里也能不同程度地感受到这种繁荣昌盛。"劳腾萨赫注意到，朝鲜的东北角，一个非常落后的地方，正在"经历着一种不同于朝鲜其他任何地方的进步"，而这主要是因为它被纳入了（中国）满洲的贸易网络之中。此处值得长篇大论，但限于篇幅，我必须在给读者提供了我此前关于朝鲜之殖民统治的著作之后，尽快进入到对（中国）台湾和越南的讨论。[21] 我想直接给出我的结论和评价：战后，南部半岛绝不是一个反殖民的政治实体，（事实上）它的工业、经济、教育、治安、军事政策、城市面相以及市民文化，都是日本的复制品。报纸在形式上——如果内容不是的话——和日本报纸一模一样；韩国学校则堪称殖民惯例的纪念馆：直至 1980 年代，每位女生都还是黑制服、平领、尖顶帽。

朝鲜民主主义人民共和国则是一个不折不扣的反殖民政治实体，然而由于它急切地想要否弃日本人的一切东西，所以它所创立的其实是一系列镜像式的机构机制，首先是君主式的领导人制度，其次是大一统的政治体制，领导人宗教式的意识形态（chuch's ideology）无远弗届，领导人/君主的生日被定为国庆日。就连平壤的某些匪夷所思之举，如将植物学家培育的某种兰花和秋海棠分别圣化为金日成花和金正日花，在日本人的统治中也可找到相对应的举措。[22] 当然，反应敏捷、追求时效的专家们永远看不到这一点；只有长期浸淫于战后朝鲜半岛的人才有可能知道，日本是多么深刻地进入了朝鲜半岛的血液之中。诚然，从比较的角度看，这一点也不奇怪，包括只有很少的朝鲜人像全世界其他被殖民民族——从里斯本的安哥拉人到巴黎的越南人再到乔治国王法庭上的美国人——一样被完全同化（事实上他们也并不想被完全同化）。只有在战后朝鲜的民族主义语境中，诸如此类的证据才会让我们感到惊讶。

日本及其殖民样板：中国台湾

近来有关东亚"新兴工业国家"（NICS）的著作中，多有对（中国）台湾之于韩国的诸多殊异的分析：受外来侵扰较少，轻工业居多，大财阀较少，大都是小工厂和家庭企业，从未间断的出口导向型发展模式，更为平等的分配方案，民族主义情绪不强，对日本人不那么仇恨。没错。但设若如此的话，那么这种区别并非始于自鸣得意的罗斯托式"起飞"，而是始于 1920 年代或 1930 年代。古斯塔夫·拉尼斯（Gustav Ranis）另辟蹊径地指出，工业化过程独特的散布式、乡土化特征是台湾工业快速发展的关键因素：减省了城市化的高额成本，（通过雇用廉价劳动力）促进了劳动密集型产业，并走向了理性的规模经济道路。这就解释了为什么相对于韩国而言，（中国）台湾地区有那么多各种各样的小公司，而且台湾资本主义的中央集权程度相对较低。然而，上述区别同样适用于整个殖民时期。日本人建立了星罗棋布的交通网络，将高雄、基隆、花莲等主要港口紧密地联系到了一起。这些至今犹在的基础设施，在当时极大地促进了"1950、1960 年代岛内原材料密集型产品的出口"，并且帮助确立了台湾新兴出口加工区（EPZS）的定位。[23]

表 2　出口在台湾生产总值中所占比例

年 份	1922	1929	1937
比 例	44.7	46.3	49.4

来源：安德鲁·格拉耶丹捷夫（Andrew Grajdanzev），《台湾的经济发展》，上海：凯利和沃尔什（Kelly and Walsh）出版社，1941 年，第 153 页。

1966 年，高雄开放为自由贸易区时，曾引来一片喧嚣。事实上，高雄的工业化早在殖民时期即已开始："19 世纪晚期，高雄还只不过是一个沉睡的小渔村。到'一战'时，它已经跃升为台湾第二繁忙的港口，吞吐着超过 40% 的台湾进出口产品……在高雄稳步变成岛内最重要的工业中心之一的过程中，它因为加工进口汽油而成为了繁荣的炼油基地。正是因为其炼油厂、港口设施以及不计其数的工厂，高雄在'二战'期间曾被猛烈轰炸。"[24]

如果说 1960 年以后，台湾是出口导向经济模式（ELI）的绝好样板的话，那么它在整个殖民时期就一直是。事实上，台湾在其工业化历史的全部过程中，始终坚持着 ELI 模式。1911—1915 年，台湾平均每年的出口总额是六千三百万日元，1926—1930 年是两亿五千二百万；1920 年代的这种增长显然是一种出口导向模式（参见表 2）。海曼·库布林认为，"毫不夸张地说"，1920 年代的这种增长"令人震惊"。然而，不久，这种增长甚至变得更快。从 1935 年到 1937 年，出口额占到了国民生产净值（NNP）的一半左右（进口额占 40%）；库布林写道："如此之高的增幅"直到 1970 年代才得以重现。[25] 1930 年代，粮食是最主要的出口物资；直到 1960、1970 年代，粮食都始终占据着这一位置。马瑞斯·斯科特（Maurice Scott）认为，（中国）台湾 1960、1970 年代的出口"回归到了一个正常水平"：1935—1937 年，进出口在 GDP 中所占比重为 38%，1975 年也是 38%；这在 1970 年代中期排世界第四位。[26] 然而，1930 年代，它同样排世界第四位——而且，（中国）台湾和朝鲜的排位均高于日本（见表 3）。

表 3　1939 年人均贸易额之估算

（以美元为计量单位）

	年份	进口	出口	总计
新西兰	1939	109	127	236
英属马来亚	1939	61	72	133
澳大利亚	1938—1939	67	64	131
中国台湾	1937	16	23	39
朝鲜	1939	15	11	26
日本（本土）	1939	10	13	23
菲律宾	1939	8	10	18
缅甸	1938—1939	5	12	17
泰国	1938—1939	4	5	9
印度支那	1937	3	4	7
中国大陆	1939	0.85	0.25	1.1

来源：乔治·巴克利（George W. Barclay），《台湾殖民时期的发展与人口》，

普林斯顿，新泽西：普林斯顿大学出版社，1954年，第33页。

　　尽管《时代》周刊等媒体高声称赞1960年代末期的台湾奇迹，而台湾人却告诉一位政治学家说，1930年代末期他们的生活状况其实更好。从1939年到1965年，人均生产量有所增加的部门只有柑橘、水泥、电力和渔业。[27]至于台湾向来喜欢自相标榜的平均主义收入分配政策，应该说从1931年到1950年土地改革的影响显现之前，台湾的土地和财富分配确实变得"更为公平"了。与朝鲜形成鲜明对比的是，许多佃户有了自己的佃户。苏珊·格林哈格（Susan Greenhalgh）发现，从日据中期直到1950年代，"在收入和财产分配方面，有着非常值得注意的连续性"。[28]另外一些材料则将1930年代末期和1940年代早期描绘成"台湾取得实质性进步"的时期，在当时的东亚工业化进程中，（中国）台湾仅次于日本，排在第二位。[29]所有这些证据都表明，台湾所获得的"好风凭借力"，并不始于1960年代开始实行的出口导向模式，而是始于1930年代的殖民地经历。

　　日本在教导殖民地如何出口的同时还教会了它如何保护内部市场。和朝鲜一样，在工业化的第一阶段，即进口替代（ISI）阶段，（中国）台湾市场几近关闭。1951年春天，台湾当局通过实行非常高的固定汇率对进口施以严苛限制；同时提高关税，紧缩进口许可制度；对大多数商品而言，进口商都必须提前交纳100%的保证金。这些限制措施所产生的立竿见影的效果就是进口商品在实际价格之外增加了附加费，其中面粉增加了48%，棉纱增加了33%，硫酸铵增加了100%，苏打粉增加了275%，毛线增加了350%。与此同时，台湾官员负责对进口替代生产商进行监管：1954年，尹仲容（K.Y.Yin）——1951至1954年任台湾生产事业管理委员会副主任，后任"经济部"部长，以推动自主生产玻璃、水泥、塑料、胶合板，当然还有纺织品而著称——下令捣毁2000只台湾产电灯泡。尹仲容宣布，如果本地电灯泡的质量在三个月内没有改观，他将放开进口限制。[30]

与日本战前的工业化方案极其相似，（中国）台湾的工业化也是以牺牲农业为代价的。殖民当局巧立名、横征暴敛，用吴荣义（Rong-I Wu）的话说，从农村压榨出了"巨额资金以支持工业化"。与此同时，对个人存款和资本给予非常慷慨的税收政策。1960年代早期出口导向工业开始起飞时，台湾如法炮制，俨然出口商的税收天堂（提供五年免税期和许多其他优惠）。[31]

对工业化的财政支持也在模仿日本和朝鲜。研究（中国）台湾殖民经济的前沿学者对其1930年代中期工业化萌芽时期的财政支持和投资管理非常关注："通过以很低的固定利率进行新的投资，银行很快获得了信誉。通过广泛提供资金支持，刺激了大批老企业向新领域转型。企业卸掉了税收重负。"[32] 一位研究战后台湾财政制度的专家承认，台湾"继承了某种相对先进的银行制度"，尤其是地方信用机构、农民协会、邮政储蓄存款制度等。[33] 1949年，中国国民党"中央银行"暂停营业，直到1961年才重新开业；因此，台湾财政制度从根本上说还是殖民性的，并没有经过来自大陆的重组。虽然从1949到1961年，台湾没有"中央银行"，但台湾银行作为台湾最大的商业银行行使了"中央银行"的职能——发行货币、处理当局商务等。其主要调控手段是通过调整存贷利率对经济进行干预，埃里克·伦德伯格（Erik Lunderg）称这种调控"堪称完美"。虽然有一个很小的证券市场（1962年创立，但1980年代中期以前都很不活跃），但几乎没有什么股票交易，所以更多的财政支持是由当局实施的。大公司，尤其是从日本殖民者手里继承下来的"国有"公司，拿走了政府财政支持的绝大部分。出口导向发展模式启动后，台湾当局再次以低息贷款对出口进行了扶持。[34]

台湾的民族主义和抗日斗争又如何呢？几乎付诸阙如：日本人用了五个月的时间对台湾进行抚慰，在南部遇到了一些抵抗而北方的抵抗却几近于无。此后,仅有的顽强抵抗来自高山土著(现在他们仍在顽强抵抗,他们抵抗的是现代化而非殖民统治)。美国旅行者亨利·弗兰克(Henry A. Franck)注意到,即使是在朝鲜"三一运动"和中国"五四运动"之后,一些台湾人依然穿着日式服装,而"我绝对想不起我曾看到过一位穿着木屐和和服的朝鲜人"。"独立问题"在朝鲜是头等大事,他写道,而"台湾如果说确实想到过独立的话,那也显而易见被认为是一条绝望之途,因此完全不值得考虑"。[35] 海曼·库布林(Hyman Kublin)写道,"所谓台湾被('一战'之后的)巨变所撼动乃是一种误导",因为台湾只是在 1920 年代后期出现了很少一些劳工组织而已;直到 1945 年,"台湾实际上从未出现过动荡"[36]。

尽管如此,与朝鲜如出一辙,宁静的(中国)台湾也建立起了无处不在的"国家警察"制度。朝鲜的警察制度由被引为榜样的后藤新平(Gotō Shimpei)创建,他与其说是一位神气活现的征服者,不如说是一位严酷的管理者。鹤见帕蒂(Pati Tsurumi)对新警察制度的描述是:"后藤掌管的警察成了地区统治的支撑力量。除了常规的警务职能,他们还负责税收征缴、强制执行卫生措施,以及盐、樟脑、鸦片的垄断经营……他们监督铁路和水利设施的改进,向农民推广新的栽培技术,鼓励兴办教育和本土工业。"[37] 中国人,非但不反对后藤的改革,反而欣然接受;因为即使孙逸仙当初也发现对台湾岛进行组织殊为不易。美国旅行者同样对其所见所闻推崇有加:"在经历几个月的中国之旅后,台湾给人以一种奇异的、神秘的感觉;因为此间的井然有序和海峡对岸的中国大陆的混乱形成了强烈反差,这是一种连普鲁士也难以媲美的普鲁士式的精细准确……一个旅行者很快就会强烈地感受到,日本人对一切不规则无规律的事物都深恶痛绝,而中国人却似乎偏爱有加。"[38]

后藤式无远弗届的警察机制是建立在中国传统的地方监管制度保甲制的基础之上的。所谓保甲制,是以十户为一甲,十甲为一保。一保有大约一百户家庭或五六百人；截止于 1938 年末，举例来说，共有五万三千八百七十六名甲长和五千六百四十八名保长。有意思的是，所有这些首领都由甲或保的成员选举产生，尽管他们还必须要得到巡抚和各州府行政长官的批准。[39] 当然，日本人使保甲制变得更为高效：其功能与战后中国共产党和（北）朝鲜的基层单位委员会颇为相似。保甲负责报告出生和死亡情况，对"出入该地区的人员流动情况进行登记，并对常住人口的行为 [进行监管]"[40]，落实日本人的健康和卫生规定，动员劳工，传布有关军队、种子、化肥等的消息，征缴各种地方税收，对警察给予全方位的帮助。日本殖民者对这种中日杂交的制度珍爱有加，"终其全部统治时期，都倾全力加以推行"。1954 年，一位美国人称之为"最高效、最优雅的"压迫制度。[41] 而在我们看来，这是日本人对不列颠式（以及俾斯麦式）全面监控方案的完满实现，而盎格鲁—撒克逊人从未在埃及完满地实现过这种监控。

总而言之，对于台湾式殖民方案，美国学者只能在现代化理论的全盛期击节叫好："台湾……发展出了全世界最为成功的殖民方案……日本对……（中国）台湾农业进行了合理化改造……建立了强力而高效的政府，所有这些都是台湾岛前所未有的。通过警察暴力和政治欺骗的巧妙结合，他们建立了一种严密的政治秩序，有组织的管控结构渗入到了每一个城镇村落……这种成功将会鼓舞当前每一个正在为现代化而奋斗的国家。"[42]

1940 年代后期国民党败退来台之后，垄断了行政、政治职权，并且接管了许多企业。国民党政要接管了日本人控制的工业财产；"台湾的社会贤达所掌握的经济权力——在日据时期的很多时候都远远大于中国史学界的说法——被剥夺殆尽"[43]。日据时期，经济对中国人（主要是小企业）是开放的，但政治是封闭的。和日本人不同，仅仅经历了一年的"解放"时期，投机取巧的国民党官员就使得管理精良的台湾经济走向了破产。[44]

在大陆时，国民党从未建立起良好的政治组织，不过他们很快就欣然接受了日本人的发明，并将其专断的集权强加于殖民时期无远弗届的基层结构之上。正如埃德温·温克勒尔（Edwin A. Winckler）所写，包括精心操控的地方选举，国民党也"通过和日据时期一样无处不在的警察网络保留了下来"。在警察网络之外，又依照"良好标准"新增设了国民党秘密安全机关。[45] 托马斯·戈尔德（Thomas Gold）注意到，"新出现的政治、经济结构与殖民时期极其相似"：很小一部分大陆人垄断了政治和政权，掌控着"暴力机器"，运用"严密的警察镇压"将权力掌握在手里。[46]

越南：没有发展、
没有现代化的殖民统治

法国人花了很长时间才完成了对越南的殖民，并努力将其拖向最具剥削性的资本主义企业。从 1859 年开始，法国海军用了差不多十年时间占领了越南南方或称交趾支那的部分地区；法国人抢占了一些前哨基地，并在湄公河河口建立了自己的基地，但是向内陆地区的推进十分缓慢。1880 年代初期，法国人侵占了越南中部和北部地区（安南和东京），并于 1885 年彻底湮灭了越南人的独立诉求。然而，法国对越南的殖民，只不过是为其进入中国寻找一个南部通道罢了。

殖民初期，法国人主要鼓励采掘业，大力推动农业和矿业产品出口。交通和通信基础设施也相应得到了发展，虽然受水稻、橡胶、锡以及其他商品出口的影响，发展得非常缓慢；越南遍地密布的河网使得运河开凿和疏浚的成本远比日本人在朝鲜和（中国）台湾建造铁路更为低廉。

诸如米其林之类的大型自然资源公司垄断了经济活动。殖民政府的主要职能就是扶持越南商品向国外流通；为鼓励出口商，政府修建了通向海洋所必需的线路，并组建法郎集团、制定关税以保护出口定向产品。[47]

法国人的政策只是有效地刺激起了一种货币经济，此外无他。湄公河三角洲的水稻价格和世界市场捆绑在一起后，农民每年都要经历一次"轮回"式的不安，而那些原本就生计艰难的农民更加无助；结果终于引发了1940年和1941年的大动荡，以及越南独立同盟势不可当的大暴动。[48]只需对其交通网络随便瞥上一眼，便不难看出法国人的用心（或者说他们的不用心）：非常匪夷所思的是，越南最长的铁路线和柏油公路沿着海岸线紧紧地挨在一起，再次强固了既有（同时也更经济的）航线的地位，并在途经千百里的空旷乡村之后，将越南最发达的部分和中国联系了起来。[49]

与日本人在朝鲜和（中国）台湾所实施的渗入到最底层的治理不同，对由一个相对较小的殖民政府所实施的低成本管理模式的依赖，使得越南乡村很大程度上是自给自足或自治式的。殖民者倾向于以间隔性的惩戒式军事行动维持对乡村的统治，这和日本人经常性的在场和监管也有所不同（尽管法国人也在乡村招募了一些耳目用以监管乡邻并向当局报告"不法之徒"的情况）。另外一个节流之道是通过大面积土地的出让来收买合作者，这种做法曾经见诸朝鲜和（中国）台湾，但法国人却没有与之相适应的合理配置土地的方案，或者说没能对农业进行成功开发。既没有统一的殖民预算，也没有对工业进行大规模的刺激性投资，法国人只有对越南三个地区的地方性预算，相应的财政支持也仅限于国家对关税、捐税、印花税、盐、酒和鸦片的垄断。政府的税收远远低于朝鲜和（中国）台湾，主要来自于对各种各样的农产品的税收；和日本人一样（尤其是在鸦片使用非常普遍的台湾），(法国殖民政府）既没有控制，也没有削减鸦片贸易，这在事实上起到了鼓励的作用。而鸦片贸易也是殖民早期最稳赚不赔的行业。[50]

法国人在实行广泛的独裁统治和压迫的同时，并没有建立起相应的人力资本投资措施，这从其经常以强迫劳役的方式实施公共事业计划可见一斑。比如，1904 至 1906 年修建海防—老街铁路时，共进行了五次各自独立的劳工强征，总共征用了三万名劳工，[51] 且这种情况一直持续到了 1930 年代。在没有组建起大规模的强迫劳工项目时，法国人只能依赖于在橡胶厂和锡厂季节性穿梭的工人，从而形成了一支庞大的、没有受过教育、未充分就业、不熟练或熟练的劳工队伍。类似的劳工征用形式很少为在朝鲜的日本人所用，在（中国）台湾更从未出现过；战争期间日本人确实在朝鲜强征过大量劳工，但却是以典型的日本人的方式，即高度的组织形式进行的。按照吴永隆（Ngo Vinh Long）的估算，1930年代末期越南总人口超过了两千万，工人大约为二十万，但大部分是不熟练的季节性工人，其中包括四万名纯粹的橡胶工人和四万名纯粹的矿工。[52]

越南真正取得长足发展是在"咆哮的 20 年代"。1924 年以后，法国人向印度支那注入了大量资本。同时，主要发展方向调整为种植业，首先是橡胶，以及水稻、糖、茶叶、棉花等；而为了将这些产品运出国门，交通运输又成了当务之急。马丁·莫雷（Martin Murray）写道，到1930 年代，"印度支那业已成为欧洲在亚洲的殖民地中开发程度最高的国家"，但是税收却依然主要依赖初级产物产业；他注意到，即使是在1920 年代的繁荣期，殖民政府的作用也并不怎么重要，倒像是宗主国法国之资本的小跟班。[53] 1930 年代，为发动激进行动，越南共产党和民族阵线的组织者对农民进行了极为迅速而充分的动员，类似的事情在（中国）台湾从未发生过；在 1930 年代的朝鲜，激进组织者在远离国家中心的乡村和边远地带的确干得不错，但也并非无处不在。

"一战"之后，法国全力以赴执行其文化使命：想方设法将越南贴上法国文化的标签——首先是建设一种能够同化越南精英，而不是旨在培养大批熟练产业工人的教育体系。[54] 唯其如此，我们才可以发现不少诸如退休后住在巴黎郊外一幢别墅里的保大（Bao Dai）"皇帝"这样的崇拜法国的越南精英；还有一些精英，他们绝非叛国投敌者，但同样崇拜法国，这在朝鲜和（中国）台湾是绝不可能出现的。（也许朝鲜皇太子李垠差可比拟，1910年以后，他和日本妻子在赤坂的皇族世居区过着单调呆板的生活，但1945年之后，没有人认为他是一个合适的领导人选；与此同时，迪安·艾奇逊和迪安·腊斯克则将保大视为越南反共之"白色希望"。）总的来说，法国人不重视教育（法国人到来之前的越南教师人数高于法国人离开之后的人数）[55]；学校可以同化越南人中一个很小的阶层，却难以像日本的教育那样培养出工业化和行政化的知识层。1930年代早期，越南初级学校大概有两万八千名在校生，而（中国）台湾则超过了三十万名；当时，台湾人口是八百万，越南是两千万。[56]

不过，1920年代却也见证了在朝鲜从未发生过的某种事物：各种各样的地方选举。1921年，它最早在村委会中开始实行（一直延续到1941年，由保大废除）。这是法国人在绝大多数越南人所过生活即乡村生活的水平基础上，为传统自治或者当代反抗保留（或创造）空间的又一路径，它在城市和乡村之间留下了一条巨大的鸿沟。法国的殖民统治既没有促进越南社会的发展，也没有促进其多元化，而是试图在内陆乡村保留层级制的社会关系，其中，国家和贸易公司位居顶端，法国商人和地方代理居其中，而大多数民众则被无可救赎地压在了最下层。

与（中国）台湾殊为不同的是，法国人禁止"哪怕最微不足道的"小型企业，大部分中型商贸（如稻米加工厂等）则掌握在中国人手里，既然不存在向上流动的可能性，则贫苦农民就只能做水平运动而不能做垂直运动。[57] 正如杰弗里·佩奇（Jeffrey Paige）、吴永隆以及其他人所说，这样一种政治经济当然很容易引发农民革命——这一点至为重要，不过它并没有改动越南从1945年至1975年三十年战争的标点符号。

经济大萧条开始后，法国的各项投资迅速减少，而到1930年代末，一场全球大战业已开始，这场战争让法国人最终松开了对越南的掌握。欧洲的殖民统治［和日本在朝鲜与（中国）台湾的殖民统治一模一样］最后一无所有；殖民者停止了铁路的修建（他们从来也没有修过多少），利用既有的或新的道路用大型客车进行运输。作为和日本借对殖民地的工业化使自己走出经济大萧条的做法的鲜明对比，莫雷曾经讨论过1930年代的"殖民地非工业化"[58]。

1934年至1935年的法国帝国会议，堪称"殖民地非工业化"的一个好例子，同时也是日本对朝鲜殖民统治的一个令人惊异的对比。用莫雷的话说，会议陷入了一场论战，即究竟应该"对殖民地经济事务实行中央集权，通过国家经济计划求得帝国经济协调而'理性'地发展，还是应该奉行以效率最高、获益最大相标榜的自由放任式经济政策，用以统合大城市与海外殖民地的经济事务"。1938年，法国人终于出台了印度支那的工业化方案，其中包括对化工、汽车、纺织等产业的扶持，这一计划似乎可以像日本在朝鲜和（中国）台湾率先尝试的那样，将中央集权和自由放任结合起来。但这一方案命中注定不能付诸实际，当第二次世界大战的烽火从地平线一直燃烧到国境线时，法国人仍在喋喋不休地争吵，结果是一直以来就在被不停征税的越南橡胶业和采矿业被征收了更高的税收。与此同时，如我们所知，早在1921年，日本便已经选择了一个综合性的殖民开发计划。

东北亚的现代／殖民／发展方案

最近二十年，美国经济学家已经惯于将东亚工业的成功，即通过包括寻找比较优势、物价调整、货币贬值等措施在内的一揽子计划所创造的出口导向型工业奇迹，解释为一连串的"大爆炸"[1949年之日本，1958—1960年之（中国）台湾，1961—1963年之韩国]。从此以后，便有了一些统计表格，这些表格以荒唐的、不无偏见的人均国民收入指数和出口基数为参照点[日本和韩国分别是刚刚经历了战争浩劫的1949年和1953年，（中国）台湾是刚刚经历了国际和国内战争以及蜂拥而入的大陆人的劫掠的1952年]，借以表明这些国家或地区在接受了新自由主义的真传之后，经济上取得多么巨大的、几何级数式的飞跃。经济学家们就这样使一个经验主义的、基于自我实现之预言的奇迹变得完美无缺。

在所有这些方面，诺贝尔奖得主西蒙·库兹涅茨（Simon Kuznets）都是元凶，不过，相比于许多平庸的发展主义经济学家，他确实更博学，更老辣。在一篇意在检讨所有关于台湾经济成功之解释的非常专业的文章中，他说：

> 假设想定中的经济流通是在市场经济，尤其是在地理上和历史上邻近的市场经济中相互流通的话，那么某些国家国民生产总值和人均国民生产总值的迅速增长，就完全可以解释同一圈层中其他国家取得的类似增长。因此，日本经济从1950年代早期到1970年代早期所取得的巨大进步，乃是包括（中国）台湾在内的日本各商业近邻取得高速发展的关键因素；相应地，日本商贸近邻的高速增长又反过来促进了日本的增长。从这个意义上说，任何一个国家的经济增长都会带动别的国家的增长。[59]

库兹涅茨后来在专著中又提出过一个观点："其他国家在技术和效率上的发展趋势"会给"累积的未发展者带来机会"，这样一种"增长-刺激效应""并不会被在其他地方可能起阻碍作用的条件所影响"。这种效应

"甚至会发生于欠发达国家"：

> 尽管"累积的未发展"不断被认为是这些国家的现实，但某些欠发达国家（或地区）的人均国民生产总值在过去若干年还是有所增长（比如日据时期的台湾），尽管这个增长过程有可能被战争准备和战争所中断（同样可以 1930 年代早期或中期以后的台湾为例）。如果的确如上所述，台湾即使在日本人对本土工业化完全统治、限制的情况下，仍然在开始战争准备之前，保持了每年 1% 至 2% 的增长率，那么可以说，中断的过程又为有后续效应的"累积的未发展"增加了发展机会。一旦制度和政治条件发生变化，将会有更高的增长率。

这是一个颇为有趣的例子，从中不难看出美国经济学家们的推理，尤其是他们关于语言——上引例子使用的是佶屈聱牙的英式散文语言——的假设：对具有一定读写能力的人来说，语言是透明的，其意义是不言而喻的。比如，既然日本、朝鲜和（中国）台湾自数万年之前其祖先定居以来并没有变得更近，那么，"历史上的邻近"除了作为"地理上的邻近"的冗余，到底又意味着什么呢？当然，这也许表明，库兹涅茨认为，"历史上的邻近"显然是指日本帝国主义，当时东京的勃南森林(Birnam Wood)确确实实是在向着内陆的邓西嫩(Dunsinane)进军。*此外，我们也见识了经济学家对历史准确性是何其重视（1937 年之前，台湾并未受到太平洋战争的影响，1941 年日军南下以后也只是受到了某种程度的影响，只是在战争的最后几年才受到创伤——但在当时来看并不算特别糟糕）。

---

* 邓西嫩是莎士比亚悲剧《麦克白》中麦克白的城堡所在地。女巫预言，麦克白永远不会落败，除非有一天勃南森林向邓西嫩移动。后麦克白对手命军队从勃南森林摘下树枝作为掩护，军队逼近邓西嫩时恰似勃南森林步步紧逼。

更其重要的是，经济学家们的这些说法将使得对（中国）台湾、朝鲜、日本的经济增长进行相互独立的、定量的科学研究变得不再可能，取而代之的将是对经济交通史之影响以及东北亚地区经济成就的特别强调——无论是1930年代、1960年代还是1990年代。果真如此的话，在一种最新技术成就早已将其变成了"地球村"的相互依存的世界中，我们怎么能够将某一商贸大国及其线性历史亦即其发展轨迹从所有其他国家中区分出来呢？怎么能够将东北亚地区无处不在的那些国家的商业组织或者叫作跨国公司的影响区分出来呢？而要将所有这些辨析清楚，难道我们现在不需要在新古典经济学的线性目的论和割裂式的经验主义之外，别求一种综合的、辩证的分析方法吗？

不过，抛开库兹涅茨的理论不说，他确实有一个精辟见解。他对其讨论总结如下："简言之，可以尝试通过检验下列因素的刺激作用，对台湾最近二十年到二十五年经济总量的高速增长进行解释：未开发的新产品累积起来的广阔机遇、经济和社会制度领域重大的结构性变迁以及重要邻近地区乃至全世界大部分地区由于相同原因而产生的高速增长。"现在，如果我们从他对（中国）台湾（或者朝鲜，仅仅就此而言）的论述中仅仅抽取出"经济和社会制度领域重大的结构性变迁"——理由是两个地方都不仅仅继承了一个能够促发工业快速增长的行之有效的模式，同时也继承了与之相辅相成的经济、社会和政治制度——那么，我们便业已达成共识：正是区域内的相互作用、后发工业化（库兹涅茨所谓"累积的未发展效应"），以及所继承的制度推动了（中国）台湾和朝鲜从1930年代直至当下的工业发展——除却战争肆虐的年代；另外，也的确不是非要找出一个特定的转折点，以示人们从那里便已看到出口导向隧道尽头的光亮。

那么，到底什么是东亚"发展模式"？由于此前很多人（包括我本人）已经讨论过这一问题，所以请允许我对东北亚的政治经济模式做简要描述。我们发现，这种模式出现于 1930 年代中期——如果不是更早的话——的日本及其殖民地，此后继起于战后的日本、韩国和中国台湾（在朝鲜则有诸多镜像式的反映）。由于前现代时期日本的政治制度和朝鲜、中国非常不同（封建割据政权 vs 中央集权的农业官僚主义），而其他后殖民国家（如菲律宾、越南、印度尼西亚、缅甸和印度）并没有呈现出下列特征，因此似乎有理由认为现代的、强迫其他国家殖民化的日本是造成上述不同的主要因素。不过，本章的主要观点要中庸得多，即，战后东北亚的经济成功的原因，要追溯到 1960 年代罗斯托式"起飞"之前很久。让我们对这种地区性的官僚—权贵工业体制（我称之为 BAIR）简要勾勒如下：

1. 官僚制国家，利用本土的儒家治国方略和行政部门，并以现代的韦伯（通常是德国或法国）模式对其进行调整；中央集权的首都（首府），集行政、商业、交通运输中枢于一身，人口远远超过其他城市（东京、首尔、台北、平壤）；少有甚至没有地方自治（由中央委任的官员下到县甚至更低的层级）；国家掌握行政体系和警察体系。

2. 必不可少的大众教育，以生产官僚—权贵工业体制所必需的训练有素的工人阶级、文案人员和工薪阶级；相应地，不太重视高等教育（作为游乐场和社交网站的大学）。

   a. 日本：其教育体系形成于明治维新之后并一直相延至今，是全世界水平最高的、全面的大众教育（与法国的精英教育和美国的大众教育均不同），要通过严苛的入学选拔考试才能进入规模很小的精英大学；

   b. 朝鲜和（中国）台湾：1930 年代晚期，约有 70% 的儿童接受了小学教育（作为对照，越南是 2%）；

c. 战后韩国：小学堪称殖民模式之纪念馆，直到 1980 年代，都完全沿用了日式制服；进入小规模的精英大学的门径非常狭窄；

d. 战后朝鲜和（中国）台湾：依照苏联和国民党办学模式，实行全面的小学教育；进入小规模的精英大学的门径非常狭窄；

3. 运用一切必要之手段对大众进行有效监管。

a. 战前日本：天皇／伟大领袖，专制宪法，国家警察，全民登记，有名无实的选举，公民权利和政治权利缺失，众多的秘密警察和情报组织，对异见分子残酷迫害并进行思想改造，由警察和居民构成的邻里监视；

战后日本：改过自新的天皇，民主宪法（但是专制的政治文化和一党统治从 1955 年一直延宕至 1993 年），地方警察，邻里监视；

b. 韩国（1945—1992）：至高无上的伟大领袖或将军（李、朴、陈、卢），专制宪法，国家警察，全民登记，有名无实的选举，公民权利和政治权利缺失，众多的秘密警察和情报组织，对异见分子残酷迫害并进行思想改造，由警察和居民构成的邻里监视；[60]

c. （中国）台湾（1947—1998）："伟大领袖"（蒋介石、蒋经国），专制"宪法"，"国家"警察，全民登记，没有选举（强制实行的戒严体制），公民权利和政治权利缺失，众多的秘密警察和情报组织，对异见分子残酷迫害并进行思想改造，由警察和居民构成的邻里监视；

d. 朝鲜（1945—1998）：伟大领袖（金日成、金正日），专制宪法，国家警察，全民登记，有名无实的选举，公民权利和政治权利缺失，众多的秘密警察和情报组织，对异见分子残酷迫害并进行思想改造，由警察和居民构成的邻里监视。

4. 对国族基质进行形而上学式的意识形态建构：战前及战后的日本、南北朝鲜以及（中国）台湾，都进行了旨在强调民族特性、反对自由主义或西方主义的形而上学式的政治意识形态建构。（朝鲜、日本和中国的学者全都阅读并批判过一百五十年前的新儒家，这是其共同的起点。）最终的结果是，基于对一种将国家和社会等量齐观——因此难以产生所谓“公民社会”——的总体概念的青睐，这些建构起来的教条将政治自由摒弃殆尽。

a. 在战前日本，上述意识形态采取的是“kokutai（朝鲜语为 kukch'e）”的形式，这是一条暧昧难解的教义，一般译为“国体”，其核心思想是：日本制造的一切东西都不同于且在道义上要优越于西方。在战后日本，最重要的知识主题乃是“主体性”（shutaisei，韩语为 chuch'esong）。该主题旨在探讨如何在走向现代化的同时保持日本之特性[61]；

b. 朝鲜占统治地位的“主体性”思想有着同样的特性 [体（tai）]，尽管它通常被译为“自力更生”，但它同样意味着朝鲜制造的一切东西都不同于并且在道义上要优越于西方[62]；

c. （中国）台湾迄今仍信奉孙中山的“三民主义”，但被援用得更多的却是李鸿章于 19 世纪晚期率先提出的带有形而上学色彩的“自强”思想[63]，这一思想后来又经由“中学为体，西学为用”这一方略，衍生为一种“体”性；

d. 在半岛南部，李承晚于 1940 年代晚期提出了“一民主义”，而朴正熙则在 1970 年代培育了“主体性”思想。

5. 以行政指导和新重商主义为特征的政治经济：经济活动以国家为中心，国家积累并划拨资本，以早期阶段对农村经济最大限度的剥削为基础，在工业化的各个阶段均由国家来引导产品周期，进口替代之后是出口导向，之后又是第二轮甚至第三轮的进口替代，之后又是出口导向，通过"价格扭曲"抑制国内消费并掠夺国外市场，严格保护国内市场，工业（铁路、公路、钢铁、化工、电力、银行等）国有化或卡特尔化；没有工会，或者说没有企业化的工人。

a. 战前日本：原始模式（1928—1945）；战后日本：仍为原始模式，但在占领期改革中有所调整（1945—1947），一党执政的民主政治以及囿于美国霸权政治的半主权地位（1947—1995），依然被称为"发展中国家"；

b. 战前朝鲜和（中国）台湾：1920年底至1945年，伴随着强有力的宗主国国家机器、财阀投资以及少数民族资本家（金性洙 Kim Sŏng-su、朴兴植 Pak Hǔng-sik、刘伟兴 Liu Wei-hung）虽程度有限但意义深远的参与，整个区域全都变成了日本工业化模式的客体和主体；对农村经济最大限度的剥削，殖民地劳工分工的结果是：重工业分布在半岛北部，轻工业和水稻/食品出口在半岛南部，财阀的强力参与；（中国）台湾地区则主要是铝、水泥和轻工业（水稻、糖和食品出口），财阀参与不深，但有更多的小型民族企业；

c. 战后半岛南部：经济活动以国家为中心，国家积累并划拨资本，1970年代之前长期对农村经济进行最大限度的剥削；在工业化的各个阶段均由国家来引导产品周期；进口替代之后是出口导向，之后又是第二轮甚至第三轮的进口替代，之后又是出口导向，通过"价格扭曲"抑制国内消费并掠夺国外市场，严格保护国内市场，工业（铁路、公路、钢铁、化工、电力、银行等）国有化或卡特尔化；没有工会，或者说没有企业化的工人；

d. 战后半岛北部：经斯大林主义和自力更生思想调整过的以国家为中心的经济活动；国家积累并划拨资本；1970年代之前

长期对农村经济进行最大限度的剥削；在工业化的各个阶段均由国家来引导产品周期，近乎单一的进口替代型工业，近乎封闭的国内市场（苏联和中国的机械技术、石油、炼焦煤例外），1950年之后工业完全国有化，私人业主不复存在；工会为国家所控制；

    e. 战后（中国）台湾：经国民党"官僚资本主义"调整过的以"国家"为中心的经济活动；"国家"积累并划拨资本，但因为海外华人投资的重要作用，所以比朝鲜半岛稍显灵活；1970年代之前长期对农村经济进行最大限度的剥削；进口替代之后是出口导向，之后又是第二轮甚至第三轮的进口替代，之后又是出口导向；通过"价格扭曲"抑制国内消费并掠夺国外市场，对国内市场保护较少，工业（铁路、公路、钢铁、化工、电力、银行等）国有化且有几个大的卡特尔，但为数更多的是轻工业和小公司；没有工会，或者说没有企业化的工人。

6. 联系紧密的地区政治经济之纠葛：有充足的理由说，1930和1940年代，这里是日本的一个区域性帝国，不过从1947年开始，在经历了由美国支持的一系列改变（乔治·凯南的逆转方案和迪安·艾奇逊"伟大的新月计划"被延迟了十年之久，原因是1950年，金日成试图粉碎这一发展计划）后，这一地区的政治经济形式有所变化。1960年代中期，日本经济再度影响了韩国和（中国）台湾，到了当下的1990年代，又再度影响了朝鲜和中国东北地区。

    关于东北亚的官僚—权贵工业体制，还有不少问题有待讨论，但是上述概要也许已经足以吊起读者对我下一部著作的胃口。[64] 诚然，在这个抽象的概要中，民众的集体力量被遗漏了，我们将在下章进行讨论。

结论：国家科学，或后发工业化的国家学说

因此，无论我们知道与否，我们都已经深深地介入了一种对美国人来说还很陌生的科学的讨论之中，这就是 19 世纪德国人之所谓 Staatswissenschaften，或者叫国家科学（以区别于社会科学）。伊藤博文（Hirobumi Itō）从德国归来后打趣说，"我已理解国家之奥秘，现在即可含笑九泉"[65]，这主要是因为他遇到了《社会运动和社会概念史，从法国大革命到 1830》的作者洛伦茨·冯·施泰因（Lorenz von Stein）。正如沃勒斯坦所主张的，施泰因之所以将"社会"理解为一个关于国家科学的概念，是因为从根本上说，其意义生成于"社会/国家"的矛盾对立之中。[66] 对施泰因来说，社会和国家的意义并不总是如影随形地被联系在一起，但是确实在许多方面是相互交叉融合的；比如，国家决定了由谁组成公民（"公民社会"）。更有说服力的例子是，假如说在黑格尔看来君主代表着国家且反之亦然（另一种融合）的话，那么，法国大革命的创新则在于，国家体现（或者说应该体现）民意。这就引出了一个问题：谁能体现（或者创造、知道）民意？

试想，这和我们的社会科学多么地不同！对我们的社会科学来说，上述问题都还悬而未论，"国家"既没有被当作一个范畴严肃地加以分析，也没有被当作一个我们惯于将其物化的某物，也即某种虚构物加以批判；与此相应，我们自以为我们已经对"社会"非常了解：它由个体、角色、利益群体、压力集团等组成。但是从施泰因的角度看，"社会"同样是一种虚构或修辞性建构，它在道德上不断地被遮蔽（morally valanced）并物化为"公民社会""民主社会""多元社会""仅见于西方"，等等。

无论如何，美国的修辞都不同于 19 世纪中期德国的修辞，也不同于 20 世纪日本、朝鲜、中国的修辞。后者总是天然地和国家科学相关联，

无论其国家科学是施泰因式的、列宁式的，还是朴正熙式的。虽然或迟或早，但所有这些东北亚民族都适应后发现代化的竞争需要，同时适应美国意识形态从全然不在场到成为无所不在的高压的变化，因时而变地形塑着他们的国家（对照 1930 年代之日本与 1960 年代之日本、朝鲜与韩国，1949 年之后的中国大陆与 1949 年之前的台湾地区）。

因此，我不能苟同西达·斯考切波（Theda Skocpol）的观点："国家建构"乃是伴随着灾变的革命性行为。[67] 按照东北亚相互融通的"国家/社会"观念，国家建构意味着：在自觉或不自觉的实现工业化的努力的引导下，国家率先出现；然后且只能是然后，才是"社会"——为当代"现代化"想象所必需且能够适应之的各种社群——的出现。从空间上看，这些国家具有半边陲的特点，或者更准确地说，它们处在上天赋予的、专门为全世界拣选出来的喘息地（未被殖民之东北亚，约 1850—1910 年；美国所放纵之东北亚，约 1945—1970 年；民族革命时期之东亚，约 1945—1975 年）。但是从时间上看，却是"落后的"，只能仰帝国主义和工业对手之鼻息。没有什么比巨大的机遇和无边的挑战联袂而至更让人揪心的了。

"太初有言"并非事实。对人类来说，太初有构想：某种尚处于前话语状态的东西试图为自己寻找名称——一如伊藤为国家寻找答案。[68] 在东北亚，这种名称最后形成了国家科学。美国分析家之所以没有看到这一点，是因为他们从来就没有寻找过；他们全神贯注于另一个空间的创造，那个空间首先介乎理性和神学之间，其次才介乎公民和国家之间——现在，它被哈贝马斯神化为"公共空间"，而所有的东亚国家则通通被革出了"公民社会"的教门。从某种意义上说，东亚一直渴望一种未经启蒙的工业化，一种径行取得西方文明之精粹的粗糙的接受。注意，他们抓住的是孩子，可不是洗澡水！[69]

无论如何，后发工业化的国家科学绝非霸权主义的意识形态。它不可能将世界视为一只可以任意摆布的牡蛎，也就不会对世界做整体的考量。毋宁说它将世界视为一只强有力的章鱼，而它只能对其进行部分的盘算。换言之，从日本开始，东北亚就未曾提出过普世理论。它选择了某种特定的西方普世理论而对其他普世理论——那些对它而言意味着最高的、不可饶恕的羞辱的普世理论——弃之不顾。我们的普世理论向来是英国式的普世理论[70]，那可谓滑铁卢之后英国称霸世界时的古董。对19世纪而言，英国不唯是世界工厂，同时也是全世界（尤其美国世界）的口技表演者。德国则是这个世界的眼中钉，它不知羞耻地模仿英国人的新奇发明，并将其拙劣的产品倾销到大不列颠市场。德国人和日本人的意识结构乃是霸权思想之镜像：作为一种模仿性的意识，它旨在寻求一种难以言传的完美性，借此，特例不能变成霸权或统治者，却能求得平等。

因此，美国和东亚之经验有着惊人的不同：此间，对英国模式的复制是为了超越；彼处，对大陆经验的选择性模仿只是为了迎头赶上。前者旨在霸权，务求普遍；后者旨在平等[71]，只论特殊。因此不可避免地，后者会牢牢抓住与世界观无涉的科学技术，同时向我们提出诸如国体、主体以及“体用”之类的问题。如果一个国家内部能够生产出一个“现代的”、自我约束的主体，那么，对外它将抵御霸权及其产品与世界观。

沃勒斯坦断言，“二战”以后，国家科学作为一个学派在德国以及其他地方便不复存在了，[72] 这并非实情。在日本和朝鲜半岛南部，美国推行自由主义的宪法（尽管在风雨飘摇的半岛南部，不可避免地留下了许多漏洞），而（中国）台湾则实行了戒严令。在上述三个地方，两次世界大战之间的官僚体制都仍在飞速运转，仿佛什么也不曾发生。在朝鲜和（中国）台湾，实行的是列宁式的宪法，但中央官僚体制仍得以为继，而且毫无疑问仍将持续下去。

无论如何，就政权之独立自主和平等而言，迄今为止，东北亚在

20 世纪并没有获得过真正的自力更生，而是羁绊于另一张网络：霸权主义之网。织网的蜘蛛，首先是英–美，然后是美–英，然后是战争和失败，然后是单边主义之美国，然后（大约从 1975 年至今）是三边主义之美国。日本、韩国和（中国）台湾基本上是在这张网络中进行工业化的。朝鲜和中国大陆自认为是外在于这张网络的，这实际上反倒赋予了这张网络以至高无上的意义——于是它们通过建构国家以抵抗这种羁绊。因此，日本、韩国和（中国）台湾建立了"强大"的政权以奋力实现工业化，但在这张网络的羁绊面前却显得相当"弱小"：它们实则是半主权的（或无主权的）。朝鲜也建立了一个"强大"的工业化国家，并"全面"抵抗霸权主义，但是到了世纪末，它也正在被拖入这张网络。如此一来，最后便只剩下了越南。在经历了法国的开发和胡志明革命之后，越南也正励精图治，追赶新兴工业化国家。

第四章

美国与东亚的公民社会及民主

东方和西方是为了愚弄我们这些胆小鬼而画在我们面前的粉笔线。

——尼采

本章将在美国和东亚（但主要是韩国）语境中讨论颇富争议的公民社会和民主问题。第一部分将检讨几个不同的公民社会理论家［包括哈佛大学理论家罗伯特·帕特南（Robert Putnam）、迈克尔·桑德尔（Michael Sandal）以及哈贝马斯］的著作及其得失——包括其中的西方式偏见和西方中心主义。接下来的一部分审查两种非正统的公民社会批判理论：一是马克思主义左派，主要讨论马克思和葛兰西的著作；一是基督教右派，主要讨论麦金太尔和罗伯特·昂格尔（Robert Unger）的著作。然后我将引入韩国的民主问题：是怎样一种广泛的群众运动以及精英分子的回应于1993年引发了一种特殊的、熊彼特式的民主体制，并使得一位著名的异见分子于1998年当选总统；在全世界最深刻、最大胆的从威权体制到民主的转变过程中，究竟持续发生了怎样的危机；以及，韩国的民主化进程还有哪些未竟之业。最后一部分，我将提出问题：什么是民主？并参照美国和朝鲜之经验进行讨论。

公民社会的自我追寻

1990 年代的美国，从右派到左派，整个政治图谱都充斥着有关公民社会的种种彼此严重冲突的关切。所有批评者都指出了同样的症候：公共空间（即城市）的畸变和危险；道德失范以及相应的高犯罪率；核心家庭的解体；公众对选举的漠不关心，对政治体制的犬儒心态；公开辩论水平的下降（尤其是电视中的公开辩论，这是传播辩论的最主要媒介）；以及政治领导力及国家领导力的缺失。

据 1984 年 2 月公布的一项盖洛普民意调查，80% 的美国人不信赖政府能够正确作为；75% 的人不满意政治程序的运行方式；75% 的人认为政府获取了超过大众全体的数宗巨大利益。1992 年、1994 年以及 1996 年，反对党政要 [罗斯·佩罗（Ross Perot）、纽特·金里奇（Newt Gingrich）、帕特里克·布坎南（Patrick Buchanan）] 试图借此悲情拉拢选民。他们经常援引 1950 年代，认为那是礼乐升平、莺歌燕舞的美国黄金时代（金里奇称 1955 年是美国体制的顶点）。

与此同时，这些颇具影响的当代作者认定公民社会是一个天然的西方概念，因此它在残余的共产主义国家不可能存在，在后共产主义国家是当务之急，而在东亚——包括威权体制之新加坡、民主制之日本以及作为新兴工业国家（和地区）的韩国和（中国）台湾——则基本上是缺失的。哈佛大学的亨廷顿在其论文中提出了声名狼藉的"文明冲突论"，试图对战后全球政治提出一个新的范式。不过，就论证东亚没有公民社会且未经启蒙的工业化进程而言，也许卡莱尔·沃尔夫廉（Karel von Wolferen）的《日本权力之谜》（*Enigma of Japanese Power*）才是晚近最好的一个范例。如果不是在美国学界产生如此广泛的影响，该书或许连一个脚注都不配得到：1993 年末，沃尔夫廉一度大出风头，同时在《新左派评论》《外交事务》和《国家利益》刊发文章，从而席卷了从左派到右派的所有知识分子的意见。《纽约时报》编辑不仅数次为其开设专栏，而且针对其著作发表了数篇社论，认为该书在资本主义和共产主义之后提出了"第三种制度"，即东亚制度。

在沃尔夫廉看来，"西方"隐喻着这样一个所在："在由社会欲求与当权者法令所构成的世俗现实之上，有一种独立的普世真理抑或永恒的宗教信仰"[1]；而日本则是这样一块地域，人们在"一种政治文化"中因时而变地调整自己的信仰，而"从这种政治文化并不能看出超越性真理之端倪"。和 19 世纪对"东方"的描述一样，在沃尔夫廉看来，日本乃是一个谜：它晦暗不明，由一个神秘的"系统"所主宰，"专心致志地追逐着自己的某种隐秘目标"。该系统"系统化地压制着个人主义"，他写道，因此日本人并不接受西方的逻辑或形而上学，而是千方百计地返回到"希腊"。支持诸如此类的概括的"关键因素"在于，"［在日本，］下列观念几近于无：存在着恒常不变的真理、法则、原理或道德"。韩国人可能也在思考和日本完全相同的事情，但沃尔夫廉却不喜欢任何一种东亚政治制度："日本人、韩国人和中国台湾人的经验表明，在西方和共产主义模式之外，存在着第三种政治经济范畴。"这些国家代表了"一种很大程度上还神秘莫测的经济范畴和社会—政治范畴"。

上述话语在美国可谓司空见惯，其中，美国公民社会的疾患和病象令人惊异地消失了，不知不觉中，被从洛克到托克维尔所描绘的理想化结构所取代。诚然，的确没有人宣称东亚国家有着美国城市几乎每条街道上都随处可见的病象，而（中国）台湾最近的几次选举，投票率都远远高于美国，但是所有这些在虚构西方公民社会时都被忘得一干二净。在虚构出来的西方公民社会中，见多识广的公民们不偏不倚地争论着关乎政治和美好生活的重大问题，与此形成对照的则是东亚的有限民主、威权体制和普遍的非自由主义，迈克尔·费尔（Michael Fay）在新加坡

受鞭刑案 *或者更有说服力的日本政府的持续危机对此做出了生动的图解。现在不妨让我们近距离地观察一下美国对公民社会的争论。

保守派认为美国的问题要么在于政府，要么在于民众本身。福利、权利、大政府以及"自由精英"长达六十年的影响，乃是美国的病根。否则，就只能是民众自身缺乏美德。1980 年代，保守派将经济衰退的原因归于职业道德的沦丧，但是到了经济普遍增长而社会病象依然积重难返的 1990 年代，他们同样归咎于公民道德。比如，华盛顿加图研究所（Cato Institute）作为一家自由研究机构，向来比其他智库更具远见卓识，1996 年，研究所出版了一个宣传性的小册子，题为《推动公民社会，你能做些什么》，封面装饰画是托马斯·杰斐逊（Thomas Jefferson）的半身像。[2] 小册子如是开篇："自由乃人类之天性，我们日益认识到，不受官僚机构束缚的自由不唯符合人类之天性，而且也是人类进步之动力……经由政府机构进行社会安排的陈规俗套已经分崩离析。"研究所将自己的使命描述为用"杰斐逊哲学""推进公民社会"，而对杰斐逊哲学最恰切的描述乃是"市场自由主义"："它将对企业家精神、市场运作、低税收的推崇，对公民自由的敬奉，以及对福利国家和对外军事干预之利好的怀疑，集于一身。"

加图研究所的自由主义者们的自由主义唱和者之一乃是《调和》（Tikkun）杂志的伦理与意义基金会，该基金会于 1996 年资助了在华盛顿举办的一个"高峰会议"。[3] "峰会"旨在探求"解决美国经济、精神和伦理危机的建设性方案"。峰会认为，绝大多数民众都"迫切希望生活在一个能够体现社会正义、鼓励交往和相互认同、鼓励伦理和生态关切的社会之中"。《调和》的建设性计划是，着眼重建新型公民社会，为深睿之思提供更为普遍的表达机会，这一计划新近促生了几部政治理论

---

* 1993—1994 年，移民至新加坡的美国公民迈克尔·费尔因对当地民众的汽车涂鸦、砸汽车玻璃并涉嫌偷窃而被判处鞭刑。费尔是第一位被新加坡判处鞭刑的美国公民，美国政府曾出面协调案件。

方面的学术著作。

　　凭借《让民主运转起来》一书，哈佛大学政治科学家罗伯特·帕特南向来深受美国政治学界——从左派的《国家》到保守派的《经济学家》——推重。该书既是对公民社会的一般研究，也是对意大利的专门研究，作者首先讨论了美国社会广泛存在的对公共机构和民主前景的失望情绪，继而展示了作为样板的北部意大利的公民美德，以及南部意大利公民道德的缺失，最后以悲观的论调作结："但凡公民参与的标准及组织缺失的地区，群体行为的景观就会比较萧疏。意大利南部地区的命运，为向着不确定的自治迈进的今日之第三世界以及明日之欧亚前共产主义国家，讲授了一堂示范课。"[4] 帕特南认同罗伯特·达尔（Rober Dahl）、西摩尔·李普斯特（Seymour Martin Lipset）的看法，认为现代化的主要贡献在于推进了民主："即使对于一个漫不经心的观察者来说，也没有什么比以下事实更显而易见的了：无论就时间还是空间而言，高效的民主都和社会经济的现代化如影相随。"他还为阿尔蒙德和维巴（Almond and Verba）的《公民文化》申冤雪耻，称其为继托克维尔《论美国的民主》之后的"当代经典"[5]。

　　至于帕特南自己的理论，则大量借鉴了阿尔蒙德和维巴三十年前所运用的韦伯／帕森斯式的模式变项理论，并重新命名为"公民参与标准""合作的社会机制"等。马基雅维里认为，公民的品质取决于其"公民道德"。在帕特南看来，马氏的"共和学派"为公民社会和民主制的运行良好提供了再好不过的解释。公民社会和民主制有赖于公民参与、政治平等、个人奋斗让步于社会利益、"团结、信任、包容"，以及公民组织或次级协会：事实上，"公民社会交往"的一个关键表征乃是"活跃的协作生活"。也许我们可以称这种理论为保守的共和立场。

　　在哈佛大学政治理论家迈克尔·桑德尔的著作中，自由主义的共和立场得到了最为圆熟的全新展示。他以对美国最大的两条隐忧的讨论展开其分析："其一，无论作为个体还是集体，我们都日益不能控制那些宰制我们生活的力量。其二，从家庭到社区再到国家，共同体的道德体系正在我们周围分崩离析。"[6] 总之，桑德尔写道，这些担心"清晰地表明了这个时代的焦虑"。

桑德尔认为，公民社会的病因是：对个体权利的片面强调（即自由至上主义），以及与之相应的另外一种被称为共和主义的美国式自由主义的衰落（所谓共和主义，正是帕特南在北部意大利发现的公民道德，但桑德尔称之为社群主义）。第一种倾向的理论鼻祖乃是约翰·穆勒（John Stuart Mill）；第二种倾向的理论鼻祖（在桑德尔看来）正是备受加图研究所推崇的托马斯·杰斐逊。桑德尔和加图研究所的关键区别并不在于两者对美国公民社会的忧虑：他们都认为美国公民社会的情况极其糟糕，亟须修补。区别在于，桑德尔并没有神化市场，而是试图回到过去并重建一种自由主义——这种自由主义能够通过社群主义的规约控制市场资本主义的最坏结果。

上述共和式观点的重心在于，通过公民参与、自我管控以及共同体之"道德束缚"的调节作用，对个体自由进行限制和管理。取消个体主义，代之以公民道德；取消保障个人权利的程序化的政治体制，代之以真正以培育道德公民为目标的政府。桑德尔认为，循此，共和传统可以矫正"我们贫乏的公民生活"，甚至"修复民主赖以寄生的公民生活"。

桑德尔对美国公共领域之疾患颇有宏论。不用说，越有年头的美国城市越能看得清楚：首先是城市公立学校的凋敝和街头犯罪，接下来则是一长串我们所熟悉的其他问题。不过他注意到，大多数美国人现在所居住的郊区（通常是为了逃避城市），已不再开放和包容，转而变成了由门禁系统和围墙包围的"安全地带"。郊区居民小区和购物中心的私人安保服务日益普及，以至于其雇员已经超过了美国公共警察的人数。甚至连始于进步时代的儿童公共游乐场，在郊区也变成了每小时 4.95

美元的"按使用付费"的游乐场。[7]曾几何时，郊区乃是共同体和公民社会之所在，然而时至今日，它却变成了一个偏僻的、将社会失范状态密封起来的所在，孤悬于城市和小城镇之间——前者拙劣地模仿着城市文明之所谓"现代性"，后者则依然充当着美国神话的源泉，尽管田园乡村的美德和"市民大会"所代表的公民责任早已一去不复返了。

这些由高速公路相连接、快餐店和其他国家商务机构依次排开、购物中心千店一面的美国郊区，呈现出一种令人窒息的当代雷同性，而社群和公民身份赖以存在的"地方感"却消失殆尽。白天的大部分时间，这些郊区的居住区看上去都荒无人烟，到了晚上，也只是由起居室窗户透出来的电视光晕才微弱地证明着另外一种形式的社区活动。街道上阒无人声，一如大多数美国城市的市中心下班之后的情形。然而这些郊区的街道是安全的，因为"为了共同的安全，所有地方都禁止公民成群结伙"，从而预言了我在下面将重新讨论的一个术语。

哈贝马斯是全世界杰出的公共领域（Offentlichkeit）理论家，类似帕特南和桑德尔等人对公民问题的讨论，在其著作中达到了最高峰，几近于圆熟。哈贝马斯是浪漫主义极端保守派或怀疑论后现代主义者的敌人，他的思想完全基于他对下列事物的信仰：启蒙方案，人类理性的运用，进步的有效性和丰富性，以及现代之（尚未被认识的）乌托邦潜能——无论在现代社会要相信这种潜能有多么困难。作为学徒，哈贝马斯早期受教于阿多诺、霍克海姆及其法兰克福学派，因此，他毕生的工作都受益于他对大陆传统及其高峰（对他来说，尤其是康德、黑格尔、马克思、尼采和韦伯的著作）的深厚学养，同时也和他对实证的、系统的盎格鲁－撒克逊社会科学的非凡兴趣密切相关。从后者身上，他纤细无遗地学到了帕森斯的标准、角色和系统等概念，而这些概念也曾影响过阿尔蒙德、维巴和帕特南。[8]不同于帕特南，但与桑德尔相似，他对放任的个人主义大加挞伐。他说，他所有著作的"思想动机"，都在于"重新调和已经破碎的现代性，亦即：在并不抹杀现代性可能在文化、社会和经济领域业已造成的差异的前提下，多种生活形式并存共处，其中自主性和依存性确确实实处于一种非对抗的关系中；人们可以理直气壮地生活在集体之中，而这个集体并非一个实际上非常保守的冒牌共同体"。9

　　诸如此类的关切非常自然地将哈贝马斯引向了公民社会，或者用他自己的话说，公共领域。作为"民主的决定性机制"，按照一位美国理论家的说法，"公共领域是这样一个舞台：在没有强迫和依附（不平等）的氛围中，个体参与公共事务的讨论……哈贝马斯对公共机构的讨论重点是强化声音之力量，同时在民主舞台上摧毁其他途径——强迫、市场以及传统——的集体判断"。10 公共领域绝不仅仅指通常所谓的政治讨论场域，如议会和报纸；它是一个巨大的（从理论上说整个世界都是）交互网络，不过仍然奠基于程序民主——尤其是基本人权和政治自由的保障——以及社群多元主义之上。自发自主的公共领域产生于众多社群的自我组织，通过社会交往网络建立一种道德和政治关系，从而促生出一种平等、开放、不受强迫的论辩。所有参与者都必须相互平等；整个领域必须完全开放，没有任何进入的障碍；最后的论辩既是政治的同时也是道德的，因为哈贝马斯从不区分事实和价值——或者说政治和道德（至少在论辩和决策的领域是这样）。然而这同时也是一个理性的领域，其中的事实和价值可以区分。正如彼得·丢斯（Peter Dews）之解释，哈贝马斯区分了"'现实的三重领域'：外在自然、内在自然和社会，与此相应的则是合理化的三个维度：客体、主体和交互主体"11。

　　哈贝马斯所关注的"新社群"是一些环保力量和非正统政治力量，如德国绿党、女性组织、多元文化教育以及 1980 年代的反核运动等。然而，诸如 1994 年金里奇国会（Gringrich Congress）式的运动却不在此列，因为它既不反霸权也不具解放性，而是由占统治地位的白人男性专业人士发起的一场反抗运动。最能印证哈贝马斯学说之影响的，也许莫过于互联网或万维网用户们的自我描述，尽管哈贝马斯本人可能距离他们所关心的问题十分遥远；最重要的是，对哈贝马斯来说，一个允许对话、论辩、冲突，由交互主体组成的社会交往过程作为一个媒介，能够使我们理性地认识到公民社会的功能和目的。

因此，哈贝马斯的理想型公共领域和经济学家的市场庶几相似：任何人都可以按照自己的意愿平等地交易、满足供需，完全不受强制和管控。他对政治领域中暴力病症的不依不饶，很容易让人联想起美国贵格教会（Quaker）的和平主义传统，个中所有问题，不论需要多长时间，都必须——条分缕析地——进行论辩、探讨，直至达成共识。正如斯蒂芬·怀特（Stephen K. White）所说："哈贝马斯宣称，除非按照人们在不受压迫的社会交往中所形成的共识，对政治事务的有效性和全部标准建立起了原则，并依据该原则对社会关系进行了组织，否则，集体生活的理性基础将无以形成。"[12] 任何暴力或强权组织的干预，都会使民主公共领域所必需的协商程序步入歧途。

批　判

自由主义者、《调和》杂志、哈佛理论家帕特南和桑德尔以及哈贝马斯最关键的相同点是：反对以激进的、非正统的方式构建公民社会。借助于雷蒙·威廉斯（Raymond Williams），我们不难看出，桑德尔对共和主义的重建，他的国家和城市话语，显而易见有一种时间上的倒错。杰斐逊乡村共同体的另一面，是其对新兴工业城市的轻蔑，是对相伴而来的新建秩序和无边混乱的抗拒，而所有这些，早在工业化初期就已经为众多目睹了"恰恰是在走向聚合的过程中解体的社会"的批评家们声讨过。[13] 到早已远逝的农耕秩序中寻求理想的公民社会，这种看法不唯无视我们这个时代已不可能重建这种想法的事实，而且无视那一秩序尚存时的不平等：对农民和乡村的隔膜以及司空见惯的无知；被杰斐逊式的弗吉尼亚人所掌控的奴隶；对妇女、流动工人、形形色色的异教徒的压迫；西进运动中大批的牺牲者。田园乡村式的理想，正如威廉斯所说，原本是有真凭实据的，现在却变得越来越脱离现实。[14]

加图研究所的自由论者和桑德尔之所以一致将杰斐逊奉为圣明，是因为 18 世纪晚期至 19 世纪早期的政治经济状况使得杰斐逊能够鱼与熊掌兼得：一方面相对中央政府（实则形同虚设）来说，他既是个人主义者又是自由论者；另一方面，在向西部边疆推进的后期，由于那些一模一样的小镇和农村社区全都建立在财产私有和"市民大会"的基础之上，因而他又可以是一个社区主义者，并让自由和独立降贵纡尊，与自我治理（和骑兵一样，离我们而去的时间还并不遥远）的超级权力和公民道德握手言欢。[15] 简言之，桑德尔的理论是一个隔代返祖的精细物种。他并没有对 1990 年代的美国如何重建共和主义提供一条切实可行的对策。

对桑德尔的时间倒错不遑多让的是帕特南对公民社会和民主所做的新托克维尔式的阐释。且不论有多少身处富庶之地的意大利人（威尼斯和佛罗伦萨等港口城市每年都会有数十亿美元的旅游收入从天而降）有可能会是参加者和公民实践者，托克维尔对 1840 年代美国人争相加入自治组织并参与政治事务的描述都与"被裁减"的郊区夫妇们风马牛不相及：他们需要干两份甚至更多的工作才不至于入不敷出，在为了获得充足的睡眠以便开始明天的漫长劳动之前，他们会精疲力竭地瘫坐到椅子上，聊以电视为乐。

晚近这些著作最令人不安的地方，至少对我来说，是它们毫无理由地将公民社会与社群主义民主视为西方所专有：它们起源于西欧，随后移居北美和英联邦国家，并且再难移居别处。非西方国家完全不适合公民社会和共和式民主，帕特南如是说。1963 年，《公民文化》将西方人的自负和盘托出——彼时，美国人自信有加却疏于自省；作者发现，只有美国和英国才有"一种足以支撑稳定的民主化进程的政治态度模式，以及一种处于潜隐状态的社会态度"。而在他们所研究的其他国家（西德、意大利、墨西哥）中，"这些模式并不明显"[16]。

哈贝马斯理应看得更为深透，却同样把西方奉为其"公共领域"赖以产生、在当代出现问题并得到最终救赎的圣地。在一本讨论"现代性"的著作中，他得出了如下结论："除了欧洲，还有谁能够从其自身传统中汲取前瞻的洞察力、能量和勇气？所有这些，对于涤除这样一些盲目冲动——它们借体制来维系、扩张其权力，并限定我们心智——的前提来说，都至为必要。"[17]这绝非哈贝马斯一次一反常态的强调，尽管它确乎一反常态地愚钝。他的全部著作都充斥着这样一种主张："尽管有种种问题，但现代西方还是最好地体现了"理性和民主的价值；[18]同时充斥着一种或显或隐的现代德国史（我以为这正是他推崇政治交往准则的原因所在，因为政治交往的标准在战后的西德非常明显，但在德国历史的其他时段并不明显——唯其如此，这些标准只是暂时得势，并且充满了不确定性）话语，却完全缺乏对非西方世界经验的关切——除了将其作为"第三世界"中偶或会有的反霸权实践的物种之外。因此，他仅仅和自己所景仰的前辈韦伯分享了共同的偏见（哈贝马斯几乎完全是一个韦伯主义者），却不曾分享韦伯那些激情洋溢、充满智慧的比较研究——从事这些研究时，韦伯极有可能已经认识到了其地域的褊狭性，尽管他还在大谈"只有西方……"不过，既然无从得知韦伯现在将会说些什么，我们最好还是对原初的韦伯进行取样分析，看看他当时说了些什么："只有西方理解现代意义上的国家——理解其职业化的行政管理、专门化的官僚队伍以及基于公民理论之上的法律……只有西方理解理性法……进而言之，只有西方掌握了科学……最后，西方文明与其他所有文明更大的区别在于，西方人以理性伦理约束其行为。"[19]

哈贝马斯比桑德尔和帕特南更在意对其著作的非正统批判，然而，这并不意味着这些批评对它产生了巨大的影响。南茜·洛夫（Nancy Love）正确地指出，哈贝马斯所建构的公共领域"要求我们成为上帝"，方能进入这个没有财产和不平等、不依凭暴力甚或怒气的公共空间；如此这般建立起来的一个说着"理想语言"的舞台，没有"任何偏颇"：没有阶级、性别和种族需要超越。[20] 就此而言，哈贝马斯的公共空间和自由主义的理想性别无二致。不过这依然只能算是一种简单的批判，因为哈贝马斯在这一点上显然是正确的：当我们进行论辩时，我们当然不希望我们的阶级、种族以及性别的阴影笼罩我们想要传达的信息。同样，哈贝马斯的西方中心主义也不足以将他和众多的西方理论家区别开来。我们需要更加努力，以哈贝马斯自己的术语对其进行卓有成效的批判。

我们已经对盎格鲁—撒克逊的公民社会话语进行了检讨，虽然德国人哈贝马斯认同这种话语；现在让我们对19世纪中叶欧洲大陆的话语做一番检讨。如果回到欧洲对国家和公民社会的最初讨论，即黑格尔的著作及马克思对它所做的批判，我们会发现，第一个代议制国家恰巧也脱胎于19世纪的霸权国家——英国。它在工业领域的主要对手德国，按照马克思的说法，还只能对自由主义国家做一些解释性的、苍白的思考。因此，在现实中，它建立了一个强大的国家，而这个国家的另一面则是贫弱的公民社会——这是一个"熔接国家"（fused state），诚如我们前此之所见。但是在理论层面，德国却足以用优雅庄重的理论取代盎格鲁—撒克逊人的统治：也就是说，黑格尔高耸于同时代所有英国思想家的群峰之上。

在黑格尔看来，现代社会造成了公域和私域的分野，而且正因为个人被市场原子化了（马克思说借用了黑格尔的理论），所以国家必须提供另外一种形式的统一——用黑格尔的话说，用一种抽象的统一体代替逝去的有机共同体。尽管约翰·洛克奉献了一个独立的、能够对私人冲突"不偏不倚地进行调解"的国家（或"市民政府"），然而在黑格尔对人类社会所做的最为深刻的思考中，国家和市民社会的分立却是一对矛盾。[21] 因此，黑格尔设想了一个能够熔接我们所谓的国家和社会的国家，以重建他所追怀的总体性。

黑格尔依然是通过代议政府来克服国家和市民社会的分裂的，通过选举产生的代表接受委托，在公民社会中"监督国家利益"。马克思指出，这样其实很难解决国家对公民社会的异化问题：因为以行政、司法、警察面目出现的市民服务机构反过来会成为国家在公民社会中的代表，而且常常会伴随着不可抗力。黑格尔认为自己已经化解了这一质疑：公务员并不忠于君主，而是一个中立者，他之所以当选是因为其专业知识；如果每个公民都有机会加入"公务员阶层"，而且有专门的程序来决定究竟谁能够加入（公民服务考试），我们就不用担心国家权力的专制之举。[22] 代表们赖以反对专制的是官员自身，比如，有赖于公务员"审慎、正直、优雅的气质"。读者将会发现，黑格尔的推论和当代原则若合符契。

然而，黑格尔又说并非每个人都适合成为官僚，这就产生了一个疑问：我们应该到哪里去选拔官僚呢？黑格尔认为，一般来说，应该从中产阶级——国家的"支柱"中选拔。同样，官僚阶层也正是中产阶级定义的组成部分。马克思因此强烈反对黑格尔认为国家应该发展中产阶级——用克林顿式的术语说，如果中产阶级弱小的话，就要"培养它"——的看法。[23] 因为如此一来，黑格尔的论证就暴露出了循环论证的特点和资产阶级的预设，从而变成了一条咬住自己尾巴的狗：一个中产阶级政府，由中产阶级管理——并服务于中产阶级？

马克思将黑格尔（而非洛克）奉为代议制国家的模范理论家，并经常对其详审周查。无论他是多么非凡，黑格尔其实只是重点论述了面对经济发达国家的德国的地位：

德国现状是旧制度 [ancient regime] 的公开的完成，而旧制度是现代国家的隐蔽的缺陷。对当代德国政治状况做斗争就是对现代各国的过去做斗争……现代德国制度是时代错乱，它公然违反普遍承认的公理……

法国和英国那里，正涉及解决问题；德国这里，才涉及冲突。这个例子充分说明了德国式的现代问题，说明我们的历史就像一个不谙操练的新兵一样，到现在为止还认为自己的任务只是补习操练陈旧的历史。[*24]

在黑格尔看来，他提供的乃是现实中并无实存的理想性：

我们德国人在思想中、在哲学中经历了自己的未来的历史。我们是当代的哲学的同时代人，而不是当代的历史的同时代人……在先进国家，是同现代国家制度实际分裂，在甚至不存在这种制度的德国，却首先是同这种制度的哲学反映批判地分裂。

我故意遗漏了马克思最为重要的一个命题，其中有一种天才的、无须强调的预见性：在英国和法国"已经得到解决的问题；在这里（德国）却还争议不断"。为什么会有争议？因为温室里培育出的中产阶级如果不对其反动敌人——如普鲁士容克，一个在长期追逐"真正"历史的过程中形成的阶层——进行血腥的清算，永远也不可能建立起一个霸权。因此，德国集现代世界"文明的缺憾"与古代政权"野蛮的缺憾"于一身。这样一个国家，能否一跃而起，将"不光其自身，同时也包括其他现代国家的所有缺陷"克服殆尽？

---

* 本段及下段译文采中共中央马克思恩格斯列宁斯大林著作编译局编译：《马克思恩格斯全集》第三卷，2002，第203—205页。

历史给出的答案是：不能。因而热衷于指出马克思思想中的进步神学观的人们同样应该对德国的历史轨迹（从俾斯麦到"一战"，到魏玛，到希特勒，到惨败，及从那时且只是从那时开始的自由主义）和马克思在1844年即已指明的"文明"外衣下包藏的恶魔般的野蛮主义进行反思。

葛兰西写于20世纪的著作扩展了公民社会的概念，他认为公民社会不仅是一个争辩、讨论和政治（这些主要是知识分子的场域）的场域，还是一个介于掌握国家的统治阶层与日常社会生活中循规蹈矩或通情达理的普通人之间的巨大空间。在这个空间中，国家和社会相互作用，结果却难以确定：它有可能是一个完整的统一体，但也可能人为为壑、充满裂痕，仅仅靠命令的强力才拢合在一起。公民社会要获得合法性乃至有效运转，统治阶层的目标必须要转变成每个人的日常实际，这样，公民行为和政治行为便日久成习，而不仅仅是意识之中的反思之物。

葛兰西对霸权的著名定义源于如下逻辑：公民社会是一个有机体，它用母亲的乳汁、我们所呼吸的空气等比喻来传授其核心观念；它并非意识形态，而是精神气质（以太，我们所呼吸的空气）。霸权如果没有了这样一种中介，国家就必然会变成一种强制统治，高高凌驾于公民社会之上。因此，国家和公民社会，以一种奇异的零和方式相互依存：公民社会越是不能如其应然地发挥作用，国家就越是必须增强权力，以弥补这一缺陷。知识分子们大都主张自觉的公民社会，因此随着现代公民社会理论的发展，18世纪的法国出现了无数的咖啡馆。然而，只有当知识分子们放弃其领地（这些领地的基本自由受到国家的暗中庇护，而其他民众却无缘享受），并把自己作为民众的一个有机组成部分，现代社会才能真正成为一个整体。对葛兰西来说，这是唯一一种可以接受的"熔接国家"[25]。

通过马克思，我们已经知道，公民社会是早期工业化国家的建构，而流产了的"熔接国家"则是晚期工业化的产物；"熔接国家"作为一个政治实体，试图弥补逝去的时光，替代迷失的历史进化。葛兰西深谙国家取代未进化的公民社会的历史必然性，但他认为，唯有当公民社会不再是知识分子的既得利益而是所有人的共同财产时，现代社会才可以变成一个整体。显然，对桑德尔和帕特南，但最重要的是对哈贝马斯来说，左派的这些批判，有很多地方值得学习。

右派或天主教传统对盎格鲁—撒克逊公民社会话语的批判，见诸麦金太尔的 *After Virtue*（中译本名为《德性之后》），以及罗伯特·昂格尔（Roberto Unger）的《知识和政治》。麦金太尔从美国人无力决定公共领域的道德问题展开讨论。尽管有非常多的道德、政治论争，但这些论争却从未得到解决：它们无休无止，因为我们"找不到一条理性的路径，来促成道德上的相互认同"[26]。比如在关于堕胎的争论中，"生命权"和"选择权"针锋相对，便是诸如此类无法解决的问题之一。麦金太尔和昂格尔追根溯源，将问题归结为盎格鲁—撒克逊实证主义及其对事实和价值、客观知识和规范优先的剥离。哈贝马斯在公民社会中对工具性关系和交互主体关系进行了区分（通常表现为官僚制中的技术官僚理性和真正的政治社群中的我—你关系的对立），而麦金太尔则认为，美国公民社会中事实和价值的分离留给我们的，除工具性关系外，一无所有。你有你的道德或政治倾向，我也有我的，然而在选择价值时，理性却保持沉默。因此我们必须要从善如流，并形成一种无关实质性结果的程序政治。这种政治将调停相互冲突的道德／政治立场。

麦金太尔对这种只关涉"人碰巧之所是"的程序制度与亚里士多德所主张的"人在认识到自己本性后的可能之所是"进行了对照比较："当我们说某人应该做什么时，其实就是在说什么样的行动程序能够帮助实现其真正目的，什么样的法律……会对其进行限制"。在麦金太尔看来，政治乃是人类认识其真正本性或实质本性的领域。因此问题一定是，我想成为什么样的人？自由主义者试图回避这一问题，因为在面对究竟是什么构成了人类之善好这样的问题时，理性一定会陷入沉默；相反，自由主义者会问：我们应该遵循什么样的规则？什么样的程序能够保证我们在相互冲突的权利主张中抵达正义的粗坯？但是这并不足以绕开我们是什么样的人这一问题；其实我们每天都在我们的实践中、在我们的生活中回答着这个问题。因此，不可避免地，麦金太尔认为，任何一个公民社会的前提都必须是"操练德性，追求善好"。

通过对自由主义者和亚里士多德的比较，关于美国公民社会之可能性，麦金太尔和昂格尔得出了一个灾难性的结论：我们不可能形成一个交互主体的政治共同体（哈贝马斯语），这不仅是因为我们不晓得它的目的何在，更是因为我们已经同意不再提出这一问题。昂格尔的看法是，"自由主义的政治信念不承认公共价值。要认识到这些公共价值的存在，必须要从对社会生活基本情境的认识开始，即必须要认识到对社会生活来说，各种各样的社群乃是比个人更为显而易见，也更为重要的单位"[27]。麦金太尔则认为，"现代的自由主义政治社会只能显现为这样一种形态：无论何处的公民群体都为了寻求共同的保护而联结在一起"[28]。

桑德尔的社群理论恰恰认为，我们应该通过我们的政治参与行为来认识我们自身，并通过参与行为获得公民道德；在下列问题上，他持一种自由主义的看法：社群生活或公共生活何以使或为何应该使某种东西超越于个人主义之上？但他并不能告诉我们为什么我们应当这样，他并不知道共同体应该寻求的结果或目标是什么。在麦金太尔看来，这是一个致命的缺陷："一个在正义概念上缺乏政治认同的共同体，一定同样缺乏政治共同体的必要基础。"

麦金太尔接着论证说，公民社会并不意味着只有单一的、占统治地位的美德概念：如果民众真心诚意地要在日常生活中坚持其关于人类共同体实质目标的构想，那就不可避免地会有冲突。与其将这种冲突视为不可解决的规范问题，或者寄希望于它会消解于理想公共领域的共识之中，不如说，"通过冲突且只有通过冲突"，我们才有可能知道"我们的目的和目标是什么"。然而，无论一个共同体为实现其道德或实质目标做何选择，它都必须如此，否则就要承担成为各种不羁个体的简单集合的风险："在任何一个社会，如果政府不表达、不代表公民的道德共同体，而是转而以一整套制度安排将一个官僚化的统一体施加于一个缺乏真正道德共识的社会，那么，政治强制的特性就会从体制上变得不那么明显。"借助于这一洞见，不难明白为什么美国人越来越倾向于认为，从最简单的选举到更为重要的形塑政治共同体——它同时也是民众的道德纽带——的任务，他们都没有受到强制。

从天主教右派我们已然知道，由于自由主义对其自身有诸多与生俱来的假设，因而它不可能创造它奉之为自己天赋权利的公民社会。麦金太尔和昂格尔同意桑德尔的论断，公民社会一定是一种超越个人及其自由的价值。但他们认为，如果没有对共同体之实质性目的——它必然是形塑人类，使其能够认识共同体的善好思想——的认同，这样一个共同体将不可能存在。那么哈贝马斯呢？

事实证明，一个我们可以称之为"早期哈贝马斯"的人早已将所有这些问题一一廓清。关于 18 世纪自由的（或资产阶级的）公共领域——一个虽然有限但却生机勃勃的公民社会，如何在同样的法国"公民道德"哲学的旗帜下变成了一个官僚化的、异化的公共空间，出版于 1961 年的《公共领域的结构转型》有着精彩绝伦的分析。[29] 在该书中，我们发现，哈贝马斯之所说和葛兰西庶几相似：公民社会存在于国家和人民大众之间；在 18 世纪的发展时期，伴随着报纸、杂志、沙龙以及咖啡馆的遍地蔓生，它原本有望成为自由主义者所寄望的理想政治空间。然而到了 19 世纪，它却已经变成了今天这副模样，变成了不同的利益代表者角逐的场所，"他们既在群体内部，同时也与政府官员展开谈判、妥协，却将公共事务排除在其议程之外"[30]。因此，资产阶级的公共领域仅限于一个特定的时期，并非公民社会发展过程中与时俱进的同义词。

资产阶级的号角——报道最新商业资讯及股票价格的报纸（相当于我们这个时代的《华尔街日报》），推动了印刷媒体在早期资本主义阶段的飞速发展，而这些媒体作为公共领域即将到来的预言者，后来变成了政治论争的载体和政治共同体的创造者。[31] 哈贝马斯借用康德的"公共性"概念作为在政治和道德之间起桥梁作用的法则，这一旨在培养能够独立思考、独立判断之公民的概念深刻影响了他的全部思想。与此同时，城镇开始出现，以容纳迅速成长起来的资产阶级（现在，这个词已经成了一个比喻）。其中，城镇中心是各种各样的市场，而众多的茶社、咖啡馆，以及用以阅读和讨论的客厅则遍布新城的每个角落。

马克思认为黑格尔"从公民社会中拔掉了公共领域思想的牙齿"，哈贝马斯深以为然；马克思的猛烈批判"荡涤了公共领域思想意欲迎合的所有虚构"——一个"其自身原则与普适性相矛盾"的领域。无论是德国的"迟后"发展，抑或英国工业城市中劳工大众的出现，"资产阶级对公共领域的自我阐释都因为共同的社会向善论而抛弃了历史哲学的形式"："对作为意识形态的资产阶级公共领域思想的批判显而易见是正确的，在（19）世纪中叶'公众意见'发生了变化的前提条件下，经济自由主义盛极一时，它的社会-哲学代表们几乎要被迫否认公民社会中公共领域的原则了，就像当初他们曾经为之欢呼一样。"这是一个资产阶级的公共领域，但换句话说，它同时也是一个意味着大众能够像罗伯斯庇尔及其追随者一样登上历史舞台的"平民的公共领域"[32] 哈贝马斯认为，英国宪章运动作为工业化舞台上爆发的第一次有组织的劳工运动，乃是促发这一变化的主要原因。

此后的否认和逃避在约翰·穆勒对劳工、女性及（美国）黑人要求选举权等"街头压力"的反应中体现得最为明显。穆勒全心全意支持"一切旨在反抗金钱、性别、肤色之专制的运动"[33]，认为他们全都应该获得选举权。但是这种新出现的、充斥着喧嚣嘈杂之意见的洪水泛滥般的公共领域却也让穆勒胆战心惊，因为这是一种会对公共空间理当具有的开放的非暴力特性形成破坏的"高压力量"，于是他开始追悼"对公共意见的限制"，反对新的多数派强求一致的冲动。或者，如托克维尔（如果不是全盘同意穆勒的话）所说："在民主社会中，公众意见是一种怪异的权力……它不是以劝导的方式传播其信念，而是通过以众人的精神力量对单个人的心智施压的方式，强制灌输其信念。"[34] 因此，穆勒所吁请的既非公平的参与，也非对护民官权力的批判，而仅仅是容忍——主要是对作为一个很小的阶层的知识分子，也即自由主义公共领域中的精英分子的宽容。与此同时，托克维尔也茅塞顿开，明白了美国开国元老们的高瞻远瞩：他们将政治公共领域区分为制衡机构和自治组织，用以沟通协调领导阶层和被领导阶层。

从穆勒和托克维尔隐晦的否定和回避——历史地看，两人的否定和回避对劳工大众和无选举权阶层既有推动作用也有反动作用，中间经过本特利（Bently）、达尔（Dahl）、阿尔蒙德和维巴、帕特南，直到1970年代亨廷顿对"民主狂热"恼羞成怒的攻击，其间有一条清晰的线索。其中，在穆勒最早先扬后抑地生产出一种给我们以"宽容"而非物质的程序政治时，桑德尔的社会交往难题就已经建立了。

对于自由主义公共领域的解体，哈贝马斯简要地概括如下："马克思同意无财产、无教养的大众的看法：他们之所以要借用在宪法国家业已被体制化的公共领域平台，并非是为了摧毁之，而是为了依照自由主义者的假定，将其转变成它素所主张的样子。然而，事实是被剥夺了财产的大众占据了公共领域之后，所带来的只是国家和社会的互锁效应，公共领域的原有基础被移除，而新的基础并没有建立。"[35]

这是否就是桑德尔和帕特南所说的对民主病的最好解释？在我看来，

1961 年，哈贝马斯对切实存在的自由主义所做的批判是无可反驳的。[36]

东亚和朝鲜的民主及其纷争

从沃尔夫廉、詹姆斯·费洛斯、查默斯·约翰逊（Charlmers Johnson）等人的现代西方视角来看，东亚的国家–社会组织结构还很不完善，其实，它不逴多让于某种特定的西方经验——如果不是整个西方经验也即大陆欧洲之发展经验的话——并且毫无疑问是自成一格的。正如我们所见，马克思和黑格尔对德国的困境进行了再清晰不过的分析。在马克思看来，困境在于德国"尚未走出现代国家在同一时期所经历的政治解放的中期阶段"[37]。对黑格尔这位当然的乐天派来说，困境在于国家面临着克服德国之无能的任务："国家的当务之急是发展中产阶级，但这要求国家必须首先是一个有机国家……也就是说，必须首先授权于各种各样的特定利益团体，使其相对独立；并且要任命一支官僚队伍，条件是在面对上述获得授权的团体时必须放弃其个人专断。"[38] 这是一种"后"国家建构和"后"发展理论；马克思将德国的国内建构放置于世界体系的时空之中，宣称这是一个无望实现的任务，而黑格尔却在距离理想状态非常遥远的情况下凭空想象出了一个国家，并将这一任务强加于资产阶级。那么问题的关键何在？在于创造一个被设定为民主之基础的中产阶级。[39]

按照德国的"国家科学"，如前所见，"熔接国家"概念的出现是法国大革命之后的重大问题，它一方面反映了命名的焦虑，另一方面又反映了当时的政治现实。其后有一个短暂时期，被用来观察那场革命的混乱无序，将其联系于有关"民意"的新观念并得出结论，那么，究竟是谁需要那些东西？在工业化竞争中公民社会又将发挥什么作用？德国人发明"熔接国家",并不是为了解决工业化初期的自由、平等和博爱问题,而是为了解决19世纪中叶第二次工业革命的种种问题,更重要的是,是为了赶上英国。所谓"熔接国家"乃是这样一个国家:它一方面收容公民社会,另一方面又创建公民社会——然而一旦相关努力不合工业化之道,便马上终止。

简言之,这是一种后发国家的政治理论,它把对盎格鲁—撒克逊先发工业化国家的痴迷,连同民意、民主表述、公与私、国家与公民社会等问题,都延搁到了遥远的未来。这同时也是一种可以诠解东亚民主轨迹的理论:日本在1945年之后成为民主国家,却只能是在经历了战争浩劫和被占领之后;韩国于1993年成为民主国家,却只能是在经历了革命、战争、分裂、数十年军事独裁等劫难以及(1961—1987)艰难的政治斗争之后;(中国)台湾于1996年实现了民主,但也只能是在经历了革命、战争、两岸分裂以及四十年的戒严法(1947—1987)之后。

不妨再换一个角度进行考察。我们这个时代的主要强国美国,从1941年到1975年,一直在东亚打仗。"二战"甫一结束,它就分裂了朝鲜、中国和越南,并单方面占领了日本。归根结底,这一切之所以发生,是因为美国对朝鲜、中国和北越当政者的反帝、反体系和民族革命运动心怀恐惧,而这些国家与苏联的结盟,以及它们对苏联工业化模式的追捧,尤其令美国恐慌。20世纪,美国打了两场血腥的战争,一次是在朝鲜(1950—1953),一次是在越南(1961—1975),其中一场与敌人陷入僵局,另一场则输给了对手,因为朝鲜、中国和越南数量惊人的民众——其中绝大多数是农民——的牺牲精神实在异乎寻常。

在经历了所有这一切之后,沃尔夫廉似乎暗示说,日本、朝鲜和中国都应该已经变成自由国土了,换言之,都应该已经发展出稳定的民主制和开放的公民社会了。现在,一个接一个的理论家从1990年代后期的视角出发,认为东亚的部分地区已经做到:韩国和中国台湾向以民主业已取得胜利而著称，并且正在（可以预期）向着"现代化"的目标前进，而在这个进程中，中产阶级已然在欢庆自己的胜利。既然如此，那么我们还有"熔接国家"抑或自发民主（emergent democracy）以及公民社会吗？答案是：我们在韩国等地有"熔接国家"的形式，而我们现在只拥有程序民主的有限形式——恰如日本和德国一样。然而通往这一目的的道路绝不平坦；事实上，有几十年都充满了痛苦和动荡——如狂飙突进，此后，且只有在此后，才迎来了民主。

朝鲜争取公民社会和民主的斗争完全发生在麦金太尔所谓的"冲突地带"。朝鲜的民主斗争始于1945年秋季日本投降之日，一直相延至今。[40]1940年代后期的公共力量既寻求民主，同时也寻求社会正义，也就是说，要通过一场清洗式的革命将日本帝国主义的影响荡涤干净。朝鲜进行了清洗，但并没有得到民主，韩国的清洗如果有的话也只是微乎其微，而他们如果说得到了民主的话也同样是微乎其微。在经历了沉重的毁灭性的内战后，国家陷入了分裂和混乱。

在李承晚政权（1948—1960）的高压政治下，左翼的任何轻微举动都可能招致牢狱之灾——如果不是死刑的话（1959年，进步党人曹奉岩被处死，便是众多同类案件中的著名一例），知识界所寻求的空间开裂到了一个足够广阔的程度，学生、教师和知识分子就此成了推翻第一共和国的先锋——尽管李承晚还要孤注一掷，而且美国也还对其抱有幻想。经历了温和的反抗之后，组建了一个软弱的政府内阁框架，第二共和国成立。一年之内（1960年4月至1961年5月），自由主义模式的公民社会蓬勃兴起。这一时期，韩国的在校大学生比例超过了英国，报纸人均阅读者比例几乎超过了世界上任何一个国家，庞大的首都则集中了行政、商业、工业和教育机构，与巴黎庶几近之。[41]活跃的沙龙社会使首都充满了生机，出版商推出了重新撰写的全新的朝鲜现代史，学生们开始将自己想象为统一北方的先锋。

作为和平军团的英语老师，我于1967—1968年生活在韩国。我所寄居的家庭——户主是一位学校教师，全然没有任何我所熟知的美国家庭的种种病相。我所教授的学生，堪称知识分子和学生的模范，他们通常都勤奋学习，直至深夜。我经常流连于遍布大街小巷角角落落的茶坊酒肆（tabang），热烈的政治讨论使它们显得生机勃勃。首尔的每个人似乎都与这个城市的所有人相熟，他们全都有自己的观点——这些观点常常意味着对当权的政治人物的猛烈批判。人们对政治传言的强烈兴趣让我大感惊奇，似乎每个人都坚持阅读报纸，包括那些无钱订阅报纸的人，他们可以在城市里随处可见的报纸栏阅读。曾经在和平军团的培训班上教过我韩语的女士，后来成为了哈代（Thomas Hardy）小说的贪婪读者。学生们会在街头拦住我，请教诸如此类的问题："阿瑟·米勒（Arthur Miller）的《推销员之死》中，地下室的长筒袜有什么象征意义？"同样是这些学生，他们会成群结队冲上街头，反抗当政者的滥权之举。工人绝不等同于温驯的、低报酬的劳动力，事实上他们受到了《财富》杂志的热烈吹捧。我慢慢意识到，韩国的公民社会可能太过活跃、太过喧嚣了，以至于精英分子或美国支持者都无法容忍下去了。

朴正熙将军是黑格尔"熔接国家"理论的韩国代理人。1961年，朴正熙发动军事政变，并在随后三年中实行临时军政府统治，公民社会遂遭禁止；他还通过一系列部署，使国家充当了典型"后"工业化的启动者、向导和资助者。来自美国肯尼迪政府的强大压力迫使朴放弃迅速实现重工业化的计划，转而穿上便服，举行大选（1963年），从而开启了"出口导向发展"模式以及我在1967年遇到的充满纷争的公共领域。通过关岛主义（Guam doctrine）和1971年8月实行的带有尼克松新重商主义色彩的新经济政策，尼克松政府扩大了韩国的自治权，使得朴正熙于1971—1972年间完全关停了公民社会，满耳只剩下了来自华盛顿的抱怨声。[42]

这段时间，我同样住在首尔，对从 1971 年 10 月的加里森法令（Garrison Decree）到 1972 年秋季的维新体制（Yusin system）和军事管制对政治所带来的广泛而野蛮的灭活作用，有着不可磨灭的记忆。为了将这个冗长而血腥的故事讲得简短一些，我们可以说，朴正熙错误地判断了公共领域的潜在力量和日渐成熟。同经济发展相比，公共领域确实发展迅速，但是比之于不断扩张的维新国家的国家机构，它的发展还极不充分，后者可谓无处不在：庞大的行政官僚队伍，巨大的、膨胀的武装力量，大量的国家警察，遍布各处、随时对任何可能出现反抗的地方采取措施的中央情报机构，以快速发展的工业化之名对所有非正统思想进行的高度意识形态化的压制。

缘此，朴正熙的"熔接国家"为公民社会带来了无休无止的危机。危机于 1979 年 8 月、9 月在马山和釜山的混乱中达到顶点，10 月，朴正熙被其情报头目暗杀，而这又导致了 1979 年 12 月由全斗焕（Chǒn Tu-hwan）和卢泰愚（No T'ae-u）连续发动的"政变式事件"以及作为结局发生于 1980 年 5 月的"光州事件"。从 1981 年到 1987 年，这一时期将因一个经典的"雾月事件"载入史册，[43] 其中，不幸的"侄子"（全）代表被处死的"叔叔"（朴），无所不用其极地滥用监狱和皮鞭，然而却将朴的悲剧（就算不是拿破仑，朴至少也不愧是朝鲜的工业化君主）活生生地搞成了一出闹剧。真正的悲剧当然发生在光州：一支觉醒的、自发组织起来的、作为交互主体的公民队伍（也就是说，他们并非暴徒或恶棍）孤注一掷，试图在全斗焕刚刚宣布的军人政府治下寻求自救，然而结果却只能是被屠杀（最少有六百人，最多有两千人被杀）。

公民社会在 1985 年 2 月国民大会选举期间再次复苏，到 1987 年春天，一支觉醒的、自发组织起来的、作为交互主体的公民队伍占据了各主要城市的街道，虽然行动迟缓却无比重要的中产阶级也参与了进来，最后迫使全斗焕于 6 月离开了其办公室。几个月后，一向温和的反抗运动出现了分裂,结果导致了由另外一位某种程度上更为精明的"侄子"(卢泰愚)所掌握的临时政权的出现。临时政权始而宽容,继而试图镇压新生的公民社会——它现在拥有获得解放的、非常强大的劳工队伍(1987年至1988年所发生的罢工和工人运动,比朝鲜历史,或者大部分国家历史上的任何一个时期都多)。

1990年,临时政权效仿日本缓解民主压力的方式,成立了民主自由党(颠倒了日本自由民主党的词序),将以金泳三(Kim Koung Sam)及其釜山派政治机器为代表的稳健反对派收编,并纳入从1961年开始就一直统治大韩民国的东南派大邱-庆尚精英集团(或称T-K派)麾下,从而形成了即将统治韩国几个时代——至少统治了下一代的一党民主。许多分析人士(绝不包括首尔美国大使馆的那些人)起而欢呼、赞美温和派与强硬派达成的这一看似模仿了1980年代拉美民主过渡模式的"协议"。[44]

上述应对蓬勃兴起、日渐壮大的公民社会的方式,是熊彼特式的。奥地利贵族熊彼特从不关心大众民主,是一位十足的精英主义者。他对民主制度的评判标准是:通过定期选举,使社会精英形成流动;银行或政府提供充足的资金保证商业的发展;大财团提供充足的支票保证政客们的安逸生活;政客们偶尔提供一场杂耍让民众娱乐一下,仅此而已。1955年至1992年,自民党亦步亦趋地追随着这一模式,或许是追随得太近了,结果在1993年夏天(暂时)丢掉了政权;民自党如出一辙。(尽管没有人能够想象它会上演这样一场杂耍!)民自党很快便宣告解体,由代表T-K派或金泳三釜山派的各派系取而代之。

民自党的解决方案不可能持久,因为和日本体制不同,它是将工人排除在外的(时至今日,也没有一个政党是植根于朝鲜人数众多的工人阶级的,而截至1998年,法律还禁止工会参政);它没有对战后朝鲜历史中悬而未解的危机(尤其是"光州事件")认真反思;此外,它还掩盖了政治精英之间的尖锐分歧。最重要的是，民自党拒绝承认一直在排斥代表西南部全罗道人民的声音参与首尔的政治事务，一直在压制一切带有严肃左派之蛛丝马迹的事物（借助于《国家安全法》），而大财团（企业集团）无论如何抗争，却始终不能挣脱日益强硬的国家规定。

1995 年，一系列戏剧性的事件和行动次第发生，引发了诸多当时尚不能预知的结果，直接结果便是对 1961 年以来长期统治韩国的军事独裁者及其传统的大胆攻击，以及比过去十年全世界任何一种从威权主义向全球化转型的过程中发生的任何事情都更为深刻的清算。这种清算比拉美国家深刻，那里（常常受美国政治科学家所迫）的新政权决定既往不咎，让军人返回军营。这种设计比罗马尼亚深刻，后者以一种极为粗糙的盖棺定论式的审判处决了齐奥塞斯库，却让其制度保留了下来。这种设计也比东德深刻，东德推翻并流放了昂纳克，但西德只是简单地吸纳了老东德，两种截然不同的公民社会之间并没有达成一种平等自愿的融通。

大多数评论都聚焦于金泳三总统清算将军们的所作所为。支持者认为他自始至终都是一个真诚的改革者，他这样做是为了纠正现代朝鲜史上的错误。反对者则声称，他之所以同意以受贿罪起诉全斗焕和卢泰愚，只不过是为了消除大邱—庆尚派在执政党中的影响；至于此后的 1995 年 11 月，他之所以同意以 1979 年的军事政变和 1980 年的"光州事件"为由审判两人，则是因为"政治黑金"丑闻当时已经烧到了自家门口。而在我看来，更重要的是新一代反抗者业已出现，这是在接受教育并长大成人的过程中被公民社会的长期斗争所培养起来的一代，他们真诚地运用"法治"手段去追击其独裁敌人。

第一，由于前述原因，民自党的所有解决方案都无法奏效，因此我们必须回到围绕杰出领导人（即 1990 年代统治韩国政治的"三金"）、基于战后朝鲜所在多有的地区政治机器和裙带关系所形成的政党上来。

第二，由于长期将工人排除于执政同盟之外，并长期以《国家安全法》对非暴力左派进行镇压，因此大韩民国至今仍既缺乏日本式的，也缺乏美国式的民主和公民社会。第三，统治集团的内部纷争及对全斗焕和卢泰愚的审判，以及"政治黑金"丑闻的大白于天下，使得国家和大财团在猛烈批判的强光中沐浴净身，并开启了一条通往另一种形式的公民社会和或许是真正民主的道路；此种公民社会和民主最终将给朝鲜带来它早就应该享有的非强迫性的、交互主体的公共领域，以及一种超越于拉美、苏联和东欧以及菲律宾经由跛足式、临时性、偷工减料的转型所实现的弱民主之上的政治。[45] 1997 年 12 月，长期的持不同政见者金大中在一场谁也没有——至少那些为"韩国奇迹"欢呼的啦啦队队长们没有——预料到的经济大恐慌中通过选举，获得了五年的任期。由于他本人过去曾深受国家安全机构之苦，因此人们希望他能够废除这些机构。他还必须要使韩国经济复苏，同时还要为非常强大的工会提供生长空间。如何解决这些复杂的问题，决定着未来很长时间韩国民主的前途命运。

在对晚近朝鲜历史进行了简短的思考和观察后，我们可以得出结论说，无论怎么评价抗争之于朝鲜民主的贡献都不为过，它堪称"在斗争中……形成包含全新社会观念的文明力量"的经典个案。[46] 爆发于 1960 年代中期、具有深远意义的西欧和美国学生运动，全盛期大概是五年；而朝鲜学生在 1940 年代后期争取解放的政治运动中，在推翻李氏王朝以及 1960—1961 年张氏政权的政治运动中，在 1965 年抵制韩日邦交正常化的运动中，以及在 1971—1988 年对全斗焕和卢泰愚独裁统治的反抗中，始终都是核心的行动者。尤其是 1980 年代，经过民众（minjung）意识形态和实践（在拉美榜样刺激下形成的一种解放理论）的调节，韩国的学生、工人、年轻人以一种独一无二的方式将公共领域变成了一个原创的、自发的政治和社会反抗组织，[47] 并多次威胁要推翻美国霸权机构和军人独裁统治。韩国学生运动模糊了"示威游行与公民不服从，讨论、庆祝和富有表现力的自我呈现"之间的界限，可以说是哈贝马斯所描述的学生反抗运动特点的经典示例。[48] 许多学生采纳了葛兰西的策略，走出校园，有机地融入了工人阶级，结果常常作为"伪装的工人"被投入监狱并遭受折磨，而其未来的工作也常常会受到威胁。尽管韩国公共领域的那一部分现在相对沉寂，但它依然对过去二十年间的韩国民主做出了不可磨灭的贡献。

另一个结论同样无可否认：亨廷顿—李光耀—沃尔夫廉们说什么东亚的人类、人权观和"我们"不同，他们崇尚秩序甚至专制式的领导，他们是在未经启蒙和公民社会的情况下实现工业化的，"儒教"规定了他们的道路，等等，现在他们应该住口了。

何谓民主？

对美国和东亚民主的比较研究表明，美国政治中的有限多元主义乃是过去两百多年间，在现代方案本身的压力之下，公民社会在发展过程中半途夭折后的产物。但是当这种有限多元主义开始公平地参与政治生活之后，不光普通的美国民众，就连自视甚高的 1960 年代的学生运动，也压根儿不能跟韩国以及其他众多的"发展中"国家的学生运动相提并论，后者为了争取民主权利，进行了超过半个世纪的不懈斗争。但是我们一直没有回答一个比所有这些都更为前提性的问题：何谓民主？

对亚当·普沃斯基（Adam Przeworski）来说，民主是否存在，要看另外一个政党能否赢得选举。[49] 熊彼特也对这种形式青睐有加，并呼吁政党精英轮流执政。美国早期民主理论家罗伯特·达尔（Robert Dahl）想来对此也没有异议；尽管他比熊彼特更为关注政治平等问题，因为在他看来这是民主的关键前提，但他们对多元民主的基本构想并无二致：

"熊彼特—达尔轴线……将民主视为一种机制，其功能是维持两个或多个想要获得社会治理权的精英集团之间的平衡。"[50] 在我们看来，这还仅仅是一种程序民主，与其说它关注公民道德的培育，不如说它是在遏制公民社会。达尔的理论同样有着鲜明的印记，因其含蓄地认为民主仅见于西方，而绝大部分其他地方都无缘拥有，[51] 并隐性地指向了程序正义的结论。即便如此，达尔依然是某类政治科学家所依凭的主要理论家——绝大多数的"向着民主转型"之类的著作都是由这些政治科学家生产出来的。

森岛通夫（Michio Morishima）的观点则完全不同。他新近指出，战后日本一方面是典型的不民主国家，因为（和其他发达社会主义国家一样）在上层既得利益者和其他人之间存在着断裂，另一方面它甚至比西方民主国家还要民主，因为它实行的是"官僚式民主"，每个人都被平等地对待，因此少有所谓的"我们 vs 他们"的冲突（也就是说，几乎没有阶级冲突）。全民平等，（高标准的）全民教育，以及特别是和美国相比程度要轻得多的财富分配不公，所有这些都意味着已经满足了哈贝马斯公共领域的必要条件：民众进入公共领域时，在起点上是平等的。森岛因此认为，无论对自由主义的市场发展模式，还是对众多的西方民主模式来说，日本模式都是一个挑战。[52] 无独有偶，韩国也有着比美国更为平等的财富分配模式，高水平的全民教育，以及在我看来比日本更为成熟的公民社会。因此，一旦工人和左派被纳入韩国的体制，也许它会比美国的体制更为民主。然而，这依然不是我们所要的民主。

另外一种卓尔不凡的观点见之于一本高妙的新著——《资本主义发展与民主》。[53] 三位作者开宗明义，声明认同西摩尔·李普斯特的著名论断：经济发展和多元民主之间是一种积极的关系。不过，他们却为这种互动关系提供了完全不同的解释。在他们看来，发展的政治后果，与四个要素相关：（1）农业转型模式；（2）在工业化过程中如何为臣属阶级（中产阶级，但主要是工人阶级）赋权；（3）国家结构的类型；（4）超国家的权力关系（与之相比，民主化的所有其他因素都可以忽略不计）。作者们也不乏历史意识，这尤其表现在他们对特定的"后"发展国家的持续关注上——关注其独特的农业社会关系、工业化模式、国家所扮演的角色，以及他们在世界体系中各不相同的立场。换言之，他们试图对马克思在批判黑格尔时所摸索的民主概念系统化。

资本主义的发展之所以与民主有关，在此书作者看来，是因为作为增长的副产品，它改变了阶级结构，旧的阶级被削弱，同时又有新的阶级被创造出来。然而，新兴中产阶级将有可能仅仅为其自身的民主代议权而战，却很难超乎其上：此后，他们将试图压制工人阶级的代议权（换言之，就像穆勒和托克维尔一样：可以，但马上又接着说，不行）。这就很好地解释了韩国的工人何以长期以来一直没有代议权，而日本的两个"工人"政党，社会党和共产党，又何以始终无所作为。在美国，从1932年到1980年代，民主党一直扮演着商业—劳工联盟的角色，然而现在正主政华盛顿的"新民主党"却认为他们必须要充分关注中产阶级的利益，以及老的民主联盟的过失。这很可能意味着中产阶级也将试图废除工人阶级的代议权。

至于国际因素，鲁施迈耶（Rueschemeyer）、伊夫林·史蒂芬斯和约翰·史蒂芬斯正确地强调说，大国的全球政治利益以及其他利益会直接产生一种干预作用，并对专制国家形成支持。例如，战前日本的独裁主义，部分地乃是世界经济崩溃以及来自美国和英国的外部经济压力的结果（尽管两者都不曾支持其专制政权）。战后日本的民主，则"孵生"于美国主导的安保体系：美国人全权负责东亚安保，撇下日本人只能专事"发展"；日本作为被剥夺了在全世界行使军事和政治权力的"经济动物"的现状，正是美国人非常明确并苦心经营的战略结果。在1980年代结束之前一直盛行于韩国和中国台湾的独裁体制中（几乎每时每刻都会得到美国的支持），我们同样可以看到，一个以日本为中心的经济和安全区域已经形成。无论如何，也许只有在美国，民主理论家们才几乎既不考虑民主的外部资源，也不考虑民主的障碍。

麦克弗森（C.B.Macpherson）的著作深受实体正义理论影响，因此不妨看作是马克思、葛兰西、青年哈贝马斯、麦金太尔以及昂格尔批判理论的集成。对麦克弗森来说，民主首先是这样一种制度，它将男人和女人的概念定义为创造者和充分实现了的人。真正的民主制度必须鼓励所有人全面发展其作为人的各项潜能。其次，要在我们所有人生活的这个分配不平等的世界上实现民主，绝不能对"受压迫者的号哭"视而不见。民主是且必须是消除人类不平等尤其是经济不平等的手段。[54] 失此两元，政治平等就近乎空话。

相比于过去，东亚的民主在 1990 年代后期有了长足发展。但即使是东亚政治的最好榜样——日本，也并不足以成为我们的民主样板。中国台湾、韩国和菲律宾的新型民主体制也复如此。不过，民主政体论者所鼓吹的美国多头民主同样不足以成为样板。何谓公民社会？何谓民主？其内涵远不止于此，远非自民党之日本、民自党之韩国抑或美国体制所能穷尽。正如麦克弗森所说的那样，民主乃是将人的全面发展带给多数人，而非少数人。

第五章

核不平衡威慑：
美国的监管体制与朝鲜核计划

在镜头去不了的地方，正酝酿着一场真正的危机。（这是）绝无仅有的最危险的问题，朝鲜即将实现有核化……让核武器掌握在全世界最好战、最偏执的政权手中，相信无人能够安眠。朝鲜的核弹将控制在老迈垂死的金日成或他的儿子兼继任者、亲爱的领袖金正日手中……（他）难以揣度，极有可能患有精神病，随时会干出奇爱博士（Dr. Strangelove）[*]在核时代看到的事情。[1]

全世界最邪恶的力量（现在）失去了其冷战盟友，正通过一项核武器计划建立其守势，这给亚洲带来了最严重的威胁……"朝鲜可能向外爆炸或者向内爆裂"，罗伯特·里斯卡斯（Robert Riscassi）将军，40000人的美国驻军的司令长官如是说。随着金日成的斯大林式政府的日暮途穷、经济的萎缩以及老百姓的食不果腹，里斯卡斯将军说，"一个无可争辩的事实"是：这个国家要么和平演变，要么穷凶极恶，就像

---

[*] 奇爱博士是美国电影导演斯坦利·库布里克（Stanley Kubrick）1964年拍摄的同名电影的主人公，一位神经质的德国科学家。

它从前所做的一样……布什当局一位高级官员上周称，朝鲜有足够的钚用以制造残酷的核武器……这一言论燃起了……恐慌：这个曾经炸过民航客机并试图杀死韩国内阁成员的国家或许会孤注一掷。[2]

上列两段几可乱真为美国文件记录的报纸引文，典型地反映了1990 年代早期美国人对朝鲜的评价。"一个由患有偏执狂的独裁者执掌的丧心病狂的流氓政权现在正以核攻击威胁着全世界"，这其中有一套比喻，从 1991 年到 1994 年，它们时不时就会冒出来，除非媒体一时疏忽，忘记了朝鲜。疯子的行为当然无法预测，而美国官员们事实上整天都在喋喋不休地指责平壤反复无常。然而恰恰相反，我想要论证的是，朝鲜的行为是完全可以预知的，而且正是不负责任、没有骨气、常常（绝不会总是）受到政府怂恿的美国媒体模糊了美朝冲突的真实面目。媒体在错误的地点、错误的时间使用了错误的修辞；其荒唐的结果是，如果想要知道华盛顿和平壤之间发生了什么，人们不得不去阅读被严密管控的朝鲜媒体。正是由于受到这种强烈的、经常受到国家诱导的媒体偏见的影响，要想搞明白这场冲突的关键所在，就变得殊为不易。

在这场危机中，存在着两套相互冲突的逻辑。第一套逻辑是一种理性逻辑，它历史地形成于 1945 年朝鲜内战以来反复不断的、理论与实践相结合的习得行为之中，主张绝不妥协的交易战略和极端国家主权理论；第二套逻辑是超级大国的工具理性，超级大国对反抗者、异端、敌人进行监管并力图控制之，因此几乎每天都在侵犯国家主权。在这场对抗中，朝鲜的赌注，它的立场，在于通过核计划来构造它和美国的新关系；它的底牌是：存在着它已经掌握了一两颗原子弹的可能性。为了在艰难的生存环境中寻求一种明智的外交策略，平壤运用了虚张声势和外交冒险等手段，以达到自己的目的。美国的目标是使冷战后不羁的世界稳定下来，为此已经在海湾地区发动了一场大规模战争。如果说美国公众似乎常常认为，随着冷战结束和苏联解体，这个世界已经不再有什么麻烦，但历届美国政府却仍不断地危言耸听，以求得民众对其教训不听话国家的行动给予支持。对朝鲜领导人来说，1990年代可谓流年不利，但他们却以险招一一化解；对美国来说，1990年代给了它一手能够想象得到的最好的牌，在海湾战争三年后，它几乎又要投入到另一场大规模战争之中了。

我认为，上述经验印证了社会科学对某些特定命题的检验：从这些命题推导出的可证伪的假设，证诸经验，其实是可靠有效的。截止于1991年——如果不是更早的话，美国和朝鲜的逻辑都已经清楚地呈现了出来，其中所提示的有关核危机的可检验的命题直接影响了接下来的三年。这些命题包括：

1. 朝鲜民主主义人民共和国一直在经历内战，因此它遵循的是内战逻辑。

   a. 美国否认上述历史，并把平壤视为苏联的代理人或流氓敌人。

   b. 这对朝鲜民主主义人民共和国是一个有利条件，而对美国来说，这条不严密、不适用的逻辑则是不利的。

2. 朝鲜民主主义人民共和国从1950年代起一直生活在美国的核威胁之下，两极格局解体后，试图通过核不扩散条约解除这种威胁。

   a. 实现上述目的办法是，用核计划进行交易，以便建立一种新型对美关系。

   b. 绝大多数美国分析家认定朝鲜民主主义人民共和国一门心思想要发展核武器；绝大多数人对美国的核敲诈视而不见。

3. 美国想要监督、管控朝鲜民主主义人民共和国，并通过国际原子能机构（IAEA）来建立其监管体制。

a. 朝鲜民主主义人民共和国虚与委蛇，假以时日，再让自己的逻辑发出声音。

　　b. 美国的监管变本加厉，国际原子能机构变成了美国情报机构的附庸。

4. 自给自足的能源战略要求朝鲜民主主义人民共和国必须要有本土的核能源，才堪与韩国和日本抗衡；美国对此心知肚明，但在 1994 年之前却选择了装聋作哑，为的是维护核不扩散条约（NPT）并教训流氓国家。

5. 两国的强硬派使得危机在 1994 年 5~6 月差一点演变为战争，直到此时美国才重新认识到了朝鲜的内战逻辑，并开始寻找民主的解决方案。

　　现实政治理论对权力、利益和理性化的解释对我们搞清楚下述问题毫无帮助：一个两千两百万人口的国家是如何通过每年四十亿美元的国防经费，来对抗并使我们这个时代唯一的超级大国、一个拥有两亿六千万人口和年均两千六百亿美元国防经费的国家陷入僵局的。因此，当初就可以预测，现实主义者将不会赞同 1994 年 10 月的美朝框架协议，并且从一开始就盼望着（并不断预言）它的失败。然而，就在我写作本书时，朝鲜却在不折不扣地执行着框架协议的各项条款，尽管各种各样的减速带和麻烦问题使得完全实现变得非常困难。同样，博弈论、囚徒困境等相关理论信奉者的"理性选择"逻辑永远无法解释平壤的行为（有些人试图解释之），因为这是一种脱离语境的抽象理性。

　　马克斯·韦伯教导说，现代法理权威确实意味着对合理性的信仰。我的信仰是：如果某人长久地浸淫于某一问题，综合理性便会如约而至，以致心脑相通、茅塞顿开，他便可以高呼："找到了！"解决问题的逻辑就是如此产生的。如前所述，我们在克劳塞维茨那里也发现了同样的认识论。在他看来，战争是一种完全政治性的人类行为，其中，人类的理性智慧和战争手段相结合，借以实现政治目的。这一过程涉及逻辑、战略和诡诈，但同时也涉及对战场和总体性亦即"有机整体"的直觉知识，涉及对战争和政治——二者只能联袂进入某人经验之中——的直觉知识。我想要探寻的正是 5 年之前美—朝危机的"有机整体"。

疯狗和美国人：战争是严师

在非常关键的 1994 年 3 月，美国以为自己和朝鲜面对面的外交努力即将付诸东流。这时，《纽约时报》记者大卫·桑格尔（David Sanger）在一篇文章的开篇写道："人们常常这样描述朝鲜领导人：他们可能是斯大林式的狂热分子，他们可能是恐怖分子，他们可能正在制造原子弹，但是没有了狡诈，他们什么都不是。他们用一根绳线将美国这个木偶玩得团团转。"接下来，他将朝鲜称作"一个背着疯狗之恶名的国家"[3]。且不说"疯狗"如何能够老练灵活地玩弄木偶，但是至少，这只"疯狗"对某场战争，某场号称"被遗忘了的战争"，是有记忆的；而绝大多数美国人却没有记忆。

要理解当代朝鲜，首先必须明白，不久之前，那里有过一场毁灭性的内战，而且这场战争迄今仍未结束：交战双方只是同意暂时停火——这只是一份停战协议而已。更重要的是，1953 年，当战争由于双方僵持不下而宣告结束时，所留下的是由美国人做出的一份分治判决。美国何以会被朝鲜和中国拖入僵局？为什么会出现"可以替代的胜利？"[*][4]如前所述，在克劳塞维茨看来，战争"是迫使敌人服从我方意志的暴力

---

* 朝鲜战争时担任联合国军总司令的麦克阿瑟曾有名言：对军人来说，胜利是无可替代的。

行为"——其逻辑指向是：战争的目标是"彻底胜利"，"妥协对战争来说是荒谬的"。这是《战争论》中被征引最多的段落，它所促生的逻辑是：在战争中强国应毕其功于一役。诸如哈利·萨默斯（Harry Summers）之类的学究们经常在他们的著作中引上几段克劳塞维茨的话，并试图证明：美国之所以在朝鲜和越南遭遇失败，是因为在武力使用方面受到了政治的羁绊。[5]

和许多人一样，萨默斯误读了《战争论》。如前所见，对克劳塞维茨来说，战争之政治并不意味着为了达到某一目的可以不择手段，也不意味着要彻底灭绝敌人；和战争中的其他任何事情一样，对胜利的判断必然也是政治性的。战争的目的在于迫使敌人投降，但投降是一个由政治操控的行为。朝鲜战争以双方僵持不下、一切又回到了战前状况而宣告结束，因为美国领导人不愿意为获胜付出必要的政治代价（比如，将战火引到中国领土）。

如果说朝鲜战争的结局在美国饱受误解，那么朝鲜战争的缘起和性质同样是被错误地建构起来的。尽管 1990 年代，苏联和中国的许多文献开始解密，但许多分析家还是固执地认为，是斯大林和金日成于 1950 年 6 月"发动了"朝鲜战争（这也是杜鲁门政府从一开始就采取的立场），并因此构成了对他国的侵略。但是，内战在"二战"结束后分疆而治时即已扎根，其后经由 1945 年激烈的政治冲突，到 1946—1947 年的农民起义，到 1948 年的游击战，再到 1949 年的边境战争，终于演变成了 1950 年的全面战争。如前所述，修昔底德《伯罗奔尼撒战争史》中最值得记取的一句话——"战争是严师"——是受科西拉岛内战启发提出来的。下面的一整段话几乎是专门为"朝鲜"而写的："革命于是在一个又一个城市相继爆发……那些向来被描述为缺乏思考的侵略性行为，现在成了人们最希望在共同体成员身上发现的勇敢品格；筹划将来、等待时机云云，都无异于是在指斥某人是懦夫；而适度的节制则是一个人用以掩盖自己缺乏男人气质的伪装。周延地理解问题的能力意味着某人完全不适合行动。狂热的激情乃是真男人的标记，而从背后暗算敌人也成了正当防卫。任何人只要赞同暴力论便能赢得信赖，反之必会受到猜疑。"[6]

这是关于内战的一段经典论述。它适用于美国内战——尽管这是美国经历的所有战争中最灾难深重的一场（对美国人而言），但已经遥远得足以让大多数美国人完全不知道何以会爆发这样一场反反复复、席卷全国的战争。[7]用不着详细论证，这一大段话也适用于朝鲜战争。就像医生验血一样，它解释了由于战争原因所造成的朝鲜人心智的持续枯萎：无论在北方还是南方，"全方位地理解"朝鲜战争都依然会带来牢狱之灾。然而无论他人如何对朝鲜人说三道四，这些人都被这场战争严厉地教训了一次。

对这段历史的这样一种解释表明，朝鲜人明白战争是如何开始，又是如何结束的，而美国人并不明白。让民众对朝鲜非军事区沿线的两军对峙始终保持关注，是朝鲜领导人的日常工作，与此形成对照的是，只有少数机智的美国人能够从另外一面理解这种日常冲突，而大多数美国人却始终不明白为什么会有四万军队一直驻扎在那里。平壤媒体不停地向人们讲述着战争故事，以至于人们认为朝鲜战争才刚刚结束；与此同时，这同一场战争——在当时就从未被理解，而甫一结束又被遗忘——带给美国人的却是头脑的白板状态。[8]

因此，将曾经用于诱导美国人理解1990—1991年海湾战争的那套媒体修辞强加到朝鲜头上，就变得轻而易举。朝鲜现在不再是我们40年来天天面对的敌人，转而变成了一个新的"无赖国家"。这一变化在为期四天的击败伊拉克的地面战争之后很快就发生了：莱斯利·盖尔布（Leslie Gelb）在《纽约时报》上发表社论，称朝鲜是"下一个无赖国家"，它"由残暴的独裁者掌控"，拥有飞毛腿导弹和"一百万军队"，而且看起来"几年内"便会拥有核武器。[9] 盖尔布的社论以及接下来三年内接踵而至的鹦鹉学舌式的评论让我百思不得其解；它让我觉得自己的专业知识仿佛变成了古生物学或者某些秘传的、久远的学科，而朝鲜战争在美国人的心目中是被划归到"古代史"的目录之下的——如果不说是"从未发生过"的话。

这些反历史的观点不断被肯定，最终毁掉了大一新生的逻辑课。按照（美国）外交部门领导人的说法，朝鲜是世界安全的最大威胁，与此同时，它又已经到了崩溃的边缘。既然经济糟糕透顶，它又怎么可能是一个即将吞并半岛南部的三米高的巨人？百万大军和分崩离析的经济，所有这些都归于一个疯子领导？在《ABC 夜线》中，新闻记者克里斯·布里（Chris Bury）对金正日的描述是："除了喜爱赛车和国家恐怖主义外，人们对这位五十一岁的儿子几乎一无所知。"至于他所掌握的国家，"正变得越来越走投无路。经济步履维艰……然而朝鲜却维持着一支庞大的军队，超过一百万的士兵永远处于战备状态，其中近 70% 的军队距离首尔不超过一百公里"。[10]

和所有其他主流记者一样，克里斯·布里并没有说韩国在首尔和非军事区之间布防了多少士兵，如果以距离平壤一百公里计：大约是五十四万或 90%。[11] 他当然也没有说，因为他不可能知道，北方的侵略威胁早在 1946 年 3 月就已经开始了，而且迄今为止从未停止过。[12] 不妨看看这段引文："有迹象表明将会有大事件发生……如果全力以赴，[北朝鲜人] 只需四个小时就可到达首尔。"这段引文是詹姆斯·韦德从 1960 年在美国军队工作的一位工程师那里得到的。[13] 韩国国家安全机构及其美国盟友是这张单维图画的始作俑者；几十年来，他们成功地让美国人直勾勾地盯着朝鲜内部冲突的某一个方面，就像一只患有眼球震颤症的鸽子只能将头偏向左边一样。

检讨朝韩冲突史以及双方永远相互龃龉的诉求——照亮他们不愿为

人所知的某些阴暗面——还需假以时日。唯其如此，相比之下，听信某位美国官员的话则极为容易。在同一个夜线节目中，尼克松—布什政府的中国问题专家理查德·所罗门说："回想一下得克萨斯韦科惨案，或许不失为一个好办法，那里有一个精神被控制、高度武装、完全隔绝的小型社团。"[14] 在这次表演中，"疯狗"金正日又变成了大卫·考雷什（David Koresh），而且完全可信；如果你是在与一位精神错乱者打交道，如我一开始之所说，那么什么事情都有可能发生。朝鲜不啻是美国人的一块白板，尽可以在上面随意涂写——只要是负面的言辞就行。总之，朝鲜最后变成了一个被三重诅咒的形象，变成了罗夏测试中的一个墨点，不断地刺激着人们反对共产主义、东方主义以及流氓国家的想象。不过话说回来，无论是在美国战略层面（杜鲁门称其 1950 年的干预行动为缉拿朝鲜罪犯的"警察行动"），还是在好莱坞电影（如《满洲候选人》等）中，它从一开始就是这样一个形象。

在 1991—1999 年的美国媒体中，类似引文不胜枚举，因此让我们就此打住并简捷地说，历史决定了一切，只有通过对历史材料的分析才能破解朝美关系。然而，又并非一切历史，而是特指 1945 年以来朝鲜的现实冲突，我们必须平心静气地进行检讨，仿佛冲突双方不是红白关系而是蓝绿关系。

美国的核威胁

要解决核危机，问题在于（Ⅰ）美国希望平壤服从维也纳国际原子能机构掌控的核不扩散条约核查机制，（Ⅱ）平壤则希望摆脱自 1950 年代以来便无时不在的核威胁，而这使得它拥有了在核不扩散条约下进行自卫的权利。[15] 如果我们假设平壤的真实目的是发展武器，那么它有充足的理由进行核试验；毕竟，它可以抗辩说它只是为了威慑，也即那个经典的论证之所说，一旦双方都有了核武器，最后的均势将使得双方都不敢使用，因此正是朝鲜民主主义人民共和国的核武器使得半岛恢复到了 1991 年苏联解体之前的态势。不仅如此，朝鲜民主主义人民共和国作为周期性核威胁的目标，几十年来受到的美国核威慑不断加剧，然而迄今为止它自己却仍未拥有这样的武器。据我所知，在朝鲜危机中，从来没有哪个美国主流记者去检视过这段历史。[16] 既然不能以最为严肃的态度审视这段历史，就难怪平壤真的会发疯。

朝鲜战争结束后，美国罔顾 1953 年停战协定禁止引入新型武器的规定，将核武器引入了韩国。这一切是如何发生的？美国之所以采取如此严厉之步骤，主要是为了制止一触即发的内战。1953 年，李承晚曾反对一切停战协议，并拒绝签署已经拟制好的协议，同时一再威胁要重启战争。1953 年 11 月，（美国）副总统尼克松访问韩国"并试图迫使李总统给出书面保证，'他将不再奢望将我们卷入其以武力统一朝鲜的努力之中，且不再重启战争'"。[17] 尼克松没能得到这样一份书面保证，而在这份保证阙如的情况下，美军司令官却收到一份只传达给少数美国领导人的绝密"附件"命令，要切实"提高警戒以防李承晚做出任何下令进攻的决定"，同时严防这些命令传达给韩国战地指挥官或被他们获得。

尽管受到当头一击，但李承晚清楚地知道，支持自己挑衅行为的美国人大有人在；一旦战火重燃，且确定战事发生在共产主义家门口，则重要人物都会同意自己使用核武器的。参谋长联席会议主席、海军上将雷德福（Radford）便是支持者之一，1956 年 9 月，在参联会和国防部联合召开的一次会议上，他曾"直言不讳地表达了军方想要将核弹头引入朝鲜的意图"。1957 年 1 月 14 日，国家安全委员会计划委员会接到艾森豪威尔总统指令，"准备对针对朝鲜的 4 个备选军事方案进行评估"。一个关键性的问题是"引入朝鲜的携带核弹头武器的种类，以及核弹头在朝鲜的存贮问题"。在接下来六个月的讨论中，国务卿约翰·杜勒斯同意参联会将武器送入朝鲜。然而，还存在两个问题：停战协议和李承晚。协议中有一小节（13d 条）要求双方都不能将新型武器引入朝鲜战场。雷德福希望单方面搁置第 13d 条，因为在他看来，放行核武器一事不容"解释"。而曾经的法学家杜勒斯则变通了他对参联会提案的支持，条件是"找到冠冕堂皇的证据，坐实共产党对停战协议的破坏，从而使这一行为在我们的盟友和联合国那里具有充分的正当性"。问题在于"冠冕堂皇的证据"不能尽如人意，因为共产党一方并没有严重违反第 13d 条。它的确引进了新的喷气式飞机，美国也同样引进了，但双方都并没有真正升级其性能。核武器则完全不同。这一点让英国大为苦恼，而美国却不顾英国人的担心，兀自于 1957 年 6 月解除了自己对第 13d 条的义务。

此外，还有李承晚的问题。据未经证实的情报，1955 年 2 月，"李承晚多次在会议上告诫军政领导，要做好对（北）朝鲜进行军事行动的准备"。10 月份，有情报表明他曾下令制定收复开城和瓮津半岛的计划，而这两个地方自停战以后便明确属于北方领土；到 1956 年，更是警报与佯攻迭出。与此同时，毫无疑问，李承晚并不知情的是，1957 年 8 月，艾森豪威尔当局批准了参联会 5702/2 号决议，对朝鲜政策进行了重大调整，准许在朝鲜部署核武器；此外，按照某位官员所谓的"一个小调整"，允许美国在可能的情况下，"支持韩国单方面主动发起军事行动，以应对朝鲜大规模的、匈牙利式的暴乱"。[18] 这不啻一个令人惊异的暗示，意思是在朝鲜的某个政治危机中，美国将会支持韩国的侵略行为。这也许是针对当时的一个谣传而做出的反应，据说朝鲜的某位将军曾试图率领整整一个师叛逃到非军事区，或者它只是传达了一个想法，而这个想法不久便导致了古巴的猪湾惨败*（一次小的挑衅有可能引发一场反对共产主义的全面暴动）。无论如何，这正是李承晚及其支持者孜孜以求的；他知道无论他们能否得到风声，约翰·杜勒斯都一定会得到。

杜勒斯将会被记取，他因为在战争爆发前一个星期眼睛越过"三八线"紧盯着金日成而著名。看上去他的整个后半生都在令人不安地喃喃自语着那个突如其来的星期天，就像班柯（Banquo）**摇晃着他那沾满血污的头发一样。在 1954 年的一次参联会会议上，他担心朝鲜可能会以一种全新的方式重新挑起战争："[杜勒斯]认为，共产主义者极有可能以这样一种方式发起攻击：首先渗入韩国军队，然后时不时地向共产主义阵地发起进攻，以此造成假象，仿佛战争是由韩国蓄意挑起的。"在另外几次高层会议上，杜勒斯忧心忡忡于美国无从知道一场新的战争将以何种方式在朝鲜爆发，而李承晚极有可能挑起战争。1953 年 10 月参联会第 168 次会议上，杜勒斯警告说，"我们所有的努力"都必须致力于预防李承晚挑起战争；1957 年第 332 次会议上，他依然担心李承晚有可能"挑起战争"；两年后，"如果朝鲜将重燃战火的话……我们将很难真正判定是哪一方开启了战争"。[19]

正是在这种特殊背景下，杜勒斯对参联会主席想要在朝鲜部署核武器的请求投了赞成票。在不断感受到内战威胁时，国务卿迪安·艾奇逊在战争爆发前曾经照会朝鲜，想要对双方进行限制。[20] 诸如李承晚和金日成这样的人在发动战争之前，想必也会对这场将给半岛招致核摧毁的战争反复考量。但杜勒斯的核武器将由美国人严格控制，而且只有应对朝鲜大规模、难以控制的事件时才可使用。

---

* 1961 年，一千四百多名在古巴革命后逃到美国的古巴流亡分子，在美国中央情报局的支持下，从猪湾（Bay of pigs）登陆，试图在古巴制造内乱，推翻卡斯特罗政府。但是战斗仅持续了 72 小时便告结束。流亡分子有 114 人被击毙，1189 人被俘。肯尼迪政府否认支持了这次行动。

** 莎士比亚悲剧《麦克白》中人物，被麦克白杀死后以鬼魂显灵，使麦克白暴露了自己的罪行。

1958 年 1 月，美国在韩国部署了 280 毫米核炮和"诚实约翰"核弹头导弹（Honest John nulcear-tipped missiles）；一年以后，空军"永久性地部署了一个配备核弹头的斗牛士巡航导弹中队"。斗牛士的射程为一千一百公里，这意味着它的打击目标不仅是（北）朝鲜，同时也包括中国和苏联。[21] 1960 年代中期，（美国）朝鲜防务战略最为人诟病的地方在于，在任何一场新的战争中尽早使用核武器被列入了日常计划。正如五角大楼 1967 年的一份战争推演脚本所说："十二个韩国师和两个美国师的防御计划中都包括几乎可以全权率先使用核武器的内容。"[22] 1968年 1 月，朝鲜捕获了美国普韦布洛号间谍船，逮捕了全部船员并在监狱里关押了十一个月："美国决策者的第一反应是向平壤投放核武器……事实上，朝鲜机场上所有严阵以待、只装载有核武器的美国 F—4 战斗机并无助于领导人慎思明辨。"[23]

美国的原子爆破雷（atomic demolition mines/ADM）作为一种防御武器，是专为在朝鲜使用而设计的，"目的是使前沿地带受到放射性污染，从而阻止装甲部队的攻击"，某位原子爆破雷设计者如是说。原子爆破雷只有六十磅重，却可以产生两万吨重的爆炸当量；"你可以确保该地区在两个星期内都因为受到放射性污染而无法通行"[24]。一支专门的队伍将原子爆破雷装在背包里，乘坐吉普车四处转送、安放；与此同时，携带着核武器的美国直升机会在非军事区附近进行日常飞行。其中的某一架飞机会在飞行练习中迷失航向，越过非军事区（正如 1994 年 11 月某架小型侦察机之所为）。因此，对平壤实施原子轰炸，随时都可以进行。与此同时，核武器的靠前部署滋生了一种"不用就会失去"的想法；哪怕是朝鲜的一次小规模进攻，都足以引发对核武器的使用，以免它们落入敌手。[25]

这些武器同时也遏止了韩国和日本开发核武器的计划。1975 年，后来在全斗焕时期出任美国驻韩大使的理查德·"迪克西"·沃克（Richard

"Dixie"Walker）*写道："美国在朝鲜（半岛）部署常规战术核力量等于在战略上确认了对东京的承诺，同时打消了日本人以法国方式解决问题的念头：建立他们自己的（核）威慑力量。这一事实不仅深得东京众多政治派别的理解，也正中北京下怀。"[26] 换言之，朝鲜民众充当了美国双重遏制战略的人质：一方面围堵共产主义敌人，另一方面对韩/日同盟进行限制。

在攻防两方面都最为迷恋核武器的司令官非理查德·史迪威将军莫属，正是他首创了"协作精神"（Team Spirit）军事演习，该演习始于1970年代后期，并一直延续至1990年代。该演习是世界上规模最大的军事演习，参演军队常常多达二十万人，其中包括常驻韩国的大约七万美军，其他部队则是临时参演。在史迪威的战略中，演习是"对朝鲜实施报复性攻击的彩排，同时也是1980年代空降作战计划的预演"，该计划的重点是深入敌后实施进攻性打击。[27]

著名的1976年8月事件清楚地昭示了非军事区对峙的超凡"绊索"作用，那里几乎每天都有可能爆发一场新的战争。一些美军和韩国士兵进入了板门店附近非军事区的禁区，"去修剪一棵白杨树"，据联合国说这棵白杨树挡住了其往北的视线。（白杨树仅此一棵；任何去过板门店的人都知道，周围很大范围内连一棵树都没有，因为该地区在战争年代曾遭受过猛烈轰炸。）一支朝鲜军队与修剪部队遭遇并发生了战斗，结果是一个朝鲜人从美国人手中抢过一把斧子，杀死了两个美国士兵。这是一起不幸的事件，却完全在预料之中，因为对非军事区近乎疯狂的军事化不断地激化着这一地区的紧张局势。

冲突期间，史迪威将军下令美韩军队进入高级战备状态，并用美军对朝鲜战区进行了重新部署：一支航空母舰特遣部队抵达朝鲜海域，一

---

* "Dixie" 除姓氏外，还代指美国南部诸州，尤指 1861 年组成南部邦联的南部诸州。

个可携带核武器的 B—52 轰炸机方阵从关岛起飞，往北飞向半岛非军事区，"直到最后一刻才调转了机头"——或者用一位分析家的话说："我们都吓坏了，生怕它们拉下屎来。"按照另外一位分析家的说法，史迪威请求（并获得了）五角大楼允准授予下属开炮或发射火箭的权力，如果他们与他失去了联系并无法向他汇报，可以在未经中央司令部和统一指挥的情况下使用战术核武器。当时，一支美韩联合特遣部队连同七架武装直升机进入了共同警备区，另有二十架载有整整一个步枪连的直升机负责护卫。他们一路挺进，最终砍掉了白杨树那令人讨厌的大树枝。同时，华盛顿另外一名我不便透露姓名的消息人士告诉我，在整个事件中，史迪威确确实实非常"克制"；他担心在后方的华盛顿，亨利·基辛格会发起一场战争，而这将使跛脚鸭杰拉德·福特在即将到来的大选中有机可乘。

1991 年，从一位退休高级官员、前驻韩美军司令官那里，我听到过对形成于 1980 年代的美国战略的非正式演讲：

1. 在新的朝鲜半岛冲突中，如果朝鲜军队对非军事区南侧发动大规模进攻，美国计划在尽可能早的阶段——"H＋1"，即战争爆发后一个小时内——使用战术核武器。他和欧洲地区的既有战略作了对比，后者是以常规武器延搁侵略行为，除非迫不得已才使用核武器以阻止进攻。其中的逻辑是，除非在最为极端的情况下，我们之所以不敢在欧洲使用核武器，是因为我们的对手也有，而我们之所以可以在朝鲜使用核武器，是因为朝鲜没有。韩国的指挥官们，他说，早已经熟知一旦与朝鲜开战，美国将会尽早使用核武器。

2. 形成于 1970 年代中期，要求从早、从速、从深攻入敌占区的"空地一体战"，同样热衷于使用核武器，这尤其是为了摧毁坚固的地下设施（这样的设施朝鲜所在多有）。换言之，这一战略本身便隐含了"击退"（rollback），而远不只是遏制朝鲜入侵。

3. 一旦朝鲜军队占领首尔，则各种中子弹——所谓各种辐射更强的武器——均可投入使用，目的是杀死敌人，保护建筑物。[中子弹由萨缪尔·科亨（Samuel Cohen）发明，1951 年，在观看收复首尔的战斗中，他第一次产生了发明中子弹的想法；1980 年代初，有新闻披露说，他曾经向韩国谈及自己的工作进展情况。][28]

4. 为应对"空地一体战"，1970 年代后期，朝鲜军队一方面扩军，另一方面又作了重新部署。结果是近 80% 的地面部队被调配到了靠近非军事区的地带。如我们所见，美国和韩国方面不厌其烦将这次扩军和重新部署引为朝鲜侵略企图之明证；但事实上，之所以如此，不过是为了使尽可能多的士兵能够在动用核武器之前进入南方（不论战争如何开始），并混杂于韩国军队和平民之中，从而降低核武器被使用的可能性。[29]

1980 年代，上述不太光彩的方案变成了标准作训程序，并写进了军人作训手册以及一年一度的"协作精神"演习方案。[30] 它的隐含意思是：首先遏制朝鲜的进攻，继而向北挺进，最终占领、控制平壤，并推翻政权。（1993 年 12 月，《纽约时报》在头版文章中详细披露了这些计划，并错误地说这些计划刚刚形成。）这样的演习之所以一直在朝鲜半岛举行，是因为 1980 年代初，北大西洋公约组织的各国政府和强有力的和平运动不允许类似的演习在欧洲举行。

归根结底（按照上述前驻韩司令官的说法），是海湾战争引发了对核武器之作用的重新评价。既然"灵巧炸弹"*便可准确无误地击中目标，那

---

* 灵巧炸弹（smart bombs），即激光制导炸弹。

么这种高产的常规武器显然比令人棘手且后果难以控制的核武器更为实用。他说，军方希望尽快将核武器撤出战场。至此，美国的策略到达了一个转折点，它从自身利益出发，决定于1991年秋季将陈旧的核武器从朝鲜半岛撤出。(被撤回的武器包括四十枚二三三毫米、三十枚一五五毫米核弹炮，外加大量的原子爆破雷。然而，根据1985年的新闻报道，官方发言人却模棱两可地说，大约有六十枚供F—4和F—16轰炸机使用的核重力炸弹存放在群山市美军基地。)[31]

朝鲜战争以降，为了应对上述核敲诈，朝鲜建立了无数的地下设施或者深山堡垒，其中包括了军营、物资仓库和兵工厂，甚至地下军用飞机库。在这场战争中，美国对空域的控制揭示了一条愈益被认可的威慑原则，随着"灵巧炸弹"的出现，"被看见就意味着被消灭"[32]。朝鲜很早就深谙此道并一直在努力应对。1970年代中期，平壤面临着更为严峻的威胁，当时的朴正熙政府试图发展自己的核力量；只是迫于美国的强大压力，朴正熙才停止了这一行动，但依然保留了令人恐怖的潜在能力。韩国继续实施了一项秘密计划，目标是自主生产可携带核弹头的"弹道导弹"。韩国还背负着"背信弃义"的军火商的恶名，因为它曾经在南非、伊朗、伊拉克面临战事期间，向这些国家出售军火。[33] 所有这些，大部分读上去似乎都是在说朝鲜而非韩国，唯其如此，我们才能对平壤的行为有客观公正的评价：平壤的行为大部分都是对美国压力以及韩国之挑衅的回应。无论如何，只要我们将朝鲜理解为绿队而非红队，则其行为便与1958年以来朝鲜半岛核对峙的逻辑若合符契。

朝鲜的能源体制

北距平壤35英里的宁边是一座颇有名望的朝鲜小城。孤悬偏地的地理位置使它至迟在 15 世纪早期，便已经成为军事要塞，后来又成为风景名胜区以及权贵们的游乐胜地。旧时，小城出产丝绸；朝鲜在当地建起了一座大型综合纺织工厂，产量超过当地总产量的 50%——这让一些美国情报观察人员认为，卫星发现的所谓核后处理设施可能只是纺织工厂而已。1942 年，一位德国地理学家曾有过这样的描述："远离现代交通，宁边县城隐藏在水流湍急的九龙江曲折蜿蜒的河谷的高地上，保存完好的朝鲜要塞向着周遭……圆顶状的花岗岩群山铺展开去。"[34]

时至今日，任何一个美国电视观众都无数次地看到过关于宁边核设施的电影短片，但是他们从来没有被告知过随处可见的贴在房顶上的标语"Charyŏk kaengsaeng"是什么意思。这是一个毛主义的术语，意思是"自力更生"（顾名思义，靠自己的力量实现再生）。这便是朝鲜从一开始就对宁边所做的合法性论证：以核能替代依靠国产煤、水电及进口石油的能源体制。换言之，朝鲜所做的，不过是日本和韩国已经做了几十年的事情。区别在于，由于大国拒绝向它提供任何潜在的可加工的核燃料，所以它建起了反应堆，以利用朝鲜储量丰富的铀。问题是，这些反应堆从铀中生产出的钚，稍加提纯，便可成为生产核武器的优质燃料。

1990 年代，朝鲜的人均能源消耗和韩国依然非常接近，前几十年甚至更高。考虑到韩国的能源主要用于私人汽车和家庭消耗，那么朝鲜用于工业和军事的人均能源消耗就更高。在 1978 年的一次会谈中，金日成告诉一位日本社会党代表，1960 年代后期，一些朝鲜科学家希望发展石油化工业以提炼石油（极有可能是因为朴正熙已经实施了同样的计划）。然而，金日成说，"我们国家并不生产石油"，而且美国操控着世界石油体制；因此，"我们还不能完全依赖进口……[[[[[那样做] 无异于引颈就戮"。[35]

首尔和华盛顿都承认，在平壤的能源消耗中，只有 10% 依赖的是进口汽油，无论以何者为参照，这都是一个重大成就。1992—1993

年，朝鲜的能线图（以 10^{15} 焦耳为单位）是：石油 226，煤 1047，水电 176，"其他" 38，总计 1486×10^{15} 焦耳。其中石油全部依赖进口；（总量为 1047 的）焦煤中的 75.4% 同样依赖进口；这意味着，钢铁厂所用的焦煤几乎全部来自中国，因为苏联已不复存在。上述数据中没有包括用量很大的木材燃料，以及少量出口到中国的、由鸭绿江上许多大坝生产的水电。[36] 由于苏联的解体和东欧贸易伙伴们的垮台，上述能源体制陷入了危机，进口石油的成本也不断提高。[37] 除此之外，还有更多的理由来发展本土核能力。简言之，要搞清楚这场危机，就必须了解平壤的能源体制。不仅如此，还必须了解如何制造原子弹。

1962 年，朝鲜从苏联获得了一个容量约为四兆瓦特的小型核反应堆，以为研究之用。这个反应堆在国际原子能机构的监管之下一直存放至 1977 年。其后，朝鲜建造了一个三十兆瓦特的核反应堆；1979 年左右开始建造，1987 年在宁边装机运营。朝鲜拥有大量的铀 238，这种天然的放射性元素带有 92 个质子和 146 个中子。这种原子的内部结构极不稳定；如果用一个中子进行撞击，铀原子便会分裂，并释放出两个中子；每一个中子又可以使另外一个铀原子产生分裂，从而形成一种链式反应——这种链式反应还可通过天然石墨堆形成，而早在 1942 年，芝加哥大学阿朗索—施塔格体育馆地下便产生过这种反应。朝鲜采用的是镁诺克斯型反应堆，这是对恩里克·费米（Erico Fermi）反应堆的改进，但改进不大[38]；天然铀被制成小的球状物，并填塞进被称为镁诺克斯的镁氧合金制成的狭窄中空金属管中；这些金属管被放置于一个用二氧化碳气体进行冷却、内中有一个石墨堆或堆芯的钢制焊接容器中。金属管中的链式反应产生出热能，进而转变为电能并转动涡轮。随着热能的产生，钚也被生产了出来：铀 238 吸收低速中子并变成了铀 239，后者进而衰变为可分裂的钚 239。所有的天然铀反应堆都可以生产钚。上述过程结束后，炽热的燃料棒被取出并放入冷却池；然后浸入到硝酸之中，后者会将钚从铀中分离出来。投放在长崎的原子弹，只需 5 毫克这样的钚便可制造出来，当然必须首先通过再加工，将其变为武器级燃料。

朝鲜的反应堆和 1950 年代英国著名的"卡德豪尔 (Calder Hall)"反应堆庶几相似，后者促生了英国第一个核武工厂，其后苏联，再其后朝鲜如法炮制。卡德豪尔在生产钚的同时，顺带发电；第二代的"查佩克罗斯（Chapelcross）"反应堆发电量大概是五十兆瓦，反应堆的堆芯宽十四米、高八米，中间是由六组燃料组件构成的燃料堆，每个组件装有大量固体的金属铀燃料棒。其中每个燃料组件的燃料通道数为 1691，总数为 10146 个。镁诺克斯合金中，含铝 0.8%，含铍 0.002%—0.005%，含镉 0.008%，含铁 0.006%；每吨镁诺克斯接受一千兆瓦日的辐射后，便会含有九百九十八千克的未转换铀以及 0.8 千克的钚，也就是说，制造一颗原子弹需要约六分之一的燃料。由于是用于武器制造而非发电，英国大约每年两次辐照并移出整个燃料芯；被用于发电时，燃料棒几年才需要移出一次。[39] 因此，尽管朝鲜的反应堆型号和卡德豪尔非常相似，但显而易见，宁边反应堆是为了捕获热能、制造蒸汽用于发电：迄今为止其燃料只被移出过两次，分别是在 1989 年和 1994 年；如果平壤想要建造一座合用的核武工厂，那么它移出燃料的频率一定会更高。

简言之，宁边，最初是为实现能源自力更生而建，最终却成了谋求对美新关系时讨价还价的筹码。有好多年，没有人更多地关注宁边，包括国际原子能机构；平壤曾经请求对方进行视察——却仅仅被告知：朝鲜错过了当年的最后期限，因此只能重新向国际原子能机构提起核查申请。其后，到了 1989 年，美国间谍卫星监测到，核反应堆关闭了七十五天到一百天，期间燃料棒被取出、更换。卫星还发现了正在建设另外一个容量为五十至二百兆瓦的反应堆的明显证据，有人预计它将在 1990 年代初期投产；美国政府专家还声称在附近发现了一栋看似再处理设施的建筑物（而另外一些人则认为可能是一个纺织厂）。[40] 然而一切都平安无事，直到海湾战争结束，杰出的美国官员们才重新将朝鲜摆放于险象环生的光天化日之中。

"一座将恶棍变成老实人的工厂"：美国的监控体制

本组织基于所有成员国主权平等之原则。

——联合国宪章，第 1 章第 2 条第 1 款[41]

我们对 20 世纪末国际政治的理解中，依然充满从 16、17 世纪继承而来的各种对权力的定义，也即为了使难称完美的人类社会获得和平，我们需要一个发号施令的威权专制国家；拥有这种国家并安居于边界之内（承认边界）的社会被称为民族国家；此类民族国家（当其被正式承认时）拥有某种被称为主权的东西；没有比民族国家的主权更高的主权（除却它自愿委托给国际机构的某种主权）；最后，一个具有主权的民族国家如果向外扩张，则被称为霸权国家。不过，霸权国家本身同样需要被"承认"，因为要成其为霸权国家，包含诸多含义："大的"霸权国家是指那些能够干预国际政治的国家。乍得作为"霸权国家"可能和乍得人以及该国的反对派有关，但它和世界上绝大多数的其他人都没有关系。尽管如此，乍得作为一个被承认的"主权国家"绝非小事；在当代微型国家的众声喧哗中，有数以百计的民族正孜孜以求："主权"被承认。曾经是强者之武器的主权，在 20 世纪却变成了弱者的武器，成了弱小或易受侵凌的民族要求独立自主——民族自决——的手段和路径。

英国人对于上述原则在全世界的推行功莫大焉，他们以一种抽象的、理想化的理论取代、否定了其帝国主义行径，并将市场自由的理念引入了国际政治：如果每个企业家都应该和其他进入市场的人完全平等，那么，每个国家在国际法面前也都应该是平等的、具有独立主权的。或者，如卡尔·博兰尼（Karl Polanyi）所说："在自由主义的理论中，大不列颠只不过是宇宙中的另一个原子……它与丹麦和危地马拉的地位完全平等。"[42]

杰里米·边沁是英国自由主义的伟大典范，也是现代"善"之概念的定义者：最大多数人之最大的善，是这样一种理念，它推动民主权利和平等的扩张，激发人民群众向中产阶级奋斗的强烈愿望，正如它已经激发起英格兰对手们的嘲笑一样。[43] 然而边沁还是个社会工程师；事实上，唯其如此，他才中止了"其无边的想象力"：每十年进行一次人口调查，为水果和蔬菜建造冷藏室，将贫民院变成军备工厂，建造用以改造犯人的纺织工厂，为上中产阶级开办"精选走读学校"，推行避孕药具以降低贫穷率，等等。[44]

正如尼采所注意到的那样，在边沁"绝大多数人的幸福"的思想中，总是有那么"一点答尔丢夫（Tartuffe，伪君子。——编注）"。[45] 与其说它代表的是积极的现代方案，毋宁说它是一种新的监控网格与技术，借此，理性将自身理解为唯一重要的有主体性的"现代"个体，高高地凌驾于客体之上，视后者为非理性的、前现代的、被殖民的、异端的。异端的人类被理性的人类定义、建构、控制，他们的相互行为只有工具性意义，而无互动性和交互主体性。全景监狱正是边沁牌理性之成果。它集思想家的天才与玛蒂尔达大婶的道德关切于一体：凭借一整套"可检测"的手段，上层随时都可以知道下层在做什么。[46] 因此，边沁不仅定义了现代的"善"，而且为现代权力提供了新概念。

虽然曾经宣称是一座"将恶棍变成老实人、使懒汉变得勤奋的工厂"[47]，但事实上，全景监狱乃是这样一座监狱：众多的小牢房环绕着一座瞭望塔，塔的周身开着小孔，孔中射出的光线使得身处中央的看守能够看到每一个犯人的身影，而犯人们却看不到看守，这就产生了一种"监视无时不在、无处不在的效果"，从而使得犯人们进行自我监管。[48]对福柯来说，边沁的这一天才设计乃是一个隐喻。福柯最有影响的贡献在于他重新定义了我们这个时代（现代或后现代）的权力概念，不过他关注的并非处于中心的泉眼（比如，主权国家的权力），而是权力借以影响日常生活的溪流漩涡——"也即权力借以渗入毛细血管的那些机制"[49]。福柯的实证研究方法将其带进了精神病医院、教区教堂、监狱和教室，目的是理解权力的生产机制。"在生产型构、累积知识所需的有效工具——观察方法、登记技巧、调查与研究之程序、控制仪器——的过程中"，这些权力变得显而易见。最后，你将发现，权力甚至会借个体的体态或言辞来操练自身，而身体却浑然不觉。

我们对权力的理解深受我们寄望于从中发现权力的那些地方的影响：我们总是在中心地带——如国王、议会或国家——寻找权力，然后揭露之。这是"至高无上的"权力，我们绝大多数的主权理论都由之产生——这也正是平壤孜孜以求的梦想。但是谁又是那个拍摄我在超市货架前的视频的那个高高在上的权力呢？谁利用我的社保号码获取了我的消费记录？谁在操控着购物中心或停车场的摄像头？为什么国家安全局会害怕互联网并想要在每一台美国电脑上都安装一个特殊的芯片，对人们的交往进行监控？这种无处不在的权力通过一刻也不停止的监控得以运行；传统的主权语言、法权语言，抑或美国人日常生活中的自由话语、个人主义话语，都难以说清楚这种权力。事实上，这是一种全新的权力，它形成于现代社会，随现代社会的发展而发展，随每一种新技术的出现而变本加厉，因为我们不仅几乎没有相关理论，又常常毫无警惕。然而作为权力，它像任何一个法庭一样，最终会行使其戒律和强制措施，甚至——诚如边沁之所知——常常更为高效。[50]

1990年代，美国已然成为在世界范围内扩张民主和市场（即自由主义）、追求民族自决的化身。克林顿总统奉行威尔逊主义，号召弱小国家追求民族自决，在后冷战时期受到许多亟须获得承认的新兴国家的追捧。任何对美国的自由主义和民族自决政策说三道四的指责，都近乎亵渎。然而美国又确乎已经成了世界超级警察，不断地对来自旧的两极格局中任何一方的不听话的力量进行遏制和管控；在此过程中，侵犯别国主权早已经成为司空见惯之事。换言之，我们的自由主义继承了边沁主义的传统，但是考虑到当代技术的威力，可以说它做得非常过火。

1990—1991年的海湾战争，从斡旋到开战，大量使用了下列武器装备：前置于武器头部的头锥照相机、激光制导武器、即时定位与测绘技术、红外射线束、巡航导弹地形测绘、配有空中预警和控制系统的侦察机、高分辨率间谍卫星、"爱国者"导弹、电视屏幕战役解说——因此看上去实现了"对敌占区无处不在的轨道监视"[51]。轨道监视（或者如我所说，宽银幕电影）[52]的范围一直延伸到大后方：五角大楼的军情通报员、唯唯诺诺的新闻记者，以及发达的电视技术共同将海湾战争像热播电视连续剧一样，一直送进了起居室。发达的美国技术使得民众坐在家里便能够看到，从本土发射的导弹直击巴格达的目标；而在转播过程中，品位高尚的头锥照相机又会适时中止传送导弹毁灭猎物的场景。就这样，经冷静的媒体审核后，一场冷静的、不流血的战争进入了民众的起居室。这便是"视频新闻发布"，一位最早运用影像来操控公众意见[53]的人士说：一枚炸弹其实同时集战争、影像、新闻、景观以及五角大楼的广告于一身。

乔治·布什海湾"电视战"的成功为功利主义的逻辑推导出了一个新结论：一场旨在终结（后冷战时期）所有战争的战争为"新的世界秩序"举行了落成典礼。在这个新秩序中，整个第三世界都必须严于律己，否则就必须承担来自无所不知、无处不在、技术上无所不能的美国的制裁。1990年代，美国以第三世界的敌人即所谓"流氓国家"或"无赖国家"取代了苏联集团，将原来用以监控苏联集团的庞大情报机构重新部署，用以防备这些国家，并运用新的技术手段以维持其弱势。五角大楼和情报机构借此持续（或以微量增长的幅度）获得国家财政拨款（据闻，1998年，情报机构的"黑色预算"在二百亿到三百亿美元之间，而总预算则大概是两千六百亿美元）。这预示着，未来，实证主义假想、智能武器技术以及电视机茫然而恭顺的眼睛，将联袂制造出一种新的战争形式，同时对国内和不听话的世界进行监控。

然而，1990年代，狡黠的历史所提供的可资监控的敌人却越来越少。正如科林·鲍威尔将军所说："我手上的恶魔已经告罄。只剩卡斯特罗和金日成了。"[54] 从这个意义上说，宁边核设施就绝不仅仅是在为平壤之所需添加燃料；它更是在为美国的国防预算和情报机构添加燃料，因为在后冷战情况下，连续几年花费巨资建设用以监控已不复存在的苏联集团的种种设施看起来已经不合时宜了。[55]

长期以来，纳扬·昌达（Nayan Chanda）都是最好的驻亚洲记者之一，他一直在为《远东经济评论》撰稿。1993年，他开始着手进行一项关于核危机的大型研究。据我所见，该研究第一次详细论述了国际原子能机构利用美国情报机构的影像对朝鲜进行监控的事实。1993年2月22日，在维也纳办公总部，国际原子能机构向理事会披露了"由美国间谍卫星于1989年拍摄的一系列无比翔实的照片"，照片表明朝鲜"正试图用一个巨大的废弃储油罐建设钚再处理工厂"。[56] 此外，还展示了拍摄于1992年的间谍卫星照片，从中可以看到，"建筑物周围的整片地区都曾经被从罐中缓慢排出的成吨的污泥所覆盖，现在却种上了树，并新修了一个停车场和一条路。这些反常的照片为神秘失踪的核废料的去向提供了充分的线索"。据说，废料舱在八米深的地下，上面有一层坚固的厚板，而厚板上又耸立着一栋楼房。昌达的文章以艺术家之生花妙笔，描述了废料场 1989 年时的样貌，以及它后来又是如何被伪装的。

如前所见，卡德豪尔式反应堆用完的燃料棒被硝酸液冲洗后，可以提取出钚，所产生的放射性化学废料则被贮存在不锈钢舱罐中。只要让专家们对贮存罐进行检查，就可以知道 1989 年总共提取了多少钚。昌达写道，国际原子能机构称，钚的签封时间和废料罐的签封时间并不一致："再生产出来的同位素含量与其在废料中的残留是以固定比例变化的。据此，科学家可以判定再生产钚的准确时间。"是谁告诉他这些的？如此关键的材料仍然来自美国情报部门，而非国际原子能机构。[57] 于是，昌达得出了和国际原子能机构一样的结论："朝鲜显然生产了比它所承认的数量更多的钚。"

国际原子能机构认为朝鲜进行了四次钚再提取作业（采昌达之说法）。与此同时，中央情报局称，朝鲜在 1989 年的一百天内，共提取了十到十六千克的钚；而朝鲜则承认在 1990 年通过实验从坏损的燃料棒中提取了少量的钚，并向国际原子能机构报告说，仅仅分离出了一千六百克的钚。[58] 正当国际原子能机构准备重新检定这一时期朝鲜到底提取了多少钚时，"中情局建议国际原子能机构对废料场进行检查"；而这也正是"中情局向国际原子能机构提供卫星照片"的原因所在。[59] 昌达发表于《远东经济评论》的文章引述国际原子能机构总干事汉斯·布里克斯（Hans Blix）的话说，他并不担心朝鲜指控国际原子能机构因为使用了美国情报部门的情报而丧失了客观公正性，"卫星图像现在已经是常规情报。我认为任何人都没有理由反对使用这些情报"。

布里克斯没有说的是，美国国家侦察局（NRO——直到最近这一名字仍然是保密的）的资料要远优于普通侦察卫星的图像。1994 年，日本一位资深核扩散问题专家致信给我的一位朋友，朋友向我展示了这封没有任何先入之见的信，我们读到了这样的话："作为最富玄机［注意其定性：最] 的国际问题，跨国情报共享仍然是一个事关全局的问题。"如果说在任何语境下都大有玄机的话，那么朝鲜语境下的情报共享可谓极具挑动性。

早在朝鲜战争爆发之前，朝鲜就已经成为某种通过诸多设备进行观察研究的国际直肠病学般的对象，由飞机执行的监控也已经开始。每天，都会有各种各样的卫星对其领土进行监控，所用设备极为先进，据说飞机掠过平壤上空时，可以录下汽车中的对话；就连老式的 U−2 侦察机都还在朝鲜战场上执行任务。只要在其领空或近空发现 U−2 或其他侦察机——按照平壤中央新闻社的报道，平壤判断每天都会有一次——平壤都会严正抗议。由于缺乏技术手段来掌控自己的空间（以及"太空"空间），几十年来，朝鲜修建了许多地下设施，并大施障眼术，以迷惑从高空投射下来的侵略之眼。比如，1978—1979 年，对朝鲜人民民主共和国武装力量的多次反复评估导致吉米·卡特撤军计划偏离轨道，而起因正是对侦察照片的重新解释：原来被认为不过是木头模型的坦克和其他武器被重新认定为真家伙。"我一直怀疑这些事实不过是（国防情报局的）捕风捉影而已"，卡特后来告诉记者，"但即使总统也无力取证"[60]。

准此，我们该如何解释这个政权在 1989 年公开了一个废料场，却又在 1992 年对其进行了伪装的做法？难道他们只管埋头做事，而对无时不在的监控置若罔闻？当然，这也可能意味着他们希望美国国家侦察局见证其行为；它要先亮一下自己的王牌，然后再放回牌里去。[61]

从濒战到缓和：危机之展开

华盛顿和平壤之间这场始于 1993 年、自朝鲜战争以来最严重的危机延续了十八个月。对美国媒体来说，危机始于1993年3月12日，当天，朝鲜宣布它将退出《核不扩散条约》。莱斯利·盖尔伯（当时正主政外交委员会）再一次宏论滔滔，声称朝鲜的核行为将引发"又一场危机"，又一个萨达姆式的"坏蛋"很快将挑战"理智国家"的勇气。[62]在国会议员、众议院拨款委员会防务小组委员会主席约翰·穆萨（John Murtha）看来，朝鲜已经成为"美国国家安全的最大威胁"；当年3月，他说，如果朝鲜拒绝接受对其核设施的检查，那么美国理应以"智能武器"将其摧毁。[63] 至此，所有有影响的美国分析家无一例外地认定，金日成要么是恶魔，要么是精神病，要么兼而有之；其政权应该被推翻；如有必要，可以武力拆除其核设施。[64]

然而，对朝鲜来说，危机却始于1993年1月。当月，美国新任总统克林顿宣布，他将恢复举行乔治·布什已经终止了一年的"协作精神"军事演习。当年，演习重新启动。2月末，美国战略司令部长官李·巴特勒（Lee Butler）将军宣布，五角大楼正在重新定位战略核武器（即氢弹）的瞄准目标，即从瞄向苏联转而瞄向朝鲜（及其他地方）。与此同时，新任美国中情局局长詹姆斯·伍斯利（James Woosley）称朝鲜乃是"当前我们最为严重的关切之所在"[65]。到1993年3月中旬，成千上万的美国士兵又一次在朝鲜半岛进行了军事演习，其间动用了B1-B轰炸机、从关岛调来的B-52轰炸机、数艘携带巡航导弹的海军舰艇等；于是，朝鲜打出了另一张王牌，宣布退出《核不扩散条约》。

拥核国家不得对无核国家进行核威胁是《核不扩散条约》的基本原则[66]，而苏联解体后，美国在朝鲜半岛进行军事演习的唯一目标便是朝鲜。敢于威胁退出《核不扩散条约》，朝鲜民主主义人民共和国的表现可谓强硬；毫无疑问，它加剧了其他近核国家如法炮制的危险，当时，国际原子能机构正在筹划于1995年4月举行一场全球范围的重新谈判，而几个主要国家如日本、印度一直对此耿耿于怀。如果朝鲜真的想要拥有核武器，那么它从一开始就会停在《核不扩散条约》的门外。尽管如此，"协作精神"军事演习甫一结束，朝鲜旋即同意与美国进行高层会谈，稍后（1993 年 6 月 11 日）又宣布延迟其退出《核不扩散条约》的期限——又把王牌放回了牌里。正是在受到了"协作精神"军事演习以及其他核威胁的刺激以后，朝鲜媒体——从 1992 年 11 月美国大选开始，它就警告要抵制重新开启的军事演习——中的朝鲜形象才无比清晰地呈现了出来。此外，尽管不停地叫喊着反对美帝国主义之类的空洞大话，但在此期间，平壤自始至终都在谋求修缮对美关系。

1993 年初还发生了激发平壤斗志的另外一件事情：国际原子能机构要求对朝鲜几个未申报的场所进行"特别检查"，其中一处被国际原子能机构认为是核废料场。国际原子能机构此前从未对任何其他国家主张过类似检查，只是因为巴格达被攻占后没能在伊拉克的几个场所查获任何证据，它当时正承受着国际社会的压力。朝鲜抵制了这些检查，理由有二：第一，国际原子能机构借助美国情报对新的场所进行检查，而美国乃是朝鲜半岛的一个交战国，因此国际原子能机构的做法超出了自己的权限；第二，国际原子能机构曾将其检查结果交给美国，如果朝鲜民主主义人民共和国听任这种做法继续下去，那么美国最终将向国际原子能机构公开朝鲜民主主义人民共和国的所有军事设施。[67]（而所有这些正是美国某些高层官员所主张的要求；记者们曾引述过 1992 年陪同乔治·布什访问朝鲜的一些不愿具名的官员的话，大意是：他们要求"获得授权"，在确知朝鲜民主主义共和国的实力之前，"可以随心所欲地出入朝鲜重兵布防的军事设施"[68]。）国防部的一些官员则企图利用特别检查之喧嚣，伺机连根拔除朝鲜民主主义人民共和国的"全部核计划"。[69]

美国执着地想要让朝鲜服从国际原子能机构，而朝鲜则一再重申其多年来的担心：美国一心想要取消其国家资格。缘此，双方的分歧在 1993—1994 年间形成了一个难以解开的死结，国际原子能机构要求对一处所谓的废料场进行检查，而朝鲜则宣称，那是一个军事基地，不在检查之列；与此同时，朝鲜严厉指责国际原子能机构一味迎合作为朝鲜死敌的美国的胃口，而且从没有宣称要一视同仁地对美国在韩国的多个军事基地进行检查，看看美国人到底在干什么。仿佛要给朝鲜的偏执狂强行喂食并要它表现得比素所闻名的十足顽固更进一步，《纽约时报》发表了一篇由某位德高望重的专家撰写的重头文章，作者不无悲观地引用了华盛顿新的战略作战计划中那些"看似新颖然而误入歧途的看法"，诸如"正在组建一支针对中国和第三世界的核弹远征军"等。[70] 因此一点儿也不奇怪，朝鲜紧锣密鼓地加紧研制其芦洞 1 型中程（六百英里）导弹，并在 1993 年射向日本海的试验中，准确地命中了三百英里外的目标——朝鲜并不掩饰这次试验的目的。[71]（芦洞 1 是在飞毛腿导弹基础上，在腰身部位增加助推器，使其达到中程推动力；外国专家不能确定导弹精确命中目标只是碰巧，抑或说明了朝鲜的技术已有突破。）

1993 年，克林顿甫一上台，其行政当局便被布什重启"协作精神"的决定拖入了泥潭，很快就必须直面平壤退出《核不扩散条约》的威胁。克林顿并未给予太多重视，因为毕竟，他的选战口号是"一切靠经济说话，傻瓜！"，而且他也不想让外交危机打乱国内日程表。朝鲜的执着终于引起了华盛顿的注意，几个月后，克林顿当局（不顾为数不少的反对威胁）为谈判铺平了道路，完成了几项前任政府从未做过的事情。克林顿与朝鲜进行了高层直接磋商，议题不仅包括核武器，还包括诸多政策问题；当局甚至对朝鲜做出了许多潜在的妥协，包括终止"协作精神"演习，承诺不再以武力对抗朝鲜，改善外交关系（包括在双方首都设立联络官）等。当然，当局同时还敦促多个国家以及联合国提醒朝鲜，如果它退出《核不扩散条约》，将会对作为一个整体的世界带来危险；并承诺通过提供低威胁的核能发电技术对朝鲜进行援助。总之，美国没有像此前所有的总统所做的那样，通过大规模调遣 B—52 轰炸机、F—4 幻影战斗机、航空母舰、装甲部队发出警告，以挫败金日成，而是前所未有地运用灵活的外交手段化解了朝鲜危机。灵活、艺术的外交努力为克林顿当局赢得了广泛赞誉。

然而，美国对平壤的让步并不像日常报道的那样是一条单行道。最近几年，朝鲜在外交与其他方面同样做出了很多让步，我们美国的媒体倒也并非全无报道，只是看上去似乎永远无法改变人们的观念。1991年，朝鲜加入了联合国，尽管后者依然维持着1950年代那些将其定性为侵略国的决议。它允许国际原子能机构对其核设施进行了7次常规检查，尽管许多美国媒体对这一事实视而不见，但对冷战极盛时期的平壤来说，这样的事情完全不可想象。它前所未有地通过了几部合资企业法及利税条例，正在和外国公司——包括许多韩国公司——合作开展一系列项目。（1998年，韩国报纸连篇累牍地报道了从北方获得的商业利益，但首尔和平壤的关系仍然相当疏远，以至于南北之间许多大有可为的活动都被禁止了。）同时，几年来，平壤一直坚持和日本进行正常化磋商。最重要的是，在整个核危机中，它自始至终都在呼吁改善对美关系，并欢迎美国各界人士参观访问。[72]

协议得来并不容易，太多的误会使得双方很难达成和解。朝鲜拥有长达四十年的在板门店进行边缘策略谈判的经验，然而美国代表团不得不从头学起。1993年6月2日，克林顿的首席谈判代表罗伯特·格鲁奇（Robert Gallucci）与朝鲜民主主义人民共和国外交部副部长姜锡柱（Kang sŏk-ju）举行首次会晤："格鲁奇不喜欢朝鲜人，而后者知道这一点。会谈时，格鲁奇的身体语言令人颇为惊异。于是，姜像一只正准备用爪子抓你脸的柴郡猫一样看着他，我们说，'不好，要坏事'。他点起一根烟，转向他的翻译，说：'他呜哩呜噜了半天，到底对你说了些什么？'我们的译员翻译说：'姜先生没有听明白您的话。'"[73]

尽管一位参加者称之为马拉松式的讨价还价会，但从1993年6—7

月开始，通往协议的道路终于开启了。朝鲜提出，由美国提供轻水反应堆（LWRS）来替换其全部的石墨反应堆核计划。轻水反应堆不太容易衍生出核武器，然而如此一来，平壤就需要依赖国外燃料（朝鲜主要富产铀）。[74]（朝鲜经常声称自己是迫不得已，才起意于石墨反应堆及其铀反应堆的，因为没有人肯援助其核能。）平壤的反美声调也随即柔和了许多，尽管当时正赶上朝鲜战争爆发纪念日。然而，整个 1993 年夏季，朝鲜关于轻水反应堆的提议都一无所获。

1993 年 11 月，两国代表团再次举行会谈。11 月 11 日，朝鲜提出了解决冲突的"一揽子方案"，要求美国发表声明，承诺不再以武力威胁朝鲜民主主义人民共和国，同时包括了一个全面改善美朝关系的计划：停止"协作精神"军事演习，国际原子能机构对安全措施进行连续性检查（但不能突破此限度），终止对抗，尤其终止美国以核威胁对抗朝鲜民主主义人民共和国，通过轻水反应堆援助方案谋求核问题的基本解决。朝鲜宣布，作为交换条件，它将放弃其全部的石墨项目。另有材料认为，11 月份提出、至今仍未公布的最初方案甚至走得更远，它试图全面解决平壤和美国之间所有遗留问题。民间分析家塞利格·哈里森（Selig Harrison）对 11 月 11 日提案的意义看得非常清楚，他罗列了一揽子方案中的十条，包括：设立联络官，以新的和平条约代替停战协定，双方共同裁军，解除贸易制裁，取缔《对敌贸易法案》，对轻水反应堆提供财团援助，美国支持日本和韩国对朝鲜民主主义人民共和国的援助与投资，批准朝鲜参加亚太经贸合作组织（APEC），美国鼓励私人企业（在朝鲜）投资，美国愿意就（朝鲜军队从非军事区撤走之后迅速）从韩国撤走地面部队问题展开讨论。[75]

这不啻是美朝关系史的分水岭，但它却几乎不为人知。[76] 韩国当然听到了风声，因为担心平壤损毁首尔与美国的关系，甚至孤立首尔，金泳三总统怒气冲冲地去见了克林顿。[77] 与此同时，平壤则公开玩弄其最擅长的游戏：战争威胁。1993 年 11 月底，平壤声称，"我们一旦决定退出《核不扩散条约》，就已经考虑到了一切可能之后果，就算是诸如'制裁'或'战争'等最坏结果强加于我们，我们也已经做好了保卫国家主权的充分准备"。[78] 在 1994 年 2 月 1 日一份简要申明中，平壤的外交部长声称，"美国引发了一场重大危机，而这场危机有可能演变为一场灾难，在此关键时刻，唯有寄望于打破谈判僵局，谋求核问题的一揽子解决"[79]。平壤与其说是在谴责克林顿及其幕僚，不如说是在谴责国际原子能机构及美国的"强硬"派，因为正是他们在为达成协议制造障碍（比如，五角大楼决定在韩国部署"爱国者"导弹）。当美国不仅逼迫其盟友，而且逼迫朝鲜之邻居中国共同支持联合国进行制裁时，平壤打出了最后的王牌：它宣布视制裁为"战争行为"。

那几年，五角大楼对新的朝鲜战争进行过多次推演，然而 1993 年年末，《新闻周刊》披露的一个结果却表明，朝鲜将赢得战争。所有推演结果都表明，美国的死亡人数至少为五万，而朝鲜则为十万至一百万。[80] 朝鲜的芦洞 1 型导弹提高了把日本拖入一场新的战争的凶险的可能性。

双方重新开始高层磋商，寻求以外交方式解决问题。然而直到 1994 年中，仍然没有达成任何协议，平壤为了逼克林顿就范，自 1989 年以来首次关闭了其反应堆（时在当年 5 月），将撤除的大约八千根燃料棒置于冷却池中。这招险棋一下子戳穿了华盛顿的谎言，让当局官员们措手不及。[81] 可以想见，这一举动同样引发了不负责任的新闻媒体关于新一场朝鲜战争的热浪。然而，媒体并不知道的是，战争警报的确证据确凿：美国与朝鲜之间的战争危险超出了大多数人的想象，几乎一触即发。在美国国家广播公司 1994 年 4 月 3 日的《面对媒体》节目中，国防部长佩里说，"我们不想打仗，不想因为这一问题或任何别的问题在朝鲜引发战争"，但是如果朝鲜因为美国的制裁"率先发动战争……我们将冒险一战"。[82] 6 月中旬，克林顿当局"已经制定好计划，开始着手进行美国的战争准备工作"，其中包括往朝鲜增派一万名美军、部署阿帕奇攻击机、调入更多布拉德利步兵战车等。[83] 不唯如此，"为了确保克林顿能够理解战争的人力成本和财力成本，（1994 年）5 月末，参联会主席召集了全部的战区司令官和四星将军云集华盛顿，共同讨论朝鲜问题并向总统作了简要汇报……按照勒克（Luck）将军的评估，在新的朝鲜战争中，将有八万到十万名美国士兵阵亡，而朝鲜军队的伤亡人数将高达数十万。此外，如果北方果真攻击首尔的话，托马斯·弗拉那根注释说，'平民的伤亡人数将会非常惊人'。这样一场战争的代价，勒克估计说，最高将达到一万亿美元，远远高于沙漠风暴的大约六百亿美元——其中大部分是由美国和盟军挥霍掉的"。[84]

1994 年 5 月和 6 月到底发生了什么？一种表述是：克林顿及其幕僚看着对方手中的枪，满脸惊愕。另一种表述则是：平壤做着同样的事情。平壤也不想打仗，但是面对着这样一个现实，它并不想和美国人互蹭鼻子以示问候，因此美国人应该给予重视并通过外交手段解决危机（所谓外交手段，意思是说，双方各让一步，而不是某方将意志强加于另一方）。几年前，前总统吉米·卡特曾经应邀访问平壤。在看到克林顿政府官员的简报后，他深感危机之严重，决定于 1994 年 6 月中旬飞往平壤，会晤金日成（这是金第一次与美国现任或前任总统举行会晤）。借助于有线新闻网的同步转播（电视上的直接斡旋缩短了正在进行的外交调停），卡特以娴熟的政治手法打破了僵局。在大同江的一艘游艇上与金日成进行会谈时，他建议平壤冻结宁边的核设施以换取美国的轻水反应堆以及崭新的对美关系，金日成明确表示赞同，而电视镜头记录下了这一场景。克林顿总统旋即出现在白宫新闻发言厅，宣称如果平壤冻结其计划（即，将燃料棒留存于冷却池，并停止建设新设施），高层会谈将重新开启——7 月 8 日，双方于日内瓦开始会谈。这一关键性突破为

1994 年 11 月协议的签署提供了可能。

11 月的框架协议向平壤承诺：作为对其冻结石墨反应堆并在《核不扩散条约》下接受全面检查的回报，联盟国家（美国、日本、韩国等）将援建轻水反应堆，以解决朝鲜的能源问题；联盟还同意提供总计四十亿美元的长期信贷，帮助平壤购买新的反应堆。与此同时，美国向朝鲜民主主义人民共和国提供民用燃料油以克服能源问题，并着手逐步改善对朝外交关系。1995 年初，朝鲜突然拒绝接受韩国的轻水反应堆，理由是担心会对南方产生依赖，但 5 月份的高层谈判主要通过给反应堆重新贴标签的方式，化解了这一问题。就在我写作本书时，框架协议依然在发挥作用，尽管双方依然没有互派联络官。由于构架协议是建立于双方的不信任之上的，因此双方每走一步都必须证明自己信守了承诺，以期完全实现协议，但这必须要等到 21 世纪初年了，因为建造反应堆并投入运营需要若干年时间。如果一切顺利，届时，美国和朝鲜将建立永久性全面外交关系，而朝鲜的核能计划也将完全服从于《核不扩散条约》。在反应堆建成之前，朝鲜最终将不得不全面开放其大名鼎鼎的"废料场"，以迎接国际原子能机构的检查，而我们将看到他们是否提取了足够制造一枚原子弹的钚。

结　论

下面是我从这一错综复杂的插曲中简要归纳出的几条原则。其一，经历过特定历史的人们会有刻骨铭心的认识，这既是因为他们别无选择，也是因为那个脆弱无力的命题：理论源于实践。唯其如此，弱者的逻辑有时竟可以胜过强者的逻辑，因为后者必定是强者从其不得不应对的大量抽象概念中抽象出来的。国务院官员罗伯特·曼宁（Robert Manning）

有云："朝鲜实力很弱，但利用得非常充分。"[85] 不过，早在 1950 年秋季国家被占领时，他们就已经这么做过：在中国军队的援助下，他们成功地从大火中取出了自己的栗子。同样的故事还发生在越南战争期间。然而，我并不认为美国人已经读懂或想要读懂这个故事。其二，理解"流氓式"的敌人看似不易，实则并不特别困难，因为其所思所想完全聚焦于非对称的强权身上。其三，基于历史的分析胜过"理性选择"之逻辑，也胜过媒体分析中根深蒂固的现代主义，但是要做到"基于历史"并非易事。其四，搞清楚美国的外交政策及政策进程看似容易，实则殊为困难，因为在分析者面前，已经充斥着各种各样错误的或富有欺骗性的先验假设，其中尤以美国媒体的先验假设为甚。最后，在（了解当前外交政策危机所需的）档案材料付诸阙如的情况下，对"流氓国家"和美国媒体的多角度阅读不失为一种行之有效的实证方法，但前提是必须要通过上述四原则所研磨出来的镜片。

核危机既已解决，朝鲜（及整个朝鲜半岛）重新退回到了不受美国媒体关注的边缘地带，只有当国际货币基金组织帮助首尔救市或"精神错乱"的金正日从已故的"疯子"/ 亡父那里继承了又一头衔时，媒体才偶有报道。我不知道普通美国人如何看待这样一个媒体：它经年累月地报道着朝鲜的种种邪恶意图，但在事实证明其预测完全错误后，却又噤声失语，但我清楚地知道，在媒体曲意混淆视听的鼓噪声中，长期以来，有少数人潜心钻研着我们与朝鲜的各种问题，他们的下述论证已经被证明是正确的：为改善对美关系，平壤真心诚意地要放弃其核计划。这些人包括：洛克菲勒基金会的安东尼·南宫（Anthony Namkung）、夏威夷大学的徐大肃（Dae-sook Suh）、哥伦比亚大学的史提芬·林顿（Steven Linton）以及本书作者——但首先是卡耐基基金会的塞利格·哈里森（Selige Harrison），在将华盛顿与平壤拉到一起的过程中，他无愧为最有影响力的公民。[86]

以上所述，并不是说朝鲜"赢得了"晚近政治斗争和外交斗争的胜利，也不是说平壤的传媒策略更好：恰恰相反，半个世纪以来，其策略乃是在谎言之上堆砌谎言，以吹牛叠加吹牛，即使当说出真相对其更为便捷也更为有利时，也不例外。但那也正是我们长期以来寄望于共产主义体制的东西。朝鲜民主主义人民共和国诚然未必是一个好地方，但它是一个可以被理解的地方，是一个从日本长达半个世纪的帝国主义统治下、从接下来另外半个世纪与霸权国家美国以及远比自己强大的韩国相对抗的过程中产生出来的反殖民反帝国主义国家，它的身上带着所有可想而知的畸病（军事强权国家、全能政治、彻底抵制外部世界）以及对一切侵犯其主权之行为的极端敏感。我们又该对处在美国式的喧闹民主之中、随着大流、人云亦云、高度无知的媒体做何解释——尽管他们曾对五角大楼在海湾战争中像驱赶牛群一样驱赶媒体提出过抗议（很遗憾是在事后）。

上述结论只关涉作为后冷战时期冲突治理的一个判例案件的核危机。朝鲜事件的深层意义在于，它揭示了后冷战时期针对一个弱小的第三世界独立国家的监控技术所带来的紧张——这个国家只是威胁说它要做一些其他国家已经做了几十年的事情，即想要拥有核武器并借以影响政治结果而已。而朝鲜背后，还耸立着另外一个潜在的"叛逆国家"——中华人民共和国；美国也一直在对它进行监控，并且不顾中国作为传统意义上的"强国"，试图将之纳入到《核不扩散条约》和导弹控制体系之中。这种监控不仅违背了中国的主权概念，同时也违背了传统主权概念——以平等、互不干涉内政、互利互惠为基础。最重要的是，针对美国诸如此类的高压，既合乎理性又完全正当的反击是：朝鲜和中国要求对美国的核设施进行检查（"随心所欲地出入［美国］重兵布防的军事设施"）；要求对美国公司与伊拉克、伊朗、以色列等国的贸易往来进行监视，以确证美国没有允许（或熟视无睹于）将可用于制造大规模杀伤性武器的原材料运出国外——1980年代，正是在美国多项出口援助下，萨达姆·侯赛因政权才得以建立起来。

还有另外一些问题：我们是会遵从一天二十四小时监管我们的人呢，还是会在最终逃脱其窥探的眼睛之后图谋报复？这种新型高科技边境侵犯究竟是力量的源泉还是懦弱的表现？当你的行为可类比于国际直肠病学中受到种种设备监视、检查的研究对象时，这究竟说明了你无比强大呢，抑或只是意味着你没有能力找到任何变通的办法？作为唯一一个超级大国，美国追随被其单方面指责为"流氓国家"的国家使用"流氓"手段，是否符合国际合法性之利益？

上述问题，我并没有好的答案，但最简单的答案也许是那个在整个冷战时期一直行之有效的答案，即当我们将游戏之赌注提高到一个新水平时，对方也会想方设法针锋相对。监控会刺激起反监控；此地的侵犯主权必将引发彼地对主权的侵犯；流氓之手段产生流氓之后果。对世界和平来说，"在相互均衡中保持一线希望"仍将是一条必不可少之原则，诚如联合国宪章第二条第一款所规定，"所有成员国遵守主权平等之原则"。两位生活在远比我们的时代更为理想之时代的学者对这一条款进行了阐释，但时至今日，他们的话依然值得重复："国家皆有主权，因此，它们平等地享有国际共同体成员之权利。任何国家，无论其起源、规模及政体，均平等享有管理国内事务的权力，以及在通常情况下遵照国际法推行其政策的权力。"[87]

第六章
世界撼动中国

人们可以追溯**界限**的历史，在这些晦暗不明、一旦发生旋即就必然会被忘记的行为中，文明消除了它认为是异己的某物。在其自始至终的全部历史中，界限围绕自己所挖的这条护城河，这片它借以保护自己之孤立状态的无人之地，乃是和其积极价值旗鼓相当的显著特征。

——米歇尔·福柯

在最近一部名为《邮差Ⅱ》的意大利电影中，智利诗人聂鲁达（Pablo Neruda）教了从未受过教育的邮差认识第一个字，后来又教了他隐喻的艺术。邮差非常机敏，马上问了聂鲁达一个有趣的问题："我们这个世界会不会也是某个东西的隐喻？"聂鲁达稍事沉吟，说他需要思考一下。但他最终也没有回答邮差的问题。

对美国人来说，中国从来就不是一个国家，而是一个隐喻。一说起"中国"，人们马上就会联想起一连串隐喻，从而昭示出一段中美关系史，以及五十年来我们的政要、专家、学者们的"中国观察"：不变的中国，循环的中国，谜一般的紫禁城，盒子套盒子，东亚病夫，大地*，土地改革者，中国撼动世界，谁丢掉了中国，遏制抑或解放，洗脑，中苏铁板一块，金门和马祖，《东方红》，遏制而不孤立，乒乓外交，改变世界的一周，后毛时代萎缩之中国，"四人帮"，四个现代化，中国牌，蚕式导弹，最惠国，天安门，后邓时代萎缩之中国，中国（再次）撼动世界[1]，兴衰循环（再次）[2]，不变的中国（依然是再次）[3]。更为重要的是，我们的学者专家至今仍然没有摆脱关于中国的一个核心隐喻：穷一生之力也不可尽知的巨大[4]，漫长的历史，众多的人口，以及（由此产生的）对当前世界所具有的压倒一切的重要性。

与这种类似"中国"京剧的喧嚣相伴随的，是专家们所提供的有关中国走向及我们必须如何（尽全国之力）应对的方案，它们可谓矛盾百出。随便拿起一份登载着专家意见的报刊，你都会读到截然相反的论断：中国正在解体，不，中国团结而稳定；中美关系摇摇欲坠、几近崩溃，不，双方正从山重水复走向柳暗花明；必须对可怕的中国进行"遏制"，不，不妨与对外开放的中国"结秦晋之好"；中国持续进行的军事扩张令人不安，不，中国军费不足、武器装备落后；中国人现在有一些人骂毛，不，周期性的"毛时尚"甚至能让怠惰迟钝的上海少年兴奋不已；中国经济不正常地持续过热、危机四伏，不，它现在已经是或即将成为世界第三大经济体；中国大陆将进攻台湾，不，台湾地区很快将成为中国大陆最大的海外投资者；中国将接管南沙群岛，不，不可能，因为中国没有能力；既然香港已不再是英国殖民地，那么中国将征服之，不，多年来，香港一直在对中国进行殖民；萌芽初绽的公民社会在天安门毁于一旦，进而倒退到了 1990 年代版的中世纪封建主义，不，异见人士自己并不清楚他们正在做什么或他们想要什么；最后，后邓时代的中国分崩离析，陷

---

* 美国女作家赛珍珠（Pearl S. Buck, 1892—1973）曾著有中国农村题材长篇小说《大地》（*The Good Earth*），1931 年出版，次年获普利策奖，1938 年获得美国历史上第二个诺贝尔文学奖。

入混乱，因为"天安门事件"使得政治体制"充分暴露了其面目"，不，新的领导人将会使中国政治走向多元化⁵；隔代返祖的中国正韬光养晦，等待历史轮回中下一个转折期的到来……不，正好相反。

与所有这些全都不同的是，当毛泽东登上象征着天国般安泰的城门（即天安门）、建立起人民共和国时，乔治·凯南评论说："中国无足轻重。它并不重要。它永远不可能强大起来。"⁶凯南认为，中国没有成体系的工业基地——这是其战争能力严重不足的根本原因，而只是在沿海地区分布着一些由帝国主义国家建立的边缘工业；因此中国不应该包括在他的遏制战略之中。日本有这样的基地，因此它才是美国东亚战略的关键。至于邓小平，他通过1980年代在中国高层政治中所实行的急进而危险的阴阳术——偶数年改革而奇数年保守，开启了一条实用主义的中间道路。⁷这是一个绝好的模式。比之于围绕着中国问题所产生的耸人听闻、南辕北辙的种种喧嚣，这种基于灵活的现实政治、高瞻远瞩的思考，无疑是一个更好的出发点。倘能实事求是地考察一下中国从何而来，也许可以帮助我们更好地判断它将去往何处。

中国从哪里来？城堡与护城河

福柯的隐喻告诉我们，文化好比一座由一条护城河保护着的封建城堡。护城河由根深蒂固的行为、习惯性选择、有意识或无意识的拒绝组成，将异己之物和陌生之物要么拒之门外，要么收编驯服。也许有必要重申一下关于中华文明的主流隐喻：庄严，冷漠，自给自足，安于现状，随时准备拒绝野蛮人——除非它马上臣服，随时准备将外来者融化于海洋般极具包容性的中华习俗之中。几个世纪以来，这种命运静候着蒙古人、满族人以及西方人——基于许多理由——的到来。

总之，中国"城堡"是一个将已知宇宙悉数揽入怀抱的巨大帝国，其"护城河"保证了它的文明能够划疆自治。两百年前，东亚有两大王朝、两大君主。看上去两个王朝都将万世永治，而两个君主也将因为各自的长治久安而永享崇戴。1392 年立国的朝鲜李氏王朝在英祖大王带领下，一马平川，来到了具有历史意义的 1776 年。朝鲜是中国最重要的藩属国，18 世纪的大部分时间里，都向 1736—1796 年在位的乾隆皇帝上表称臣。1793 年，英王乔治三世（King George Ⅲ，在位 49 年）派使团来到中国宫廷，要求开放贸易往来。乾隆皇帝答复说："天朝抚有四海，唯励精图治，办理政务；奇珍异宝，并不贵重。……天朝德威远被，万国来王，种种贵重之物，梯航毕集，无所不有。"也就是说，乔治三世应该以英祖大王为榜样，带上体面的贡品，排队等待向居于文明中心、统御四海的神王朝贡。看来"中国"确乎是一个恰当的隐喻——就当时而言。

　　中国现代史始于国门被英国人打开之际，对于这一时刻，费子智（C. P. Fitzgerald）有一个绝妙的比喻："令所有人——无论国内外——大吃一惊的是，这座庞大的建筑物……瞬间轰然倒塌，而目瞪口呆的欧洲人甚至还没有来得及松开手中的门把手。"[8] 在其后的一个半世纪里，这座曾经抚有整个中国的庞大建筑再也没能恢复完整，其间经历了贫弱、抗争、中央政府倒台、国家分崩离析、屡遭挫折、屡次走入死胡同、国内和国际战争、宏阔的社会革命。1949 年，当毛泽东在天安门城楼上宣布"中国人民站起来了"时，全国各地的中国人无不心潮激荡，因为至少，中国重归统一，外侮停止，外敌被驱。五十年来，包括儒教、民族主义者以及共产主义者在内的所有中国精英，始终团结于"自强"旗帜之下，始终奉行着名的"体用"方案，即以中国经验、中国哲学"立基"，以西方学说、西方技术"致用"。那么，政权巩固以后又如何呢？

　　共产主义甫一胜利，朝鲜半岛的冲突便接踵而至。战争不仅给朝鲜人带来了毁灭性破坏，也使中国陷入了深重危机。战争始终囿于朝鲜半岛（尽管差一点溢出）。战后，中国在新独立国家和仍未摆脱殖民统治的国家中赢得了崇高威望——当时，反殖民运动正进行得如火如荼。然而，由于这场战争，整整一代人失去了中美和解的机会。当时，美国坚定地支持毛泽东的死敌蒋介石，并成功制造了台湾和大陆的分裂。这场热战，加上1950年代冷战的加剧以及美国的经济封锁，使得中国别无选择，只能投入苏联集团的怀抱。

杜鲁门的国务卿迪安·艾奇逊最早提出了另外一种策略，然而由于朝鲜战争的原因，这一策略却被长时间搁置，直到1970年才由尼克松付诸实现，而1950年代，尼克松正是艾奇逊的反对者。艾奇逊的策略是，充分认识共产主义中国作为手段的价值，将其纳入世界经济并使之对西方产生依赖。和乔治·凯南一样，艾奇逊认为，莫斯科不可能当真付出太多以帮助中国休养生息并实现工业化；中国迟早有一天需要求助于西方。作为亲英派和国际主义者，艾奇逊试图与英国一起促使中国对外开放，希望以此分裂北京和莫斯科，并最终以自由贸易之溶剂消除中国的叛乱冲动。而要达此目的，就要设法承认中国反帝民族运动的合理一面，并将中国拉入到世界经济之中。

艾奇逊策略的"阿喀琉斯之踵"乃是台湾。和总统一样，艾奇逊非常不喜欢1949年败逃台湾的蒋介石政权，也压根儿不指望蒋介石在台湾能比在大陆时更好地遏制共产主义。与此同时，艾奇逊又不希望共产党占领台湾，以便像"二战"时的日本那样将太平洋的辽阔海域纳入自己的掌控范围。他想要接受的是岛屿而不是政权，因此从1949年到1950年，他长期玩弄两面派手法。中国内战时期，他在公开场合假装奉行"静观其变"策略，私下里却告诉助手："我们必须谨防泄露我们希望岛屿脱离大陆的秘密。"[9]朝鲜战争使得杜鲁门得偿所愿，他将第七舰队楔入了台湾和大陆之间。时至今日，双方仍隔海分治。

三个战略

1950 年代初期的历史深刻地影响了中国的发展战略。质言之，三种宏阔的政治经济构想以及各自相应的外交策略，赋予了"后 1949"的中国以勃勃生机。[10] 所有这些构想都符合全中国所有民族主义者一致认同的目标：增进财富，壮大国力。所有这些构想都由高层——起初是毛，后来是邓——毫无征兆地提出，都主张摧枯拉朽的彻底转变，都呈风雷滚滚、惊心动魄之势。所有这些构想都试图对付乾隆皇帝即已开始面对的同一个对手：一个生机勃勃、先后由英美执其牛耳的世界经济体系。

在这一进程的大部分时段，革命中国与古代中国的做派庶几相似：它高墙深垒，闭关自守，以应对西方挑战，结果只是不进反退。它适应现代世界的唯一方式是非此即彼，以非凡的共产主义取代工业资本主义，并试图以跨越的方式赶超西方，结果只是不进反退。1960 年代，在"自力更生"的名义下，同时对苏联和美国实行关门主义，结果同样是不进反退。唯一未曾尝试的战略是，像 1868 年之后的日本那样加入西方——其实早在当时，中国就已经完全落后于曾经的藩属国日本了。

1980 年代，中国知识分子几十年来第一次可以到西方去旅行，并亲身感受被政府长期讥讽为资本主义梦魇的财富、国力和公民社会；与此同时，正是曾经亲手描绘这些讽刺画的领导人，开始从西方寻求突破中国发展之僵局的路径。如此一来，即使是那些依然对中国革命的巨大成就、对政权的建立感到无比骄傲和自豪的人，也有恍然如梦之感。"外国人永远不可能理解我们有多么痛苦。"一位深孚众望的知识分子对一位造访的美国人说。[11]

从横跨两个世纪的冲突与对抗中，不难体味中国走向现代世界的全部历程。站立在它所仅知的世界的中心，虽然对自身文明与生俱来的优越性无比自信，但面对将自己打得落花流水的西方世界，中国实则始终没有克服屈辱感。

1950 年代的第一阶段奉行的是正统的斯大林式工业路线。考虑到两极对抗和美国封锁的刺激，这可以说是一种无可避免的选择：全面发展重工业；以钢为"纲"；外交上，处在两极冲突中的中国自然而然地采取了"一边倒"策略。毛泽东强调指出，中国在世界上处于落后状态，工业化程度还很"低"；受 1950 年代中期中国强劲增长势头的鼓舞，他发动了"大跃进"运动，以期在十五年内赶超英国，结果引发了一场深重的经济危机，而雪上加霜的是，灾荒又导致了数百万农民的死亡。与 1950 年代的总纲领相适应的外交政策也因为中苏反目而宣告失效，中国发现自己身处华盛顿和莫斯科的双重威胁之下。但是正像一本在中国传播甚广的著作（《第三只眼睛看中国》）指出的那样，毛的农业政策和制度还是发挥了作用，至少它让数量巨大的中国农民在长达三十年的时间里扎根于土地（且自始至终认为他们是在进行革命），而不是像大多数第三世界国家（以及今日中国）的农民那样洪水般的涌入城市。

关于接下来中国戏剧性的转向的原因，没有比 1961 年毛对赫鲁晓夫总书记的评价说得更清楚的了。赫鲁晓夫主张对华盛顿和资本主义采取既和平共处又相互竞争的路线，毛评论说："这是要把实际存在的两个世界市场变成一个统一的世界市场中的两个经济体系。"也就是说，中国的"一边倒"策略预计将从资本主义的市场体系中撤出，转而建立一个针锋相对的社会主义体系，以与前者对抗并力图取而代之；苏联的修正主义则要为放弃这场斗争承担责任。斯大林体系被取代后，几乎无迹可求，不仅如此，由于其腐朽性，由于会增加集团内部的依赖性，它甚至失去了其原初的存在理由；最后，不用说，由美国领导的一个统一的世界市场，还和过去一样强大。如果这四点成立的话，那么中国要么可以通过自力更生战略谋求独立自主，要么可以最优惠的条件进入世界市场。笼统地说，中国在 1960 年代中晚期选择的是第一条路径，1970 年代后期以降选择的则是第二条路径。两种选择都设定了一个唯一的世界经济体系，只不过第一种选择声称要从中退出，而第二种选择则意味着进入。

1960 年代的自力更生战略是最杰出、最独特的毛式政治经济，其特点是全民总动员，同时以"阶级斗争"为纲，进行道德和意识形态激励。其国内表现形式是"文化大革命"，相应的对外策略则是团结第三世界。然而，阶级斗争最后演变成了残酷的高层政治内耗，继而又升级为无处不有的骚乱、武斗和疯狂。1971 年，阶级斗争达到了高峰，"毛钦点的接班人"林彪在军事政变的阴谋败露后试图乘飞机逃往苏联，结果坠落。

同一年，尼克松和基辛格开启了对华关系之大门，并通过进一步离间中苏关系，收到了以共遏共之效。这是一个巨大的外交胜利，其后，中美关系迅速回暖，几乎达成战略合作伙伴关系。1975 年 12 月，邓小平在人民大会堂举行盛大宴会，欢迎杰拉德·福特和贝蒂·福特夫妇。两人高举茅台酒杯，聆听邓发表国宴致辞：

> 天下大乱，形势很好……战争和革命的因素不断增长。国家要独立，民族要解放，人民要革命……山雨欲来风满楼。[12]

但邓实际想说的或许是：

> 天下大乱，形势很糟。战争因素不断减少，革命更无从谈起。国家要合作，民族要富强，人民厌倦了革命。中国社会山雨欲来风满楼。

爱吃羊角面包的人

福特总统访华后十个月，毛泽东去世，偏巧当年又赶上了20世纪中国最具破坏力的地震。缓慢而逐渐地，所有我们曾经用以理解中国革命的隐喻都被颠覆殆尽：毛不再是为"东亚病夫"带来革命、国家统一、平等繁荣的巨人；中国的知识分子不再是将国家拱手送给19世纪帝国主义的柔弱士大夫形象，更不是被毛的夫人江青所羞辱的"臭老九"形象，而是方兴未艾的公民社会的希望之所在，是经历了革命后的绿色嫩芽。邓小平也不再是一个声称"不管黑猫白猫，抓住老鼠就是好猫"的"走资派"叛徒，而是一个喜欢打桥牌、有一个喜欢足球的家庭的人；青年时期旅居法国的五年间，他喜欢上了吃羊角面包（胡志明告诉他哪里能找到最佳口味）[13]；曾两度（1978年和1985年）被评为《时代周刊》"年度人物"，邓呈现的形象是：平易近人的改革者、倾向于民主。1979年，他挥舞着一顶宽边牛仔帽参观了休斯敦的牛仔竞技表演。在美国的支持下，他的经济改革终于开启了通往所有中国改革者孜孜以求的国强民富的道路。随后又出现了1989年的事件，所有的隐喻于是再度被颠倒。

1976年毛和周的去世是一道分水岭，其后，后毛时代的中国领导人对持续低迷的中国经济的第一反应是，这是理所应当也是在预料之中的：他们试图借机回到1950年代中期所谓的美好时代，一个由斯大林模式、高增长率和政治总体稳定占据主导地位的时代。然而，中国的困局当然不是靠回头求助于斯大林的灵丹妙药和声势浩大的"大跃进"就能克服的。不仅如此，华国锋主席"两个凡是"的意识形态使相当一部分人转而相信，凡是毛所说的都必然是错的。1978年底，一个告别指令性政治经济体制的巨大转折开始了。

1978年12月的十一届三中全会乃是这个巨大转折的开始，它标志着原来的政治经济的彻底终结，却又以一种平稳的方式制定方案，进行调整和规划。从未有哪次变革比1978年以来的中国改革战略更深刻、更全面彻底。甚至很难找出能够和1978年之前相类比的哪怕一次挫折或一段弯路；相反，改革始终保持着相对平稳的态势，几乎堪称第三世界进入世界经济的教科书范例。中国共产党总书记胡耀邦后来说过，三中全会是中国共产党的历史转折点，只有1927年和1936年的变革能够相提并论。1980年2月，高层中对新改革持反对态度的人被剔除，"文化大革命"中被打倒的刘少奇获得平反；这一年的晚些时候，华国锋被解除职务，成为一个受人尊敬的失势者，赵紫阳出任总理，开始了大快人心的对"四人帮"的审判。一个由邓小平主导的全新政权，建立起了对中国的牢固统治。

一般来说，但凡在开始新的重大计划之前，中国领导者都会对基本理论和基本构想进行彻底的、必要的修订。和毛强调阶级斗争和生产关系不同，邓推行的是"生产力理论"和"实事求是"的认识论。历史证明，推动历史的不是阶级冲突，而是人类生产力和物质生产力的全方位发展。邓认为科学技术是中立于政治的，这实际是在驳斥江青，后者认为即使晚点的社会主义列车也比准点的资本主义列车好。中国的经济学家们开始研究凯恩斯（Keynes）和弗里德曼（Friedman），不过他们更钟情于前者，因为他鼓吹国家在经济中的核心作用。更妙不可言的是，决定主义的"生产力"理论诱使共产主义中国向资本主义日本学习，后者在走向经济强国的过程中，始终非常重视对先进科学技术的学习。

1981年，赵紫阳说："我们应该彻底抛弃自给自足的观点……一切闭关自守、墨守成规的思想和行为都是错误的。"他接着说："增加出口是关键……应该放开手脚进入国际市场。"赵认为中国巨大的劳动力储备是其在世界市场上的核心优势，同时热诚地向西方企业推销未来的中国市场："各国有远见的人士……认识到中国这个市场的巨大潜力。"（确乎如此。孟山都公司的一位代表曾经惊呼："只要这些家伙每人每天吃一片阿司匹林——那就将是无数的阿司匹林。"）当时，中国已经加入了国际货币基金组织和世界银行，并与欧共体建立了最惠国关系。诚然，其中蕴含着一种更为宏阔的逻辑：有且只有一个世界，而不是像毛所说的有三个世界，即只有一个全球资本主义的世界、艾奇逊的世界。

每到关键时刻，邓小平都会亲自出马，护佑改革——只要是偶数年份。1978 年是解放思想运动；1984 年，邓不无骄傲地考察了中国的"经济特区"（有时也叫作"金三角"开发区，以呼应由以靠近北京的工业城市天津为中心的十五座城市组成的"金项链"）。用他的话说："特区是个窗口，是技术的窗口，管理的窗口，知识的窗口，也是对外政策的窗口……特区要成为开放的基地。"他还称赞参观途中看到的一条标语："时间就是金钱"。1986 年，他提出"致富不是罪过"。他设计、推动了这些巨大的变革，其中包括"七五计划"（1986—1990）期间设计的十四个沿海"开放城市"。

邓在偶数年的急进总是辅以奇数年的反复：1979 年，严厉惩处"民主墙"；1981 年，反对"资产阶级自由化"运动；1983 年，反对"精神污染"；1987 年，他再现"保守"一面，让赵总理将当时中国所处历史"阶段"重新定义为仍将延续一百年的"中国特色社会主义"阶段（这同样是凯恩斯的思想——从长远来看，我们每个人都有一死，因此就算邓错了，也没有人能够见证）。1992 年，他说，历史证明 1978 年以来的路线"是正确的"，并在无意中模仿了"不变之中国"的调子："稳定是必要的。我们不要让老百姓以为，（这些）政策要变。"1994 年，邓小平一反常态，在偶数年批准了一些保守措施：当时江泽民提出了"三个稳定"，即政府在相当长的时间里，对水稻及其他主要农作物、基础服务、主要生产资料进行调控，以抑制通货膨胀，保障民众生活。1995 年，江发起了一场声势浩大的运动，以反对日益猖獗的贪污腐败；到当年年底，大约四万八千人受到惩处，其中包括部分高官。

慢慢地，中国改革之艰难曲折的一面呈现了出来。随着大规模的去集体化，农业事实上已经私有化；物价失控；货币随美元波动；中央计划越来越走向凯恩斯式的宏观调控；大型国有企业被割断了与政府之间的脐带，不再享受政府补贴。不过，因循守旧的命定论者难以预料的是，在帝国主义时期支撑中国经济的同一批通商口岸，现在又被吹捧成了学习楷模。1981年4月，国务院号召所有人"向上海学习，向沿海省份学习，向发达地区学习"——当然不是学习那个曾经作为"文化大革命"激进堡垒的上海，而是那个提供了中国出口额度的15%、纺织和轻工业产品（自行车、服装、缝纫机）出口额度70%的上海。很快，共产党的高层领导开始使用"中国黄金海岸"的提法，而强硬派则以旧通商口岸和外国特权相类比。现在，中国的通商口岸地区正在成为"另外一个国度"，正在成为一个急剧增长的、巨大的市场，它既为出口计划加油添料，又受惠于出口计划。

那些想要放大中国分化程度的专家们不用费什么劲儿就可以找到好几个"中国"：在绝大部分农民居住的内陆省份，人均国民生产总值约为三百美元；沿海省份则可能是两倍；而特定的开发区、大城市（尤其上海和广州），则积聚了大量的财富，其平均财富又比沿海省份的非城市地区高出至少50%。然而这仍然只是一个片面的视角：另外几个"中国"又如何呢？毗邻的台湾地区、香港特区以及东南亚的华人，现在纷纷在中国大陆进行巨额投资，毋宁说，相比于国内的分化，这种和"大中华圈"的几个国家和地区共同经历的前所未有的经济增长更像是现实的结果。不妨估算一下台湾地区、香港特区、新加坡以及东南亚（尤其马来西亚和印度尼西亚，两国的华人十分活跃）的海外中国移民，这部分华人的数量将近四亿，人均国民生产总值为一万五千美元；此外，沿海地区的大约五亿中国人，正充当着方兴未艾的生活方式转型的先锋官。

唯其如此,香港才要维持资本主义转口港和中国资本主义生产领域之中心装饰品的定位。它将继续充当世界经济借以撼动中国的关键节点。

许多中国观察家似乎认为,一定是哪里出了差错,因为有太多的来自新地区的"出口"涌入了中国内陆,然而这种怀疑只是从中国的角度点出了处身于世界经济体系中的中国贸易的三角特性:概言之,它从核心地区买进,向边缘国家售出,因此在世界体系中,中国仍然处于非常边缘的地位。1985年,世界银行发现,在工业化市场经济中,中国的出口额占32%,在发展中经济体中,中国的出口额占63%;而中国的进口绝大部分来自前者。[14] 此后,这一趋势被进一步强化。不仅如此,一个潜在的巨大国内市场使得中国相对于其他新兴工业国家有着巨大的优势,当后者受到保护主义限制难以进入美国或日本市场时,就会因为国内购买力不足而陷入麻烦。而中国仅沿海地区的五亿人口,就相当于韩国潜在消费者的十倍、台湾地区潜在消费者的二十倍。

中国往何处去?

多年来,基于各种政治立场的美国人所做的数不胜数的糟糕预言表明,对中国进行预测实在大非易事。无论是右派在蒋介石刚刚出人意料地丢掉了国家政权时所谓蒋正卧薪尝胆、准备反攻大陆的举证,还是左派所谓毛创造了一种新的民主形式的主张,抑或仅看尼克松的所有涉华言论——从"放纵蒋介石"到"改变世界的一周",都可谓不着边际。个中原因,多是对罗夏测试中一个被称为"中国"的墨点想得太坏或投射了太多的希望和恐惧,与此相应的,则是左右两翼都被新近陷入了也许是其无可逃避的历史之最低点的中国吓得手足无措。

时下几乎所有思考中国问题的人,无论是训练有素的专家还是博览群书的学者，都还戴着1989年6月事件的有色眼镜。在一档原名《猜猜我的职业》，现在可能叫作《猜猜我的家世》的游戏节目中，我们曾经听到过从基辛格到中国问题专家詹纳（W. J. F. Jenner）在内的各种各样的言论，基辛格悲叹1989年事件"让一个怀着无比深厚感情的观众痛心疾首地目睹了一个家庭正在解体"，而詹纳则断言我们只能依据"欧洲中世纪的经验"推测"中国未来"。这些观察家实在太不了解那个爱吃羊角面包、头戴宽边高顶帽、喜欢硬碰硬的邓小平了。

1994年，邓完成了最后一次偶数年的散心，他去的是一个"开放城市"，曾经的中欧通商口岸、精彩非凡的青岛。在那里，他说："以经济建设为主线的政策绝不能改变；改革开放的政策绝不能改变。党的基本路线必须坚持一百年不动摇……必须认真汲取苏联的经验……中国共产党作为执政党的地位绝不能动摇。中国不能搞多党制。"[15]

这就不难明白：经济改革和政治开明，并不总是如影随形。我们的新资本主义"奇迹"恰恰是由共产党人实现的。邓始终认为，只要老百姓的生活水平不断提高，他的党就可以永远统治下去。他对经济繁荣与政治合法性的平衡关系的论断无疑是正确的。1978年以来，中国经济以每年9%的平均速度保持增长，国民生产总值翻了两番。如果真的能有令人叹为观止的增长，他的预言就不是空想家的幻想；邓实则是一个不折不扣的东亚强人。

如此评价，绝非率意之举。[16] 了解1965年以来韩国历史的人都知道，只要不抑制经济增长、不驱逐统治集团，无论多么无序的政治状况都可以存续。1972年，朴发布戒严令，悍然颁布独裁宪法，命令军队进驻校园，将成千上万的抗议者投入监狱、刑讯室或新兵训练营，与此同时，推行与我们的经济学家的建议完全背道而驰、由国家主导的激进重工业战略。他一贯认为，经济增长可以买回政治合法性。1979年，他自己的情报部长让他的脑袋开了花；他的心腹全斗焕接管了情报机构，其后（不可避免地）激起了 1980 年 5 月发生在西南部城市光州的起义事件，事件以常规武装部队对学生的镇压告终。七年后，全斗焕在学生、工人以及普通中产阶级市民的大规模街头抗议活动中被推翻。与此同时，这一时期韩国的经济增长速度却一直是全世界最高的，而朴作为最受敬重的前总统，则高居民意调查表之榜首。中国的台湾向来是韩国经济增长的竞争对手；而台湾的经济转型则是在一个从 1947 年到 1987 年不断变本加厉的高度军事化的戒严体制下完成的。

平心而论，中国正在探索一种最新版本的发展国家理论，我们的经济学家们不可能搞懂这种理论，但它对于我们理解（日本首相）岸信介、蒋介石、朴正熙、李光耀、邓小平这样的亚洲人却大有裨益。《经济学家》注意到，当今中国大陆的消费模式是在模仿 1970 年前后的台湾，而中国的分析家们援引哈佛政治学家萨缪尔·亨廷顿的理论指出，可以预测，在人均国民收入从三百美元增加到四千美元的这段时间里，政治将持续保持不稳定状态——但是，此后，不稳定状况将会结束，而共产党的统治也将终结（或者说他们希望如此）。[17] 韩国有一个掌控着银行和大多数大型工业的庞大国有经济体系，中国台湾的状况与此类似，在半个多世纪的时间里，这个体系多蒙日本帝国主义赐惠；1952 年，台湾"国有"经济在工业生产中的比重是 57%，1964 年是 40%，1975 年是 15%。韩国和中国台湾经济的快速增长并非拜"国有"经济所赐，而是得益于私有经济以每年接近 20% 的速度稳定增长。现在，我们在对 1990 年的中国经济进行检讨时发现，国有经济乃是一个累赘（只需想想其庞大的管理阶层），它严重地拖累了同样以 20% 的速度增长的私有经济的后腿，不过，慢慢地，情况同样有了好转：预计到 2000 年，国有经济在工业生产的比重将是 30%，2010 年将下降为 18%。

当下的中国领导层更青睐于新加坡模式，而非韩国、（中国）台湾模式，事实上有相当多的新兴城市（用以吸纳离乡背井、洪流般涌入的农民），如靠近上海的张家港，都是一丝不苟、完完全全按照新加坡模式规划建设的，目的是建设一个"不散发臭味的中国"。（江泽民曾经问，为什么中国能够将卫星送入太空，却不能造出一个没有臭味的公共浴室？）如果从韩国的半壁江山一路前行，到（中国的）台湾岛，再到城市国家新加坡，我们会发现，中国可不是另外一只"亚洲虎"，而是一头重达一万磅的大象，正蹲在世界经济之中，自我改进。我无法设想这最终意味着什么，但我们的经济学家们也许可以解释清楚，十二亿致力于追求"比较优势"的人如何使我们所有这些其他人免遭践踏。（"中国撼动世界"之阴影。北京的目标莫不是以资本主义之矛攻资本主义之盾？）

无论如何，这便是当下中国无可争辩也无可否认的方向。北京的"保守派"元老、核心设计者陈云和我们的经济学家一样聪明：他用一个比喻来表达其世界观——国家计划好比是一个笼子，市场好比是一只在笼子里飞翔的鸟；如此言之凿凿地肯定一个彻头彻尾的曲解的比喻，实在少见，因为世界市场自有其冷酷无情的逻辑——足以"摧毁中国的一切万里长城"（借用马克思 1848 年的比喻）。从这个意义上说，傻乎乎地站在天安门广场肯德基店门口的桑德斯上校的塑像，远比站在天安门城楼上的领导们知道得更多，后者四处搜寻，只是为了以另一种方式竖起万里长城。

这头中国象绝不可能成为自由主义者。1980 年代的保卫"新权威主义"运动同样以韩国和中国台湾为样板，因为两个榜样都证明了，一个在强有力的国家指导下的技术官僚阶层可以通过财政补贴、低息政府信贷、具有连续性的长期经济计划等手段，扭转落后的经济形势。正如时任总理的赵所说，"这种理论的关键在于，落后国家的现代化不可避免地要经历这样一个阶段……集权于强有力的威权式领导阶层，由他们来推动变革"。邓显然更为精明，他告诉赵：理论本身不坏，但名字不适合好的政治。

为了让民众脱离政治而埋头于工作，今日中国穿戴着由朴正熙在1970年代开创的新权威主义的全副甲胄。与此同时，按照邓小平的863计划——该计划于1986年生效，中国的技术官僚（1980年以后，占新党员的约25%）们正想方设法进军半导体、遗传工程、材料科学等高科技领域。

现在，美国人悲叹成千上万的农民正洪水般涌入中国城市，他们拥堵于火车站、露宿街头（北京有高达三百万的"流动人口"）；公共行为严重失范，为了上公共汽车和出租车竟至于推搡老年妇女、不排队；充塞着街道的汽车排出的黑色污染物形成了严重的雾霾；一种锱铢必较、唯利是图的风气似乎影响到了每一个人。新近，中国被工商界人士评为世界上仅次于尼日利亚的最腐败的经济大国。唯一幸免于难的是偏街陋巷，那里最糟糕的事情乃是碰上露天的下水道或一个正在刷牙的老人。这便是今日之北京。这也是我1967年第一次居住在首尔时留下的难以磨灭的印象。简言之，要搞明白接下来的几十年中国大陆将走向何处，且请看看大致自1970年以来的韩国和中国台湾。

中国和老虎们

晚近时期，没有哪个国家比中国更多地遭受到来自人权活动家的明枪暗箭，但从北京的角度看，所有这些批评都不过是彻头彻尾的伪善之举。当韩国军队在光州施暴时，人权活动家们在哪里？为什么我们只看到了全将军旋即荣幸地访问了华盛顿？北京抗辩说，在香港有望回归之前，英国从不允许它有任何效仿民主之举（确乎如此）；台湾地区是在经历了四十年的军事戒严统治之后，才于1987年结束"动员戡乱时期"

的（同样确乎如此）。但此一时彼一时。东亚的发展型国家已经纷纷开始向着直接选举和基本的政治自由转进，尽管它们最为心仪的楷模乃是日本旷日持久的一党民主。

然而，对中国未来来说，异常强劲的经济逆流更其关键：接下来的若干年，台湾和香港都将对中国大陆的开放城市和"金项链"地区产生深刻影响。中国出口区的选择绝非偶然：珠海与澳门相向而立，深圳与香港一水之隔，汕头和厦门正对台湾海峡。它们乃是确保中国进入世界经济的出口贸易中心和枢纽（1995 年第一季度，中国出口增长率是让人瞠目结舌的 62%，其中至少 40% 来自正对着香港的广东省），却远不像旧时的广州公行那样被束手束脚。后者兴起于乾隆皇帝拒绝乔治三世之后，虽然已开始进行适度的贸易，但依然将西方货物拒之门外。

1997 年之前，中国大陆最大的两个投资者是香港和台湾，接下来是美国，其中截至 1994 年底，香港（和澳门）占据了所有海外投资的63%；而同一年台湾在大陆的投资总额是四十亿美元。这种强大的逆向作用会不会使中国大陆受到刺激，并进而扼杀香港政治或运用武力反对台湾？香港快速推进的民主化进程又会不会像其经济一样，对邻近的中国地区形成殖民？中国大陆会不会继续发射"东风"中程导弹以警告麦克阿瑟将军之"不沉的航空母舰"（就像 1996 年那样），又或者会不会进一步深化它正在与台湾地区进行的价值二百亿美元、利好多多的贸易往来？（从 1990 年到 1994 年，中国大陆与台湾地区的贸易增长了500%，其中大陆获得了台湾出口额的 15%，而台湾只获得了大陆的 2%。）在新近的台湾"选举"中，与大陆重修旧好的某个政党尝到了甜头，在该政党的强力推动下，海峡两岸交流的增长已是大势所趋。生机蓬勃的交流已经使台湾的"三不政策"（不接触、不谈判、不妥协）压缩到了最低限度：不妥协。但这实际上也颇不合时宜。

1943 年，罗斯福和丘吉尔在开罗会议上决定将台湾归还蒋介石，与其说是为了奖赏中国，不如说是为了惩罚日本。如我们所见，直到最近，日本在争取民心民意方面的努力，都远远超过民族主义者。但协议毕竟是协议，更不要说两位总统的决定又大大强化了开罗协议。尼克松于 1972 年、卡特于 1978 年，分别用台湾岛做交易，换取了新的对华关系。当中国如其惯常所做的那样，宣称任何主权国家都"有权运用包括武力在内的一切手段，捍卫主权和领土之完整"时，它确乎完全拥有了其国际权利。对中国来说，这之所以是一条神圣的原则，恰恰是因为它几乎没有什么原则。唯其如此，中国大陆才坚持一条原则：最后关头，如果台湾地区宣布独立，它将使用武力。

然而，邓小平的外交政策中却处处可以听到其改革方案中的实用主义的回声，正如毛的外交政策虽然气势夺人，却又总是审慎而精于算计一样 [正如艾伦·怀廷（Allen S. Whiting）所表明的那样]。邓的"一国两制"构想意味着默认了台湾可以长期保持自治。1984 年，他说，中国需要利用未来两个十年的和平发展自身，并且对人民解放军进行了大幅裁减。到 1986 年，国防预算在国家财政预算中的比例减少到了 1977 年的一半，仅占 9.3%；从那以后，国防预算则以年均 12% 的速度递增，其中主要是在 1990 年代初期用以提高对军队的安抚、稳定力度，确保军队忠诚，同时也是为了平息海湾战争中美式武器的高性能所引发的军事担忧。邓有理由相信自己完全掌控了军队：1994 年共晋升了十九名上将，但其中的实权人物都是邓的拥护者。

现在，人民解放军的军费略高于韩国和中国台湾地区之和，而其武器进口额则只有两者的四分之一（1988 年至 1992 年，中国大陆是十五亿美元，韩国和中国台湾是 58 亿美元）。中国大陆拥有最多的乃是在海湾战争中被美国摧毁的那些种类的苏联装备，因此缺乏攻克台湾地区所需的两栖登陆能力及空中掩护力量。[18] 但是设若北京真的企图进攻台湾，美国绝不会，也不应该再次介入中国内战。台湾已经获得了用以自卫的必要资金；无视四十年来台湾民主子虚乌有的事实，去为所谓的"台湾民主"而战，实在荒唐。因为参议员杰西·赫尔姆斯（Jesse Helms）的提议而为台湾的民主而战，结果同样荒唐，因为人们永远无从知道他对中国的敌意是因为北京的政治抑或是因为中国对北卡罗来纳纺织工业的出口。C. P. 菲茨杰拉德显然更为明智："不可能和平地将中国分裂为两个或更多的国家。历史上，曾一再出现过利用冲突分裂中国的种种努力，但无一例外都引发了战争。"[19]

结论：中国是别的某物的隐喻吗？

在发表于《时代周刊》的一篇文章中，柯翰默（Charles Krauthammer）主张，"我们必须遏制中国"，因为中国正"无所不用其极地扩张自己"，必须阻击之。不仅如此，"擒牛当趁其未壮"，也就是说，要马上动手。另一些杰出的观察家如贺开宇（Karen Elliot House），1995 年在《华尔街日报》发表文章，称美国和中国正在开始一个"碰撞的过程"。她认为其他东亚国家"都正在寻求将美国作为经济和政治发展的样板"，并高度肯定美国在该地区的存在，而中国正好相反，中国的政治经济还极不稳定，因此它"寻求的是一种半任性半偏执的外交政策"。各种各样的"现实主义者"也不失时机地论证说，不断增长的实力必然很快就会使中国滋生出统治东亚和东南亚乃至整个世界的野心；强大的中国希望功成名就。

本章的艰巨任务是证明中国其实并非如此：中国的历史非常独特，其扩张仅限于周边，而且手段多有节制。1949 年之后，中国运用武力的范围同样没有超出历史上的区域，而且比过去表现得更为明智、更有成效。中国领导人可能依然会宣扬中国文化与生俱来的优越性，但这一传统同时也会告诫他们，专凭武力说话的霸权必有致命之弱点。同样，武力解决不了中国的深层问题——长期以来，西方一直占据着压倒性优势。要应对挑战，只能通过文明而非武力。

乔治·凯南曾断言中国在世界政治中无足轻重，而仿佛成心要拆他的台，美国在亚洲打了两场旨在遏制中国的战争，结果是：在朝鲜半岛，中国和朝鲜粗野的农民军和我们的军队打成了平手；而另一支冥顽不化的农民军，则在那个当年曾在巴黎告诉邓小平何处能找到最好的羊角面包的人的带领下，把我们打得落花流水。两场战争中，我们无谓地牺牲了十一万个美国人的生命；现在，在中国已经拥有了带有核弹头、可以打到美国腹地的洲际弹道导弹的情况下，又有人主张我们再来一次。如我们所见，在柯翰默、贺开宇及其他许多评论家的鼓噪下，从 1990 年到 1994 年，五角大楼不止一次地试图再次发动对朝鲜的战争。所幸，破天荒第一次，克林顿当局运用外交手段与朝鲜进行了斡旋，而且出乎几乎所有专家学者的预料，这一政策取得了成功。

美国人有眼不识胜利。经过了 1975 年以来二十年的和平，越南已经变成了我们素所希望的国家：亲美，对世界市场开放，购买美国商品。中国也在向着同一个方向转进，并在 1995 年达到了难以想象的程度，即使深沟高垒的朝鲜现在也在谋求参与这场唯一的游戏。它们碰巧依然都还被共产主义者所领导。没有一个东亚国家"寻求以美国为样板"。正如 1997 年（但也只是在 1997 年）国际货币基金组织对我们所说的，他们追随的是日本——这个国家已经被证明是心脏上的一个病灶（而其他的什么主义不过是皮肤病而已）。不妨想象一下，眼看着那个曾经践踏过他们的国家和灵魂的帝国在"二战"后重新富裕了起来，自己却不得不应对血淋淋的战争和惨淡的农业，而且还完全得不到美国人的理解，中国人和朝鲜人会何去何从！

然而，凯南有一点是对的：日本是东亚的一个活跃因素。迄今为止，它依然是唯一一个实现了全面工业化且技术上达到了先进水平的亚洲国家，因此它也是西方列强唯一的真正对手。1945 年以来，我们一直不遗余力地——虽然是偷偷摸摸地——遏制着日本，如果有什么变化的话，那就是 1990 年代，遏制进一步加强了，理由是五角大楼最主要的遏制对象苏联消失了。我们现在又将如何同时对也想要遏制日本的中国进行遏制呢？现在，东亚的权力平衡已经初步形成并将延续相当长时间，日本的经济优势将被中国的核武器以及两个朝鲜、中国、中国台湾、越南庞大的常规部队所抵消，更不要说在这一地区已经确立了其重要地位的普遍的工业增长。那么，何不放任自流？

绝不能放任自流，因为中国乃是某物的隐喻：对向来花费无度但已经失去了目标的五角大楼来说，对再也找不到值得发起认真攻击之左派对象的新保守主义者来说，对在一个同样失去了道德中心的国度里寻找自身的美国理想主义者来说，对把自己想象为和人类边界恰相重合，因而无法理解真正之差异的美国政体来说，中国都是其他某物的隐喻。[20]中国当然有诸多的积弊，但在长期的历史中却形成了一个卓尔不群的优点：善意忽视其近邻。作为一种公认为是厚施薄取的文明——与日本恰成对比，中国文化表明，如果伟大的文明能够以身作则（凯南也经常认为大国应该以身作则），所有向往中央帝国的国家也能如此，那么其余的国家就会各安其位：英王乔治三世便是一个好例。它足以解释在很长时间里，何以会有众多的藩属国靡然归化于中央帝国。

伟大学者菲茨杰拉德认为，中华文明的第一根支柱是帝国，即希腊和罗马在东亚长期结合的产物；第二根支柱是稳定的农业即赛珍珠所谓的“大地”，它给帝国的扩张带来了诸多隐性的限制；第三根支柱则是道统。农民耕耘土地，士大夫耕耘典籍，从而使得普天之下所有的身心都得到满足，同时充当了自给自足模式的护城河。没有了这两个阶层的支持，任何帝国的统治都将难以维系。

尽管褒贬纷纭，但与旧时的统治者们相比，毛在各方面都不遑多让：他统一了中国，并通过介入朝鲜，展现了历史上前所未有的气魄；他促使了马克思学说的不断中国化，并且很快就和莫斯科的正统学说产生了龃龉；他为农民制定了政策，极大地提高了官员（如果不是学者的话）权限；最重要的是，他为下一代挖好了护城河，从而确保了中国的独立。

因此，当前中国所面临的就绝不是无足轻重的小问题：帝国和道统都不复存在；歧视知识分子；拜政府专门计划所赐，每天都有数量众多的农民不但离开了土地，同时也丢掉了其古老的生活方式。奥维尔·斯科勒（Orville Schell）慨叹，在当今中国，"几乎没有什么东西是坚固的或确定的"。[21] 不妨设想一下中国人会做何感想。到 20 世纪末，古老的支柱都已经倒塌，只剩下了"致富"这条权宜之计。中国的确还拥有其官僚队伍——不过，长期以来，他们已经习惯了要么儒教要么共产主义的商品和劳务分配机制。现在，中央政府正循着其楷模日本的足迹进行自我转型；它将尝试按照中国之利益，即既富且强，来调教资本主义之虎。和它的邻居们一样，它将会碰到由世界经济施加给它的不可预知的种种限制，将不得不加入而不是统治由发达工业国家所组成的霸权体系。两百年后，我们将看到，中国是否建立起了一条现代与中国兼得的原则。

当下的中国领导人拼命想要找到一条护城河，一条无论什么样的护城河，以便在中国和世界经济之间留出一段距离。但要建这样一条护城河，就必须要找到中国所独有的一条原则并加强之，然而并没有一条现成可用的原则。可以预言，中国将会分化：希望利用中国的军事力量重铸新的领主地位的帝国主义者，希望在国内为自己建立自由之岛屿的知识分子，喋喋不休、大谈特谈"资产阶级自由主义"的党内官僚主义者，发思古之幽情、怀念农业中国的保守主义者，以及想要打着失落的道统之名号攻击异端的政府官员。所有这些人没有一个能够成功，只能贻患无穷。即使经济能够在一个更其伟大的中国的背景下持续增长，它们也只会制造一些麻烦而已；没有人能够撼动世界。国内竞争将在官僚和企业领导人之间展开，后者将以东亚之独特方式完成资本的循环。届时世界将撼动中国。

中国乃是这样一个国家，两个世纪以来，其国家领导人驾驭它不断地左冲右突，以期寻找到一条进入现代西方世界的原则。时至今日，中国依然没有找到不失尊严地与西方合作互动的原则；不过也许有一天它会找到这种平衡，就像它在经历了两个世纪的屈辱之后终于成了它想要成为的那个国家一样。诚然，没有哪个外国人能够就这条原则提出什么建议；或者更确切地说，理解中国的唯一路径乃是自我认知。要寻求明智的政策，首先必须承认中国长期遭受了来自西方的屈辱，而这又要求西方人必须心怀歉疚：我们已经将中国撼动得足够厉害了；我们现在应该尽量少去指手画脚，以便对一个不再那么强权的中央政府促进法制、增加中国公民已经获得的基本政治权利的举措表示肯定——不要幻想我们可以发挥多大的作用。长期的经济主义应该成为我们对华关系的主题，为的是帮助两国人民寻求一种崭新的关系。我们是希望中国大陆用导弹来威胁台湾，还是希望中国以对美贸易妥协的方式对其加入世贸组织的申请书进行润色？这并不是一个艰难的选择，不妨想一想二十年来中国已经走出了多远。一旦中国被世界市场的万有引力所捕获，一切都将尘埃落定。然而前提必须是两国人民重新认识了他们各自不同的文明的本质。届时，对美国人来说，"中国"将最终变成纯粹的中国。也许那时中国已经撼动了世界。

第七章

边界位移：
国家、基金会、冷战中及冷战后的
国际关系研究与区域研究

第一个大的区域研究中心……居然设在战略情报局，这
不啻是学术史上的咄咄怪事。……时至今日，情况依然是，
而且我认为永远是：承担区域研究的大学和负责情报收集的
政府部门之间，有着密切的互相渗透。

——麦乔治·邦迪（McGeorge Bundy，1964）

已故的邦迪先生知道自己在谈论什么。担任哈佛大学艺术与科学学
院院长期间，邦迪先生给被他本人或联邦调查局怀疑为有政治背景的年轻
学者制造了不少麻烦，与此同时，他还深度参与过中情局的多个项目。[1]
冷战期间，许多著名学术机构都曾经为国家提供过服务。虽然相关的美
国档案材料刚刚开始解密，但已经足以证明，邦迪不仅不是例外，相反
却颇合当时的通则。这种通则在当时美国最负声望的几所大学尤其显
见。根据解密材料，现在可以公允地说，是美国政府尤其情报机构，形
塑了战后区域研究的整个领域，其中最明显也最直接的影响是对全球共
产主义最强大的几个地区——苏联、中东欧，当然还有东亚——的研究。

1960 年代，反对印度支那战争的浪潮在一定程度上揭示了学术机构与情报部门的勾连，但是还完全不足以终止双方早已习以为常的交流。不过，西方共产主义的崩解以及冷战的结束却使情况急转直下，区域研究的生存一度受到威胁，国家情报需求和学术机构提供相应服务的能力、意愿的关系问题，一度引发争议。纵然没有处于一个全新时代，我们也将面临如下境况：区域研究的市场门可罗雀，资助人锱铢必较，使用对立分析范式的学者则趾高气扬。

本章把战后学术研究分为两个阶段，分别检讨其边界位移和重新划界。第一阶段是针对东亚和共产主义的学术研究的决定性突起的阶段，虽然相关研究在"二战"期间就已开始，但只有到了美苏对峙初期才广泛展开。第一阶段是理解第二阶段的必要前提。第二阶段则是指，受 1989 年这道分水岭的影响，当前，美国学界针对世界其他地区的研究，正在被重新定位。如果篇幅允许，我还会对过渡期做一番检讨：大约从 1965 年开始，霸权派和反霸权派在校园里展开了旷日持久的运动战，至今未歇。需要指出的是，虽然这一时期的确存在，但它并未对以下事实有些微改变：情报机关和大学之勾连直接决定着学者们的研究。（受大学或学界总体情况影响，和情报部门从事合作研究的学者在过去30 年间可能会感到处境艰难，甚至会有被边缘化的感觉。）[2] 我还将论证，对通常所谓"非西方世界"的研究，归根结底是由经济和政治权力所形塑的；这种经济和政治权力集中于核心国家，但其最引人入胜的效果通常其实最不引人注意。它们栖身于权力"早已进入了毛细血管"的局部穴位或"最终目的地"（福柯语），比如大学、学术机构，以及在学术和各种各样的基金会之间起协调沟通作用的学术组织——如社会科学研究委员会（SSRC）。福柯对权力的理解同样有助于我们理解：在这些关系中，意识并不总是，甚至并不经常能够履职尽责；无须他人吩咐，而且经常是在不知道自己的行为受人支配的情况下，人们就已经去做某些事情了。通过考察权力如何进入新增分支学科的"毛细血管"，不难发现"区域"边界对学院知识时放时收的原因，也不难发现由于权力政治和世界经济巨变而引发的失范；同样不难发现的，还有1990年代权力和知识之间所呈现的崭新关系。

尽管对第一阶段（1940年代）的研究已颇为可观，但是却很少有人承认，在这一阶段，大学、基金会和情报机构之间的合作，早已到了令人瞠目结舌的地步。[3] 随着第二阶段断断续续地展开在我们面前（和1940年代后期一样，只公开了这一阶段的部分消息），已经可以清楚地看到它担负着多么重要的情报职能。鉴于除笔者外，还有别人也在对这种关系进行评估，因此敬请惠允声明，本章并不预设道德立场，也不拟指控任何作为个体的学者，不拟责难任何一个基金会或社会科学研究委员会，更不希望卷入"阴谋论"。此前，本章的内容公开发表时，[4] 曾不出所料地引发了诸如此类的非议：我一定是处心积虑地想要孤立、非难那些在职业生涯中曾经为政府工作过的学者，而我这么做一定有着邪恶的阴谋。其实，我不过想以公正客观的态度，对早年的区域研究和国际研究在当前的边界位移做一番评估罢了。

也许我应该申明我在学术研究为政府服务这一问题上的立场。在本章早前的一个提纲中，我曾经说过，为反希特勒的政府服务和冷战期间为政府服务绝不是一回事。个中区别在于：当从华盛顿到海外的据点遭遇全面战争危机时，每个美国人都应搁置学术立场，同仇敌忾，抗击纳粹和日本，而和平时期则对学者和大学提出了完全不同的要求：坚守独立自主和学术自由，杜绝秘密赞助和通过私人途径得到的研究经费可能带来的偏见。[5] 例如，加入保罗·巴兰（Paul Baran）、杜宝娅（Cora DuBois）、费正清（John King Fairbank）、哈乔·霍尔本（Hajo Halborn）、查尔斯·金德尔伯格（Charles Kindleberger）、瓦西里·列昂季耶夫（Wassily Leontif）、赫尔伯特·马尔库塞（Herbert

Marcuse）、小巴灵顿·摩尔（Barrington Moorer Jr.）、弗兰茨·纽曼（Franz Neumann）、保罗·斯维兹（Paul Sweezy）[6] 等人所供职的战略情报局（OSS），无异于应邀加入了美国为击败希特勒所能凝聚的最好的学术团体。［诚然，这一串光辉灿烂的名字并不足以证明这种服务的正当性；而历史学家查尔斯·比尔德（Charles Beard）则树立了截然不同的另一种榜样："一战"期间，为抗议伍德罗·威尔逊到大学生中征兵，他愤而辞去哥伦比亚大学教职，"二战"前后又在著作中批判富兰克林·罗斯福的主战政策。］

有评论者认为，我这么说无异于放弃了学术独立最关键的一条原则：为国家工作永远是错误的。对此我不敢苟同。在我看来，如果满足下列条件，某人以自己的学术专长为国家情报局研究分析处（R&A）工作并无损于其学术品格：（1）所参与的是一场全民总动员的战争，战争宗旨是反对可以清楚地认定为想要剥夺我们一切自由——包括学术自由——的敌人；（2）某人离开课堂投身战事，但他在国家和大学之间划出了明确界限；（3）一旦重回大学，秘密工作即告终止。很显然，从这几条原则可以推知，在通常情况下，情报部门和学术机构承担着截然不同的职能。对于所有凭借学术观点获得终生教席和充分法律保障的学者来说，不管其观点多么离经叛道，都没有比在同侪和学生面前开诚布公地宣讲这种观点更为神圣的了，然而对于曾经和情报机构签字画押承诺永不说出或写出所从事工作的人来说，这自然是不可能之事。[7] 问题是，什么是"通常情况"？和苏联针锋相对的冷战时期算不算？国家情报局研究分析处的"全体职员"显然众说不一；至少，马尔库塞和保罗·斯维兹会说不算，因为他们正是因此才应征加入的。不过，就算我们假定冷战符合前述第一个条件，但在长达四十年的冷战生涯中为情报部门工作则显然不符合第二、第三条标准。事实上，这样的行为有损于学术自由。

这些基本原则之所以必不可少，是因为1941年，美国战略情报局局长"狂野比尔"威廉·多诺万（William "Wild Bill" Donovan）曾宣称其基本宗旨是：集举国才智，"收集、分析关乎国家安全的情报和数据"。社会科学研究委员会和美国学术团体委员会（ACLS）的代表从一开始就加入了战略情报局，并帮助多诺万拟制了"（学术）候选人名单"[8]。虽然多诺万和左翼学者的关系与莱斯利·葛乐佛（Leslie Groves）将军和主持曼哈顿计划的奥本海默的关系好有一比（换言之，双方毫无共同之处），不过，在战略情报局内部，却也形成了一条从反共的菲利浦·莫斯利（Philip Mosely）直到《评论月刊》创办者、马克思主义者巴兰和斯维兹的政治图谱。普遍认为，研究分析处是战略情报局最为成功的一个手笔。作为战后情报部门和学术机构合作的样板，它影响了后来中情局研究部门与作战部门的分治。它在很多方面促生了学院派学术与另外一种学术的分殊，这种学术形成于学科交叉地带，很快便被称为"区域研究"[9]。

"二战"之后二三十年间，莫斯科和华盛顿的两极冲突，以及美国在世界经济中的霸主地位，使得学科边界变得日益清晰。"区域研究"及其同胞兄弟"国际研究"有了明确所指：在大量的公共及私人资金支持下，对重要的地区、问题和进程进行研究。所谓"地区"，通常是指某些国家，但并非所有国家：日本因为其成功的发展故事成为最受青睐的地区；中国则是作为发展流产的病理学标本受到持续关注。最重要的"进程"则包括这样一些事件：现代化，或者以显性或隐性的自由民主为目标、长期以来被称为"政治发展"的事件。

东亚研究是我最熟悉的领域，因此我将集中讨论。东亚研究学会（AAS）是全美第一个"区域"组织，成立于1943年，最初的名字是远东学会，1956年改称现名。1945年之前，类似的组织几乎引不起任何关注，也得不到多少资助。到了1956年，普遍的看法则是：运用当代社会科学理论影响并改变非西方地区，远比继续以语文学的方法爬梳东方学的经典主题要有意义得多。[10] 政治学家一般都是新"理论"（现代化）的鼓吹者，他们开始要教导东方学家们了。为扭转不利处境，东方学家们开始大举拓展其学术资源（职位、图书馆、语言研究等）。不久，便出现了某种程度的分殊：社会科学家进驻东亚研究机构，而东方学家则占据了东亚语言和文化的诸多部门。这种浮士德式的隐秘交易封堵了战后的学术交流：它意味着东方学家根本不必屈尊与社会科学家交谈。如果说他们通常不屑地把后者视为粗俗的野蛮人的话，社会科学家则反唇相讥，认为东方学家不过是洞穴勘探者，身处遍地都是珍奇信息的洞穴，却只会在矿墙上零敲碎打，只有等到手执理论火把的人到来以后，才能探清矿脉并进行开掘，形成有用之知识。

因此，必须要问：我们研究的是哪些"区域"？我们是如何进行研究的？内在于美国霸权体系的国家如日本，以及外在于这一体系的国家如中国，被清楚地分列为朋友或敌人、同盟或对手。但是国家边界并不总能胜任这种划界工作。朝鲜及越南的一部分是这种性质的，另一部分却截然相反。是美国政府及主要的基金组织以直接或间接的方式精心锻造了这些边界。学者们的学术旨趣被引导到特定地区及特定的解读方法上来：学术机构要研究朝鲜、北越以及中国的共产主义；要研究日本以及朝鲜和越南的另一部分的现代化；在国家安全委员会中，此专家专门负责中国和朝鲜，彼专家则对应于日本和韩国。从事"朝鲜研究"或"中国研究"意味着在漫长的冷战时期，每天都要去体验折磨着朝鲜和中国的那种紧张。冷战的几十年间，由权力所主导的价值重估给了我们两套修辞，并形成了一整套有关东亚和东南亚的财产清单。第一套修辞是"红色中国"，它在地图上生成了一个红色污斑，这个污斑一直漫溃到了朝鲜半岛非军事区的北部地区；第二套修辞是"环太平洋"，它是尼克松为了应对在越南的失败而实行的过渡政策（与中国建交等）的遗赠。每一套修辞都随着西方人（主要是美国人）认识和定义的变化，通过突出某些地区而排除（封锁）另外一些地区，对东亚和东南亚进行评价和再评价。变化发生于 1970 年代，区域研究学者纷纷因时而动、不甘落后。

在"被涂成红色"的时代，东亚显而易见是一种向外辐射的动能，其核心是"北平"（Peiping）。在迪安·腊斯克 1960 年代的剧本中，被核武器武装起来的四亿中国人无形中威胁到了周边：韩国、南越、（中国）台湾、印尼、泰国，以及那个最大的玉米卷饼——日本。"环太平洋"则是"后 1975"的艺术修辞，它标志着一个既勇往直前又倒行逆施的新时代，这和当时美国人试图"甩掉越南"的努力若合符契。新修辞标榜向前看。一时间，环太平洋地带变成了对亚洲大陆施压的新动能之所在。被列入经济"奇迹"这份新的财产清单的有日本、韩国、中国的台湾和香港以及马来西亚和新加坡，获得荣誉提名的则是泰国、菲律宾、印尼和后毛时代（但限于前天安门时代）之中国，也即"Beizhing"[泰德·科博尔（Ted Koppel* 广为人知的对"北京"的发音）] 所意指的那个中国。不过，"环太平洋"同时预示了一种忘却，美国人数十年来一直希望借以抹杀越南革命但终不可得的健忘症，最终将入主朝鲜，形成"被遗忘的战争"。过去几十年间，东亚地区的诸多工人阶级运动和反体系运动都仍然是"灾难性的""非理性的"，这说明环太平洋地区的"政治发展"还很不成熟。其中的一个恒定因素是：和现代化理论一样，"环太平洋话语"即使不是以蔑视的眼光，也是以一种猎奇的眼光审视着所有尚没有享受到市场恩惠的国家。这一地区最重要的装饰品依旧是日本，一颗从发达工业国家中冉冉升起的太阳。事实上，在傅高义出版于 1979 年的划时代著作中，日本便被称为"第一"。[11] 从 1950 年代到 1980 年代后期，对战后日本哪怕只言片语的批评，或者指出在韩国"奇迹"背后，

---

* 泰德·科博尔系美国广播公司《夜线》节目主持人。

是朴正熙和全斗焕无所不用其极地对成千上万的工人和学生的镇压，是军队进驻精英大学校园，是教授们被囚禁、折磨，都几近于异端邪说。

1989 年到 1991 年，冷战结束，西方共产主义分崩离析，第三轮的价值重估于是渐次展开。"区域"研究（或者说某种特定的区域研究，即共产主义研究）的一套法则也随之分崩离析，与此同时，另外一种研究——"发展"研究，无论是经济发展还是政治发展——则得到了深化。事实上，随着调查框架日益膨胀至世界市场的最大边界，原来的边界已不复存在；"无边界世界"的曙光将区域研究瓦解成了国际研究。随着日本经济泡沫的破裂，以及美国最终成为 20 世纪最强大的霸权国家，"环太平洋"也不得不让位于一种崭新的全球主义。现在，我们已经身处全球经济之中。几十年来，我们一直视全球经济为激进思想，然而现在它早已成了美国人日常活动和学术研究的关键领域。

国家和基金组织最早觉察到了这种位移，并迅速调整了实际工作和学术研究的方向。克林顿当局将施政重点转向了对外经济政策，烹制出了一锅又一锅的经济组织（北美自由贸易区、亚太经贸合作组织等）字母汤（alphabet-soup，指前述 Nafta、APEC 等组织的缩写名称——编者）。没有了明确的敌人，担心自己的经费不保，国家安全部门试图将中国树立成需要"遏制"的另一个苏联。但是和正想与"Beizhing"结下"木石之盟"的跨国公司的强大力量相比，国安部门的力量太微不足道了。基金组织减少了对区域研究的资助力度，转而扶持一些跨区域的主题（如"发展和民主"）。长期以来，社会科学研究委员会和美国学术团体委员会都是由国家划拨、使用区域研究经费的枢纽单位，现在发现居然连自己的生存都受到了威胁，于是三十年来破天荒第一次谋求大规模重组。1990 年代，权力资源发生了转向，从冷战时期国家全力维系的边境安全转向了跨国企业，后者作为市场的组织化表达，认为其自身利益在全球理应畅行无阻。与此相应，资助人对区域研究专家们的期许也迅速发生了变化；相比于克里姆林宫对"后邓时代之中国"的看法，更能引发兴趣的是"中国经济改革：旧的国有经济何去何从？"之类的问题。一旦发现正是自己的欲望对象让自己重新变得一无所有，整个共产主义研究学界发现，必须和情报部门及五角大楼一起，重新寻求自己的职能。曾经象征过一个时代的政府出版物再次见证了新的转折，原来的《共产主义问题》变成了《后共产主义问题》。这一变化确立甚至宣告了共产主义研究在后冷战时代的边缘性。

换言之，随着战后史的展开，学者们被迫陷入了某种历史体系和某种话语之中，学科、机构、对象、主题无一不被限定。他们突然发现自己已然置身于另一个新兴研究领域，这个领域的主题他们从来没有想过，更不曾有过钻研。蛮不讲理的权力和资本不仅早已为他们设定了主题，并且框定了相应的研究领域。不过，在没有证据的情况下遽下结论，未免草率。所以接下来我要回到冷战初期，寻找更多有关区域研究和国际研究之起源的材料，进而检讨两者如何随冷战的结束而变化，并就如何反思（区域和学科）边界、如何抖擞精神去理解美国疆界之外的世界等问题，略陈管见。

冷战初期的区域研究和国际研究

河道比奔流而过的滔滔河水更为重要。

——麦乔治·邦迪

"二战"结束后，新兴的区域研究及相应组织（如亚洲研究学会）马上遇到了社会科学和人文学科既有边界的阻隔，并时常引发有趣的知识对抗。1947年，区域研究创始人之一威廉·芬顿（William Nelson Fenton）写道，区域研究"遇到了来自'院系帝国主义'的强烈抵制，它们必须应对人文科学学科化的院系设置射来的枪弹，因为这些院系各自都有特定的方法论和专门的知识主题"。[12] 人类学家杜宝娅则认为，战略情报局的战时协同式工作为跨学科的改革思维开创新纪元谱写了序曲："环绕社会科学的高墙以越来越快的速度轰然倒塌……人们开始思考、感受一个理想的生存世界。"[13] 被指责为完全封闭于非理论的自我陶醉和东方史料之领地、饱受赞议的区域研究，现在开始打着跨学科甚至统合知识的旗号挑战学科之间非我族类的偏狭观念。

然而，这些并非真正起作用的权力管线。国家对学术机构的封建领地并没有多少兴趣，它更为关心的是如何填充对巨大的、充斥着霸权和反霸权斗争的全球空间一无所知的知识真空，因此，正是国家权力的毛细血管形塑了区域研究。立竿见影，美国战略情报局苏联处依托哥伦比亚大学进行了重建，这便是1946年成立的哥大俄罗斯研究所的前身。紧接着，卡耐基公司出资七十四万美元，帮助哈佛大学于1947年成立了俄罗斯研究中心。[14] 其后，福特基金会于1953—1966年间向三十四所大学提供了数量更为庞大的钱款——总计两亿七千万美元，用于资助区域研究和语言研究。[15]

巨额资助在全国各地促生了许多重要的区域研究项目，大量的研究岗位使得学者们可以经年累月地浸淫于自己的领域，以便掌握繁难的语言以及其他形式的区域知识。不过，在到战略情报局及后来的中情局等情报机关为区域研究寻求支撑基础的过程中，麦乔治·邦迪显然更了解真相。在主持完战略情报局的战时工作后，威廉·多诺万战后可能的确回到了华尔街，但从许多方面来看，他都堪称中情局的缔造者。[16] 由中情局整理、现存陆军战争学院的"多诺万档案"对"外国区域研究"早期发展情况有简要说明。资料显示，多诺万、乔治·凯南以及约翰·戴维斯（John Paton Davis）在其中扮演了主要角色。戴维斯曾提出区域研究转型计划，并通过最初叫作斯拉夫研究所的机构将大量的政府和基金会资金投入大学，该研究所后来变成了共产主义研究和第三世界受威胁区域研究的样板机构。

多诺万，以及当时的华尔街莱热·多诺万公司，发挥了枢纽作用。1948年，多诺万和戴维斯并肩携手，为后者筹集到了研究所的启动基金。组织者特别强调政府不应公开介入区域研究的培育，以免人们怀疑这些计划不过是"情报代理商"而已；区域研究的工作应该"公正客观"，不涉及任何利益冲突，等等。（的确，该计划的卷宗中处处强调学术独立和程序正当。）然而，在给多诺万的信中，洛克菲勒基金会的克林顿·伯纳德（Clinton Barnard）却写道："当务之急是研究所要为政府承担情报职能。"要说明的是，洛克菲勒基金会和卡耐基公司共同为该计划提供了启动资金。[17]

西格蒙德·戴蒙德《妥协的校园》极大地拓宽了我们对冷战初期建立区域研究中心的理解。戴氏尤其关注哈佛大学俄罗斯研究中心，该中心是继哥伦比亚大学俄罗斯研究所和戴维斯的斯拉夫研究所之后，以东欧和中国为研究对象的其他研究计划的样板，也是与中情局、联邦调查局精诚合作的模范。尽管戴蒙德所征引的这一时期有关哈佛的官方档案被大幅度漂洗过，而哈佛自己的档案因为五十年的保密期限依然未对学者开放，但他还是以档案材料证明了：哈佛大学俄罗斯研究中心（和哥大俄罗斯研究所一样）奠基于战时战略情报局模式；中心与中情局、联邦调查局以及其他情报、军事部门渊源深厚；某些基金会（卡耐基、洛克菲勒、福特）与国家、研究中心合作，对项目提供资金支持，有时则为中情局的资助提供掩护；从事此种活动的同一批学者自身也要接受联邦调查局调查；而这些学者中的某些人反过来又负责向联邦调查局检举其他学者；最后，这些学者对战后全美俄国区域研究的壮大，发挥了重要作用。[18] 到 1949 年，哈佛与地方联邦调查机关建立了双向互信关系；事实上，俄罗斯研究中心的研究成果"通过哈佛大学校长科南特（James B. Conant），被正式送到联邦调查局。科校长不止一次表达过他对联邦调查局工作的敬意，以及他对数量众多、形形色色的同行参与国内安全事务的理解"[19]。

我常常因为冲撞了某种或可称之为"证据不足的犬儒式错觉"而自责。比如，我从来不曾想象埃德加·胡佛（J. Edger Hoover）会很享受黑社会头面人物们的款待，或黑手党曾经敲诈过他（要么因为其同性恋隐私，要么因为其赌债），以至于他多年来一直拒绝对黑社会进行调查，甚至否认其存在。[20] 我也从来不曾想象，战后初期，即使对学院生活最为琐屑的方面，联邦调查局也会进行无孔不入的调查。夸张点儿说，研究潜在敌对国的学者只有两种选择，要么与政府合作，要么就有被联邦调查局调查的风险；为中情局工作便可以使学术活动合法化，并将胡佛拒之门外（对众多出生在国外的学者，以及众多曾经是共产主义流亡者而现在从事反共产主义研究的学者来说，这一点尤其重要）。[21]

戴蒙德档案中大量有关《信息自由法》的材料，都涉及了 1950 年代联邦调查局在全国范围内对学术界的调查。尽管因为"解密"审查，绝大多数文件至今仍然完全被封锁（事实上，在这一问题上至今罕有文件被解密），但已经有足够材料证明：任何道听途说，任何肆意指控，只要参加过任何中间偏左的组织，只要在联邦调查局不认可的任何一次无论基于何种原因的请愿活动（如和平或族群集会）中签过名，只要订阅过联邦调查局不喜欢的某种杂志（如《国家》或《新共和国》），都足以让某人"榜上有名"。联邦调查局定期检查学者的信用记录，跟踪他们，审查其讲稿，询问其同事和学生，并且会在校园里寻找可靠的内线［威廉·巴克利（William F. Buckley Jr.）曾经炫耀自己当年在耶鲁大学时就已经是联邦调查局重要的情报提供者，而基辛格在哈佛的工作则要等而下之］。[22]

在联邦调查局一份长达四十二页的关于哈佛大学的备忘录中，有苏联类课程的详细资料，其中包括全部的课程表、师资和课程内容等。[23] 另外一份备忘录则保存了约翰·里德俱乐部 [John Reed Club，其主席为后来的日本研究学者罗伯特·贝拉（Robert Bellah），成员包括后来的中国研究学者阿尔伯特·福伊尔沃克（Albert Feuerwerker）和弗兰茨·舒曼（Franz Schurmann）] 在哈佛大学资助的所有课程的详细报告。[24] 毋庸置疑，最首当其冲不能免于联邦调查局骚扰的，乃是东亚方面的学术研究；苏联方面的学术研究也不能幸免，若非相关领域深刻的历史原因（比如，苏联始终没有像无论 1949 年之前还是之后的中国那样，激发起战后学者们太多的同情），将会有更多从事亚洲研究的学者引起联邦调查局的关注。比如，朝鲜战争迅速影响了哈佛对约翰·里德俱乐部的政策导向。战争爆发后两个月，哈佛要求俱乐部在使用场地设备前，必须履行有众多繁文缛节的审批程序（如提供人员名单、资金来源等），而对其他机构则没有此类要求。同一时期，哈佛安全人员禁止中国通伊斯雷尔·爱泼斯坦（Israel Epstein）在俱乐部集会上发表演讲。里德俱乐部的一位联邦调查局情报提供者报告说，朝鲜战争是新政策的导火索，一些俱乐部成员因为担心自己的名字会被呈送给政府，不愿意在哈佛注册。[25]

莫斯利在哥大

如果哈佛大学俄罗斯研究中心是唯一与情报机关联系紧密并受政府干预的研究机构，那么它必然会作为一个怪胎而被解散。不幸的是，它实则是遍布全国的区域研究的核心样板。哥伦比亚大学的情况庶几相似（据我们所知，战略情报局研究分析处将其苏联方向的研究放到了哥大）。

菲力浦·莫斯利曾长期执掌哥大俄罗斯研究所。作为研究分析处退伍人员，莫斯利是 1950 年代俄罗斯研究及美国外交政策领域最举足轻重的人物。除了主政哥伦比亚这一中枢，他还是对外关系委员会主席（1952—1956），福特基金会各种董事会、委员会委员，美国政治科学协会杰出领导人。他的档案材料引发了和戴蒙德著作一样的问题：为什么学术机构和基金会，尤其区域研究中心的领导人中，有这么多的重要人物都与中情局有染或有中情局背景？

尽管莫斯利的档案文件中鲜有当年的保密材料，却足以证明，从1940 年代末直至 1970 年代初期从哥大退休，他都和政府秘密机关过从甚密。[26] 由于档案文件的简略、不完整，我们很难准确知道他究竟为中情局及其他情报机关做了什么，或者他是否始终拥有这种工作许可，但他与情报机关持续地保持着联系却确凿无疑。姑举一例，1952 年，作为项目顾问之一，莫斯利曾与罗斯托（W. W. Rostow）通信讨论后者主持的关于"苏联社会动态"的"保密项目"究竟应该向公众公开到什么程度。[27] 再举一例，同年，弗雷德里克·巴洪（Frederick Barghoorn）致函莫斯利，请求后者帮忙在政府部门中找一份夏季工作："除了官方面试项目或情报工作外，我想也许我可以尝试一下与国务院教育交换项目有关的工作。"[28] 1955 年，中情局的约翰·惠特曼（John T. Whitman）致信莫斯利，请求后者为他安排在哥伦比亚大学俄罗斯研究所招聘学生的面试事宜，"就像去年你曾热情地为布鲁姆（Bloom）、布兰德利（Bradly）以及弗格森（Ferguson）等诸位先生所做的那样"。莫斯利欣然从命。[29]麦卡锡时代，莫斯利还是一个活跃的政治激进分子。比如，1953 年，他曾在颠覆活动控制委员会面前做证说，某位未披露姓名的"被告"的观点和主张"与苏联别无二致"。莫斯利的证词显然迎合了司法部的意图。当时，司法部正试图依据《麦卡伦法案》对共产党进行注册登记，以便将共产党人送入监狱。[30] 艾伦·施雷克（Ellen Schrecker）认为，麦卡锡时代制造了美国历史上最广泛的政治迫害浪潮，成功清除了有关美国全球角色的不和谐声音。诚哉斯言。[31]

在众多区域研究中心的形成期，福特基金会为这一时代主旋律提供了两亿七千万美元的资助，而莫斯利则是福特基金会的核心人物之一。1953年5月5日，福特海外培训与研究董事会批准了实施"整合国家研究"计划的日程表。不久，保罗·兰格（Paul Langer）写信给莫斯利，称实施该计划的第一要务是与中情局局长艾伦·杜勒斯（Allen Dulles）进行磋商。因此首先要确定（a）与杜勒斯进行磋商的基金会高层人选，此外还要讨论以下问题：

（b）以何种方式将这一计划呈送中情局？

（c）关于团队成员的政治倾向性，基金会应该对政府负责到何种程度？

（d）是否要提及初选人员的名字？

（e）研究项目的拟选负责人是否应该知道已经呈报中情局这一事实？[32]

福特基金会关于"推行既定国家研究"的另外一份备忘录的第二段称，"[福特基金会的]卡尔·斯佩思（Carl Spaeth）毛遂自荐，前往拜访艾伦·杜勒斯并概括解释了拟定研究项目之性质"。此后，同样来自福特基金会的克里昂·斯韦兹（Cleon Swayze）与杜勒斯会谈，对方案做了更为详细的陈述。（不过，备忘录紧接着又说，与中情局接洽"只是为了让有利害关系的政府部门知情而已"。）[33]

莫斯利档案中的另外一些备忘录表明，上述国家研究计划促生了一批重要成果，后来都在比较政治学领域刊布出版。比如，兰格推荐白鲁恂（Lucian Pye）研究马来亚游击战，并建议对缅甸政府和政治进行"广泛"研究（白鲁恂稍后果然接受了建议，尽管在备忘录中，他并没有获得此项推荐）。兰格同时希望将土耳其作为"近东地区""平稳地向着民主发展"，且对"共产主义诱惑"具有免疫力的"典型个案"进行研究，并且认为丹克沃特·罗斯托（Dankwart Rustow）是众多学者中的不二人选。后来，罗斯托和罗伯特·沃德（Robert Ward）合作出版了一部讨论日本和土耳其如何成功实现现代化的经典著作。[34]（备忘录中，没有证据表明白鲁恂和罗斯托知道自己从事这些工作前曾被考察过。）

此后，福特基金会于1953年末资助了一场关于苏联和斯拉夫的区域研究学术讨论会，议题是讨论在该领域进行资助的方案。苏联研究的学术巨头莫斯利、摩尔·芬萨德（Merle Fainsod）、西里尔·布莱克（Cyril Black）、弗雷德里克·巴洪悉数到场；中国问题专家乔治·泰勒（George Taylor）也出席了会议。政府方面出席的有乔治·凯南、保罗·尼采、艾伦·杜勒斯和其他中情局官员。社会科学研究委员会的彭德尔顿·赫灵（Pendleton Herring）也参加了会议。[35]所有问题中，令会议代表最伤脑筋的是如何检验经费受让者的"忠诚度"。最后的动议是：如果"参与有明确亲苏倾向的活动，支持有损美国核心利益的政治派别"，研究经费将被取消。尽管这一限制主要是针对美国共产党的，但字面意义却非常宽泛，完全可以将亨利·华勒斯（Henry Wallace）进步党的支持者囊括进来。卡耐基公司也对各种各样的自由主义学者如法炮制。[36]

资助方案的一个显著结果是，中情局资助了一个题为"苏联中亚地区之穆斯林"的研究项目，由理查德·派普斯（Richard Pipes）主持。派氏系哈佛大学著名俄罗斯史学家，后来供职于对里根政府之意识形态最忠心耿耿的国家安全委员会，负责苏联事务。[37]兰格、莫斯利等人还参照俄罗斯研究的路数，于1953和1954年启动了中国研究。[38]1950年代后期，福特基金会决定对中国研究投入至少三千万美元（为了在麦卡锡式的高压之后复兴中国研究，同时也为了培养一批新的中国观察家），而这一决定所依据的正是前述俄罗斯计划所依据的原则："投资战略基于战后不久设计形成的如下模式：纽约的卡耐基公司和洛克菲勒基金会协作支持苏联研究，最初，主要是以基金形式对哥伦比亚大学和哈佛大学给予支持。"[39]

1960 年代以后，莫斯利堪称福特、中情局和美国学术团体协会 / 社会科学研究委员会之间的联动工作装置。1961 年，阿博特·史密斯（Abbot Smith）致函莫斯利，希望新拟制的中情局区域研究顾问名单能够得到莫斯利、兰格和约瑟夫·斯特雷耶（Joseph Strayer）的认可。（据说，史密斯是中情局"顾问团"负责人。）[40] 莫斯利在回信中特别推荐了哥伦比亚的中国问题专家约翰·林德贝克（John M. Lindbeck）、鲍大可（A. Doak Barnett，时为福特基金会中国观察员，之后不久便加盟哥大）和麻省理工的白鲁恂（"吾之首选"）。[41] 1962 年，莫斯利告诉防御分析研究所（IDA，系国家安全部门的学术军团）的詹姆斯·金（James E.King）——后者向福特基金会提交了一份为期三年的研究计划，"几个大的基金会中，只有福特表示愿意将其款项与政府资金整合起来，但也非常勉强"；莫斯利提醒金，"无论保密还是公开，'最终用场'都是基金会最为关心的问题"。[42] 另有证据表明，哥伦比亚大学的教授们，如莫斯利、兹比格涅夫·布热津斯基（Zbigniew Brzezinski），和防御分析研究所有过深度合作，两人都曾经指导诸如前中情局雇员唐纳德·柴哥里亚（Donald Zagoria）这样的学生完成学位论文，并曾将防御分析研究所的人员引入布热津斯基的共产主义事务研究所。[43]

莫斯利档案中这些虽不完整但至关重要的证据表明，福特基金会和中情局联袂形塑了战后区域研究、现代化研究领域中的重大协作研究以及比较政治学学科。其中，比较政治学后来在著名的、由福特基金会资助的社会科学研究委员会的众多项目（1960 年代末期我读研究生时，这些项目的成果是必读材料）中不断被调适。[44] 然而，按照克里斯多弗·辛普森（Christopher Simpson）对解密材料的研究，基金会、大学以及国家机关（主要是情报和军事机关）之间这种错综复杂的关系影响了社会科学的全部领域："长期以来，政府拨款……并不总是能够得到如此广泛的认可——每年有超过 75% 的预算给了这样一些研究机构，如保罗·拉扎斯菲尔德（Paul Lazarsfield）的哥伦比亚大学应用社会学研究所、哈德利·坎特里尔（Hadley Cantril）的普林斯顿大学国际社会规划研究所、伊锡尔·普尔（Ithiel deSola Poole）的麻省理工学院国际问题研究中心等。"1952 年的官方资料显示，"当时，在（政府）对社会科学的所有公开资助中，军方资助超过了 96%" [45]。对战后美国档案长达二十多年的研究告诉我，1950 年代和 1960 年代众多的政治学经典著作，最初都是作为内部、保密的政府研究成果出现的。

艾伦和泰勒在华盛顿

西雅图的华盛顿大学拥有历史最悠久的区域研究中心之一，其中的某些部门甚至在"二战"之前就已经建立。不过，冷战同样改变了它。这要从一件轰动全国的案件说起。1949 年 1 月，华盛顿大学董事会因为政治立场问题解聘了三位终身教授：两位是因为起初否认但后来承认了自己的共产党员身份，另外一位，全国知名的心理学家拉尔夫·冈德拉奇（Ralph Grundlach），并非共产党员，而是一位激进分子，则是因为拒不配合学校和国家司法部门的调查。艾伦·施雷克写道，华盛顿大学的决定"在全国引起了轩然大波"，不仅因为这是冷战时期第一例重要的学术自由案件，更是因为它为随后各大学的清洗树立了样板。校长雷蒙德·艾伦（Raymond B.Allen）是这一影响深远的事件的幕后推手；施雷克详细描述了艾伦是多么小心翼翼，以确保在所有的政治案件中都严格遵循正当的学术程序。[46]

不过，无论是在施雷克的权威解释中，还是在简·桑德斯（Jane

Sanders）对这一案件更为详尽的研究中 [47]，都完全没有提及，随着案件的推进，艾伦曾经和埃德加·胡佛及其在联邦调查局的亲信有过频繁接触，而威廉·多诺万则曾授意他如何利用这一重要事件形成一份具有示范意义的处分说明，用以对付这几个教授。多诺万要求，处分说明不仅要能够在不违反现行学术自由原则的前提下解雇教授，同时也要在法庭中站得住脚。[48] 因此，这一案件中最令人不安之处都来自上层：不在于这位校长在冷战初期没有去保护学术自由和受到威胁的教工，也没有任何行为引发联邦调查局的怀疑，而在于他助纣为虐，出卖教工。

我是在翻阅前述档案材料时，无意中发现多诺万对艾伦的干预的。[49] 相比之下，联邦调查局的介入要深得多。不知什么原因，联邦调查局关于华盛顿大学的档案几乎没有删改。[50] 很明显，华大和联邦调查局的关系始于 1948 年 5 月，艾伦校长请求拜会胡佛或某位高层助手以倾诉苦衷，因为坎威尔委员会（Canwell Committee，即华盛顿州非美活动调查委员会最初的邪恶版本）拒不遵行双方签订的协议。[51] 艾伦曾指示华大教工配合坎威尔的调查，接受坎威尔的主要调查人之一埃弗雷特·波默罗伊（Everett Pomeroy）的约谈（艾伦误以为他曾在联邦调查局任职）。艾伦说，作为回报，坎威尔答应搁置其委员会已经掌握的问题教工名单，由华大先进行内部调查（以免在公众面前造成尴尬）。

艾伦还很关心加州大学的一项人事安排。他认为，联邦调查局往加大派驻了一位校园代表，"以与校方联合开展工作"。他希望华大也能有这样一位代表，以便从联邦调查局获得华大教工的即时信息，并与联邦调查局共同核实新教工中的潜在危险分子。胡佛在文件上龙飞凤舞地批示道：加州大学洛杉矶分校要"坚决杜绝此类事件发生"。显而易见，这是一条为存档而做的批示，因为联邦调查局接下来还是做了相应的人事安排。这种安排只能说是艾伦本人苦求得来的——尽管联邦调查局一再否认，但艾伦坚持认为加州大学洛杉矶分校确有其事。无论如何，他希望这种安排能够为他提供他所需要的华大教工信息。到 1948 年 11 月，联邦调查局的一位官员开始每周造访一次艾伦，艾伦也投桃报李，向他提供一些特权信息，如相关教工委员会或学校董事会准备对有政治嫌疑的教授采取何种措施等。艾伦甚至向联邦调查局提供了华大内部会议的全部记录，包括被认为是应该严格控制的秘密证词。[52]

在华大一起攸关朝鲜研究（1945 年以后，对该地区的研究便专业化了）的案例中，艾伦告诉联邦调查局，"尽管哈罗德·苏诺（Harold Sunoo）看上去是共产党的无辜受骗者，但他（艾伦）对所掌握的苏诺情况并不十分满意"，并要求联邦调查局提供更多材料。[53] 苏诺在冷战初期便执教该校，后来被迫辞去教职。多年以后，他告诉我，他认为将他作为安全隐患出卖给联邦调查局的，是几十年来一直担任华大俄罗斯和远东研究中心主任的乔治·泰勒，出卖的理由是：他是一个很小的教工团体的成员，而这个团体对李承晚政权持批判态度。

后来，我单独向同一时期供职于华大、同样参加了该团体的另外一名韩国人进行了求证。他说，泰勒把他出卖给联邦调查局，是他被解职的直接原因（他被解聘时任教于某个艺术院系，根本不可能有任何安全问题）。此后差不多二十年，他始终拿不到自己的护照。而在其他州，冒犯联邦调查局的另外一些韩国人更其不幸：按照苏诺和我求证过的那个韩裔美国人的说法，一些政治上活跃的在美朝鲜人被遣返韩国，并被枪决。（几年前，我试图查阅联邦调查局有关这些案件的档案材料，但这些材料依然没有开放。）

解密材料表明，乔治·泰勒确实曾经与联邦调查局有过合作。一个例证是，1955 年，他曾经帮助组织过一次会议（同年，还有一件著名的事情，华大取消了对罗伯特·奥本海默的口头邀请[54]）。会议名称起初叫"全球共产主义和美国政策"。泰勒邀请当地联邦调查局的一位代表参加，他向这位代表保证"他的到场不会引起任何不必要的麻烦"，并主动向联邦调查局提供了会议纲要。后来，会议更名为"美国政策与苏联帝国主义"，邀请公众参加，而会议宣传单上则是诸如此类的陈词滥调：

> 你知道你超过一半的税务都可归咎于共产主义帝国主义的侵略本性吗？
>
> 你知道列宁和斯大林想要如何统治世界吗？……
>
> 你知道美国有多少种民间冷战机构，而他们又在做些什么吗？[55]

对冷战初期略知一二的人都知道，泰勒及其同事魏复古（Karl Wittfogel）也曾经被右翼集团攻击为左翼人士或共产主义的同情者。右翼注意到，魏复古早年曾加入过共产党，泰勒则曾经与中国通谢伟志（John Service）一起供职于战时新闻局，另外泰勒还是太平洋关系研究所成员。然而，艾伦校长选择了与他们站在一起，不久，艾伦接受了心理战略委员会主任的桂冠，一个泰勒曾于1950年代拒绝过的中情局头衔。[56]（再一次，你会感到，这一时期，你要么主动去和中情局谈心，要么被联邦调查局调查。）与此同时，泰勒和魏复古在麦卡伦调查中提供了不利于赖德懋（Owen Lattimore，或译为拉铁摩尔）的证词。

鲍培（Nikolai Poppe）同样数十年执教于华大，同样提供了不利于赖德懋的证词。鲍培原是蒙古学专家，1942年，纳粹来到其家乡的第一天，他背叛苏联，加入了纳粹，并且为高加索卡拉恰伊民族地区的卖国政府"卖力地工作"，而卖国政府的第一个行动便是没收犹太人财产，紧接着又用毒气对犹太人进行了集体杀戮。鲍培后来在纳粹臭名昭著的柏林万湖研究所工作，该研究所的主要任务是对苏联人和东欧人进行种族甄别。战后，他先是被英国情报机关捕获，后来又被负责"鸡血石行动"——该行动旨在利用有助于美国开展冷战斗争的纳粹分子——的美国情报机关捕获。

1949 年，作为前述约翰·戴维斯和乔治·凯南主持的区域研究所工作计划的一部分，鲍培被带到美国。起初，他被安置在哈佛大学俄罗斯研究中心 [在那里，社会学家塔尔科特·帕森斯（Talcott Parsons）是其最有力的支持者]，但很快就转到了华大。在华大，乔治·泰勒将他引荐给了本雅明·曼德尔（Benjamin Mandel），曼氏系非美活动委员会首席调查官，后来还担任过一系列针对中国的麦卡伦调查的首席调查官。曼德尔当时正准备以伪证罪对赖德懋提起诉讼。这一切都发生在鲍培对赖氏做出不利证词之后，而赖德懋 1949 年之前一直阻止鲍培获得美国签证（因为鲍氏曾经是纳粹党卫军官员）的事情也还不为人知。[57]

冷战时期的国际研究

国际研究是一个远比区域研究更令人困惑的领域，尽管对许多人来说，二者乃是同义词。[58] 人们可以相信绝大多数区域研究学者都对对象区域学有专精，而国际研究却无异于一个百宝囊，所有跨国家的主题或学科都可以尽收囊中。国际研究学会每年的年会都有异常庞大的各种专题讨论小组，其中以政治学家为主，但也包括很多相关学科或次级领域的重要代表。因此，国际研究可谓无所不是、囊括所有，也许稍稍偏重于国际关系研究和政策相关性研究。国际研究又是一把大伞，伞下，从精品佳作和杰出学者到粗制滥造和江湖郎中，应有尽有。

麻省理工学院国际问题研究中心（CENIS）是建立最早、最为重要的国际研究中心之一。它是后来众多国际研究中心的样板，也是参与中情局行动的楷模。在 1950 年代研究中心建立之初，中情局像支持下属单位一样给予了大力支持。研究中心脱胎于"特洛伊计划"。该计划由国务院于 1950 年启动，"旨在探研国际信息和传播模式"。后来又将其业务范围拓展为"对国际事务进行社科调查"，[59] 但资助对象仅限于中情局。对此，麻省理工 1959 年 5 月的一份访问记录提供了白纸黑字的证明：麻省理工一方出席的有罗斯托、伊锡尔·普尔、马克斯·米利肯（Max Millikan）和詹姆斯·基里安（James Killian，曾任麻省理工校长有年），访问者则包括罗伯特·洛维特（Robert Lovett）、麦乔治·邦迪和其他几位身份不详的参加者。[60] 人们推测麻省理工还有很多类似记录；但无论如何，仅此一份（本节所有引文均出自该记录）便足以成为中情局和大学合作产生的诸多问题的明证。

在被问及中心是只为中情局服务还是为更多政府部门提供服务时，米利肯对五年多来中心与中情局的关系评价说："长期以来一直没有明确的是，我们究竟是不是中情局的傀儡，而中情局又是否同时还是其他机构的管理机关。"他同时承认，为了完成中情局委派的任务（他认为，从麻省理工的立场来看，这些任务都只取得了"微乎其微的成功"），中心始终"在压力之下进行工作"。在访问记录的某一处，米利肯谈及"艾伦·杜勒斯允许我们聘用三个高级职员"时，暗示中情局长在插手中心的人事政策。中心一直在为中情局做嫁衣裳，或者说在为中情局撑场面，因为"顶级的社会科学家"和"区域专家"没有耐心长时间地待在中情局总部："我们这样的中心便提供了一条从学术界挖人的通道，使他们[原文如此]与政府官员关注的具体问题保持密切关系。"

不出所料，访问记录表明，国际研究的两大对象是苏联和中国，而中心许多相关研究人员当时都在撰写内部秘密报告，这些报告后来都成为公开出版的著作，如罗斯托《苏联社会的动力》。诚然，个中主要动力乃是"通过研究写出一部著作"之类的专业期许。不过，米利肯还注意到了另外一种动机："在学术机构中，向原本应该求知传道者施加可以向谁说话、可以说什么的限制，有害无益。"补救办法之一是，拒绝承担任何"无法在解密结果中获得材料"的项目。然而麦乔治·邦迪却认为，秘密工作的价值并不在于它所促生的著作的"分量"或数量，而在于它所起到的联结作用本身："河道比奔流而过的滔滔河水更为重要。"

洛维特承认，如果让公众知道中情局在资助并利用国际问题研究中心，"那将是毁灭性的"，因为中情局扮演的乃是"一个称职的鞭笞董事会"的角色；他认为，可以设一道"防火墙"，让国家安全委员会"担任作为主管机构的中情局的代理机构"。基里安回应说："我有一种奇怪的动物般的直觉，现在是我们整顿自身的大好时机。我们不应该冒此风险。"另外一位参会者麦克马克（McCormack）说，他向来认为"应该另外有人来为中情局做掩护"；一位名叫杰克逊（Jackson）的参会者说，国家安全委员会是"一个很好的幌子"。讨论过程中（很容易让人联想起好莱坞电影中的谈判场面），王牌在手的"魔术师"罗伯特·洛维特亮出了底线："一旦这一问题得到解决，诸位会发现，获得基金会资助将变得更加轻而易举。"

冷战后的区域研究和国际研究

也许以上细节已足以让独立观察者确信，美国主要的区域研究和国际研究中心，有相当多都直接产生于国家—情报机关—基金会这一纽带关系。关于这种纽带关系，批评家说，他们在 1960 年代常常要面对的是铺天盖地的否认，而今天常常要面对的则是"这有什么大不了的"之类的浑话。如果说 1960 年代，与中情局有染的教工们如此强势，以至于坚守学术原则的批评家看上去倒像是狂暴的激进分子；那么时至今日，批评家们看上去则不过是不谙世事的天真儿童。[61]

如果我们现在快速推进到 1990 年代，我们将发现，正是第一批主张国家亟须开展区域研究专门培训（以应对后冷战时代的挑战，云云）的人士决定将情报功能摆在前沿核心位置，同时要求愿意接受政府提供的研究岗位者，应与政府情报机构签订协议，作为获得资助的条件。很显然，我说的是《国家安全教育法》[NSEA，以参议员大卫·伯伦（David Boren）故，又名《伯伦法案》]。有几个区域研究学会公开反对这一法案，以至于 1995 年它差点倒在纽特·金里奇（Newt Gingrich）削减财政预算的巨斧之下。

有一份非常有益的概要，总结了学者们围绕《国家安全教育法》的各种争议。[62] 其中，1992 年，主管该计划的马丁·赫维茨（Martin Hurwitz，有国防情报局背景；与该机构相比，中情局显得要自由开明得多）主张，该计划的情报部分应该向所有人公开；尽管"有'传统意义上的秘密谍报'作为缓冲措施"，但整个 1990 年代，赫维茨都认为，《国家安全教育法》应该"光明正大地推行"。

然而，《国家安全教育法》并没有做到"光明正大"，其公共委员会后来补充了一块"防反射板"；还有人抱怨说，"光明正大"不适用于描述《国防安全教育法》即将落户的国防情报学院。对这种从属关系心怀忧虑者希望寻找一处不属于五角大楼的房子，并以一种不可言喻的预见性，将新办公室命名为"大卫·伯伦国际研究中心"（除此之外并无实质性变化）。1992 年 2 月 14 日，三个区域研究学会（不包括亚洲研究学会）致函参议员伯伦，表达了"即使间接与美国安全机构联系"也会有所担心。三个组织还在各自著作中进一步表明了决心，要求成员不得参加与国防有关的研究项目。

亚洲研究学会财务秘书彼得·高斯林（L. A. Peter Gosling）在向会员们解释这一论争时说："一直以来，我们围绕《国家安全教育法》的讨论（指和赫维茨的商榷），都是为了使之尽可能有利于学术团体、尽可能可接受，反之，又尽可能不刺激国防部，因为毕竟是国防部提供资助并负责主管。"（重点号为本书作者所加）[63] 高斯林接着不无忧虑地说，国际研究或区域研究"无论现在还是可见的将来，都不会有任何别的资助来源"；尽管《国家安全教育法》专门增补了关于资助的第六条款，"仍有人担心传统的国防 / 情报机构——正是它们的支持多次挽救了第六条款，使之得以幸存——（现在）有可能不太热衷此事"。高斯林认为该计划将使本科和研究生层次的亚洲研究双双受惠，并且指出，所有亚洲语言都将列入《国家安全教育法》的优先发展语言目录（这当然求之不得，等等）。高斯林以为，尽管《国家安全教育法》委员会赋予了"该计划以优先权"，但通过"重新批准"负责实施局部计划的"各种组织"，如富布赖特计划，可以起到缓减作用；类似措施有助于减轻国防部的控制。高斯林最后总结说，亚洲研究学会"明确表示，希望将这一计划与国防部的设计与控制保持距离"。

据我所知，至少有三个重要的区域研究学会（中东研究学会、拉丁美洲研究学会、非洲研究学会）拒绝参与这一计划。中东研究学会的负责人安妮·贝特里奇（Anne Betteridge）声明说："学者们并不拒绝资助，但他们希望保证学术研究的独立自主。"[64] 或者评论说，有学者担心参与该计划的学生"有可能会接受间谍培训"，而且该计划有可能会影响到在全球诸多国家进行的田野调查。

客观公允地阅读上述申明，我认为，贝特里奇以及拉美、非洲及中东研究学会对《国家安全教育法》的反对弥足珍贵，反之，亚洲研究学会财务秘书所关心的却是：（1）搞钱；（2）让会员们清楚《国家安全教育法》对亚洲研究是何等重要；（3）表明对使"重审机构"只配装点门面的"传统秘密谍报技术"不以为意，——这或许是因为亚洲研究的不同"传统"：情报机关一直在支持关于资助的第六条款，而在高斯林引起我的重视之前，我对这一传统竟然闻所未闻。

1990 年代，社会科学研究委员会和美国学术团体委员会也发生了巨大变化。从 1930 年代起，这些组织始终共同主导着美国的学术研究。此前，社会科学研究委员会一直都不是绝大多数社会科学家所认可的社科研究中心（比如，密歇根大学调查研究中心可能更像这样一个中心），然而，从某个时候开始，它却一跃成为现有各学科开展区域研究的集结地。（这么多年来，我作为社会科学研究委员会下属的诸多委员会及工作组的成员，多次踏上过这块集结地。）唯其如此，它当然比任何一个区域研究学会都来得更为重要。因此，不妨聆听一下社会科学研究委员会副主席斯坦利·赫金博瑟姆（Stanley J. Heginbotham）对《国家安全教育法》的称颂。

首先，他欢呼说，在当前这样一个削减开支、预算出现赤字的时期，"联邦政府对高等教育给予新的支持"显得"殊为不易"[65]。他解释说，参议员伯伦主张通过《国家安全教育法》对本科和研究生层次的区域研究给予资金扶持，并希望进一步设立一项独立的政府基金。然而，行政管理和预算局却表示反对并规定，鉴于依据《国家安全教育法》支出的国防基金都必须符合《情报授权法》，这些基金必须由国防部管理。赫金博瑟姆在一条脚注里又补充说，伯伦决定，将该计划授权给国防情报学院管理，以进一步加强"学术界之信任"；"没有几个观察家对这一措施信以为真"，赫金博瑟姆写道，但是国防情报学院因此得以在这一项目中扮演了一个他所谓的"名义上的"角色。

赫金博瑟姆对《国家安全教育法》中的"价值评议"（merit review）条款给予了特别关注："学术团体需要得到确切承诺，遴选过程除了要确保不逾越职权范围外，还要确保不受政治或行政干扰。……下列行为似乎是不可接受的，……如依据政治立场……[或]忠诚度来遴选研究人员。"[着重号为本书作者所加]赫金博瑟姆接着建议，对个人的项目资助应通过组织"独立的学者委员会"加以保证——组建该委员会时，应以"完全独立于"政府机构的方式选出"监督委员会"加以监督。不过，赫金博瑟姆写道，"最可担忧的"乃是《国家安全教育法》要求提供的服务。他如是描述对个人所提出的后续要求："最后，法案对接受资助的个人提出了重要然而含糊的要求……接受奖学金超过一年以上的本科生，以及接受研究生助学金的个人，必须在教育领域或政府部门工作一段时间，时限为享受资助时间的一到三倍。法案同时严禁美国任何从事情报活动的部门、机构或团体在该项计划的受资助者尚在接受资助时，雇用他们为自己工作。"赫金博瑟姆建议将服务期限定为一年，且不要将服务领域限定于"政府和教育部门"，以利于每一个雇员都能够利用自己的所学为国家的国际需求提供服务。[66]

赫金博瑟姆的分析与高斯林在三个方面非常相似，其他方面则更为高明。首先，（两人的）分析和称赞都几乎完全是有关程序的；其次，无论赫金博瑟姆还是高斯林都认为，如果没有了国家（更不必说"情报团体"）的需求，国际研究和区域研究将变得无足轻重。同时，两人给人的印象都是：所有此类资助无论出处，都可照单全收，只要程序上符合赫金博瑟姆所谓"尽可能完善"即可。然而不用说，赫金博瑟姆所要求的保证不仅常常被国家和我们前面检讨过的区域研究学者们所忽视（并用作幌子），就连大权在握的参议员们也抱怨负责监管中情局的"监督"委员会也被无视，被破坏——尤其是最近一段时间。（我主要是指"伊朗门"丑闻和与中情局有染的军国主义者在中美洲实施的多起暗杀美国人事件。）

不过，比之于亚洲研究学会的高斯林，社会科学研究委员会的赫金博瑟姆看上去对于"重审机构"不应沦为国防部资金之奴隶这件事，不仅更为负责，也更为关切；他所呼吁的"价值评议"、学术独立、学术资助与"服务"政府脱钩等，理应成为任何一种资助的基本原则。事实上据我观察，这也是社会科学研究委员会下属若干委员会的行为准则。

尽管并没有多少人听，但赫金博瑟姆一再宣讲上述原则，为此他理应受到称赞。而现在的情况是，来自韩国、中国台湾和日本的资助业已成为美国亚洲研究的主要赞助来源，然而通常都没有恰当的同行评议和价值评议。[67] 随后，社会科学研究委员会决定摆脱与《国家安全教育法》的所有关系，虽然姗姗来迟，但这不啻是一个备受欢迎的决定。

《亚洲研究学人通讯》定期报道《国家安全教育法》之动态，而（到目前就我所知）同领域另一份杂志《立场：东亚文化批评》却始终保持沉默。马克·谢尔登（Mark Selden）正确地评论说，《国家安全教育法》"将奖学金和权力的问题重新放到了"亚洲研究学人协会和《通讯》面前，并且注意到，与以往类似活动不同，这一次"没有任何理由隐瞒，军方和情报机关的特殊地位和权力形塑了这一领域"[68]。《亚洲研究学人通讯》对《国家安全教育法》第三章的"宗旨"部分给予了特别的重视，呼吁该部分"能够提升越来越多希望为美国政府部门和机构工作的申请者的国家安全责任"。《亚洲研究学人通讯》还注意到，《国家安全教育法》提出的这些问题，和亚洲研究学人协会哥伦比亚分会 1971 年在与社会科学研究委员会当代中国委员会论争时所发表的一组有争议的文章中所提出的问题，颇为相似。

报告由纽约大学的莫斯·罗伯特（Moss Robert）主笔，我以研究生的身份参与了起草工作。我们最感兴趣的是福特基金会对中国研究的资助，尤其是对社会科学研究委员会当代中国研究委员会（JCCC）及外交领域研究协调小组（FAR）的资助。外交领域研究协调小组由国务院于 1964 年成立，旨在协调政府及民间的区域研究。研究表明，研究协调小组遵照国家需求和福特基金会的资助（要求），在形塑当代中国研究中发挥了重要作用。[69] 其中，协调小组提出适当的研究主题或论文题目，福特基金会负责提供资助，以期提高政府的中国观察部门的专业技能（同时也赐惠于学术机构中的中国观察家）。

我们以充分证据证明了，外交领域研究协调小组产生于军队"沟通协调"政府内外"行为科学和社会科学"的需求。长期以来，约翰·霍普金斯大学特种作战研究室承担了服务军方需求的任务。外交领域研究协调小组与当代中国研究委员会也有关联，后者是福特基金会决定重建中国研究的诸多受益者之一。我们的报告还对当代中国研究委员会主席、华盛顿大学的乔治·泰勒给予了关注。我们认为，泰勒曾经参与过差点毁掉中国研究的麦卡锡—麦卡伦调查，由他来主持这个旨在救治、重建中国研究的委员会，实在匪夷所思。我们还对菲利浦·莫斯利这样并不从事中国研究的学者进入首届当代中国研究委员会提出了质疑。[70]

　　报告招致了哈佛大学费正清谩骂式的回应，时至今日，我对这一回应的态度仍然和 1971 年一样：这是政治攻击，其目的是阻止类似的调查而不是真诚坦率地回应我们所举证的一系列事实。费正清上来就说，我们的报告"提出的是一个阴谋论问题而非价值论问题"，末了则指责我们"和麦卡伦委员会的'调查'是一路货色"，换言之，我们是左翼麦卡锡主义者。但他通篇都几乎没有回答我们的问题。[71] 无论如何，在秘密材料阙如的情况下，不可能对外交领域研究协调小组、当代中国研究委员会与政府部门或情报机构的关系、往来做出明确的说明。但是其中的问题，和今日《国家安全教育法》所提出的问题实际并无二致。

　　1994 年 11 月，狡黠的历史为我们带来了"金里奇革命"以及削减预算的连锁反应；当时，《国家安全教育法》似乎罪有应得，马上就要寿终正寝了。毋庸置疑，金里奇认为《国家安全教育法》对学术研究有害无益（很有可能他是对的）。起初，国会砍掉了其全部资助，但后来又恢复了一些——或者看上去是这样，因为 1996 年初，学生们又可以申请《国家安全教育法》奖学金了。这样，《国家安全教育法》一瘸一拐地进入了后金里奇时代。

　　政府对区域研究的资助似乎渐趋枯竭，而基金会的资助也大致相同。

所引发的后果之一便是社会科学研究委员会的重建。长期以来，社会科学研究委员会和美国学术团体委员会最倚重的便是区域研究：如当代中国研究、拉美研究、西欧研究等；1996 年初，还有十一个类似的委员会。然而，按照一个重大的重建计划，现在这种情形已经彻底改变。[72] 社会科学研究委员会认为，后冷战时代全球性的变化和挑战为重建提供了正当理由，这也就是我在本章开头所说的"边界位移"。其中包括如下设想：（1）既然全球化早已使"'区域'不再像以往所认为的那样划疆而治、固定不变，而是相互渗透、不断变化的"，那么一成不变的地域性特征也就应当随之改变；[73]（2）运用区域研究的特有成果去理解全球范围内那些超越特定国家范围的紧迫问题，乃是"后 1989"时代区域研究的前途所系；（3）向社会科学诸学科传播区域知识，因为这些学科似乎有一种趋势，认为本学科和区域研究没有关系（这是暗指经济学、社会学和政治学中的理性选择范式和"形式化理论"）；（4）认定美国是一个需要以比较的方式进行研究的"区域"，从而将美国融入"区域"研究；（5）随着社会科学和人文学科之间交叉渗透的日趋增多，社会科学研究委员会和美国学术团体协会各自的方案也理应被推翻。（我并不知道重建计划是否确实只产生了一个组织，我只是引述我亲眼所见的新计划中对重建所做的正当化证明。）

近年来，大的基金组织如美隆和福特都已经明确宣布将削减对区域研究的资助，并表达了资助跨地域研究的意愿。在这样一种暗含着强制性的情境之下，上述重建计划的第一条款自然是不得已而为之（有人说，几年之前，社会科学研究委员会就已经濒临破产）。第二条款和当初对区域研究所做的正当性证明并无不同。不过，对于熟悉 1980 年代和 1990 年代美国大学中社会科学之日常生活的所有人来说，第三和第四条款则值得称道。

理性选择理论乃是 1980 年代以撒切尔夫人和里根为代表的"自由

市场"原则在学术界的化身，现在，"自由市场"原则又被认为是"无疆界世界"中经济发展唯一可接受的范式。正如人们假定有一个自由的市场一样，理性选择将林林总总的人类经验归约为一个范畴，即已经在美国经济学界异常活跃、大行其道的以利己为特征的个人主义范式。尽管这一范式雄心勃勃地想要一统政治科学和社会学界，但它对那些碰巧对"外国区域"略知一二，或者因此对美国略知一二的人来说，其实毫无用处（事实上，它对这些人怀有深深的仇恨）。依照上述范式，可以解释从日本议员如何控制财务省到印度寡妇如何扑入火葬烈焰的所有事情，只不过所有的解释都需要听众对该主题知之甚少或一无所知，因此对于谨遵这一范式的大学来说，这些"略知一二者"便充满了威胁。所谓形式化理论把这一范式推得更远："温和"的理性选择理论尚且是以实证方法来证明自己依据上述范式提出的主张，如收集并验证数据、测算回归系数等；而"形式化"理论对研究者来说，就更其简单，它从电脑屏幕上一个博弈式数学公式出发，便径行判断现实世界如何运转。如果该理论无法解释政治、社会或经济现象，那一定是现实世界的错。

上述两种模式在社科调查中的兴起，将经济史、历史社会学、比较政治学等二级学科以及所有的区域研究项目都推到了危险境地。如果靠理性选择方法便能够解释日本政客及官僚的所作所为，又何必去了解日本人或任何与日本历史、文化有关的事物？[74] 如果在研究过程中，某些棘手的问题需要用到汉语或斯瓦希里语，从能够熟练运用这些语言的研究生中物色你所需要的人选，岂不是比求助于学院里的中国或非洲专家更好？事实上，"温和的"理性选择理论实践者们可能还受过语言或区域研究的训练，就算没有受过训练，至少他们还能看出区域专家们的著作的价值；再一次，区域研究专家们变成了深入神秘洞穴探寻"事实"矿藏的洞穴探察者，而理性选择理论的实践者们则从理论制高点上对其进行阐释。至于形式主义理论家，则对他们中的任何人都毫无用处。

在学术丛林中，范式之间的较量绝非等闲之事。理性选择派决心在社会科学领域闯出血路，以便一统天下、肃清异己。这在哈佛大学政治学家罗伯特·贝茨（Robert Bates）写给同行、强调年轻学者应该获得终身教职的训谕中表现得最为明显。他写道，政治学院系"应该重新思考初级教员的评估方法"，"除非三生有幸，能够以一门外语为母语，或者有异乎寻常的数学背景，绝大多数年轻教师都不可能同时牢固掌握任期考评所要求的专业技能和分析技能，更不要说能有什么足以证明自己娴熟掌握两种技能的研究。因此，在制定晋升政策时，与其片面地考虑产品，不如将重点转向投资"。[75]

理性选择理论的支持者压根儿不知道"区域研究专家"在干什么，只是习惯性地将其当作讽刺漫画，认定他们总是享受着丰厚的资助。诸如巴灵顿·摩尔这样的学者当然是一个"区域"专家——最早是俄罗斯专家。他同时也是一流的理论家。但他最负盛名的著作，《专制与民主的社会起源》，却是运用比较方法进行研究的经典，因为他通过历史，将抽象的理论与深刻的认识、思想巧妙地融合了起来。无论是否认同该书的观点，研究日本、印度、中国、法国、美国和英国的学者——恰好对应其六个"个案研究"——都不得不学习、掌握过去三十年间他所做出的分析。然而最重要的是，这本书处处传达了关于德国的现代经验，尽管书中没有专门论述德国的章节。事实上也没有专门论述之必要，因为摩尔对现代世界中地主和农民的分析，也是在思考如何从社会科学的角度避免现代社会可能发生的最大劫难。理性选择派从来不曾且永远不可能贡献出一本堪与摩尔《专制与民主的社会起源》相媲美的著作。不过，摩尔同样出自前面讨论过的战略情报局—福特基金会—"区域研究"这一纽带。如果要做一个选择，一边是没有多少选择余地的当代理性选择，一边是战略情报局成果丰硕的摩尔、杜宝娅、费正清、弗兰茨·纽曼，当然还有菲利浦·莫斯利，那么我会说，无论如何请把战略情报局的熟人联系网给我。

社会科学研究学会新计划的第四条款主张将美国变为一个"区域"，果真如此的话，将会使该学科脱胎换骨。美国研究实际本来就是"区域研究"，和其他区域研究并无二致；只不过美国是我们自己的国家，它形形色色的习性、细节，非专门人士和外国人可能永远都无法理解。追随第四条款之洞见，你将看到，美国问题专家们在几乎所有的历史学、政治学、社会学院系中都占据着统治地位。和所有南亚区域专家一样，美国研究专家们心安理得，从不考虑美国之外的世界对其研究对象的影响，而这种情况尚没有引起院系主事者的丝毫重视。更重要的是，古老的训谕"认识你自己"以及不存在"物自体"的信念决定了比较研究乃是题中应有之义。因此，按照社会科学研究委员会／美国学术团体协会的设想组建"美国研究学会"将迈出重要一步。

担任社会科学研究委员会主席至 1998 年的肯尼斯·普鲁伊特（kenneth prewitt）写道，基于前述所有原因，无疑也包括我没有注意到的其他原因，社会科学研究委员会／美国学术团体协会相信，"对于一个地理分析单元既非静止也不简单明了的世界来说，相当数量的互无关联、彼此独立、各自聚焦于世界某一地区的'区域学会'，已变得不合时宜"[76]。在取消了原有的十一个委员会后，新方案看起来将按照综合化的思路组建三个委员会：区域研究和地区分析委员会、区域研究和比较分析委员会、区域研究和全球分析委员会。也许还会有第四个委员会，用以支持、扶植当前美国学术的底层结构，并在世界其他地区广泛发展同类组织。尽管如此，普鲁伊特还是非常看重区域研究专家们的工作："如果学术研究不能扎根于特定地域的历史、文化，那就将广泛地错失种种隐微细腻的差别，而正是这些差别能够帮助我们解读诸如国际劳动力流动、各自对人权的不同理解之类的问题。"

重建计划开始（始于普鲁伊特就任主席的 1996 年之前）后，赫金博瑟姆试图对其正当性进行论证。他说，区域研究是在战后初期由不幸的冷战造就的，随着冷战的终结，有必要"对国际学术进行重新思考"[77]。对受压制学科的牵强批评引发了猛烈的反击：数名研究俄罗斯和斯拉夫问题的学者否认冷战期间美国外交政策的议程表对他们的研究领域带来了太多的政治压力，该领域的学术研究一贯"完全独立于基于美国政治偏见的假设"。也许确实有不少区域研究机构"在某种程度上是冷战的产物"，但它们并没有因此在从事学术研究时"牺牲其学术操守"。不少著作者也认为，社会科学研究委员会的新框架"将使国际研究丢失在几十年的日积月累中所形成的丰厚、鲜明的实证传统，转而进入一个晦暗不明的'全球化'研究框架"[78]。

对于当前社会科学研究委员会／美国学术团体协会重建工作可能出现的结果，这不失为精彩的评价，但是正如我们所知，对于国家在形塑"国外区域"研究的过程中所扮演的角色，赫金博瑟姆又显然是正确的。在早期的区域研究机构中，诚实、独立自主的学术研究当然不无可能，但这些机构本身的学术操守则因为与中情局和联邦调查局秘密而广泛的联系受到了损害。诚然，为了正当化自己的新举措，社会科学研究委员会直到现在才承认这些事情，未免有些失当，因为整个 1960 年代和 1970 年代，它都不遗余力地否认国家对其研究计划有任何影响。但无论如何，更为重要的是，现在仍然有人矢口否认此类事情的存在，而社会科学研究委员会的批评者们却给出了中肯的批评。[79]

如果说当前美国政府有一种"主义"的话，那便是克林顿主义：即凭借比历任总统都更为激进的对外经济政策，推销美国的全球公司，推动美国出口。克林顿取得了不少成就：北美自由贸易协定、亚太经贸合作组织、新的世界贸易组织及诸多其他组织，常规化、日常性地利用国家机器扩大美国跨国公司的出口目标。所有这些，都被赫然出现在社会科学研究委员会报告中的流行词汇正当化了：无疆界世界、日新月异的全球化、互联网和万维网奇迹、文化多元主义的成长，以及与之相应的地方性忠诚度和身份认同的强化，等等。不仅如此，社会科学研究委员会重建草案明确表示，除了学术，它们还关切政策相关性问题，以及如何提高"处理"1990年代新的全球问题的能力。这分明是在为学术和"区域研究之专门知识"服务于政府安全机构进行辩护。

在这些问题上，我绝非卫道士；只要言行没有受到资助机构公开或秘密的胁迫，且无须接受保密安全审查（《国家安全教育法》对此有明确要求），我丝毫也不认为学者就政策问题发表看法有什么不妥。就我有限的经验来说，1960年代以后，社会科学研究委员会一直不负所望，充当着国家权力与学术之间的纽带。无论它是否希望自己被扶持为全国社会科学研究的组织者，但当初确实认为有必要成立这么一个机构。社会科学研究委员会的许多研究项目，甚至包括几个联席会（尤其拉美联席会），都将反霸权明确列入研究目录，并且从事与全球政治抗争密切相关的学术研究。[80]

社会科学研究委员会/美国学术团体协会的各区域研究委员会还为跨学科研究提供了肥沃土壤；几十年来，它们提供了一个难得的平台，使得历史学家可以思考经济学的问题，文学批评家可以思考行为社会学的问题。与此同时，我的大学工作经验告诉我，就像古拉格的犯人不可能出席斯大林和其秘密警察头目贝利亚（Beria）的会晤一样，在弗里曼经济学的总体化世界中，一个"区域专家"是不受欢迎的。如果说日益多元化的政治学业已生产出了一些超越美国边界、有关整个世界的可以行之久远的知识的话，那么，正是拜区域研究专家所赐，我们才有了比较政治学和国际关系等次级学科。[81]

1994年，西北大学赢得美隆基金会资助，开设了为期两年的跨学科研讨班，旨在为区域研究和各学科架设桥梁。我参与了资助项目的拟定工作并主持了1995—1996年的第一期研讨班，题目是"人权和民主的文化建设"。这一尝试的结果还没有完全显现出来，但在我看来，这一资助无疑是成功的，它为跨学科工作提供了一个有益的、弥足珍贵的论坛，使得人们可以跨越众多的区域和学科进行交流，我希望基于本次研讨班的著作也富有价值。[82] 就美隆基金会仅仅将其视为在现存区域研究资助之外的锦上添花之举而言，这些研讨班无疑大为成功。就其代表着基金资助在撤离区域研究后重新确定的方向而言，这些研讨班还不足以替代对通晓特定地区语言和文明的人的培训。诚如橄榄球教练伍迪·海耶斯（Woody Hayes）常说，获胜要靠人，如果没有常年浸淫于我们所研究的这些地区的那些人，要凭空去找这样一批人是不可能的——至少比之于美隆的资助水平，代价将会非常昂贵。

社会科学研究委员会的某个重建计划中，有这样一句话："不了解地方性特定问题的人，不可能读懂世界；不关心跨地区因素和全球性因素的人，同样不可能读懂世界。"诚哉斯言，尽管我强调的重点并不相同。尽管"区域研究计划"训练出了众多学者，并且非常难得地为跨学科知识生产提供了可能性，然而不幸的是大多数区域专家对此却不感兴趣。原因无他，很显然，一个研究甲骨文的人和一个研究中共中央政治局的专家能有什么共同语言？他们之所以同属于中国研究领域，乃是冷战初期大学和国家相互妥协的结果。如果不抱怨克里姆林宫或共产主义专家的特权地位，作为回报，甲骨文、梵文或印度教专家可以获得一个清闲的终身教职，他或她的班上（通常）也会有那么三两个学生。对于倾毕生之力将某种文化之经典移译为英文，且通常与同事几无合作的学者，国家、基金会和大学会给予支持。他们中的许多人，过着僧侣般的生活，绝不向他们那狭窄的学科之外的知性生活屈服，一如微观经济学家之所为。我从来不认为要求这些学者讲授一些能吸引足够多的学生到教室来交学费的内容是过分之举，然而情况却一仍其旧，而现在轮到区域研究计划来埋单了；长期以来作为巨额沉淀成本的代表，其教工和闲职的成本现在已极其昂贵，如果按照现在的水平，恐怕将来在各个方面都难以为继。如果最后我们没有了梵文、乌尔都语、甲骨文、汉代研究，绝不能仅仅归咎于基金会、政府和大学当局的不重视，那实际也是墨守成规的三流学者们一直以来所享受的特权的折射。

社会科学研究委员会/美国学术团体协会的重建计划，以及几个大基金会显而易见的新举措中，最令人失望之处也许在于都不曾提及：它们在1990年代所做出的为数众多的新调整的基本动机，乃是希望自己能够适应所谓的全球化公司。[83] 这既是其原始动力，也是其走向"全球化"的典型组织形式，同时还是其助推技术。比尔·盖茨的微软公司在这个全新的球体上的统治地位，恰如一个世纪之前洛克菲勒的标准石油公司；毫无疑问，我们的孙子辈将会在选举中将票投给众多的名叫盖茨的州长、议员——如果不是总统的话，至于那些成了学者的，则要到"盖茨基金会"申请研究资助。美国公司的另一个象征可口可乐，作为美国第一个跨国公司，其全部的经营管理都交付给其全球办公室，而不是设在亚特兰大的曾经的全美总部处理。从这个意义上说，社会科学研究委员会不过是追随可口可乐，将美国变成了又一个附属机构，又一个"区域委员会"而已。所有具有全球竞争力的美国公司都不遗余力地追求文化多元主义、员工多种族化、无疆界世界以及最新高科技成果——无论该成果会对人类产生什么样的影响。这在它们的媒体广告中可以看得非常清楚："为中国油灯生产煤油"曾经是标准石油公司向全球销售煤油的口号，然而时至今日，迈克尔·乔丹作为耐克公司成功策划、风行世界的标识，同时也成为美国（有限）公司的标识。（乔丹及其芝加哥公牛队在"共产主义中国"极有人气——和在我们国家一样。）

这并不是说社会科学研究委员会在挑战跨国公司，很难指望发生这样的事情，而是说，我们不想放弃既有的、来之不易的学术知识和资源。我这里所说，并不单指当下的区域研究。因为，经历了1960年代的发酵以后，1970年代的社会科学研究达到了一个很高的质量标准，也有了很强的适用性。在政治学、社会学领域，甚至某种程度上在经济学领域中，政治经济学变成了一面旗帜，在这面旗帜下，学者们就跨国公司、全球货币体系、世界劳动力资源、依附理论、美国霸权等问题做了大量研究。其中最有代表性的成果是伊曼努尔·沃勒斯坦的《现代世界体系》，此外还有众多成果。

我要说，我平生最震惊的事情，莫过于眼看着许多社会科学家欣然放弃了其政治经济学研究，尤其是，他们的放弃和里根与撒切尔政权上台几乎同时。1980年代，这批1970年代曾在政治经济学领域生产过严肃学术成果的社会科学家，摇身一变，纷纷成为向抽象的理性选择和形式理论进发的领军人物。社会科学研究委员会中，有一个委员会，即国家和社会结构委员会，试图坚守1970年代的既定路线（也许是偏见，因为笔者是委员）；但1991年，社会科学研究委员会新主席上台后，很快便将其解散了。即便如此，它还是围绕美国政治经济学做了大量有益的工作，现在，当世界已然将全球公司和政治经济学的学术研究任务推到了我们眼前时，当年的工作正可成为我们复兴这些学术研究的基础。

结　论

怎么办？沃勒斯坦新近提出了一些有益的、温和的建议，我完全同意：要求教员在两个院系任职，以促进跨学科研究；借助于自然科学中被日渐遮蔽的牛顿范式，重新检讨社会科学的认识论基础；彻底改造依然因袭着完全由十八九世纪所形塑的大学结构。[84] 我再补充几条温和的建议，希望引起讨论和辩驳：

1. 取消社会科学各学科，在同一个名目——政治经济学——下进行重组（如果经济学不赞同，可将其归入商学院）。

2. 围绕一系列异端主题——这些主题有利于我们所有人"远离中心"：既远离祖国之中心，也远离我们的学术研究所要研究的（外国）客体之中心——对区域研究进行重组。[85]

3. 以大学之形象识别为基础，提高学术研究的资助力度。所谓大学之形象识别，是指大学乃是这样一个所在：成年人不必出卖灵魂以换取面包，他要做的只是学习、写作、生产知识，并将教授青年作为自己对更广阔社会的最大贡献。

4. 取消中情局，情报和军事部门不得干涉学术自由。

　　不少读过本章早期版本的评论家认为，我对社会科学的要求过于苛刻。的确，我一直在讽刺挖苦；我并不指望任何人接受我的警告。事实上，在我看来，社会科学中的许多学术研究都具有永久的价值，历史社会学、比较政治学、经济史等二级学科尤其值得保留。不幸的是，大多数经济学院系都已经取消了经济史，而猎犬般的形式主义者在另外两个二级学科中正炙手可热。无论如何，我要强调的并非个人好恶，毋宁说，我要强调的是：主张理性、追求个人利益最大化者所标榜的深受历史局限、充满了偶然性的理论，业已统治了整个社会科学领域——在此过程中，它以一切有价值的知识的创造者自居，将所有的社会科学涤除殆尽，全然不管我们是否乐意接受这一结果。

　　本章以麦乔治·邦迪开篇，因此最好以一位在冷战初期敢于对联邦调查局的清洗活动大胆抗议并因此受到联邦调查局严密监视的学者收尾，他便是历史学家伯纳德·德沃托（Bernard A. DeVoto）。伯纳德在1949年所写的一段话，既适用于那个时代，也适用于《国家安全教育法》，还适用于今日之"全球化"世界：

关于大学……我必须要说：在校园里，一切书籍，一切言论，一切调查研究，一切观点，都是自由的。大学必须要保持其批判政府、批判其他任何人的立场。如果丧失了这种立场，大学将一无是处。[86]

第八章

东亚与美国：
双重视域与霸权的出现

我在第一章曾经指出，差不多整个 20 世纪，日本都巢居于一个国际体系之中。借助于这个体系，最初是英国，其后是美国，得以对其行为施加广泛的外部影响。从 1945 年开始，美式巢穴同时还荫蔽了韩国和中国台湾。作为全书的收煞，本章要证明，这种体系至少还要延续到 21 世纪的前二十年。

美国问题本质上是霸权问题，但霸权是一项很难精确定义的、复杂的人类活动。[1] 我们的世界有一个层级结构，处于最上层的人拥有绝大部分的所有物；但层级结构绝不等同于统治、主从关系、直接依附、不给他人机会，也不等同于只赢不输。（很显然，长期以来，日本在贸易方面一直是赢家，但它从来不是，现在也不是霸权。）要理解霸权，最困难的事情莫过于将其与霍布斯对权力的残暴定义区分开来，同时找到它由胜转败过程中最关键的转折点。霸权国家的"政策"通常主要是对霸权体系内部成员的行为进行外部限定；这些外部限定必须足够宽松以保证才俊之士能够脱颖而出，否则霸权体系将难以为继（它将极化并爆炸），同时又必须足够强硬，以免偏离方向，逸出疆界。不过，很难将这种外部限定称为乏味的日常性"政策"，因为主宰当今形势的，仍然是"二战"盟军胜利给美国—东北亚体系带来的结构性变化，以及它在1945—1950年间的一系列后果。

霸权实力归根结底取决于科技和工业实力，这有助于我们理解其形成阶段；非军事实力不足以维护利益，这有助于我们理解一个霸权周期漫长的中间阶段；维持军事优势的种种条件，后期（常有的）金融投机趋向以及随之而来的资本滞胀，则有助于我们解释霸权之衰败。[2] 但是，[恰如亚历山大·格申克龙（Alexander Gerschenkron）之所教导]，没有哪个工业化周期会和前一个完全相同，同样，没有哪两个霸权会完全相像，发生在英国的事情对于我们理解美国霸权的兴衰也许并无帮助。丹尼尔·莫伊尼汉（Danial Moynihan）说过，虽然我们并不知道如何才能达成共识，但一旦共识不复存在，我们倒可以确切地知悉；同样，虽然没有通往霸权的神奇路径，然而一旦它不复存在，我们也可以确切地知悉。的确，我们可以确切标示出我们这个时代霸权衰退的时间节点：接力棒从伦敦传到华盛顿手上的时间是1947年2月，当时，迪安·艾奇逊从英国大使馆得到消息，说英国将不再为希腊和土耳其提供保护，正要去某个俱乐部吃午饭的艾奇逊对一个朋友说，现在只有两个强国（美国和苏联）了。如果1990年代，日本首相能够帮助墨西哥或韩国走出困境，或者为世界银行选择一位新主席，或者威胁说要对伊拉克进行惩罚性制裁，那么我们便可以说美国霸权已经终结。日本当然没有这么做：日本在国际体系中依然是个胆小鬼，在流行文化的全球王国中依然无足轻重（这个王国不遗余力地要把美国影响推向全世界）。

正如葛兰西和任何一个够格的贵族政治论者所认为的那样，强大的体系和理想的霸权乃是这样一种体制：人们做正确的事情完全是习惯使然，换言之，靠的是内在的精神气质，靠的是社会行为已经内化于气息吐纳之中，靠的是一切行为都心甘情愿、发自肺腑。相反，贫弱的霸权则挥舞皮鞭，严刑峻法，这说明它是不自信的、防御性的。（事实上这已经不成其为霸权，暴政或主奴关系毋宁是一个更恰当的名字。）霸权意味着人们不需要被告知，尤其不需要被请求，便做了你想让他做的事情。在战后大部分时间里，日本、韩国和中国台湾一直在做着美国希望它们做的事情。1978 年以后，中国戏剧性地从其既有航道转向了美国人规定的航线。自 1868 年以来，东北亚最出类拔萃的工业国日本在其工业化发展的绝大部分时间里，都要么唯英美，要么唯欧洲大陆国家（如德国榜样）马首是瞻。

由于间歇性的疏忽以及或真或假的周期性衰落对霸权国家的影响，从霸权国际体系中会生长出各种自治领域，尤其是旨在赢取资本利益的各种组织形式。1970 年代，随着美国单方面统治全球体系能力的下降，一个清晰可见的、强大的自治领域面向日本敞开了，很快，一种新的两重性开始考验美日关系：日本应该发展得很好……不过不应该好到有损于美国利益。这种两重性当然不是美国可以随意控制的，因为民众毕竟是民众，他们的比较利益变动不居，而且世事多变；它只是告诉我们，美日关系进入到了一个新的、很难预测的阶段。时至今日，美国对日本的认识依然顽固地停留在这种两重性之中，它典型地体现为精英阶层或专家学者们的"双重视域"，由于无能为力，他们的视域只能在赞美日本的自由贸易和批评其保护主义之间、在艳羡其成功和警惕其新威力之间来回摆动，[3] 这就从知性上在日美资本主义之间设定了一种泾渭分明的区隔。由于晚近关于美国和东亚资本主义之间看似巨大的区别（国家 vs 市场，洛克式自由主义 vs 儒家威权主义，个人主义 vs 集体生活，等等）有许多讨论，有人把这种区别上升到"文明之间"的区别，所以接下来我想再次对主流的或"自由主义"的日本观展开讨论。

所谓自由主义观点，并非某个以"自由主义者"闻名的美国人，如参议员泰德·肯尼迪（Ted Kennedy）所持的观点（尽管他可能确实持自由主义的观点）。我所谓自由主义，乃是指益格鲁—撒克逊实证主义（穆勒、边沁等）的世界观，即这样一种理念：政治应当由选举驱动，并假定经济行为由或应该由市场驱动。此前我们已经看到，自由主义政治经济学有众多的美国信徒。不过，就国家体系而言，施乐伯（Robert Scalapino）典型地代表了自由主义的观点，他那些讨论美日关系的鸿篇巨制东拉西扯，与美日关系的基本原则可谓离题万里。施氏通常使用被动语态，但"施事者"的行为完全不考虑"当事人"，反之亦然；他发现了，随着时间的推移，美日关系中会发生一些事情，使双方时而欢洽如怡时而愁云惨淡，或此处视为明星闪烁而彼处则视为太阳黑子，至于1945 年至今的美日关系本身，却了无见解。

在一篇发表于 1977 年前后、堪称上述自由主义视域之代表的权威文章中，施乐伯发现了这样一个日本：坚定不移地致力于国际主义和当时的国际主义意识形态，即所谓三边主义。[4] 他写道，或许某些分析家担心日本会回归"异族恐惧症和排外情结"，或者担心日本背信弃义，再次"干预大陆"（这在 1977 年意味着"泛亚洲主义"，然而，对日本来说，任何一种朝着该方向的企图都是"绝对不切实际的"）。

不过，施乐伯偶尔也会给出自己的价值判断，比如，同一篇文章的第二句写道："19 世纪早期，日本列岛尚属于世界上非常偏远、几乎无法接近的部分，与宏大的经济或政治背景完全隔绝。"

在我看来，和现在完全一样，日本列岛当时就已经存在于那里，然而那却并非一幅欧洲中心主义的图画，唯其如此，佩里的"黑船"才能够于 1853 年"发现"日本。施乐伯很少告诉读者，在这种关系中，事情何以会发生；好像它们凭空发生，既没有特定的原因，也没有特定的逻辑结构。这种自由主义的全视之眼高高在上，俯视着战后美日关系千头万绪的现实，它所展现的无非是它希望读者看到的（因此有些主题被置于前台和中心，有些则被遮蔽）。我无意专门针对施乐伯；他有关这一主题的几篇文章乃是一大批政策性文献的代表（且常常略胜一筹），这些文献足以在华盛顿或者东京采取行动、改变"二战"后锻造的基本法则的当口,迅速颠倒同意/反对的所有链接关系。也许最好的证明乃是:没有哪个日本人,无论他如何亲美,也无论他如何信奉国际主义,可以罔顾事情之原因和内在逻辑,怀着同样愉悦的心情信笔由缰。

比如,在出版于 1977 年的上引同一部著作中,我们发现,主流政治学家佐藤清三郎写道,对西方国家来说,19 世纪的日本确乎非常偏远,并且正是因为太过偏远、太过死气沉沉,以至于没有必要"有效征服"(佩里也许已经"发现"了日本,但他想要的只不过是若干煤港)。[5] 毋庸置疑,这一观点代表了世界体系理论的权威看法:帝国主义国家对日本抛过去几眼固然足以激励起该国的改革者,但帝国主义的凝视并没有强劲、持久到足以吞并日本,后者因此得以在体系中获得了宝贵的"喘息空间"——诺曼最先强调指出了这一空间。正是这一空间将现代日本与中国和朝鲜区分开来。[6]

佐藤还为我们展示了一个技术和资源体制。在这一体制中,日本在 20 世纪的绝大部分时间里都依赖于西方先进技术,在战后的全部时间都依赖美国发展其国防和军事技术,也在 20 世纪的大部分时间里都依赖于至关重要的进口原材料,尤其石油。不妨抖一个包袱:按照佐藤的看法,正是石油使得日本匪夷所思地制定了一项非理性的、影响深远的外交决策,即 1941 年的"南下战略",并最终演变成了珍珠港事件。1977 年,佐藤认为日本总体上依然是神圣的发达国家集团中的一个弱小国家,它不得不通过各种机制——无论是三边主义、北美自由贸易区—亚太经合组织、新近成立的世界贸易组织,还是别的什么机制——与发达国家进行合作。施乐伯所谓温和、委曲求全的日本外交政策到佐藤这里,变成了"极端不负责的保守主义"——"心血来潮,睚眦必报,含糊其辞"。[7](这对 1990 年代的读者来说——无论这些读者是看到过日本在海湾战争期间所犯的精神分裂症、细川首相的束手无策、羽田首相关于日本将变成一个"正常国家"的空话大话,还是看到过村山首相集三者之大成的"社会主义"重演——都是一个很好的提醒:佐藤可是在二十多年前写下这些文字的。)

佐藤对于日本在 20 世纪国际等级制度中的地位也有一个数学般精确的概念:1905 年战胜俄国后为第八位,1920 年代处身华盛顿体系时为第三位,1977 年(有可能)是第二位。不仅如此,他写道,日本几乎每时每刻都要寻找一个更为强大的工业国作为自己的盟友:1920 年到 1923 年是英国,1922 年到 1931 年是由美国主导的华盛顿体系,1940 年到 1945 年是德国,而整个战后时期则是美国。我们在入江昭的著作中也曾经看到过同样的强调。

在本书前面的部分中,我曾经主张,如果我们进入到国际体制之中对"日本老二"进行考掘——在这个国际体制中,各个国家以实力排出有时被称作权力平衡的座次,各国因此既独立自主又受制于人(它们的国家结构乃是国内和国际力量双重作用的结果)——那么,我们将会发现世界体系的结构,日本在其中发挥着重要然而却是第二位的作用。不妨重温一下日本之于 20 世纪世界体系的考古学时间表:

A. 1900—1922:日本附属于英美霸权体系

B. 1922—1941:日本附属于美英霸权体系

C. 1941—1945:日本是东亚之地区霸主

D. 1945—1970:日本附属于美国霸权体系

E. 1970—1990 年代:日本附属于美欧霸权体系

依照年代顺序对人类历史进行切分总是有诸多问题;我也只能和读者一样,指出这个时间表中不能自洽甚或完全乖悖之处(1930 年代的十年便所在多有)。和所有其他年代式划分一样,本表更多遵循的与其说是日常经验事实,不如说是某种观念。我希望上述图表有助于突出日本长期以来一直参与其中的三边伙伴关系（无论它是否情愿），而这些三边伙伴关系又是与霸权国家的升降沉浮（1902—1947 年的英国，1970—20?? 的美国）相辅相成的。

美国的变化轨迹对于理解所谓霸权的历史体系，以及 1920 年代初期的转折点——入江昭暗指的是"华盛顿体系"，不无启发。截止于 1900 年，如果不是更早的话，美国已经是世界上占据统治地位的工业国家。然而我们发现，直到 1941 年，一个自觉的美国才在罗斯福的带领下，开始向着霸权国家迈进；直到 1947 年，美国才最终取代英国成为霸权国家（对英国来说这一结果并不可怕，因为受到了美国的缓冲，这次下降只是降到了这样一点：英国人唯一的比较优势似乎是可以充当美国知识杂志的编辑）。

正如我在其他地方曾经主张过的那样[8]，沿着时间和空间两个维度在霸权嵌套中运行的动力机制乃是产品周期规律，即工业和技术领域永不停息的革故鼎新运动：1910 年代奔跑在满洲的全部是美式车辆，1920 年代日本矿场采用的是美国技术，1930 年代朝鲜元山的炼油厂是按照美国图纸建造的，1950 年代日本采用的是美国钢铁和电子技术，1960 年代韩国采用的是日本轻工电子技术，1970 年代韩国浦项采用的是日本炼钢技术，1980 年代朝鲜请求以日本技术更新老迈的美国技术，1990 年代中国东北地区采用的是日本技术。鉴于日本业已成为该地区生产系统和技术提升扩展系统的核心，赤松要（Kaname Akamatsu）等分析家倾向于将其视为雁阵的领头雁。这是事实，但只是一个不完全的事实。只有当人们的眼睛看不到真的领头雁，也看不到地区方阵无法飞越的那块高高在上的天花板时，这才是事实。总之，至此，我们可以看出，1990 年代初期"雁阵"之所以引发热议，原因并不是而且永远不可能是"大东亚共荣圈"重新降临了，除非整个世界（而不仅仅是韩国、中国台湾或者泰国）都能够从作为霸权国家的日本获得技术资源。

1941 年，领头雁动用其作为霸权国家的外部制裁措施，对日本实行石油禁运，这一措施对日本产生了巨大的心理冲击，以至于日本领导人认定，除了战争别无选择。事实上，即使是在那场惨烈的战争期间，日本"新秩序"的领导者们仍在抱怨英美所谓"像跳蚤一样纠缠着我们"的看法，而所谓"共荣圈"，无论是在理念还是现实层面，都没有任何实质意义。[9] 你必须要一直走到缅甸，才能发现一个认购过日本战时意识形态的亚洲民族（也许它之所以看上去不错，恰恰是因为远离了冉冉升起的日本太阳）。正如哈鲁图尼安指出的那样，大日本帝国的思想家们旨在同时既成为亚洲的又成为现代的主体性方案或曰 *"shutaisei"* 方案 [南朝鲜是 *chuch'esong*（主体性）方案，北朝鲜是 *juche*（主体）方案] 以惨败告终。[10]

伟大的星月计划和凯南的复兴方案

战后日本在世界上的地位问题最早出现于 1947—1950 年，直至今日仍然主导着时局。当时，刚刚经历了"二战"的大地震，国际格局的构造板块发现了其休眠之地。美国最重要的三位规划师、迪安·艾奇逊、乔治·凯南和约翰·杜勒斯，希望由美国依照全球体系的结构要求为日本定位，以便日本不需耳提面命，比如说只需遥控，便能为其所当为。为此，他们对日本的行为进行了明确的外部限制，这些限制直到今天依然有效。[11]

占领初期，日本被迫实行了非军事化和民主化，尽管没有支持者所期望的那么彻底。因此，可以将 1945—1947 年视为战后美国对日政策的一个例外。战后美国对日政策是国务院中的亲日派在战争期间精心谋划的结果，目的是通过改革，尽快恢复日本在世界经济中的地位，因此他们不主张因为支持战争而对日本的工业领袖进行惩罚。事实上，这些计划在珍珠港事件后六个月内便已制定，这说明1941年只是东亚霸权总体模式里短暂的、临时性的断裂。[12] 不过，同样重要的是，应该记住，民主化和非军事化的双重目标与其后的战略并非水火不容[13]，事实上，它表明了1940年代晚期美国霸权超乎寻常的势力范围：既重建世界秩序，也重建主要工业竞争对手日本和德国的国内政治经济（"一战"之后，英国试图重建德国国内的政治经济，但以失败告终）。

美国是一个强大的国家，其中央经济、财政及技术力量足以使世界经济恢复生机。尽管如我们所知，霸权通常意味着在核心国家集团中处于"相对优势"，但截止于1947年，基于美国最强劲的工业体系——占当时世界总产量的一半——和几乎所有其他国家的贫穷之间巨大的不对称，美国显然将在一段时期内维系其单边优势。正是这一跨越西欧和日本的至关重要的工业复兴问题，触发了1947年的根本性变化；唯其如此，发生在日本的所谓逆转才是全球策略的结果——正如威廉·博登（William Borden）令人信服地指出的那样。新目标是重建、复兴德国和日本的工业经济，但前提是不能威胁美国的霸权利益。[14] 然而，轴心国工业的复兴却也意味着一种新的地区政治。

苏美在中欧的冲突几乎阻断了一切交流，这是一道被美国人称为"铁幕"的巨大分水岭，它粉碎了作为地区经济重要支撑的营销和交换模式。这些壁垒最初产生于欧洲中心战场，而愈演愈烈的冷战则切断了西欧和日本经济从边缘和半边缘地区获得食物、原材料和劳动力的渠道：东欧地区，包括波兰和匈牙利的谷物，波兰的肉和土豆，罗马尼亚和西里西亚的石油和煤炭；东亚地区，包括朝鲜的稻米和矿物，中国台湾的糖、中国满洲的焦煤和大豆、华南的钨。鉴于欧洲的复苏步履蹒跚，日本仍处于休眠期，而意大利和法国、中国和朝鲜的共产党又咄咄逼人，到了1947年，这一结构性问题遂被重新认识并迫切要求解决。东亚对这一策略的表述包含着一个文雅的隐喻。

就东亚而言，"遏制战略"的基础乃是某种世界经济逻辑，这在艾奇逊"大星月"——从日本铺展开去，经东南亚，绕过印度，最后抵达波斯湾的油田——的构想中有充分体现。[15] 尽管遏制战略被认为主要是用于反对共产主义扩张的安全战略，但在东亚，它却将"强"与"富"紧紧地捆绑到了一起。为实现其安全目标，美国设计师构想了一种由复苏的日本工业驱动的地区经济，前提是确保大陆市场和原材料敞开门户，为日本工业出口提供保障。这一招可谓一石多鸟：它将把受到社会主义国有经济威胁的国家联系到一起（遏制）；使日本完全自立（并非不受控制）；通过日本和美国编织起经济上相互依赖的肌腱（"富"）；借助于日本和美国对亚洲英镑集团和法郎集团的干预，减少欧洲的殖民地（"强"和"富"）。

至此，对艾奇逊"大星月"的考古学考察揭示了一个由诸多相互交错的三重层级结构组成的世界体系蓝图：美国是世界上占据支配地位的核心经济体；日本和德国将支撑起区域核心系统，并将协助整合使帝国完全陷入分裂状态的边缘地区。1940 年代，鉴于日本和德国被迫保持着政治、科技、国防和资源的对外依赖性，以西屋、通用电器、万国商业机器公司、通用汽车、福特、洛克希德和跨国石油公司等具有世界竞争力的美国公司为代表的"高科技"工业，便全然无须担心这两个国家。罗斯福在世界经济体系中围剿苏联的计划失败后，艾奇逊等人设计出了一套在非共产主义的"大区域"中集中地区力量的次优战略，以便先发制人，防止非我族类、独立自主的社会主义国有经济的进一步扩张引发更大的灾难。（当然，他们同样坚决反对另外一种不那么可怕的政治经济模式，即 1930 年代主张独立自主的民族主义。）

中国革命胜利之后，日本所要开辟的贸易腹地主要是东南亚，但在1947—1948 年，朝鲜、中国满洲以及华北，却全都是日本所要统合的潜在目标。在诞生了杜鲁门主义和马歇尔计划的著名的"十五星期"初期，发生过一起令人瞠目结舌的干预事件，国务卿乔治·马歇尔亲自给艾奇逊写了一纸便笺："请抓紧制定方案，在韩国组建有限政府，并使其经济与日本联为一体。"这不啻是一颗无法摆上台面进行检验的珍珠——除非将这一时期的朝鲜民主化历史抹消殆尽。[16] 它直言不讳、富有远见地指出了从 1947 年直至韩日邦交正常化的 1965 年，美国对韩关系的走向。

当然，富有讽刺意味的是，直至 1960 年代，日本都不曾在东亚和东南亚真正建立起市场抑或密切的核心—边缘关系。是朝鲜战争及各种各样的军事征购任务而非"大星月"计划，推动日本建立了世界一流的工业（事实上，查默斯·约翰逊一直称在朝鲜的军事征购是"日本的马歇尔计划"）。正是因为对日本经济的巨大推动作用，这场杀死了三百万朝鲜人的战争被日本首相吉田称为"上帝恩赐的礼物"[17]。三年间，日本股市一直随朝鲜的"和平恐慌"而波动。不过，开辟亚洲腹地的主张贯穿了整个朝鲜战争。最引人瞩目的是，艾森豪威尔当局始终对"重建日本失去的殖民帝国"争论不休。[18] 归根结底，只有这一主张能够解释1960 年代以来，日本经济对朝鲜和中国台湾所产生的——如我们即将见到的——深刻影响。

简言之，战后日本乃是世界经济的一个生产车间。日本的太阳升得很高但还不是太高；高得足以在夕阳产业（纺织、轻工电子、汽车、钢铁）中引发与盟友的贸易摩擦，但还没有高到对尖端工业构成威胁，更不要说赢得全面的工业优势。这一政策的内在逻辑伴随着冷战的出现于1947 年被锻造出来；随着日本从美国旨在为日本以及朝鲜、越南的"自由世界"封锁住亚洲腹地的战争中不断获益，这一逻辑也不断被深化。后来的四分之一个世纪中，日本是美国尽职尽责的伙伴，而美国则对日本经济的成功喜出望外；美国的设计师们也许曾经为日本、韩国和中国台湾的进口替代以及政府（或当局）在经济中所起的强大作用心存忧虑，但美国还是以巨大的、史无前例的技术和资本转移支持甚至放纵了这些东北亚盟友。[19]

约翰·加迪斯 (John Gaddis) 等历史学家曾经探讨过战后的"长久和平",但是他们没有看到,这种和平的安全基础乃是一种双重遏制体系:既遏制共产主义敌人,也遏制资本主义盟友。这便是我曾经说过的"凯南恢复方案"。凯南在构想这一安全体系的过程中扮演了关键角色,他先是于 1947 年形诸文字,1948 年,又在东京与麦克阿瑟进行了长时间磋商。其实,超级大国之间之所以能维系长久和平,真正原因乃是:超乎公众想象,苏联在很大程度上认同美国秘而不宣的安全目标。斯大林主张,不仅要遏制美国,同时要遏制德国和日本一切复仇的苗头。这后来也成了外交部长安德烈·葛罗米柯 (Andrei Gromyko) 终生的信条。在美国围困苏联集团的同时,莫斯科也在围困西德(有三十六万军队驻扎在东德)和日本(有一万名士兵驻扎在狂风劲吹的择捉岛,堪察加半岛也有重兵布防)。

唯其如此,1990 年代,美国发现自己处身于所有可能的世界中最好的世界里,它赢得了冷战的胜利,同时紧紧操纵着德国和日本。这绝非偶然,因为冷战包含着两套系统:一是遏制计划,既遏制敌人,也遏制盟友,以确保安全;二是霸权计划,以确保美国对主要工业竞争对手所必需的资源的操控。无论霸权计划,还是既结盟又遏制的系统,今天都不仅依然存在,甚至更加根深叶茂。

同样是由于战后解决方案,现在,相比于欧洲,东北亚的多边组织与机制要少得多,而战后的大部分时间里还要更少。这里没有北大西洋公约组织,没有欧洲安全与合作委员会;经济合作与发展组织太过遥远,而联合国则不过是美国在东亚的代理商。这一结果乃是 1945 年美军对战败国日本实施单方面军事占领,以及随后五年该地区适应冷战两极格局而出现的普遍分裂的产物。1945 年 8 月 15 日,麦克阿瑟将军签署第一号总命令，驱除驻日盟军；以北纬 38 度线分割朝鲜，以北纬十六度线分割越南；同时敦促日军向国民党军队投降，以寻求中国在蒋介石统治之下的统一。中国是唯一没有执行东亚军事分治方案的地区，1948—1949 年，随着共产党廓清大陆，又一个新的分治格局——台湾和大陆——出现了。

1951 年 1 月朝鲜战争爆发，极大地加剧了东北亚地区的分治格局。在朝鲜半岛，壁垒森严的非军事区取三八线而代之，并一直存续至今，俨然一去不复返的全球冷战之纪念馆；南北朝鲜都将自己重新打造为军事集权国家，军人的比例居高不下。因为被封锁和战争威胁，中国有三十年之久都被排除于战后全球体系之外。作为朝鲜战争的结果之一，日本也重新走向了军事化——尽管相当克制。最重要的是，朝鲜战争为美国在这一地区的非共产主义部分留下了一个军事岛链，如屯兵十万的韩国基地和冲绳基地等，而在各种文献中，却鲜见对这些基地的讨论。毋庸置疑，这些完全服务于美国东北亚利益的高压机构，对盟友有一种全面操控的作用，我曾经将其比喻为"套在日本咽喉上的一个闪闪发光的锁轭"。

美国单边主义在东北亚的长远后果可以概括如下：该地区的资本主义国家倾向于通过美国进行相互交流；而美国作为一个高高在上的政权，由诸多双边条约（和日本、韩国、中国台湾、菲律宾的条约）所拱卫，并由凌驾于四方外务机构之上的美国国务院负责运作。这些国家或地区都变成了被美国军事机构深深楔入（如对韩国军队的操控、台湾海峡的第七舰队、所有四个国家或地区的防务依赖、各自领土上的军事基地）的半主权政权单位，既无力制定独立的外交政策，也没有独立的防务措施。从某种意义上说，如果没有了和美国的关系，这些国家或地区都将成为彼此的当代"隐士王国"。

资本主义国家与共产主义国家的"交流"主要通过美国军方进行。

可以举出一系列颇富象征意味的事件：板门店军事谈判，台湾海峡金门岛和马祖岛的短暂危机，不断升级的越南战争，和朝鲜周期性的吵闹（1968 年普韦布洛号被扣留，1969 年 EC–121 飞机被击落，1976 年的"砍树"事件），东北亚对（相对较弱的）苏联不遗余力的遏制，等等。从 1950 年代中期开始，有了一些穿越军事铁幕的小举措，如日中、日朝之间低水平的贸易往来。但是，直到 1970 年代，主流趋势依然是，单边主义的美国体制特别偏好军事交流，却特别不喜欢已经出现在欧洲的多边机制。

这里没有北大西洋公约组织（NATO），倒是有一个东南亚条约组织（SEATO），但它从来没有真正发挥过作用，从来没有逼出一个"东北亚条约组织"，而且仅仅 20 年便寿终正寝了。还有一个小马歇尔计划[即经济合作总署（ECA），从 1947 年开始，该组织一直在援助韩国和中国台湾]。和马歇尔计划本身一样，它后来也被复兴发达工业经济的计划所取代，而本地区所谓"发达工业经济"，自然非日本莫属。不过，直到 1960 年代中期，本地区的政治经济和美国之间依然主要是一种双边关系，弱小国家主要靠美国的援助款项勉力维持（如 1950 年代末，大韩民国六分之五的进口额来自美国）。

东北亚之日本，1960—1990 年代

1960 年代的十年是东北亚体系回归"正常化"的分水岭。从那时到现在，经济交流一直是重新缝合该地区国家关系的驱动力。肯尼迪政府扮演了关键角色，它颁布了一系列政策，以削减多层次的军事机构，创立新型的经济关系。从某种意义上说，这些措施实现了艾奇逊连接日本、"亚洲岛"和中东的"大星月"构想——1950 年，这一构想曾被朝

鲜的南进行为打乱；从另外的角度看，它预示了后来由尼克松政府所推动的诸多变化，尤其是尼克松主义和对华开放。同样是在肯尼迪时期，美国领导人第一次开始批评日本在安全事务上"搭顺风车"[20]。（令人泄气的是，这套修辞术已经步入了第四个十年，然而日本依然将其国防开支限定在国民生产总值的 1% 左右，而美国的政客们依然在不停地予以指责。）

肯尼迪战略由国家安全顾问罗斯托（W. W. Rostow）草拟，主旨是使日本经济重新在东亚地区发挥影响。这一战略导致了 1965 年（在美国的巨大压力之下）日韩关系的正常化，中国台湾和韩国则双双在出口导向型发展的旗帜下开始了工业化进程，其典型特征是利用日本所淘汰的轻工业技术。[21] 国际货币基金组织和世界银行开始介入跨国规划，在 1960 年代中期韩国第二个五年计划、1980 年代中期韩国从出口导向型经济的低迷状态中复苏、1997—1998 年国际货币基金组织紧急援助等一系列事件中，两者充分发挥了作用。1971 年，尼克松开启了对华关系，开始从越南战争的泥潭中抽身并试图以共制共，然而在经历了由邓小平主导的邦交关系正常化和划时代改革（两项政策都决定于 1978 年 12 月）后，基于中国与东亚、中国与世界经济交互作用的经济因素开始成为支配性因素。世界银行和国际货币基金组织再次挺身而出，在改变共产主义经济时施以援手。1990 年代，通过合资企业和有限外国投资，进一步将越南接纳了进来，同时减缓了对朝鲜经济的孤立。简言之，自 1960 年代中期以来，经济力量长驱直入，破除了之前由朝鲜战争带来的看似极为强固的安全障碍。在上述经济力量的形成过程中，日本一直是最主要的地区领导力量，但它还不足以成为地区性的政治或军事霸权。事实上，美国的冷战军事机制依然掌控着这一地区的安全，尽管冷战已经出其不意地退出了历史舞台。

1985 年"广场协议"（协议使得日元大幅升值）的直接结果是，日本在东南亚的地位（1989 年，日本公司平均每个工作日都会在泰国新开一家工厂）得到了极大的提升。这似乎暗示着，只要有某种紧密的交互关系出现，那一定是由日本领导的，而这又预示着，大东亚共荣圈的幽灵将会再次出现。[22] 其实，这不过是新一轮危言耸听、杞人忧天式的反应，每当日本崛起之时，西方人的脑袋里都会产生类似的反应。事实上，日本投资所维系的绝不仅仅是一个地区性方向，而是全球性方向。1997—1998 年，当泰国和马来西亚行将崩溃时，是联合国和美国引领着世界货币基金之类的组织帮助其渡过了危机。

即便是时至今日，比之于欧共体，东北亚也缺乏紧密的横向联系，且依然不会有期盼中的多边机构出现。尽管亚太经合组织 1993 年 11 月的温哥华峰会曾一石激起千层浪，且其成员国占据了世界贸易额的 35%，但它依然只是一个咨议性组织，一个由十八个国家组成的并不牢固的组合，十八个国家彼此之间并没有良好而经常的互动。（马来西亚一心想要建立一个排他性的地区经济组织，并曾经激起了巨大的热情和关注，但相比于亚太经合组织，它并没有太多进展；到 1999 年，它已穷途末路，只是偶尔吸引起日本民族主义者的关注。）这里并没有北美自由贸易协定的对等物，然而一旦"东北亚自由贸易协定"横空出世，它极有可能是北美自由贸易协定的放大，东北亚或环太平洋经济体将有选择地纳入进来。因此，可以正确地得出结论，亚洲的"互依互存网"还相当薄弱；"亚洲似乎非常缺乏制度和组织"，"其国际机构还煮不出丰盛的'字母汤'"。[23]

今天，将东北亚联结在一起的主要组织依然是私人企业，正是私人企业为这一地区提供了活力（比如，1994 年，庞大的美国企业联盟终结了克林顿将对华最惠国待遇与中国国内人权状况挂钩的政策；1997—1998 年，美国大型银行策动了整个地区的债务重议）。本地区没有任何诸如欧洲关税同盟、欧洲议会或欧洲安全与合作组织之类的机构，尽管

1990 年代中期曾经有过一些旨在创立一个类似于欧安组织的机构的努力。有观察家认为，东盟各小国为了对抗中国军事扩张，已经以东盟地区论坛（ARF）的形式结合到了一起。[24] 但东盟地区论坛现在仍然未能发挥作用。

商务人员已经可以畅通无阻地在东亚各地旅行，但是普通公民如果想从中国台湾到中国大陆，或者从韩国到中国，更不要说从韩国到朝鲜，却仍然受到限制，反之亦然。外部观察人士可能认为，中国、朝鲜和日本被共同的书面语汉字联为一体，但事实上该地区的通用语乃是英语。中国大陆使用简化字，而台湾地区并不使用；韩国试图清除其书面语中的所有汉字，而朝鲜早在 1948 年就已经这么做了。同样，日语和汉语在语法上的差异不亚于任何两种语言（相比之下，法语、意大利语和西班牙语更像是英语的方言）。就连所谓的共同文化背景，儒教，也没有在比如说朝鲜和日本或日本和中国之间建立起联系。对殖民主义和战争挥之不去的仇恨，连同美国大众文化的统治，正趋向于推翻这一传统遗产，并将东北亚流行文化变成一个端赖美式流行歌曲和唱片维系的、关于民族国家建设的大杂烩。[25]

按照理查德·塞缪尔斯（Richard Samuels）等人的新作的说法，整个战后时期，技术体制乃是日本能够寻求自治权的少数领地之一，因为假设国家体系内的自治权指的是禁止他人进入的话，那么，从资源角度看，这个资源匮乏的岛国压根儿不可能拥有自治权（我甚至不想提及话语自主权[26]，因为从现代以来，日本从来不曾拥有过）。这样，日本便为自己选定了一条阻力最小的道路，从 1950 年代直到现在一直在勤勉地获取、积累着技术，这导致了即便现在我也觉得非常含混的一些结果（这里是日本老大，那里是日本老二，换一个地方又是日本老三）。当然，这只是相对于其他国家来说阻力最小的一条道路，因为美国一直在阻止日本获得最先进的技术，恰如日本长期以来一直致力于使其亚洲近邻在技术上对其保持依赖，也恰如韩国现在正试图通过 1994—1995 年的轻水反应堆论辩及其他类似方式，使朝鲜在技术上对其形成依赖。

尽管现在无法充分证明我的看法，但我并不认为，1990 年代后期，日本在所有重要技术上都已经一劳永逸甚至大幅度地超越了美国。早在 1990 年，让-克洛德·德里安（Jean-Claude Derian）便已经看到了这一点。当时，全世界的克莱德·普雷斯托维茨（Clyde Prestowitzes）们怨声载道：日本在所有重要技术领域都将超越我们，成为全球霸权国家——如果不是已然如此的话。[27] 德里安也对美国在若干领域的技术领先地位不无忧虑，包括半导体、超级计算机、千兆处理器、高清电视、空中巴士等。不过时至今日，日本在上述领域的领先地位都已被克服或已不足为患。除此之外，总体上说，德里安颇为乐观。他认为，鉴于日本科技是一种"庇护型文化"，存在着致命弱点，美国将继续保持或将重新获得全球技术领先优势。他是正确的。

1980 年代后期，美国国际商用机器公司（IBM），这位独步全球的巨人，似乎受到了日本电气公司（NEC）的严重威胁。[28] 未料，真正严峻的挑战却来自美国国内众多的小型中间商公司，这些公司将个人电脑放进了每一间办公室和每一个家庭，并在 1990 年代把桌面电脑变成了超级计算机。尽管 1980 年代，众多权威人士曾预言波音公司将不可避免地走向衰落，但它在 2000 年后依然保持着全球飞机制造业的领先地位，并且积压了大量的订单。现在，美国计算机的速度更快。[29] 美国芯片，如英特尔的奔腾，比日本芯片更胜一筹。至于软件（它好比是计算机的大脑），美国更是有着巨大的领先优势并拥有一位绝对霸主，这位霸主在任何方面都堪比 1900 年的标准石油公司或美国钢铁公司。不用说，这便是微软公司。甚至连美国汽车工业，包括 1980 年代病弱的小兄弟克莱斯勒，也开始复苏。

如德里安所说，日本公司的科学传统薄弱，同美国相比，诺贝尔奖获得者寥寥无几，研发战略的绝对标准也不可同日而语。日本只是在"不再受保护的"技术文化中较为擅长，其秘诀与其说是研发新技术，不如说是技术引进和产品革新。[30] 不仅如此，德里安认为，美国还拥有日本所没有的两张王牌。第一张牌是其在庇护型文化和不再受保护型文化中的双重威力，这和美国庞大的军费开支不无关系。第二张牌是其作为霸权国家与生俱来的权利：美元作为"世界货币体系柱石"所享有的特权地位。德里安认为，通过使美元贬值，美国重新振兴了其出口，并且自1985 年以来一直"迫使全世界其他国家……共同分摊了美国重建贸易平衡的费用"。尽管许多经济学家可能会对德里安吹毛求疵，但他无疑正确地指出了，没有任何其他国家能够在两年之内，让本国部分出口商品价格在竞争对手的市场上直降 50%。诚然，其论断在 1995 年看起来更其精准，当时，中央银行的银行家们锉着指甲，便让美元对日元的汇率跌到了战后新低；同样，1998 年，克林顿政府的官员们逼迫日本开放更多的市场并大力刺激消费。即使是在日元和美元的汇率为 80∶1 的1995 年，以日元标价的世界贸易也只占世界外汇的 9%，与此形成对比的是，据说非常疲软的美元所占份额为 55%[31]；到 1998 年，美元已经升值到可以兑换 130 日元。

最重要的是，虽然经济发展强劲，但驱动该地区国家间联合（或助推国家间的分裂，如南北朝鲜）的，依然是美国。1993 年 11 月的亚太经合组织温哥华峰会，可以看作华盛顿为实现美国外交政策从大西洋到太平洋的"根本性转变"而尝试的又一次突然倾斜（麦克阿瑟时代以后的第一次尝试出现于 1980 年代中期里根执政时期），但是其主流趋势与其说是真正转向太平洋，不如说是大西洋主义的式微。1994 年 3 月，美国财政部的官员们欢欣鼓舞，将东亚、东南亚的同时快速增长比喻为"工业革命和文艺复兴"，这一修辞充分表明历史不是个好东西。（文章承认"这些经济国家的财长们从来没有齐聚于同一个房间"[32]。）同理，

1993 年亚太经合组织会议唯一具体可见的成果是，东亚国家首脑和美国总统破天荒第一次坐到了一个房间里。这仅仅说明，即使是今天，对东北亚来说，多边关系也还只是停留于初始阶段。

21 世纪的东北亚："使日本安分守己的关键"

仅凭 1945 年以来美国霸权一直主宰着东亚地区，并不足以表明它还将无限期地主宰下去。事实上，许多分析人士认为东亚地区的权力平衡即将发生变化，其中的绝大多数人对此忧心忡忡——因为他们是美国人。这一话语的另一面，则是影响了 1990 年代几乎每个美国人的不可理喻的必胜信念。必胜信念始于对下列问题的肤浅判断：冷战是如何赢得的？苏联为何会崩溃？对美国自由主义——现在它被认为可以包治百病——来说，这一切意味着什么？（从某种意义上说，现在，美国人的凝视暂时失去了双焦功能；自由主义的全视之眼无法发现实质性的"差别"，而五角大楼自然也就无法发现，结果只是无关痛痒地削减了国防开支。）美国世纪，曾经被认为从 1980 年代开始亏缺，现在再次如日中天。从很多方面看，东亚地区的冷战早在十年前就已结束（除朝鲜外），从大趋势看，最近几十年已经步入正途，且这一趋势在 1990 年代得到了进一步的强化。但这并没有阻止美国分析家们——他们中的绝大多数都毕业于现实政治这所学校——对东北亚地区事务的自鸣得意。

不妨看一看理查德·贝茨（Richard Betts）降贵纡尊的声明，"因此，我们该不该让中国富起来呢？"或者看一看其直率的建议：美国应当继续"心甘情愿地"为日本充当"雇佣兵"，且"时间越长越好"，因为舍此之外，东京便只能"用鲜血和财富来支持国际秩序"，而这一天果真到来的话，"日本将合情合理地希望对这一秩序施以更强大的控制"。换言之，如果让美国来维持世界秩序，而日本继续维持贝茨所谓的美国的"单维超级大国"地位，无疑会更好；否则，他夹杂着隐喻说，"截断东亚的历史，非但不利于平息混乱，反而会带来不稳定"。这里所谓稳定，等同于美国霸权的复生。与此同时，美国应继续将日本引入到"新自由主义制度论"的机体之中。[33] 不过，最重要的是贝茨的下述论断："一个强大到足以打破地区权力平衡的中国、日本或俄罗斯，势必同时成为世界强国，并在最高层面上重建两极格局。"换言之，无论其中哪个国家变成了堪与美国匹敌的强国，它都将是美国的敌人。

阿伦·弗里德伯格（Aaron Friedberg）同样主张，美国必须继续在东亚扮演关键角色；尽管苏联的威胁已经终结，但美国必须继续在东亚部署军队，因为"美国是使日本安分守己的关键"[34]。一如既往，萨缪尔·亨廷顿似乎比任何人都更高明地指出，维系美国霸权，不仅仅是为了美国利益，而是为了世界利益："就对国际秩序和稳定的贡献而言，没有哪个国家能和美国相提并论。"日本无论如何都不值得信赖，因为它总是在不遗余力地图谋与全球其他地区进行"经济战"；在他看来，日本已经快要形成霸权优势，这是非常危险的。[35]

然而亨廷顿的主张不过是隔夜馊饭。如果说晚近时期许多美国外交政策分析人士都倾向于认为日本是一个正在兴起的强国——甚至于认为"与日本将有一战"[36]，那么，现在，许多人则认为中国更有威胁。不妨再次看看贝茨的说法："假以时日，最有可能打破地区以及世界平衡的，将是中国。"[37] 甚至五角大楼的策划师们——由于苏联已不复存在，他们一直在寻找敌人——也认为，美国的战争计划应当重新制定，将目标定位于中国和第三世界的其他"流氓国家"[38]。1994 年末进行的一项全国性公共舆论调查表明，虽然美国公众依然强烈地担心日本经济的挑战，但只有 21% 的外交政策精英持同样观点；更多的精英则担心中国将崛起为全球性强国。[39]

日本政治学家再次发现，绝无可能认同美国的现实主义者。和萨托、入江昭一样，猪口孝（Takashi Inoguchi）是一个著名的温和主义者，却出人意料地说出了美日关系中贝茨和亨廷顿宁愿我们忘记的那些事情。比如，猪口孝认为，在陷入严重冲突之前，美国霸权将会被与日本的合作性"两国霸权"所取代[40]；对一个日趋衰亡的霸权来说，这是一个完全可以预期的结果，就像当年英国长达几十年一直向美国伸出橄榄枝，希望结成伙伴关系，其实是借此抑制新兴力量一样。猪口孝发现，后冷战时代，美国一直试图利用其安全的地理位置延续霸权，并在东北亚强硬推行其贸易哲学。[41] 在 1998 年，这句话当然意有所指，因为当时美国官员试图利用亚洲危机改写这一地区的经济交换规则。对于当下中国作为地区强国的崛起，猪口孝和其他日本、韩国政治学家同样表现出了更多的善意：从地区角度来看，设若中国的军事实力可以制衡日本，那也并不可怕，因为它正好可以保证 1930 年代的事情不再重演。

对阵容庞大的"现实主义者"的看法，我不敢苟同。我在前面曾经引述过其中几位的看法，他们说，我们将在很大程度上失去冷战时期的两极平衡和"长期和平"[42]。在其他地方，我曾经论证过，如果我们回归到"本原"，我们可以将自 1917 年以来首次形成的世界体系勾勒如下：

——它完全是资本主义的，它将不再经受真正行之有效的社会主义挑战，也不再会有一个非此即彼的社会主义共同市场。

——它包括六个发达资本主义经济体（美国、日本、德国、英国、法国、意大利），它们理所当然是繁荣昌盛、同心协力的，并且没有强烈的复仇心结（不像"一战"之后的德国）。[43]

——冷战作为这个体系的最大威胁已经终结，随之结束的还有这个体系的两极体制，真正的多极化世界政治成为可能。

——分裂的欧洲与分裂的德国都是 1945 年方案的产物，整个冷战时期它们都代表了对和平的最大威胁，现在都已重归统一（或即将统一）。

——该体系拥有联合国，它完全开放，由美国和俄罗斯支持，1990年8月成功地对伊拉克的入侵行为实施了集体安全响应，随后在索马里、波斯尼亚以及朝鲜核设施等问题上，继续实施了效果虽略逊但同样是集体性的响应。

——第三世界已经完全实现了由"一战"触发并在"二战"中急剧加速的去殖民化，并且广泛——如果不是全部的话——实现了自治原则。

如果我们现在深入组成世界体系的各个国家内部，对其国内情况加以考察，我们将发现：

——所有发达国家都是民主政体，既不同于"一战"之前西欧的传统独裁政权和"一战"之后东欧的独裁政权，也不同于1930年代的极权统治。

——总体上看，劳资纠纷能够在业已建立起来的谈判、协商机制中得到解决，这与"一战"前的阶级斗争形成了鲜明对比。

——比之于"二战"之前，意识形态方面的裂痕、波动变小了，只是在不得不接受资本的左派和不得不接受社会福利权的右派之间，偶尔出现。

——在所有发达工业国家（或放大到西欧），各种各样组织良好的群众运动调节、限制着国家权力。[44]

——方兴未艾的通信革命使得任何一种国内经济都真切地意识到了它和其他经济之间的相互依存关系，最具象征意义的便是二十四小时股票市场以及那个随处可见的词，"全球化"。

七十年以前，在经历了"结束一切战争的战争"令人恐怖的血腥之后，伍德罗·威尔逊和列宁为新的世界体系提供了相互对抗的两种模式。两种模式实则在很多方面是一致的：都坚持国际主义观点，都反对旧世界的帝国主义，都主张殖民地人民的自决。今天，比尔·克林顿、托尼·布莱尔、格哈德·施罗德、日本首相，甚至鲍里斯·叶利钦，与其说是在竞争对抗，不如说是在通力合作，以建立国际主义法则、集体安全、开放体系和法治世界——后者乃是威尔逊式理想主义未曾实现之愿景的形象化。

正如 19 世纪漫长的和平时期，今天，我们发现，许多势均力敌的经济强国对创造财富的兴趣要远远强于积累军事实力。1996 年是一个值得注意的年份，英国、法国和意大利的经济体量都相差无几，其购买力等值 GDP 均在一万一千亿美元上下；据说，庞大的德国是一万四千五百亿美元。[45] 假以时日，德国可能会重新收复其在东欧的领地，但它将会有众多的竞争对手：来自美国、英国、法国以及意大利的投资商，更不要说还有日本人和韩国人。换言之，不太可能会有哪一个国家可以在欧洲独步天下，因为其他工业化经济体，无论是单个还是联手，都同样令人生畏。

发达工业国家的国内社会形态同样迥异于战前时期。那些在 1930 年代导致了从世界体系中"退股"以及在若干个爆炸性的社会形态[46] 中引爆了法西斯和共产主义革命的特殊品质已不复存在。这些特殊品质来自众多国家的不同社会形式；如果说日本和西欧最终选择了自由主义轨道，那么这一点至少在 1945 年之前并不清楚。[47] 在这之前，自由主义进步论不得不对抗右派的浪漫复古和左派的社会革命，两者都反对市场；纳粹德国和军国主义日本便是在这种冲突中产生的。无论如何，"二战"终结了这种局面，并在西欧留下了普遍的资产阶级民主。自由霸权秩序已然实现，革命前景渐行渐远。我引证这一分析，还是为了证明为什么关于德国和日本的"永恒的不信任话语"有可能褪色：它们已经完成了民主革命，尽管为此付出了"二战"的代价。

如以上所述，现实主义者马上反驳说，"西—西"冲突很快将取代"东—西"冲突[48]，还有很多人担心德国和日本并没有充分吸取在"二战"中战败的教训[49]，冷战的终结将加剧国际资本竞争，"复出的威胁"（五角大楼称之为"复出的巨人"）将接管俄罗斯，等等。然而，到1999年为止，我们并不能说"西—西"冲突自1989年以来在不断加剧；恰恰相反，倒是减缓了。几乎没有迹象表明，德国和日本的战后民主革命受到了威胁。诚然，德国的新右翼比日本发生的任何事情都更令人担心。1993年，日本冷战时期的保守政治统治结构宣告崩解，深化了日本的民主承诺，甚至将永远处于反对党地位的社会主义者推上了权力舞台（于是他们抛弃了他们的社会主义，这印证了我的看法：左派不得不通融妥协）。

简言之，对我们所处的1990年代以及过去七十年的"现实主义式"的比较表明，发达资本主义国家之间的相互协作是可以预期的，至少在最近的一二十年是可以预期的。1989—1991年以来世界体系的结构性变化业已生产出了一个自由主义者孜孜以求的世界，重新回到了伍德罗·威尔逊。因此，今日之全球资本主义"对和平的兴趣"和19世纪一样强烈，甚至更强烈，二者联袂使得某种看似自由主义世界秩序的东西成为可能——反之则不然。[50]

1990年代早期，现实主义者还声称，世界经济将分化为三个巨型地区集团。[51] 不过，随着日本泡沫经济的爆裂，随着欧洲颇为自负的"1992"最后证明也不过是1992而已，类似的声音大都销声匿迹了。欧共体从来就不是一个弃世界其他地区于不顾并招致其他地区反作用的地区经济体。不仅如此，这一共同体将不会比北美联合市场以及拉丁美洲的中产阶级和劳工阶级规模更大（或许还要更小），也不会比包括东北亚、中国的资本主义连接区域、东盟国家、澳大利亚在内的太平洋共同体更大。[52]

诚然，尤其随着欧元货币时代的即将到来，欧洲内部的一体化进程在加速。但这绝不意味着欧共体将自外于非欧洲市场。三个巨大的市场已经并仍将相互依存，谁都想进入其他任何一个市场。

以上便是我对后冷战时代"西—西"合作的主要看法。诚然，我们迄今所有证据，都来自于"1989 年革命"之后若干年的历史，不过这段历史证实了我的立场，也证实了卡赞斯坦和在民族国家"黑箱"中凝视的其他学者们的立场——按照顽固的现实主义者的预测，民族国家"黑箱"几乎是不可言说的。

结　论

通过本书，我已经证明了，日本及其东北亚近邻（主要是韩国和中国台湾）在 20 世纪大部分时间里，都巢居于西方霸权体系中，却几乎完全不曾获得过民族主义者孜孜以求的自我定义的、全面的自治。这个体系还将延续多久，无人能够猜测，它取决于美国霸权何时真正走向衰落，以及相应地，日本何时才能逃脱战后格局。换言之，两者都将是 21 世纪的问题。

1990 年代初中期，东亚似乎与过去有所不同，好像终于要摆脱美国巢穴了。在日本、韩国和中国，都不难发现美国黄金时代的镜像，而许多评论家则将美国视为明日黄花：霸权日趋衰落、经济迟滞、大众文化无法和东亚文化传统相提并论。尤其值得指出的是，1990 年中期，当（中国）台湾看起来有可能再次获得来自美国和国际社会的实质性承认时，中国选择了在若干问题上与美国针锋相对。不过，当下的中国充其量还只是一个笨手笨脚的、易怒的、由类似于 1970 年代朴正熙时代的威权体制统治着的政权；它误把新拥有的经济力量当作真正的影响力，利用几乎一切机会到处插手。对中国产生压倒性影响的并非其当前的政治体制，也不是1990年代的经济的急剧增长，而是世界资本主义体系戏剧性的回潮与衰退最终在这个巨大而传奇的市场找到了出路。日本远比中国更有可能转化为霸权国家，而且在未来的许多年，都仍将是东亚最重要的因素。

不过，尽管相当长时间以来，日本一直雄居科技王国之巅，但现在却有所落后，而且它和美国的关系似乎也和1975年一样脆弱。如果说作为一种返祖现象，1990年代，美国在东北亚的军事基地岛链似乎呈现出了熊彼特所定义的帝国主义的经典特征，那么它只是由我们此前对遏制共产主义的执着所产生的错觉。五角大楼及其众多基地或许确实是熊彼特所谓的永动机，但它们确实在执行一种功能，而且这种功能并不新鲜：那便是遏制日本、韩国和中国。

美国的自由主义者在凝视日本时也许会看到太阳黑子，但是且请想一想，在经历了一个世纪的现代化进程之后，在作为美国的伙伴扮演了旷日持久却永远屈居次席的角色之后，日本人又会有何感受。美国作为唯一一个从大陆型经济成就世界霸权的国家，直到第二次世界大战，才伴随着西方国家的工业化，充分完善了国内市场。就此而言，1941年也许确实是美国世纪的开端[如亨利·鲁斯（Henry Luce）所说]，而美国工业也许依旧在驱使着美国人"从朝阳走向落日"——用约翰·费斯克（John Fiske）的话说。[53] 从微软和波音所在之西雅图沉落的太阳正从日本之东方升起，而烦躁难安的（restless）美国又一次出现在天际线上，一如1853年的情形。

前　言

1　*Cox Report* (Washington, D.C.: Regnery Publishing, 1999)，系 *Report of the Select Committee on U.S. National Security and Military/Commerical Concerns with the People's Republic of China* (U.S. House of Representatives, Washington, D.C., 25 May 1999) 的简写本。

2　Caspar Weinberger, foreword to the *Cox Report*.

3　见 *Cox Report* 之书封。

4　世界信息技术和服务联盟数据，引自 *New York Times*, 3 April 1999。

5　参见 Bruce Cumings, "The Korean Crisis and the End of 'Late' Development", in T.J. Pempel, *The Politics of the Asian Economic Crisis* (Ithaca, N.Y.: Cornell University Press, 1999)。

6　英文著作请特别参看 Kim Dae Jung, *Mass Participatory Economy: A Democratic Alternative for Korea* (Cambridge: Center for International Affairs/ Harvard University, 1985)。

7　皮埃尔·布迪厄写道，商品拜物教不仅见于老马克思的作品，"在新自由主义、德国马克的高级祭司以及稳定的金融体制的先知预言中……它正在成为一种普遍的信仰，一种新的普世福音"。Bourdieu, "A Reasoned Utopia and Economic Fatalism", *New Left Review 227* (January/February 1998): 126.

8 Pempel 所编 *The Politics of the Asian Economic Crisis* 中收录拙文一篇，所论正是这一问题。

9 Meredith Woo-Cumings, "The Three Worlds of East Asian Capitalism"，未刊稿。

10 *New York Times*, 29 September 2001, sec.C, p.2.

11 参见 Michael R. Gordon 的调查报告，"How Politics Sank Accord on Missiles with North Korea", *New York Times*, 6 March 2001, sec.A, pp.1, 8。戈登认为，克林顿的平壤之旅是因为佛罗里达州的选举而推迟的，等到美国联邦最高法院 12 月初宣布布什获胜，再要成行，为时已晚。

12 引自 Gordon, "How Politics Sank Accord", sec.A, p. 8。

13 对这一事件的系列报道表明，轮船并没有沿着既定演习路线航行，而这么做的目的只是为了不让民众失望。

14 预算数字引自 Selig Harrison, "Time to Leave Korea?" *Foreign Affairs* (March-Aprill 2001), 62-79。

15 一位未署名的顾问称会谈结果 "令人尴尬"，见 *Korea Herald* 网络版，2001 年 3 月 13 日。当日，在加利福尼亚大学尔湾分校举行的朝鲜问题学术研讨会上，我曾经和一位韩国国会议员进行过交流。他说金大中的顾问曾经咒骂过布什的愚笨策略。

16 1998 年 5 月，作为国务院的外围专家，我见到过佩里的团队并被告知，检讨工作将进行 6 个月（从 1998 年秋季开始）。该评估对朝鲜战争以来美国的朝鲜半岛政策产生了深刻影响。

17 参见 *New York Times*, 14 March 2001。

18 朝中社，2001 年 9 月 12 日。

19 Condoleeza Rice, "Promoting the National Interest", *Foreign Affairs* (January-February 2000).

20 Edward Luttwark,op-ed, *San Jose Mercury News*, 27 April 2001.

导　论

1 Friederich Nietzsche, *The Birth of Tragedy,* trans. Walter Kaufmann (New York:

Vintage Books, 1967), 67.

2　James Fallows, *Looking at the Sun: The Rise of the New East Asian Economic and Political System* (New York: Pantheon, 1994),179. 本书的书封上，是约翰·朱迪丝（John Judis）对《新共和国》的吹捧："詹姆斯·费洛斯现在对美国所做的一切——论证新世界之于旧世界的有效性，堪比托克维尔对法国之所为。"

3　E.H.Norman, *Origins of the Modern Japanese State*, ed. John W. Dower (New York: Pantheon, 1975), 451.

4　Karl Marx, "Bastiat and Carey", in *The Grundrisse, Foundations of the Critique of Political Economy*, trans. Martin Nicolaus (New York: Vintage Books, 1973), 885-886.

5　Samuel Huntington, *The Clash of Civilization and the Remaking of World Order* (New York: Simon & Schuster, 1996).

6　Friederich Nietzsche, *The Genealogy of Morals*, trans. Walter Kaufmann (New York: Viking, 1969), 119.

7　Masao Miyoshi, *Off Center: Power and Culture Relations between Japan and the United States* (Cambridge: Harvard University Press, 1991); Roland Barthes, *The Empire of Signs*, trans. Richard Howard (New York: Noonday Press, 1983).

8　Barthes, *The Empire of Signs*, 48.

9　Benedict Anderson, *Imagined Communities* (New York: Verso, 1991), 16.

10　参见 Bruce Cumings, "Chinaton : Foreign Policy and Elite Realigment", in *The Hidden Election*, ed. Thomas Ferguson and Joel Rogers (New York: Pantheon Books, 1981),196-231。

11　1998 年 1 月，在对来自中西部大学不同学科的众多教授所做的讲演中，我使用了"霸权话语"一词。讲完后，提给我的第一个问题是：你的著作中如何定义"阴谋论"？我说我从来不使用这个概念。那位教授说："可是你提到了'霸权话语'。"这充分说明教育者依然需要教育。

12　Louis Hartz, *The Liberal Tradition in America: An Interpretation of American Political Thought since the Revolution* (New York: Harcourt, Brace, 1955).

13 《世界新秩序》(*Novus ordo seclorum*)主要讨论美国的国家信用(印信)与美元债务，不过在讨论美元债务时，该书以独眼巨人(cyclops)般的眼光对金字塔、共济会和光明派的象征符号进行了考察，从而勾画了从美国建国直至 1995 年俄克拉荷马财政大楼爆炸案以来日益引起媒体关注的乡巴佬"民兵武装"的美国阴谋论。

14 克莱蒙梭(Clemenceau)有云："美国是有史以来唯一一个不可思议地从野蛮直接走向衰落却没有文明贯穿其中的国家。"

15 Mike Davis, *City of Quartz: Excavating the Future in Los Angeles* (New York: Vintage Books, 1992).

16 Warren Susman, "The Smoking Room School of History", in Paul Buhle, ed., *History and the New Left: Madison, Wisconsin, 1950-1970* (Temple University Press, 1990), 44.

17 Marx, "Bastiat and Carey", 885. 中译采用中共中央马克思恩格斯列宁斯大林著作编译局译：《马克思恩格斯全集》(第 46 卷)，人民出版社，1979，第 4 页。

18 Fredric Jameson, *Postmodernism, or, The Cultural Logic of Late Capitalism* (Durham: Duke University Press, 1991), XIX.

第一章　考古学、血统、突现

1 Walter Benjamin, "Theses on the Philosophy of History", in *Illuminations*, ed. Hannah Arendt (New York: Schocken Books, 1969), 257-258.

2 Max Horkheimer and Theodor W. Adorno, *Dialectic of Enlightment*, trans. John Cumming (New York: Continuum, 1990).

3 Immanuel Wallestein, *Historical Capitalism* (London: Verso, 1983), 98.

4 Christopher Lasch, *The True and Only Heaven: Progress and Its Critics* (New York: W. W. Norton, 1991), 13.

5 Davis, *City of Quartz*, 12.

6 Alasdair MacIntre, *After Virtue* (South Bend, Ind.: University of Notre Dame Press, 1981), 38.

7 Wallestein, *Historical Capitalism*, 80-82.

8 Immanuel Wallestein, *The Modern World-System*, Vol. 3: *The Second Era of Great Expansion of the Capitalist World-Economy, 1730-1840s* (New York: Academic Press, 1989).

9 麦金太尔已经卓有成效地运用了第二种方法，主要是两本书：*After Virtue*（麦金太尔准确认识到尼采是现代社会的伟大对话者，通过与尼采的论辩，他从诸多方面对现代方案进行了讨论。——尤请参看第三章"尼采还是亚里士多德？"）；以及 *Three Rival Versions of Moral Enquiry: Encycolopaedia, Genealogy, and Tradition* (South Bend, Ind.: University of Notre Dame Press, 1990)。这里的三个"版本"是委婉语，指经验主义、尼采和他的追随者福柯，以及托马斯主义或天主教思想。

10 这是麦金太尔 *After Virtue* 开篇立论的关键："我们所拥有的……乃是一个概念体系的碎片，这些片段目前已经缺失了意义之所由生的语境。"

11 我借鉴了凯瑞·古廷的相关讨论，参见 Gary Gutting, *Michel Foucault's Archaeology of Scientific Reason* (New York: Cambridge University Press，1989), 270—272。他指出："将考古学同时运用于话语实践……以及非话语实践……使得福柯在知识和权力之间建立了一种本质化的象征关系。"见第 271 页。

12 Edward Greer, *Big Steel: Black Politics and Corporate Power in Gary, Indiana* (New York: Monthly Review Press,1979), 78-82.

13 Douglas MacArthur Archives, Record Group 6, box 78, Allied Translater and Interpreter Service, Issue no. 23, 15 February 1951, 其中引用了在元山收录的朝鲜和俄国的原始档案。

14 这份共和党人的名单将包括威廉·兰多夫·哈茨（William Randolph Hearsts）、纽约的米尔斯／雷达（Mills/Reid）家族 [奥格登·米尔斯（Ogden Mills）是胡佛的财政部长]、纽约州著名的共和党人法塞特（Fassett）家族，以及丹佛的阿道夫·库尔斯（Adolph Coors）家族。参见 Bruce Cummings, *Origins of the Korean War* (Princetion, N.J.: Princetion University Press, 1990) 2: chap. 5。1987 年 4 月，朝鲜请求日本为重新开放元山给予技术援助，引自 Economist Intelligence Unit, *Country Report: China, North Korea*, no. 2 (1987): 46。

15 Foster Bain, "Problems Fundamental to Mining Enterprises in the Far East", *Mining and*

Metallurgical Society of America, 14, no. 1 (January 1921) 1: 3-4. Also Boris. P.Torgasheff, *The Mineral Industry of the Far East* (Shanghai: Chali Co., 1930), 131.

16 Carter Eckert, *Offspring of Empire* (Seattle: University of Washington Press, 1991).

17 参见 Robert S. Schwantes, "America and Japan", in *American-East Asian Relations: A Survey*, ed. Ernst May and James Thomson (Cambridge, Mass.: Harvard University Press, 1972), 112-116。生产电灯所需要的一切，从电力机器到器材，当然都由通用电器公司提供；麒麟啤酒的开办则奠基于 1872 年左右威廉姆·科普兰在横滨创办的春谷酿酒公司。马克思认为亨利·凯里是唯一一个具有原创思想的美国经济学家 [参见文章 "Bastiat and Carey", in *The Grundrisse* (New York: Vintage Books, 1973), 887]；事实上，作为贸易保护主义者，凯里的思想深受弗里德里希·李斯特影响，后者的理论当时在日本深受欢迎。

18 信息来自 Angus Hamilton, *Korea* (New York: Charles Scribner's Sons, 1904)。

19 Stuart Hall, "The Hinterland of Science: Ideology and the 'Sociology of Knowledge'", in *On Ideology*, ed. Stuart Hall (Birmingham, England: University of Birmingham, 1978). 对 H. D. 哈鲁图尼恩在这一注解上给予的帮助，谨致谢忱。

20 参阅麦金太尔在《三种对立的道德探究观》第 52 页对福柯《知识考古学》所做的评论，以及古廷《福柯的考古学》。古廷认为《知识考古学》没有对非话语因素的特性及其影响进行深刻讨论，"关于话语和非话语的联结，（福柯）没有对其基本特性和确切意涵进行说明"（259）。另外还有一个"前话语"的概念，但我把"前话语"和"非话语"的区别留给福柯研究专家去讨论。非话语或前话语中的权力以某种方式形塑了话语，这才是我的兴趣所在。

21 1950 年代和 1960 年代的亲日派 [罗伯特·瓦德（ Robert Ward ）、詹姆斯·莫雷（ James Morley)] 关于现代化的著述，显然在贬低 1930 年代至 1940 年代，视其为日本漫长的进步进程中的反常现象，却十分重视明治维新和"大正民主"的盛世。我的看法有所不同：1930 年代至 1940 年代，反常的是日本与英美霸权的关系；而我想要论证的是 1895 年到 1945 年间日本帝国主义的连续性——正如日本的所有邻国所论证的一样。

22 关于战后时期，请参阅 Bruce Cummings, "Japan in the Postwar World System",

in *Postwar Japan as History*, ed. Andrew Gordon (Berkeley and Los Angeles: University of California Press, 1992), 34-63。

23 Thomas Carlyle, 转引自 Diniel T. Rodgers, *The Work Ethic in Industrial America, 1850-1920* (Chicago: University of Chicago Press, 1978), 230。

24 J. P. Morgen, quoted in Rodgers, *Work Ethic*, XIV.

25 Article from the Edinburgh Review, 转引自 Jean-Pierre Lehmann, *The Image of Japan: From Feudal Isolation to World Power, 1850-1905* (London: George Allen & Unwin, 1978), 46。

26 Mathew Perry, *Narrative of the Expedition*, quoted in Peter Booth Wiley, *Yankees in the Land of the Gods: Commodore Perry and the Openning of Japen* (New York: Viking, 1990), 164.

27 某些英国社会主义者写于 1897 年, Lehmann, *Image of Japan*, 120。

28 一位传教士的观察 (ca. 1900), 转引, 同上, 132。

29 Phillip Lyttleton Gell, 转引自 Colin Holmes and A. H. Iron, "Bushido and the Samurai: Images in British Public Opinion, 1894-1914", *Modern Asian Students* 14, no. 2 (1980): 304-329。

30 See Oliver lodge, 转引, 同上, 321。洛奇是一个费边主义者。

31 Sidney Webb and Beatric Webb, 转引自 J.M. Winter, "The Webbs and the Non-White World: A Case of Socialist Racialism", *Journal of Contemporary History*, 9, no.1 (January 1974): 181-192。

32 1936 年一位英国商人所言, 转引自 Isohi Asahi : *The Economic Strength of Japan* (Tokyo : Hokuseido, 1939), 207-209。

33 *Gazetta del Populo* (Turin), 转引自 *Time*, 22 December 1941。

34 Ruth Benedict, *The Chrysanthemum and the Sword: Patterns of Japan Culture* (Boston: Houghton Mifflin, 1946), 2.

35 道格拉斯·麦克阿瑟将军1951年在华盛顿州西雅图市的讲演,转引自 Michael W. Miles, *The Odyssey of the American Right* (New York: Oxford University, 1980), 170。

36 Ezra F. Vogel, *Japan as Number One: Lessons for America* (Cambridge, Mass.: Harvard

University Press, 1979), ⅶ.

37 同上书，ⅷ。

38 Ezra F. Vogel, "Transcript of Seminar on U.S.-Japan Ralations" (Harvard University, 1982).

39 Samuel Huntington, "Transcript of Seminar on U.S.-Japan Ralations" (Harvard University, 1982).

40 Karel van Wolferen, *The Enigma of Japanese Power* (New York: Alfred A. Knopf, 1989), 9.

41 同上书，第 23 页。

42 Jude Wanniskie, "Some Lines on the Rest of the Millennium", *New York Times*, 24 December 1989.

43 Okita Saburo, 转引自 Willey, Yankees, 483。起田（Okita）是日本前外务大臣。

44 Andrew J. Dougherty, "Japan 2000" (Rochester Institute of Technology, 1991, photocopy), 151. 这是由中央情报局 1990 年资助的一个项目的简本。

45 转引自 J.M. Winter, "The Webbs and the Non-White World: A Case of Socialist Racialism", *Journal of Contemporary History*, 9, No.1（January 1974）: 181-192。

46 Ishihara Shintaro, *The Japan Can Say No* (New York: Simon & Schuster,1991).

47 汉娜·阿伦特转述本雅明的话，见 "Introduction"，载于 Benjamin, *Illuminations*, p. 38。

48 Ibid.

49 Walter Benjamin, *Schriften I*, in ibid., 571.

50 Friederich Nietzsche, *On the Genealogy of Morals*, ed. and trans. Walter Kuafmann (New York: Vintage Books, 1969), 77-78.

51 Micheal Foucault, "Nietzsche, Genealogy, History", in *Language, Counter-Memory, Practice*, trans. Donald F. Bouchard and Scherry Simon (Itaca, N. Y.: Cornell University Press, 1977), 139-164.

52 "过去的真实图像一闪而过，"本雅明写道，"只有在其意象能够被识别并将永不复现的那一瞬间，过去才能被捕获……历史性地言说过去并不意味着能够认清'它曾经的真实存在'（兰克语）。它说的是捕捉住在危机时刻闪现的记忆。"（"Theses", 235）同时参见海登·怀特对兰克式历史的批判，载于 *Tropics*

of Discourse: Essays in Cultural Criticism (Baltimore: Johns Hopkins University Press, 1978), 51-53。

53 MacIntyre, *Three Rival Versions*, 35. 同时参见我在 *Origins of the Korean War*, 2: chap.13 中对 Dean Acheson's "apprehension of imponderables" 的讨论。

54《财富》杂志的封面提供了诸多范例，"The Big Split" (6 May 1991)，以及 George Friedman and Meredith Lebard, *The Coming War with Japan* (New York: St. Martin's Press, 1991)。

55 Marx, "Bastiat and Carey", 887.

56 1894 年，美国对日本的煤油出口已经达到 887000 桶，每桶 42 加仑。标准石油公司是通过国际石油公司进入日本产品市场的。参见 Harold F. Williamson and Arnold R. Daum, *The American Petroleum Industry, 1859-1899: The Age of Illumination* (Evanston, Ill: Northwestern University Press, 1959), 675; see also *Sōritsu shichijū-shūnen kinen Nihon sekiyu shi* [Seventieth anniversary history of Japanese petroleum] (Tokyo, Nihon Sekiyu K. K., 1958)。

57 1902 年，詹姆斯·杜克（James B. Duke）联合其主要竞争对手，英国帝国烟草公司，成立了英美烟草公司，杜克持有公司三分之二的股票。到 1915 年，英美烟草公司在中国的投资已经达到 1700 万美元，是中国最大的两家投资商之一。（Micheal H. Hunt, *The Making of a Special Relationship: The United States and China to 1914* [New York: Columbia University Press, 1983], 282-283.）

58 William Wary, "Japan's Big-Three Service Enterprises in China, 1896-1936", in *The Japanese Informal Empire in China, 1895-1937*, ed. Peter Duus, Ramon H. Myers, and Mark Peattie (Princeton, N.J.: Princeton University Press, 1989), 35, 57-59; 另参见 Ramon H. Myers, "Japanese Imperialism in Manchuria: The South Manchurian Railway Company, 1906-1933", ibid., 105-107。

59 Kiyoshi Kojima, *Japan and a New World Economic Order* (Boulder, Colo.: Westview Press, 1977), 14-15, 120-121; 另参见 Hugh Patrick and Henry Rosovsky, eds., *Asia's New Giant: How the Japanese Economy Works* (Washington, D.C.: The Brookings Institution, 1976), 8-9。

60 Lehmann, *Image of Japan*, 128.

61 Ibid. , 178.

62 Holmes and Ion, "Bushido and the Samurai", 320; also Winter, "The Webbs", 181-192.

63 Sidney and Beatrice Webb, quoted in Winter, "The Webbs" , 188.

64 Holmes and Ion, "Bushido and the Samurai", 314, 328.

65 Ernst Edwin Williams, *Made in Gemany* (London: William Heinemann, 1896), 8-9, 162-163.

66 参见 John W. Dower 的导言，载于 *Origins of the Modern Japanese State: Selected Writings of E. H. Norman*, ed. John W. Dower (New York: Pantheon, 1975)，3-102。

67 Henry Stimson, *The Far Eastern Crisis* (New York: Council on Foreign Relations, 1936), 8-9, 多处引用。

68 Guenther Stein, *Made in Japan* (London: Methuen & Co. Ltd., 1935)，188, 191, 205.

69 Asahi Shimbun, *Present-Day Nippon* (Tokyo: n. p., 1936), 23.

70 Ibid., 119. 我曾经在巴黎宣读过本论文的早期版本，两位法国经济史学者声称我是错的，认为这不可能是事实：日本直到 1950 年代才生产汽车。1935 年的日产汽车很重要，是因为它由生产线生产，但它绝不是第一辆日本汽车：早在 1910 年代，五十铃和其他日本公司就已经开始生产汽车。

71 Jeses F. Steiner, *Behind the Japanese Mask* (New York: Mackmillan, 1943). 对美日关系史上这段黑暗时期的最权威解释，当数 W. Dower, *War Without Mercy: Race and Power in the Pacific War* (New York: Pantheon Books, 1986)。

72 Terrance K. Hopkins and Immanual Wallerstein, "Patterns of Development of the Modern World-system", *Review* 1, no.2 (fall 1977):120-121, 130-131.

73 更详尽的讨论请参看：Bruce Cumings, "The Origins and Deveoplment of the Northeast Asian Political Economy", *International Organization* (Winter 1984): 1-40。从理论上讲，这意味着生产过程的持续不断的机械化，与之联系的是"核心"生产活动的不断地重新定义，以及核心地带、半边陲地带、边陲地带的不

断地重新定位。(Hopkins and Wallerstein, "Patterns of Development", 126.)

74 Wallerstein, *Historical Capatalism*, 56-59.

75 特别参看 Akira Iriye, *Across the Pacific: An Inner History of American-East Asian Relations* (New York: Harcout, Brace, and World, 1967), 这是其最杰出、最具原创性的著作；但也请参见 *Pacific Estrangement: Japanese and American Expansion, 1897-1911* (Cambridge, Mass.: Harvard University Press, 1972), *After Imperialism* (Cambridge, Mass.: Harvard University Press, 1965), 以及那本深刻的匡谬纠偏之作 *Power and Culture: The Japanese-American War, 1941-1945* (Cambridge, Mass.: Harvard University Press, 1981)。以上著作所处理的都是跨文化想象和冲突问题。

76 Iriye, *Pacific Estrangement*, Ⅷ, 18-19, 26-27, 35-36. 事实上，对日本来说，美国"既是其扩张的榜样，也是扩张的目的"。入江昭对美国和日本的扩张的评价显然是宽容的，称前者是"和平的""自由的"，因为它只是为了谋求商业上的利益——而我们称之为霸权。(参见 12-13, 36。)

77 Iriye, *Power and Culture*, 1-2. 从明治维新开始，作者写道，日本一直希望进入大国体系，他称之为"国际合作"策略或"共存共荣"策略。

78 Ibid., 3-4, 15, 20, 25-27. 入江昭认为，日本是从 1936 开始谋求排他性的东北亚地区霸主地位的，但是他认为截至 1939 年，日本也没有形成一个计划，而是依赖于体系中的核心国家，直到 1941 年中期。

79 Ishii Kanji and Sekiguchi Hisashi, eds., *Sekai shijō to bakamatsu kaikō* [*The world Market and Japan's Opening in the Bakamatsu Period*] (Tokyo: Tokyo Daigaku Shuppankai, 1982); 更老的马克思主义的解释，参看 Ishii Takashi, *Meiji ishin no kokusaiteki kankyō* [The International Environment of the Meiji Restoration] (Tokyo: Yoshikawa kobunkan, 1957)。后者认为，外交家汤森·哈里斯（Townsend Harris）作为美国商业资本的代表，想要将日本作为美国商船在太平洋的基地；而英国则希望将日本作为英国的商品市场。由于英美都是重要的资本主义国家，最后双方通过修改关税，各得其所，而英国则将日本市场纳入麾下。还可参见：Willey, *Yankees in the Land of the Gods*, 482-500。

80 最权威的著作当数 Ian Nish, *The Anglo-Japanese Alliance: The Diplomacy of Two*

Island Empires, 1894-1907 (London: Athlone Press, 1966)，以及作者的第二卷：*Alliance in Decline: A Study in Anglo-Japanese Relations, 1908-1923* (London: Athlone Press, 1972)。

81 Yasuoka Akio, "The Opening of Japan to the End of the Russio-Japanese War", in *Japan and the World, 1853-1952*, ed. Sadao Asada (New York: Columbia University Press, 1989), 94.

82 William Appleman Williams，*The Tragedy of American Diplomacy*, 2d ed. (New York: Delta Books, 1972).

83 Hunt, *Special Relationship*, 279.

84 Iriye, *Pacific Estrangement*, 47—48. 比如，耶鲁大学教授 Thumbull Ladd，在其 *In Korea with Marquis Ito* (New Haven, Conn: Yale University Press, 1908) 中就对日本的改革（殖民）形象颇为称道；同时期的著名外交史学家泰勒·丹尼特（Tyler Dennett）以及著名的政论家乔治·坎南都持相同观点。

85 Hunt, *Special Relationship*, 151-152, 198, 206-207, 209-210.

86 Charles E. Neu, "1906-1913", in *American-East Asian Relations: A Survey*, ed. Ernest R. May and James C. Thomson Jr. (Cambridge, Mass: Harvard University Press: 1972), 155-172.

87 Hunt, *Special Relationship*, 211-214.

88 Neu, "1906-1913". 关于海上对抗的研究，最权威的著作是 William R. Braisted, *The United States Navy in the Pacific, 1909-1922* (Austin: University of Taxas Press, 1971)。

89 参看 Harry N. Schreiber, "World War I as Entrepreneurial Opportunity: Willard Straight and the American International Corporation"，*Political Science Quarterly*, 84 (September 1969), 485-511; 更全面的内容，请参看 Carl P. Parrini, *Heir to Empire: The United States Economic Diplomacy, 1916-1923* (Pittsburgh: University of Pittsburgh Press, 1969)。

90 Williams, *Tragedy*, 78-84.

91 Iriye, *After Imperialism*, 10-22.

92 Hosoya Chihiro and Saito Makoto, eds., *Washington taisei to Nichi-Bei Kankei* [*The*

Washington System and Japanese-American Relations] (Tokyo Daigaku Shuppankai, 1978), Hosoya 的导言。

93 Chalmers Johnson, *Miti and the Japanese Miracle* (Berkeley: University of California Press, 1982); William Miles Fletcher Ⅲ, *The Japanese Business Community and National Trade Policy, 1920-1942* (Chapel Hill: University of North Carolina Press, 1989).

94 1929 年，王子制纸集团前总裁、曾担任东京股票交易所董事 12 年之久的乡诚之助（GōSeinosuke）起草了一份报告，其中提议"成立新的国家委员会……合理配置工业产品，以'推动工业发展'"；乡诚之助提出了出口计划的基本原则——选择在国外易于销售的产品，提高其产量。这一方案直接促生了 1930 年 5 月的《出口补偿法》及其他一些支持出口工业的措施；该方案的出口目标是中美洲、非洲、巴尔干、"小亚细亚中部"以及苏联，后来又扩大到"除欧洲、美国、印度和荷属东印度之外的整个世界"。(Fletcher, *The Japanese Business Community*, 59, 61-62.)

95 Fletcher, *The Japanese Business Community*, 28.

96 Ibid., 2, 98-99.

97 Iriye, *Power and Culture*, 15.

98 A. M. Rosenthal, "MacArthur Was Right", *New York Times*, 19 October 1990.

99 Iriye, *Power and Culture*, 15, 25-27, 65, 81, 83, 97, 148-149.

100 拙著 *Origins of the Korean War*, Vol. 2, 及拙文 "Japan in the Postwar World System", 都曾经涉及这些问题。

101 Hokheimer and Adorno, *Dialectic of Enlightement*, 92.

第二章 东风，雨 红色风暴 黑雨

1 一些学者认为，朝鲜人从西向东眺望日本，因此将其定名为 Ilbon，也叫 Nippon。参阅 Bruce Cumings, *Korea's Place in the Sun: A Modern History* (New York: W. W. Norton, 1997), 38。

2 美国例外论是美国历史上最老的话题之一。最近的例子请参看 Ian Tyrrel,

"American Exceptionalism in an Age of International History", *American Historial Review 96*, No. 4 (Ocotober 1991): 1031-1055; and Michael McGerr, "The Price of the 'New Transnational History'", ibid., 1056-1067。

3　Godfrey Hodgson, *America in Our Time* (New York: Random House, 1976), 113-114, 116-117.

4　Thucydides, *History of the Peloponnesian War*, trans, Rex Warner (New York: Penguin Books, 1954), 242-243.

5　尽管这一传统在西方更广为人知，而东方传统则稍逊一筹。东亚关于战争及其目的、手段的经典思想，如果要推荐一本最精彩的概论性著作的话，请参见 Ralph D. Sawyer, trans., *The Seven Military Classics of Ancient China* (Boulder, Colo.: Westview Press, 1993), esp. 115-120。

6　Anatol Rapaport, "Editor's Introduction", in *On War*, by Carl von Clausewitz (New York: Penguin Books, 1968), 21. 尽管写于 30 年前，但拉帕波特的论文精彩绝伦，至今仍不失其时效。

7　Carl von Clausewitz, *On War* (New York: Penguin Books, 1968), 101-102.

8　Rapaport, "Editor's Introduction", 14.

9　参阅 Clausewitz, *On War*, 199-200, 366-367, 尤其是 404-407。

10　Ibid., 108.

11　Swedberg, *Schumpeter*, 156-158.

12　See Quincy Wright, *A Study of War* (Chicago: University of Chicago Press, 1964).

13　Bernard Brodie, *War and Politics* (New York: Macmillan, 1973), 1-28.

14　Rapaport, "Editor's Introduction", 29；重点号系原作者所加。

15　See Karl Polanyi, *The Great Transformation: The Political and Economical Origins of Our Time* (New York: Beacon, 1944), chap. 1; see also Charles Kindleberger, *The World in Depression, 1929-1939* (New York: Free Press, 1973).

16　Polanyi, *Great Transformation*, 27, 266-267.

17　有关日本作为"后发"资本主义和帝国主义国家的进一步讨论，参看 Bruce Cumings, *Origins of the Korean War: Liberation and the Emergence of Separate Regimes,*

1945-1947 (Princeton, N. J.: Princeton University Press, 1981), chap. 1。

18 Dower, *Origins*, 118, 114. 佐藤信三郎（Seisaburo Sato）基本持同样的看法。他说，19 世纪的日本对西方列强来说既遥不可及且无所指望，因而无法"有效管理"。参见 Seisaburo Sato, "The Foundations of Modern Japanese Foreign Policy", in *The Foreign Policy of Modern Japan*, ed. Robert Scalapino (Berkeley and Los Angeles: University of California Press, 1977)。

19 See Lloyd Gardner, *Economic Aspects of New Deal Diplomacy* (Madison: University of Wisconsin Press, 1964), 85-86.

20 Gareth Stedman Jones, "The History of U.S. Imperialism", in *Ideology in Social Science*, ed. Robin Blackburn (London: NLB, 1972), 216-217.

21 Richard Drinnon, *Facing West: The Metaphysics of India-Hating and Empire-Building* (New York: New American Library, 1980), ⅹⅲ—ⅹⅳ.

22 Ibid., 278.

23 Walter LaFeber, *The New Empire: An Interpretation of American Expansion, 1865-1898* (Ithaca, N.Y.: Cornell University Press, 1967), 69-71.

24 Clausewitz, *On War*, 101.

25 Michael Walzer, *Just and Unjust War: A Moral Argument with Historical Illustrations* (New York: Basic Books, 1977), 110. 关于瓦尔泽的相关分析在美国的影响，参看 Jean Bethke Elshtain, ed., *Just War Theory* (Oxford: Basil Blackwell, 1992)。

26 Walzer, *Just and Unjust War*, 58-63.

27 Ibid., 117-122. 有关我自己的评论，请参看 Cumings, *Origins*, 2:chap.22。

28 See Studes Terkel, *The Good War: An Oral History of World War Ⅱ* (New York: Pantheon, 1984).

29 Nietzsche, *Genealogy of Morals*, 57-58.

30 Friederich Nietzsche, *Beyond Good and Evil*, trans. Walter Kauffman (New York: Vintage Books, 1966),80.

31 一旦需要新的牺牲品，731 部队的人事部门就会给当地警察打电话说："送一个共党分子来。" See *New York Times*, 4 April 1995.

32 这种范围广大、通常以强迫形式进行的战争动员，与朝鲜分治及随后的内战的发生不无关系，相关讨论参见 Cumings, *Origins*, 1: chap.2。

33 John Dower, "The Bombed: Hiroshimas and Nagasakis in Japanese Memory", *Diplomatic History* 19, No.2 (spring 1995): 275; Richard H. Minear, "Atomic Holocaust, Nazi Holocaust", ibid., 347-366.

34 See Gordon Prange, *At Dawn We Slept: The Untold Story of Pearl Harbor* (New York: Penguin Books, 1981), 539.

35 Clausewitz, *On War*, 258-262.

36 Ibid., 397-398. 他接着写道："我们不妨设想一个小国卷入了和一个无比强大的国家的对抗，并且预见到情况会逐年变坏：那么，如果难免一战的话，它难道不应该尽早充分利用最坏情况到来之前的这段时间吗？于是它必须发动进攻，不是因为进攻本身能够确保什么利益……而是因为这个国家必须要在最坏的时刻到来之前，将问题圆满解决。"（398）。按照普朗（Prange）的分析，这也许正是海军大将山本五十六的珍珠港战略的主要原因（*At Dawn We Slept*, 917,98-106）。

37 Clausewitz, *On War*, 258.

38 Seisaburo Sato, "The Foundations of Modern Japanese Foreign Policy", in Robert Scalapino, ed., *The Foreign Policy of Modern Japan* (Berkeley: University of California Press, 1977), 381; Lcnaga Saburo, *The Pacific War* (New York: Pantheon Books, 1978), 132-133; Akira Iriye, *Power and Culture: The Japanese-American War, 1941-1945* (Cambridge: Harvard University Press, 1981),31.

39 Jonathan Marshall, *To Have and Have Not: Southeast Asia Raw Materials and the Origins of the Pacific War* (Berkeley and Los Angeles: University of California Press, 1995).

40 See Cumings, *Origins*, 2:chap. 13.

41 Clausewitz, *On War*, 114-115, 128-129; U.S.State Department, Office of Chinese Affairs, box 15, "Two Talks with Mr. Chou En-lai", no date but probably late 1949, attached to document no. 350.1001.

42 Charles Beard, *President Roosevelt and the Coming of the War, 1941: A Study in Appearances and Realities* (New Haven, Conn.: Yale University Press, 1948), 244-245. See also Richard N. Current, "How Stimson Meant to 'Maneuver' the Japanese", Mississippi Valley Historical Review 40, no. 1 (1953): 67-74.

麦乔治·邦迪是史汀生的同谋，有时更充当了其传声筒；他还喜欢运用特殊"事端"对越南战争危言耸听。邦迪曾经因为在写于珍珠港事件50周年时的一篇文章中出言不慎而颇受关注："我们不妨说，广岛终结了一场不可避免的战争，而珍珠港是这场战争必不可少的导火索。"（*Newsweek*, 16 December 1991）。也就是说，美日之间必有一战；仅仅珍珠港事件不可能使战争成为必然。

43 Friederich Nieztsche, *Ecco Homo*, trans. Walter Kaufmann (New York: Vintage Books, 1969), 232.

44 Jean Bethke Elshtain, "Reflections on War and Political Discourse", in *Just War Theory*, ed. Jean Bethke Elshtain (Oxford: Basil Blackwell, 1922), 275-277.

45 Hannah Arendt, The Human Condition (Chicago: University of Chicago Press, 1958), 238-242, quoted in Elshtain, *Just War Theory*, 332 n.

46 或者如海军大将山本五十六所说："选择对等或更强的对手，是武士道的习规。"（ quoted in Prange, *At Dawn We Slept*, 344. ）

47 Walzer, *Just and Unjust War*, 21.

48 1945 年 5 月，奥本海默告诉史汀生，原子弹爆炸的当量"将相当于 2000 吨至 20000 吨 TNT 炸药"。Barton Bernstein, "Understanding the Atomic Bomb", *Diplomatic History* 19, No. 2 (spring 1995): 234 n. 所估计的最高值被证明是准确的。

49 Jounalist Kato Masuo, quoted in Michael Sherry, *The Rise of American Air Power: The Creation of Armageddon* (New York: Yale University Press, 1987), 276.

50 Tokyo police cameraman Ishikawa Koyo, quoted in Thomas Havens, *Valley of Darkness: The Japanese People and World War Two* (New York: University Press of America, 1986), which in turn is cited in Mark Selden's excellent essay, "The 'Good War' and the Logic of Exterminism" (forthcoming). 对谢尔登教授惠允引用，谨致谢忱。

51 Sherry, *Rise of American Air Power*, 276.

52 Ronald Schaffer, *Wings of Judegment: American Bombing in World War II* (New York: Oxford University Press, 1985), 134.

53 Sherry, *Rise of American Air Power*, 277, 406; Selden "Good War" 基于多种材料的统计数字是：死亡人数在 87000 到 97000 人之间，受伤人数则高达 125000 人。

54 Curtis E. LeMay with MacKinlay Kantor, *Mission with LeMay: My Story* (Garden City, N.Y.: Doubleday, 1965), 466-467.

55 Robert L.Holmes, *On War and Morality* (Princeton, N.J.: Princeton University Press, 1989), 117-132, 260-294. 感谢 Michael Loriaux 向我推荐本书。

56 Rapaport, "Editor's Introduction", 62-63。兰帕特列举了纳粹和美国灭绝主义的诸多相似之处，并非仅此一处。

57 比如，可参见 LeMay with Kantor, *Mission with LeMay*, 460-464。书中写道，1965 年，李梅讲了一个关于"日本鬼子"和"中国佬"的残酷笑话，"对这些人来说，人员伤亡不足挂齿"。李梅是在谈论朝鲜战争时讲上述一番话的，因此毫无疑问，正是这种种族主义思想驱使他无所顾忌地提议：将朝鲜烧成焦土，一夜之间战争便可结束。在如此阴暗的心智深渊中，就算对自己臭名昭著的纵火行径有哪怕丝毫内疚，是否也不会使他说出"那又怎么样"之类令人谴责的话？他们难道全然不关心人类生活？

58 广岛和长崎原子弹爆炸摧毁物资编纂委员会，*Hiroshima and Nagasaki: The Physical, Medical, and Social Effects of the Bombings*, trans. Eisei Ishikawa and David L. Swain (New York: Basic Books, 1981), 21-56。

59 井伏鳟二最早使用了"黑雨"的比喻。道尔（"Hiroshimaa and Nagasaki", 292）说，这一比喻"毫无疑问是日本文学对原子弹体验最为经典的重构"。参见 Ibuse Masuji, *Black Rain*, trans. John Bester (Tokyo: Kodansha, 1969)。1988 年的一部同名电影也广为人知。

60 Hachiya Michihiko, *Hiroshima Diary: The Journal of a Japanese Physician, August 6-September 30, 1945*, trans. Warner Wells (Chapel Hill: University of North Carolina Press, 1955), 14.

61 广岛和长崎原子弹爆炸摧毁物资编纂委员会，*Hiroshima and Nagasaki*。

62 Takashi Nagai, *The Bells of Nagasaki*, trans. William Johnston (Tokyo: Kodansha International, 1984), ⅹⅴⅲ. 该书是 1948 年调查结束后，不失时机地出现的第一本关于长崎的著作，作者永井隆是一个虔敬的天主教徒，恰好也是一位放射性医疗专家，1951 年因放射性中毒去世。参看 Dower, "Hiroshimas and Nagasakis", 285, 以及 Takashi Nagai, *We of Nagasaki: The Story of Survivors in an Atomic Wasteland*, trans. Ichiro Shirato and Herbert B. L. Silverman (New York: Duell, Sloan and Pearce, 1951)。

63 较早对相关问题进行讨论的是 G. E. M. Anscombe 女士的《杜鲁门先生之学位》（"Mr. Truman's Degree"），该文发表于 1957 年，系作者为反对牛津大学授予杜鲁门总统名誉博士学位而作。参见 Thomas Nagle, "War and Massacre", in *War and Moral Responsibility*, ed. Marshall Cohen, Thomas Nagle, and Thomas Scanlon (Princeton, N.J.: Princeton University Press, 1974), 7。其中可以清楚地看到"二战"期间所发生的变化，在演变为全球战争之前的 1937—1939 年，日本对中国城市、佛朗哥对西班牙城市（尤其格尔尼卡）的轰炸，曾引起各国政府特别是罗斯福当局的抗议。1937 年，美国国务院对日本的轰炸发表评论说："任何对大面积人口密集区的不加甄别的轰炸，即便是出于和平之目的，都非但没有法律和人道之根据，而且完全与之相悖。"

64 关于历史学家如何思考历史（及历史学家之天职），最好的解释是 Peter Novick, *That Noble Dream: The "Objectivity Question" and the American Historical Profession* (New York: Cambridge University Press, 1988)。

65 Samuel Walker, "The Decision to Use the Bomb", *Diplomatic History* 19, no. 2 (spring 1995): 321. 沃克是美国核不扩散委员会的首席历史学家。

66 Martin Sherwin, *A World Destroyed: The Atomic Bomb and the Grand Alliance* (New York: Knopf, 1975). 舍温对长崎的分析，参看第 233—234 页。

67 汉斯·贝特（Hans Bethe）（在为舍温《被摧毁的世界》所写的序中）认为，长崎（的原子弹轰炸）"是……毫无必要的"（ⅹⅳ）。其他历史学者也认同这一结论。如，巴顿·伯恩斯坦认为，即使不在长崎投放原子弹，"日本也可能早就已经投降了——极有可能会是在 [8 月]10 日"。(Bernstein, "Understanding the Atomic Bomb", 255.)

68 Herbert Bix, "Japan's Delayed Surrender", *Diplomatic History* 19, no. 2 (spring 1995): 201-203.

69 Ibid., 218 n. 也可参见 Bernstein，"Understanding the Atomic Bomb"，247。比克斯和伯恩斯坦都将问题囿于认识论的范围，来讨论如果不使用原子弹，日本将何其迅速地投降，而没有考虑如果节制强权将产生的道德效应。

70 Gar Alperovitz, *Atomtic Deplomacy: Hiroshima and Postdam*, rev. ed. (Boulder, Colo.: Piuto Press, 1994); Alperovitz, *The Decision to Use the Atomic Bomb* (New York: Knoph, 1995). 作者的核心观点见 Alperovitz, "Hiroshima: Historians Reasses", *Foreign Policy* 99 (summer 1995): 15-34。阿氏的观点遭到了伯恩斯坦以精细的档案工作为基础的有力批驳。比如，可参见，Bernstein, "Understanding the Atomic Bomb"。阿尔佩罗维茨和伯恩斯坦都被讥讽为"修正主义者"。

71 Alperovitz, "Hiroshima: Historians Reasses", 28-29.

72 Sherwin, *World Destroyed*, 67-68, 83-84.

73 David McCullough, *Truman* (New York: Simon & Schuster, 1992), 436-444.

74 See Barton Bernstein, "Misconceived Patriotism", *Bulletin of the Atomic Scientists* 51, no. 3 (May-June 1995): 4.

75 最恶名昭彰的例子，参见 Paul Fussell, *Thank God for the Atom Bomb and Other Eassays* (New York: Randim House, 1988)。

76 最近的一个例子是《纽约时报》的一篇头版文章，"Japan Expresses Regret of a Sort for the War", *New York Times*, 7 June 1995。

77 See Saburo Ienaga, "The Glorification of War in Japanese Education", *International Security* 18 (Winter 1993-1994): 113-133.

78 Walker, "Decision to Use the Bomb", 322-326.

79 Harry S. Truman, letter to Samuel McCrea Cavert, 11 August 1945, quoted in Bernstein, "Understanding the Atomic Bomb", 268.

80 Wallace diary, 10 August 1945, qutoed in Bernstein, "Understanding the Atomic

Bomb", 257.

81 Robert Lifton, *Death in Life: Survivors of Hiroshima* (Chapel Hill: University of North Carolina Press, 1991), 14. 关于核武器对道德的破坏及其不可避免的灭绝主义后果的讨论，就我所知，无出下列著作之右者：*Pastoral Letter on War and Peace* produced by the American Catholic Bishops in 1983。摘抄本参见 Elshtain, *Just War Theory*, 77-168。鉴于核时代提升了灭绝一切生命的可能性，主教写道："我们要带着新的警醒来阅读《创世纪》；在核战争使道德问题危如累卵的年代，罪的含义以最清晰的方式呈现了出来。任何一种罪恶的行径都是在和造物、造物主相对抗。"理查德·米尼尔（Richard Minear）写道："主教的话为我们审视广岛提供了新的烛照。广岛是战争史上第一次运用原子武器之地，这是我们都知道的。然而广岛还见证了第一次将原子武器主要运用于平民目标，以对抗一支显而易见马上就会被击败的敌军：这是'一次精心设计的核战争启动仪式'。"（Minear, "Atomic Holocaust", 362.）

82 Holmes, *On War and Morality*, 195. 霍尔姆斯接着论证说，战争发动者的意图（这是基督教正义战争理论的核心观点）并不能被完全贯彻，但我不同意他的观点。

83 Walzer, *Just and Unjust Wars*, 155-156.

84 Ibid., 268.

85 Schumpeter diary, 1945, quoted in Richard Swedberg, *Schumpeter: A Biography* (Princeton, N.J.: Princeton University Press, 1991), 276 n.

86 Bernstein, "Understanding the Atomic Bomb", 236, 261.

87 Acheson Seminars, 14 March 1954, Harry Truman Library, Princeton University.

88 Prange, *At Dawn We Slept*, 6. 野村吉三郎是日本驻华盛顿大使，1941 年 12 月，他向科德尔·赫尔（Cordell Hull）传递了一条信息。重光是日本外交大臣，1945 年 9 月 2 日，他在东京湾的美国军舰密苏里号上签署了投降书。就这样，两人为"二战"期间日本与美国的纠葛加上了括号。

89 对太平洋战争结束时类似情况的讨论、考证，参看 Cummings, *Origins*, 1:chap. 4。

90 See ibid., 2:chap. 21. 关于原子弹被运往关岛之原委，以及这些计划与麦克阿瑟将军被解职之间的关联，相关补充材料请参看 Richard Rhode, Dark Sun: The

Making of the Hydrogen Bomb (New York: Simon & Schuster, 1995), 449-452。罗德指出，李梅指派战略空军副司令托马斯·鲍尔（Thomas Power）去执行这一任务。当年"对东京实施第一次同时也是最猛烈轰炸"的正是这位鲍尔，按照李梅传记中的描述，此君无比"冷酷、严厉、苛刻"，以至于不少同僚称其为"虐待狂"。（LeMay with Kantor, *Mission with LeMay*, 451.）

91 Oe Kenzaburo, "Denying History Disable Japan", *New York Times Magazine*, 2 July 1995.

92 Seburo Ienaga, *The Pacific War* (New York: Pantheon Books, 1978). (The Japanese Version was first published in 1968.)

93 Ibid.

94 Fredric Jameson, *Satre: The Origins of a Style* (New York: Columbia University Press, 1984), 13.

95 Kuak Kwi Hoon, "Father and son Robbed of Body and Soul", in *The Atomic Bomb: Voices from Hiroshima and Nagasaki*, ed. , Kyoko Selden and Mark Selden (Armonk, N.Y.: M.E.Sharpe, 1989), 200-204.

96 Akizuki Tatsuichiro, *Nagasaki 1945*, trans. Nagata Keiichi (New York: Qurater Books, 1981), 24-25, 31, 155.

第三章　殖民的形态与变体

1 参看 Atul Kohli，Stephan Haggard，Steven Moon 和 David Kang 1996 年和 1997 年发表于《世界发展》（*World Development*）杂志上的文章。

2 See Douglas Mendel, *The Politics of Formosan Nationalism* (Berkley and Los Angeles: University of California Press, 1970). 如果将该书与 Chong-sik Lee, *Politics of Korean Nationalism* (Berkley and Los Angeles: University of California Press, 1963) 做一比较，不难发现，（中国）台湾的民族主义——至少以朝鲜为参照——并不存在。

3 Alexander Woodside, lecture, University of Washington, 1978.

4 See Bruce Cumings, "Webs with No Spiders, Spiders with No Webs: The Genealogy

of the Developmental State", in *The Developmental State in Comparative Perspective*, ed. Meredith Woo-Cumings (Ithaca, N.Y.: Cornell University Press, 1999).

5 郭廷以认为，在刘铭传掌管台湾的 1884 到 1891 年间，台湾是中国除直隶以外发展最好的省份。See "Tting-Yee Guo" in *Taiwan in Modern Times*, ed. Paul K. Sih (New York: St. John's University Press, 1973), 236. 的确，台湾在这一时期有了铁路、兵工厂、煤矿和一些新式学校，但是只有（像郭这样的）中国民族主义者才认定上述发展达到了蔚为可观的程度，其他材料所描绘的则是一幅愁云惨淡的图画。

6 Augus Hamiiton, *Korea* (New York: Charles Scribner's Sons, 1904), 8.

7 Timothy Michell, *Colonising Egypt* (Berkeley and Los Angeles: University of California Press, 1991), ix.

8 比如，可参看 Ngo Vinh Long, *Before the Revolution: The Vietnamese Peasants under the French* (Cambridge, Mass.: MIT Press, 1973); Martin J. Murray, *The Development of Capitalism in Colonial Indochina* (1870-1940) (Berkeley and Los Angeles: University of California Press, 1980); and Nguyen Kac Vien, *Tradition and Revolution in Vietnam*, trans. Jayne Werner (Ithaca, N. Y.: Cornell University Press, 1975)。

9 尤其参看 Paul Mus, *Viet-Nam: Sociologie d'une guerre* (Paris: Editions du Seuil, 1952)。

10 Eckert, *Offspring of Empire*, 83.

11 Hyman Kublin, "Taiwan's Japnese Interlude, 1895-1945", in *Taiwan in Modern Times*, ed. Paul K. Sih (New York: St. John's University Press, 1973), 35.

12 See Mendel, *Politics of Formosan Nationalism*, 7.

13 See Eckert, *Offspring of Empire*, 44, 82-84.

14 Ibid., 115.

15 Ibid., 128.

16 See Jung-en Woo, *Race to the Swift: The State, Finance, and Industrialization in the Republic of Korea* (New York: Columbia University Press, 1991), 23-30.

17 Ibid., 28.

18 Ibid., 29-30.

19 Ibid., 31, 34-36, 41.

20 Hermann Lautensach, *Korea: A Geography Based on the Author's Travels and Literature*, trans. Katherine Dege and Eckart Dege (Berlin: Springer-Verlag, 1988), 204-207.

21 See Cumings, *Origins*, 1: chaps. 1 and 2.

22 日本植物学家将许多花卉，尤其是各种各样的兰花，引入（中国）台湾和朝鲜；他们培育出了一种全新的、独特的杂交品种，用作天皇生日时的献礼。

23 Gustav Ranis, "Industrial Development", in *Economic Growth and Structural Change in Taiwan: The Postwar Experience of the Republic of China*, ed. Walter Galenson (Ithaca, N.Y.: Cornell University Press, 1979), 222-225.

24 Kublin, "Taiwan's Japanese Interlude", 339. 然而，也有观点认为大部分炸弹落在了日本人聚居区，而非工厂。(Mendel, *Politics of Formosan Nationalism*, 31.)

25 Kublin, "Taiwan's Japanese Interlude", 337.

26 Maurice Scott, "Fiscal and Investment Polices", in *Economic Growth and Structural Change in Taiwan: The Postwar Experience of the Republic of China*, ed. Walter Galenson (Ithaca, N. Y.: Cornell University Press, 1979), 313; see also Maurice Scott, "Foreign Trade", in ibid., 345, 349.

27 Mendel, *Politics of Formosan Nationalism*, 66-67.

28 Susan Greenhalgh, "Supranational Processes of Income Distribution", in *Contending Approaches to the Political Economy of Taiwan*, ed. Edwin Winckler and Susan Greenhalgh (Armonk, N.Y.: M.E.Sharpe, 1988), 70-71.

29 Arthur F. Raper, Han-shen Chuan, and Shao-hsing Chen, *Urban and Industrial Taiwan-Growded and Resourceful* (Taipei: Foreign Operations Adminastration, Mutual Security Mission to China and National Taiwan University, 1954), 8, 111.

30 参见 Scott, "Fiscal and Investment Polices", 314-315 所引 Samuel Ho 和 Lin 的研究成果。

31 Rong-I Wu, *The Strategy of Economic Development: A Case Study of Taiwan* (Louvain: n.p., 1971), 191; see also Erik Lundberg, "Fiscal and Monetary Policies", in

Economic Growth and Structural Change in Taiwan: The Postwar Experience of the Republic of China, ed. Walter Galenson (Ithaca, N. Y.: Cornell University Press, 1979), 304-305.

32 George W. Barclay, *Colonial Development and Population in Taiwan* (Princeton: Princeton University Press, 1954).

33 Lundberg, "Fiscal and Monetary Policies", 278-279.

34 Ibid., 292-293.

35 Henry A. Franck, *Glimpses of Japan and Formosa* (New York: Century, 1924), 183-184.

36 Kublin, "Taiwan's Japanese Interlude", 336.

37 E. Patricia Tsurumi, "Taiwan under Kodama Gentarō and Gotō Shimpei", *Papers on Japan* (Harvard University, East Asian Research Center, 1967), 4:117-118.

38 Franck, *Glimpses*, 144.

39 Andrew Grajdanzev, *Formosa Today: An Analysis of the Economic Dvelopment and Strategic Importance of Japan's Tropical Colony* (New York: Institute of Pacific Relations, 1946).

40 Barclay, *Colonial Development*, 50.

41 Ibid.

42 Ibid., 7.

43 Greenhalgh, "Supranational Processes", 92.

44 从 1945 年 11 月到 1947 年 1 月,物价飞涨,其中粮食上涨了 700%,燃油上涨了 1400%,化肥上涨了 25000%。大陆人对一切公共服务都索取贿赂,包括办护照;同时形成了一个专门销售赃物——包括从门把手到水管的各种东西——的巨大的黑市(Mendel, *Politics of Formosan Nationalism*, 29)。

45 Edwin A. Winckler, "Mass Political Incorporation, 1500-2000", in *Contending Approaches to the Political Economy of Taiwan, ed. Edwin A. Winckler and Susan Greenhalgh* (Armonk, N. Y.: M. E. Sharpe, 1988), 61.

46 Thomas Gold, "Colonial Origins of Taiwanese Capitalism", in *Contending*

Approaches to the Political Economy of Taiwan, ed. Edwin A. Winckler and Susan Greenhalgh (Armonk, N. Y.: M. E. Sharpe, 1988), 101-118.

47 Murray, *Development of Capitalism*, 35-36, 168-170, 196.

48 Robert Sansom, *The Economics of Insurgency in the Mekong Delta* (Cambridge, Mass.: MIT Press, 1973); see also Cumings, *Origins*, 1:chap. 1.

49 Long, *Before the Revolution*, 73.

50 Murray, *Development of Capitalism*, 75-77, 80-81.

51 Long, *Before the Revolution*, 72—73; Murray, *Development of Capitalism*, 86.

52 Long, *Before the Revolution*, 102, 140.

53 Murray, *Development of Capitalism*, 124-131.

54 John T. McAlister Jr., with Paul Mus, *The Vietnamese and Their Revolution* (New York: Harper & Row, 1970), 7-8; 有关地方选举的情况，参看第 57-59 页。

55 Long, *Before the Revolution*, 73.

56 有关越南统计数字，同上书，第 74 页。1934 年，台湾小学的在校儿童数为 374000 名，到 1939 年，这一数字超过了 557000 名 (Grajdanzv, Economic Development, 173)。从整个中国的情况看，1930 年，大约有一半儿童进入了小学学习，到 1940 年，提高到了 70%，而越南最多的时候也只达到了 10%。

57 Murray, *Development of Capitalism*, 42-43. 同时参见 Jeffrey Paige, *Agrarian Revolution* (Berkley: University of California Press, 1978)。

58 Murray, *Development of Capitalism*, 194—195. 也有一些例外：比如水泥在越南就可以批量生产（1937 年的产量为 235000 吨），但还是只有中国台湾同一年度产量的 40%。1938 年，越南大约有 10 万名纺织工人，但大多数只是临时工，并且大都是在法国或中国的小工厂工作（349—350）。

59 Simon Kuznets, "Growth and Structural Shifts", in *Economic Growth and Structual Change in Taiwan: The Postwar Experience of the Republic of China*, ed. Walter Galenson (Ithaca, N.Y.: Cornell University Press, 1979).

60 学生运动的鼎盛时期，我以前的一位学生正在首尔的一所精英大学做系主任。他告诉我，他每周都要向 7 个不同的警察、情报以及政府部门汇报情况。

61 特请参看 Myyoshi, *Off Center*。

62 最近，人们总在争论为什么共产主义在西方失败了，而在朝鲜却没有。对下面一篇文章的摘录堪称好例：Nodong Sinmum (Worker's Daily), "Ideological Consciousness Is Decisive in Man's Activity", of 1 August 1995 (Korean Central News Agency, P'yŏngyang)：

> 在其名篇《把意识形态工作放在首位对社会主义至关重要》中，伟大领袖金正日明确指出，思想觉悟对人的行动起着决定性作用……思想觉悟统率着人的全部行动，是他为改变全世界而努力奋斗的首要推动力……
>
> 在某些国家，曾经致力于建设社会主义的政党转而只抓经济建设了。他们教条地理解了前述［马克思列宁］"客观物质条件决定着人的活动"的理论，并牵强附会地认为客观物质条件和经济条件对社会主义社会具有决定性意义。社会主义在这些国家的崩溃恰恰表明了意识形态和意识形态工作在人的活动中何其重要。

63 例如，在 Sih 的 *Taiwan in Modern Times* 中，就经常援用"自强"一词。

64 Bruce Cumings, *Industrial Behemoth: The Northeast Asia Political Economy in the 20th Century*, 本书很早就承诺给康奈尔大学出版社了，已确定将于 21 世纪面世。

65 Itō Hirobumi, quoted in Jon Halliday, *A Political History of Japanese Capitalism* (New York: Pantheon Books, 1975), 37.

66 施泰因的题目在英语中被修饰成了 "The History of the Social Movement in France, 1789-1850"。沃勒斯坦敏锐地指出，英文题目中删除了 "the concept of society"（社会概念）。[Immanuel Wallerstein, *Unthinking Society Science: The Limits of Nineteenth-Century Paradigms*（New York: Blcakwell, 1991）, 65-67.]

67 Theda Skocpol, *States and Social Revolutions: A Comparative Analysis of France, Russia, and China* (New York: Cambridge University Press, 1988). 同时参见 Wallestein, *Unthinking Society Science*, 66。

68 或者如熊彼特讨论"幻想"（vision）时所说：它是一种"先于认知的活动，负责为分析活动提供原材料"（转引自 Swedberg, *Schumpeter*, 181）。

69 熊彼特想必会击节叫好！在他看来，当代"公民社会"的个体、社会及阶级冲突意味着"一种深层的错误"："在合理的社群或社会中，这些相互冲突的元素被协同性元素紧密地团结在一个共同的文化和信仰框架之中……任何一个社群，比如家庭，一旦其成员不再能够看到个体价值和信仰的总体框架，相反他从中看到的只有利益冲突，那么我们将看到这个社会的分化，换言之，这是一种病态的现象……也就是说，我们的社会将分崩离析。" [Schumpeter, "The Future of Private Enterprise", in *The Economics and Sociology of Capitalism*, ed. Richard Swedberg (Princeton University Press, 1991)，403.]

70 Wallestein, *Unthinking Society Science*, 191.

71 也就是说，后发工业化国家旨在谋求平等，并在世界秩序中保有本民族之空间，并不想称霸全球。很显然，这是个有争议的观点，但对我来说，相比于以其1930 年代和 1940 年代谋求霸权主义的失败而言，这似乎可以更好地解释 1850年以来的日本和德国。

72 Wallestein, *Unthinking Society Science*, 195.

第四章　美国与东亚的公民社会及民主

1　van Wolferen, *Enigma of Japanese Power*, 9.

2　小册子可写信索取。地址是：Cato Institute, 1000 Massachusetts Avenue NW, Washington, D.C. 20001。

3　参看 *New York Times* 之广告，22 March 1996。

4　Robert D. Putnam, *Making Democracy Work: Civic Traditions in Modern Italy* (New York: Princeton University Press, 1994), 183. 就我的阅读所见，尚没有评论者指出，许多甚至绝大多数意大利北部城市在战后大部分时间里，都由共产党人担任市长。

5　同上书，第 II 页。不过，帕特南不同意阿尔蒙德和维巴将合意（consensus）视为稳定民主之先决条件的看法。差异、分歧、断裂的大量存在，并没有妨碍北部意大利城市的政府成为"好政府"（116—117）。

6　Micheal J. Sandel, *Democracy's Discontent: America in Search of a Public Philosophy* (Cambridge, Mass.: Harvard University Press, 1996), 3.

7 同上书，第 332 页。很久以前，威廉·怀特（William H. Whyte）就曾将郊区和"军营生活之世俗版"关联起来，这是一个精彩的发现。参见 Whyte, *The Organization Man* (New York: Simon and Schuster, 1956), 280。

8 例如，可参见 Jürgen Habermas, "Toward a Reconstruction of Historical Materialism", in *Communication and the Evolution of Society*, trans. Thomas McCarthy (Boston: Beacon Press, 1984)。在诸如此类的问题上，哈贝马斯明显要比阿尔蒙德和维巴老道；关于哈贝马斯和帕森斯的一场有意思的讨论，参见 Anthony Giddens, "Reason without Revolution? Habermas's Theorie des Kommunikativen Handelns", in *Habermas and Modernity*, ed. Richard J. Bernstein (Cambridge, Mass.: MIT Press, 1985), 95-121。

9 引自 Peter Dews, ed., *Autonomy and Solidarity: Interviews with Jürgen Habermas*, rev. ed. (London: Verso, 1987), 125。

10 Mark E. Warren, "The Self in Discursive Democracy", in *The Cambridge Companion to Habermas*, ed. Stephen K. White (New York: Cambridge University Press, 1995), 171.

11 Peter Dews, *Logics of Disintegration: Post-Structuralist Thought and the Claims of Critical Theory* (London: Verso, 1987), 103.

12 Stephen K. White, "The Self in Democracy", in *The Cambridge Companion to Habermas*, ed. Stephen K. White (New York: Cambridge University Press, 1995), 6.

13 Raymond Williams, *The Country and the City* (London: Oxford Universtiy Press, 1973), 142-164. 最糟糕的是，威廉斯无暇为《1990 年代：国家、城市和郊区》进行必要的改写。

14 Ibid., 44.

15 参见桑德尔在 *Democracy's Discontent* 一书中的讨论，第 137—142 页。

16 Gabriel Almond and Sidney Verba, *The Civic Culture: Political Attitudes and Democracy in Five Nations* (New York: Little, Brown and Company, 1963), X. 30 年后重读《公民文化》，别有意趣。为了给托克维尔所谓美国人竞相加入自治组织的说法提供数据支持，两位作者发现，57% 的美国人参加了各种组织，而西德

只有 44%。对 970 名美国被试者的分层抽样调查表明，14% 的人是工会会员，而 955 名德国被试者中则有 15% 的人是工会会员。时至今日，美国工会会员依然保持在 14% 的水平，而 40% 的西德工人是工会会员。毫无疑问，今天如果再做一个类似的调查，将会发现，加入自治组织的德国人要远远超过美国人。如果说在阿尔蒙德和维巴看来，"病弱民主"的特征包括"消极的公民、放弃投票者、孤陋寡闻且冷漠无情的公民"的话，那么在桑德尔和其他很多人看来，1990 年代的美国可谓当仁不让。

17 Jürgen Habermas, *The Pilosophyical Discourse of Modernity*, trans. Frederick Lawrence (Cambridge, Mass.: MIT Press,1987), 367.

18 White, "Reason, Modernity and Democracy", 9.

19 Max Weber, *General Economic History*, trans. Frank H. Knight, introduction by Ira J. Cohen (New Brunswick, N. J.: Transaction Books, 1981), 312-314. 接下来，韦伯并没有像通常那样，只是简单地将"西方"与"印度和中国"相比较，而是比较了东亚的三种文明。"士大夫"，按照韦伯的说法，"乃是受过人文训练的学者……但是他们并没有受过哪怕最起码的行政训练"；进而言之，在中国，士大夫只是"一个很薄弱的所谓官僚阶层"，位居"从未受到影响的家族权力和工商同业公会权力"之上。在日本，"封建组织"导致了"对外部世界的完全排斥"；朝鲜同样实行"排外策略"，这是由当地的"仪式性文化"所"决定"的。韦伯对中国、日本、朝鲜的论断中，不消说所有解释都是错误的。士大夫当然受过行政方面的训练，且不说他们都训练有素；日本在德川幕府闭关锁国之前远比之后更为封建化；而同一时期朝鲜的闭关锁国，是由 1590 年代一场灾难性的国际战争"决定"的，同日本一样，在此之前，"隐士之国"并无先例。

20 Nancy S. Love, "What's Left of Marx", in *The Cambridge Companion to Habermas*, ed. Stephen K. White (New York: Cambridge University Press, 1995), 58-61.

21 Lucio Colletti, introduction to *Karl Marx: Early Writings*, ed. Lucio Colletti, trans. Rodney Liingstone and Gregor Benton (New York: Vintage Books, 1975), 31-32.

22 Karl Marx, "Critique of Hegel's Doctrine of the State", in *Karl Marx: Early Writings*, ed. Lucio Colletti, trans. Rodney Liingstone and Gregor Benton (New

York: Vintage Books, 1975), 111-112.

23 Ibid.,111-112.

24 Karl Marx, *Critique of Helgel's Philosophy of Right*, in Karl *Marx: Early Writings*, ed. Lucio Colletti, trans. Rodney Liingstone and Gregor Benton (New York: Vintage Books, 1975), 247-248.

25 Antonio Gramsci, *The Prison Notebooks* (New York: Columbia University Press, 1992).

26 MacIntyre, *After Virtue*. 昂格尔作品中的相似观点，可参见 *Knowledge and Politics* (New York: The Free Press, 1975), 38-49。哈贝马斯对《德性之后》的批判，参见 Dews, *Autonomy and Solidarity*, 248。

27 Unger, *Knowledge and Politics*, 76.

28 *After Virtue*, 147.

29 Jürgen Habermas, *Strukturwandel der Offentlichkeit* (Frankfurt: Hermann Luchterhand Verlag, 1961), trans. by Thomas Burger as *The Structural Transformation of the Public Sphere* (Cambridge, Mass: MIT Press, 1989). 哈贝马斯的著作与阿尔蒙德和维巴的《公民文化》同时出版，代表着对两人所提方案的深刻（也许是含蓄的）批判，但直到 1989 年才有英译本。

30 Thomas McCarthy, introduction to *The Structural Transformation of the Public Sphere* by Jürgen Habermas, trans. Thomas Burger (Cambridge, Mass: MIT Press, 1989). Ⅻ.

31 Habermas, *Structural Transformation*. 20-24.

32 McCarthy, introduction to *The Structural Transformation*. ⅩⅦ—ⅩⅧ.

33 John Stuart Mill, quoted in Habermas, *Structural Transformation*. 135.

34 Habermas, *Structural Transformation*. 133-136. 引文系托克维尔语。（哈贝马斯）对穆勒的评论是：他"背叛了公共领域的信念"，转而宣扬政治问题不能由"无知的大多数"决定，而只能诉诸"受过专门训练的相对少数人深思熟虑的意见"。宪章派的报纸是第一份大众版发行量超过五万份的报纸。

35 Ibid., 177.

36 早期哈贝马斯对郊区（Ibid.,157—164）同样慧眼独具，他看到其中有一种依照"交通流量的技术需求""封建化的过程"；看到了"私人空间日益萎缩至丁克家庭内部，与之相伴随的则是大部分家庭功能的丧失和权威性的减弱"。这种"歪曲"的结果是，18世纪的资产阶级私人生活领域——其唯一指向乃是公共生活——变成了试图在同一种公共生活中寻求庇护的私人生活（这种私人生活的唯一指向乃是对疯狂的大众的逃避），与此同时，神圣的家庭空间受到了早已不再是教化和公共论辩之场域，而是消费领域之一部分的大众传媒的侵犯。这一时期的哈贝马斯当然还没有摆脱法兰克福学派的影响，但他关于"受大众传媒支配的世界只是一个表面的公共领域"的结论却完全预示了后现代主义的命题：大众传媒所传达的并非现实，而只是现实的表象。用他自己的话说，它变成了"被操控的公共领域"。

37 Marx, *Critique of Hegel's Pilosophy of Right*, 252.

38 Hegel, quoted in Marx, *Critique of Hegel's Pilosophy of Right*, 116.

39 众多学者，如齐格蒙特·鲍曼、伊曼纽尔·沃勒斯坦等认为，斯大林式的国家把德国的"熔接国家"方案引为其"后—后发展"的逻辑结论，从而使得在建起工业和现代城市社会的肌腱时，却几乎将公民社会窒息至死。[Immanual Wallerstein, *After Liberalism*（New York: The New Press, 1995），220-226.] 与此同时，拜1980年代新出现的年轻一代——他们的孩子所赐，这些斯大林式国家却也在不知不觉中培育了中产阶级。

40 See Cumings, *Korea's in the Sun*, chaps. 4, 7.

41 这一时期的情况，有一份绝好的参考资料：Gregory Henderson, *Korea: The Politics of the Vortex* (Cambridge, Mass: Harvard University Press, 1968)。如果只衡量经济总量或人均经济指标，你将永远无法理解这一时期的首尔，因为其人均GDP只有100美元。事实上所有的中产家庭都有女佣，殷富之家则拥有一个包括女佣、厨师、司机和杂役在内的阵容。人口的大多数自然处于赤贫状态，但这个社会的物质财富绝不能用发展经济学家的方法进行评价。

42 相关参考资料首推 Woo, *Race to the Street*。

43 Karl Marx, *The Eighteenth Brumaire of Louis Bonaparte*, trans. Eden and Cedar Paul

(New York: International Publishers, 1966).

44 该书的主要文献包括：Guillermo O'Donnell, Phillipc C. Schmitter, and Laurence Whitehead, eds., *Transitions from Authoritarian Rule: Commparative Perspectives* (Washington, D.C.: Johns Hopkins University Press, 1986); *Transitions from Authoritarian Rule: Latin America* (Washington, D.C.: Johns Hopkins University Press, 1986); and *Transitions from Authoritarian Rule: Tentative Conclusions about Uncertain Democracies* (Washington, D.C.: Johns Hopkins University Press, 1986)。我本人的批评，主要是以几个拉丁个案与韩国进行对比，参见 Bruce Cumings, "The Abortive Abertura", *New Left Review* (Spring 1989)。

45 在其最近的论文中，金光雄教授从另外的路径得出了同样的结论。参见 Kim Kwang-woong, "Assessing the impact of Kim Young Sam's Political Reforms on Korean Democratization", Northwest University, March 1996。对金教授惠赐大作，谨致谢忱。

46 Williams, *Country and City*, 231.

47 仅就政治卡通画而言，学生们便表现出了极大的创造性。我记得 1980 年代中期延世大学的一幅壁画：拉什莫尔山上立着全斗焕的半身像，吉米·卡特手持 M—16 自动步枪守卫着山峰，"三金"坐在一辆美式军用吉普车上，从远处茫然地看着此番景象，（最绝的是）罗纳德·里根正在与夫人南希口交。

48 Habermas, *Autonomy and Solidarity*, 234.

49 例如，可参见 Adam Przeworski and Fernando Limongi, "Political Regimes and Economic Growth", in *Democracy and Development*, ed. Amiya Bagchi (New York: St. Martin's Press, 1995), 3-24，以及 Salvador Giner, "Comment" in ibid., 24-27。

50 C. B. Macpherson, Democratic Theory: Eassys in Retrieval (New York: Oxford University Press, 1973), 78.

51 See Robert Dahl, *Democracy and Its Critics* (New Haven, Conn: Yale University Press, 1989), 322-323（论政治平等），以及第 264 页，在该页，达尔为民主（用他自己的话说，是多头政治）所需之条件开列了一份清单。这份条件清单几乎没有超出阿尔蒙德和维巴在其 1960 年代早期的著作《公民文化》中详细列举的范畴。

52 Michio Morishima, "Democracy and Economic Growth: The Japanese Experience",
in *Democracy and Development*, ed. Amiya Bagchi (New York: St. Martin's Press,
1995), 157-160.

53 Dietrich Rueschemeyer, Evelyne Huber Stephens, and John D. Stephens, *Capitalist
Development and Democracy* (Chicago: University of Chicago Press, 1992).

54 Macpherson, *Democracy Theory*, 3-8, 78-90.

第五章　核不平衡威慑

1. Charles Krauthammer, "North Korea: The World's Real Time Bomb", *Washington
Post*, 6 November 1993.

2 David E. Sanger, *New York Times*, 16 December 1992.

3 David E. Sanger, "News of the Week in Review", *New York Times*, 20 March 1994.

4 Clausewitz, *On War*, 101-102; Rappart, "Editor's Introduction", 14.

5 Harry Summers, *On Strategy: A Critical Analysis of the Vietnam War* (Novato, Ca.:
Presidio Press, 1982).

6 Thucydides, *Peloponnesian War*, 242-243.

7 孩提时代，有一段时间，我和堂兄弟们一起住在田纳西的孟菲斯。人们经常称
我"扬基佬"，并对南方叛乱有着鲜活的记忆，这让 12 岁的我深感震惊。不过，
这些情绪现在大都已经不复存在了。

8 Bruce Cumings, *War and Television: Korea, Vitenam and the Gulf War* (New York:
Verso, 1992).

9 Leslie Gelb, "The Next Renegade State", *New York Times*, 10 April 1991; 同时参
见，*New York Times*, 16 April 1991。盖尔布的文章明显参考了下列文章：Stanley
Spector and Jacqueline Smith, "North Korea: The Next Nuclear Nightmare", *Arms
Control Today* (March 1991): 8-13。 盖尔布的语言和两位作者的文章非常相似，
但盖尔布并没有将其列入参考文献。

10 *ABC Nightline*, 16 November 1993, trscript 3257.

11 关于韩国军队布防情况的公开材料，殊难搜求，但是 1994 年 6 月，《时代》杂

志插配的一张地图表明，90% 的韩国军队驻扎在首尔和非军事区之间。

12 驻朝鲜美军司令官约翰·霍奇将军（General John R. Hodge）最先警告说，朝鲜
  会在 1946 年 3 月发动进攻。参见 Cumings, *Origins*, 1:236。

13 James Wade, *One Man's Korea* (Seoul: Hollym Publishers, 1967), 23.

14 所罗门是第一个高调将朝鲜比作"亚洲安全之头号威胁"的高级官员。1990 年
  10 月 11 日，在一次面对众多媒体的演讲中，他发表了上述言论。

15 或按照国际法之进行自卫的权利。1996 年 7 月 8 日，海牙国际法院宣称使用核
  武器或以核武器相威胁作为"最大的恶"，是违法的。"然而，对于在国家危在
  旦夕、必须以极端方式寻求自卫的情况下，进行核威胁或使用核武器是否违法，
  它却一字未提。"（*New York Times*, 9 July 1996）按照这一标准，朝鲜发展核武器
  要远比美国以核灭绝相威胁更为合法。

16 我曾经做过尝试，参见 Bruce Cumings, "Spring Thaw for Korea's Cold War?"
  Bulletin of the Atomic Scientists, 48, No.3 (April 1992): 14-23, 以及 "It's Time to
  End the Forty-Year War", *The Nation*, 257, No. 6 (23-30 August 1993): 206-208。

17 Donald Stone Macdonald, *U.S.-Korean Relations from Liberation to Self-Reliance, the
  Twenty-Year Record: An Interpretive Summary of the Archives of the U.S. Department of
  State for the Period 1945 to 1965* (Boulder, Colo.: Westview Press, 1992), 18,200.

18 Dwight Eisenhower Library, Anne Whitman file, NSC, 179th Meeting, box 5, 8
  January 1954.

19 同上书，box 4 and 9。

20 参见 Cumings, *Origins*, 2:chap. 13。

21 Peter Hayes, *Pacific Powderkeg: American Nuclear Dilemmas in Korea* (Lexington,
  Mass: Lexington Books, 1991), 35.

22 同上。

23 同上书，第 47—48 页。

24 同上书，第 49 页。

25 Hayes, *Pacific Powderkeg*, 50, 58.

26 同上书，第 59 页。

27 Hayes, *Pacific Powderkeg*, 60.

28 萨缪尔·科亨是赫尔曼·卡恩（Herman Kahn）童年时的伙伴；参见 Fred Kaplan, *The Wizards of Armageddon* (New York: Simon and Schuster, 1983), 220。

29 Peter Hayes 也指出了这一点，参见 *Pacific Powderkeg*, 148-149。

30 同上书，第 91 页。

31 同上书，第 94—95 页。肯尼迪学院的个案研究声称（但并没有提供证据），在地面武器之后一个月，机载核武器也被撤回。参见 Susan Rosegrant in collaboration with Michael D. Warkins, "Carrots, Sticks, and Question Marks: Negotiating the North Korean Nucear Crisis" (Cambridge, Mass: Harvard University, John F. kennedy School of Government, 1995), 7 n。

32 参见克林顿总统时期的国防部长威廉·佩里对相关后果的评价，Paul Virilio, *War and Cinema: The Logistics of Perception*, trans. Patrick Camiller (New York: Verso, 1989), 4。

33 Janne E. Nolan, *Trapping of Power: Ballistic Missiles in the Third World* (Washington, D.C.: The Brooking Institution, 1991), 48-52.

34 Lautensach, *Korea: A Geography*, 258.

35 Report on an interview with Kim Il Sung, 22 December 1978, in Tokyo Shakaito, March 1979, 162-168 (U.S. Joint Publications Research Service translation 073363). 奥伯道夫（Don Oberdorfer）令人信服地证明了朝鲜的核计划与其具有历史意义的自力更生战略的内在关联。参见 *The Two Koreas* (New York: Addison-Wesley, 1997), 253-254。

36 Information from Energy Data Associate, cited in Economist Intelligence Unit, *China, North Korea Country Profile 1992-1993* (London, 1993).

37 有资料表明，1993 年，中国为朝鲜提供了 72% 的粮食进口、75% 的石油进口以及 88% 的焦煤进口；朝鲜的能源体制需要 5200 万吨的褐煤或无烟煤，以满足其全负荷生产能力所需能源的 84%。而 1993 年，它自己只生产了 2900 万吨。朝鲜年提炼石油的能力为 350 万吨，但 1993 年只进口了 150 万吨。参见 Ed Paisley, "Prepared for the Worst", *Far Eastern Economic Review* (10 February 1994)。

38 相关资料主要采自 Richard Rhodes 的两部著作：*The Making of the Atomic Bomb* (New York: Simon & Schuster, 1986), and *Dark Sun: The Making of the Hydrogen Bomb* (New York: Simon & Schuster, 1995)。

39 数据引自 Peter Hayes, "Should the United States Supply Light Water Reactors to Pyongyang?" Nautilus Research Center, Carnegie Endowment, 16 November 1993。

40 *New York Times*, 10 November 1991.

41 Leland M. Goodrich and Edvard Hambro, *Charter of the United Nations: Commentary and Documents* (Boston: World Peace Foundation, 1946), 64.

42 Polanyi, *Great Transformation*, 207.

43 也许尼采最为精彩地概括了"德国人的看法"："说到底，（功利主义者）全都希望英国人的道德被证明为是正确的——因为它为人类服务得最好，或者说它'四海通用'，或者说它主张'最大多数人的幸福'——其实不然，它只是英国的幸福而已。"(Nietzsche, *Beyond Good and Evil*, 157.)

44 Polanyi, *Great Transformation*, 119-121.

45 Friederich Nietzsche, *The Will to Power*, trans. Walter Kaufmann and R. J. Hollingdale (New York: Vintage, 1968), 267.

46 Polanyi, *Great Transformation*, 140; 同时参见福柯的相关讨论：*Discipline and Punish* (London: Verso, 1977),192-206；又参见其精彩讨论：*Dews, Logics of Disintegration*, 148-165。

47 Sir L. Stephen, quoted in Polanyi, *Great Transformation*, 121.

48 Dews, *Logics*, 149.

49 Michel Foucault, *Power/Knowledge*, ed. and trans. Colin Gordon (New York: Pantheon Books, 1980), 96.

50 同上书，第104—106页。

51 Virilio, *War and Cinema*, 2.

52 Cumings, *War and Television*.

53 这是大卫·格根（David Gergen）的说法。格根曾是里根的助手，以擅长运用影像著称；他也曾负责克林顿的影像包装工作。（引自 *New York Times*, 6 May

1991。）

54 Quoted in *Newsweek*, 22 April 1991.

55 本章开头，我们已经看到，前驻韩国美军司令官里斯卡斯将军曾警告说，朝鲜可能"爆炸或爆裂"，这成了赢得国会一年一度财政拨款最通用的一种修辞。1996 年 3 月，里斯卡斯的继任者加里·卢克（Gary Luck）告诉国会，他最为担心的问题是行将崩溃的朝鲜"将会以向内爆裂还是向外爆炸的方式"崩溃（*Digital Chosun Ilbo*, 18 March 1996）。

56 Nayan Chanda, "Bomb and Bombast", *Far Eastern Economic Review*, 10 February 1994: 21-24.

57 国际原子能机构一位资深委员曾披露，国际原子能机构将废料样品从朝鲜运往美国，"在那里对其同位素含量进行检测"。参见 Kenneth R. Timmerman, "Going Ballistic", *The New Republic* (24 January 1994): 14。蒂默曼（Timmerman）称，美国对废料样品的检测——按照他的说法，证明了 3 次独立的再提取作业——"作为确凿的证据"，表明朝鲜已经拥有了原子弹。昌达的《炸弹与谎言》则认为进行了 4 轮再提取作业。

58 *Vantage Point*, 17, no. 1 (Seoul, January 1994):19.

59 Chanda, "Bomb and Bombast", 24.

60 引自 Oberdorfer, *The Two Koreas*, 103。

61 1995 年，克林顿国家安全委员会亚洲事务高级主任肯特·魏德曼（Kent Wiedemann）曾说过："我们终于认识到了，从朝鲜的立场出发，维持整个事态之目的的模糊性，完全符合其利益。"——这里所指是宁边核设施的目的（引自 Rosegrant and Watkins, "Carrots, Sticks, and Question Marks", 29）。4 年之后，我才有了同样的认识。

62 Leslie Gelb, *New York Times*, Op-Ed page, 21 March 1993.

63 引自 *Chicago Tribune*, 18 March 1993。

64 例如，可参见 Fred C. Ikle, "Response", *The National Interest*, 34 (Winter 1993-1994): 39。

65 引自 *New York Times*, 24,25 February 1993。

66 1968 年 3 月 7 日，联合国安理会第 255 号决议对此有明确规定。为了从无核国家赢取必需之票数，使《核不扩散条约》在联合国获得通过，美国、英国、苏联保证，他们将对任何一个"核武器进攻的受害者或受到核武器进攻威胁的目标"提供援助，引自 Hays, *Pacific Powderkeg*, 214。

67 Korean Central News Agency, P'，22 February 1993. 事实上，如我们所知，国际原子能机构曾将其钚样品送往华盛顿进行检测，因为其技术能力不足以测定朝鲜进行了多少次钚再提取作业。我不知道平壤是否知道这一事实，但就我对其媒体的阅读而言，他们从来不曾提及。

68 引自 *New York Times*, 6 January 1992。显然，这些要求侵犯了不可让渡之领域，所以朝鲜不可能同意，任何一个主权国家也都不会同意。据说，这些官员还曾经说过"凡我们对北方不了解之处，都存在着恐怖威胁"。

69 Rosegrant and Watkins, "Carrots, Sticks, and Question Marks", 13.

70 Bruce D. Blair, "Russia's Doomsday Machine", *New York Times*, 8 October 1993. 布莱尔系布鲁克林研究所的高级研究员。还可参见另外一篇发表于 1993 年 12 月《时代周刊》头版的文章，文章称美国官方正在将战略核武器的瞄准目标转向第三世界"流氓"国家，俄国目标现在已经退居次要位置。

71 1993 年 9 月，朝中社承认"朝鲜民主主义人民共和国举行了常规导弹发射演习"；日本当局"强烈抗议"，希望"在'核问题'之外增加一个'导弹问题'"，为邦交正常化设置了障碍。其实，如果日本遍布美军的各类军事基地，那么以导弹实验作为自卫的必要手段就有理有据。参见 Korean Central News Agency, DPRK Foreign Ministry Statement issued 24 September 1993。（朝中社刊发朝鲜军事演习消息，实属罕见。）

72 比如，在美朝关系最为紧张的时候，比利·格雷厄姆（Billy Graham）生平第一次前往朝鲜旅游观光，其间面对大批听众进行了讲演，并在"最难忘的"一次会见中见到了金日成。Korean Central News Agency, 1, 2 February 1994.

73 一位曾参与谈判、姓名未详的美方代表如是说。引自 Rosegrant and Watkins, "Carrots, Sticks, and Question Marks", 17-18。

74 我找到的有关轻水反应堆的最佳材料是：Peter Hays, "Should the United States

Supply Light Water Reactors to Pyŏngyang?", Nautilus Research Center, *Carnegie Endowment*, 16 November 1993。朝鲜谈判代表是在第二轮高层磋商时提出轻水反应堆之提案的；美国当时声称，关于轻水反应堆问题，朝鲜应该与韩国以及俄罗斯进行协商（后者在朝鲜答应完全履行《核不扩散条约》之义务时，已经同意提供四个轻水反应堆）。在 1993 年 7 月的高层磋商中，轻水反应堆的问题再次被提出，姜锡柱提出关闭宁边核设施以换取美国的轻水反应堆；7 月 16 日，美国同意轻水反应堆提案是一个好主意，但是主张轻水反应堆必须要在国际原子能机构的安全措施完全落实后才能工作。Rosegrant and Watkins, "Carrots, Sticks, and Question Marks", 20-21.

75 Selig Harrison, "Breaking the Nuclear Impasse: The United States and North Korea", *Testimoney to the Subcommittee on Asian and Pacific Affairs*, U.S. House of Representatives, 3 November 1993.

76 1993 年和 1994 年之交的冬季，在美国媒体上看不到关于这个一揽子方案的任何后续消息。包括首尔和平壤双方的媒体有过之而无不及。参见 the summary in *Vintage Point*, 17, No.1 (Seoul, January 1994): 16-17; on the DPRK's "package solution", see also the pro-P'yŏngyang *Korean Report*, no. 280 (Tokyo, November 1993), 以及朝中社 1994 年 2 月 1 日对某项外交部声明的报道。

77 Rosegrant and Watkins, "Carrots, Sticks, and Question Marks", 25.

78 Press Release, 30 November 1993, DPRK Mission to the UN, New York.

79 朝中社，1994 年 2 月 1 日。

80 Rosegrant and Watkins, "Carrots, Sticks, and Question Marks", 1-2. 显而易见，早在 1991 年秋，五角大楼便对这次军演进行了周密的计划，其后又束之高阁。

81 时任克林顿政府朝鲜问题联合调查组之参联会代表的托马斯·弗拉那根（Thomas Flanagan）认为，正是这一行动使得所有人开始认真考虑如何解决核危机。参见上书，第 9 页。

82 引自 *The Chicago Tribune*, 4 April 1994。在 1996 年 4 月 10 日提交给联合国的备忘录中，朝鲜声称，"如果联合国一意孤行，单方面对朝鲜民主主义共和国进行制裁，那么第二次朝鲜战争将在所难免"(Press Release, 10 April 1996, DPRK

Mission to the UN, New York)。

83 Rosegrant and Watkins, "Carrots, Sticks, and Question Marks", 2, 33-35.

84 同上书，第34—35页。上述数据还不包括五角大楼企图以"外科手术式打击"彻底除掉宁边的费用（15,32-34），国务院对朝谈判代表们告诉我，他们经常会面对五角大楼和中情局官员的指责："为什么要和这些人谈判？我们可以在一夜之间解决宁边问题。"另外一位消息人士告诉我，在向克林顿陈述新一场朝鲜战争之费用的过程中，鲍威尔将军起了关键作用。同时参见奥伯多弗对华盛顿和平壤曾经多么接近战争之令人痛心的解释，*The Two Koreas*, 305-336。

85 引自 Rosegrant and Watkins, "Carrots, Sticks, and Question Marks", II 。

86 在1994年5月的平壤会晤中，哈里森最先提示金日成考虑冻结宁边核设施。我至今记得安东尼·南宫在《麦尼尔/雷勒新闻时间》中的一次出镜。他在节目中说，平壤将中止其核计划以改善对美关系，基辛格协会的劳伦斯·伊格尔伯格（Lawrence Eagleberger）回应说，"如果你信以为真的话，那么我可以说，我在布鲁克林有座桥，我想要把它卖给你"。

87 Goodrich and Hambro, *Charter of the UN*, 65.

第六章　世界撼动中国

1 据传拿破仑曾说过，"当中国醒来时，它将撼动中国"。杰克·贝尔登（Jack Belden）曾经以之作为他论述中国革命的一篇经典报告的题目，而新近由两位最杰出的专家撰写的关于中国的著作再次以拿破仑开篇立论：尼古拉斯·克里斯托弗（Nicholas Kristof）和伍洁芳（Sheryl Wu Dunn）双双以此隐喻作为其著作的题目，参见：*China Wakes: The Struggle for the Soul of a Rising Power* (New York: Times Books, 1994); also Kenneth Lieberthal, *Governing China: From Revolution Through Reform* (New York: W. W. Norton, 1995), XV; see also Hary Harding, *China's Second Revolution: Reform after Mao* (Washington, D.C.: The Brookings Institution, 1987), 239。

2 何汉理（Harry Harding）用循环之比喻概括其对中美关系颇具启发意义的解读，参见 *A Fragile Relationship: The United States and China since 1972* (Washington,

D.C.: The Brookings Institution, 1992)；苏珊娜·奥格登（Suzanne Ogden）也做了类似工作，参见 *China's Unresolved Issues: Politics, Development and Culture* (Englewood Cliffs, N.J.: Prentice-Hall, 1995), 6。

3　詹纳（W. J. F. Jenner）曾经在其著作中对中国革命表达过同情，后来却认为，有些事情表明，中国依然没有摆脱由来已久、一成不变，甚至可以说是无可救药的暴力传统。参见 *The Tyranny of History: The Roots of China's Crisis* (New York: Penguin Books, 1994), 1-11。

4　在其研究中国环境灾难的重要著作中，史凡拉（Vaclav Smil）开篇写道："要了解中国——即真正了解这个大陆国家的多样性环境、古代风习、各种充满矛盾的偏好，以及不可预知的挑战——即使穷一生之力也不敷用。"参见 *China's Environmental Crisis: An Inquiry into the Limits of National Development* (Armonk, N. Y.: M. E. Sharpe, 1993), vii。

5　上述耸人听闻的意象，差不多全都来自香港前中国问题观察员林和立（Willy Wo-Lap Lam）的新著：*China after Deng Xiaoping* (New York: John Wiley & Sons, 1995). "中世纪封建主义" 和 "充分暴露出了其狰狞面目" 系詹纳用语，见 *Tyranny of History*, 35, 54。

6　引自 Cumings, *Origins*, 2:55。

7　Ruan Ming, *Deng Xiaoping: Chronicle of an Empire*, ed. and trans. Nancy Liu, Peter Rand, and Lawrence R. Sullivan (Boulder, Colo.: Westview Press, 1994), 142-150.

8　C. P. Fitzgerald, *The Birth of Communist China* (Baltimore: Penguin Books, 1964), 30.

9　Harry Truman President Library, National Security Counil file, box 205, NSC 37/5 deliberations, 3 March 1949.

10　相关进一步讨论，参见 Bruce Cumings, "The Political Economy of China's Turn Outward", in *China and the World*, 2d ed., Samuel Kim (Boulder, Colo.: Westview Press, 1989), 203-236.

11　Richard Madsen, *China and the American Dream: A Moral Inquiry* (Berkeley: University of California Press, 1995), 185.

12 "Quarterly Review", *The China Quarterly* (spring 1975).

13 According to David S. G. Goodman, *Deng Xiaoping and the Chinese Revolution: A Political Biography* (New York: Routledge, 1994), 25.

14 World Bank, *World Development Report 1987* (New York: Oxford University Press, 1987), 228.

15 引自 Lam, *China after Deng*, 386。

16 为中国最重要的经济杂志《经济研究》撰稿的中国经济学家们也有类似比附。新近有一篇译稿，颇能反映他们对朝鲜、中国台湾等东亚地区发展问题的看法，参看 *The Special Issue of Chinese Economic Studies* (July-August 1994)。

17 关于日本的发展型国家的开山之作系 Chalmers Johnson, *MITI and the Japanese Miracles*；韩国是 Woo, *Race to the Swift*。中国的相关研究，请参看 Chen Yizhi, "The Developmental Model for Establishing a 'Hard Government and Soft Economy'", a 1988 article cited in Ruan Ming, *Deng Xiaoping*, 205。亨廷顿的理论扮演着不同的角色；陈（Chen）似乎是在考察中国台湾和韩国的收入改革轨迹及其引发的民主开放。发表于 1992 年《经济研究》的另外一篇文章则盛赞凯恩斯，因其对于理解政府在调控经济方面所扮演的特殊角色具有重要意义。

18 Michael C. Gallagher, "China's Illusory Threat to the South China Sea", *International Security* (summer 1994): 169-193. 1995 年，韩国和中国台湾的国防开支为 290 亿美元，中国大陆公布的官方数字为 702 亿人民币或 84 亿美元 [U. S. Central Intelligence Agency, *World Factbook* (Washington, D. C.: 1997)]。西方估计中国大陆真实的国防开支在 250 亿至 300 亿美元之间。

19 Fitzgerald, *Birth of Communist China*, 30.

20 我强烈推荐 Madsen's *China and the American Dream*，该书对这些主题有着敏锐细致的分析。

21 Orville Schell, *The Nation* (17-24 July 1995): 98.

第七章　边界位移

1 邦迪对年轻学者的恐吓，证据充分，参看 Sigmund Diamond, *Compromised*

Campus: The Collaboration of Universities with the Intelligence Community (New York: Oxford University Press, 1992), 3-6, and passim；关于邦迪同时期为中情局所做的工作，参看 Christopher Simpson, *The Science of Coercion: Communications Research and Psychological Warfare, 1945—1960* (New York: Oxford University Press, 1994)。邦迪肯定参与了 W. W. Rostow 和 Philip Mosely、Adam Ulam 等苏联研究的知名学者为中情局所做的"苏联之脆弱性研究"。

2 罗宾·温克斯（Robin W. Winks）展示了区域研究和国家之间的勾连是如何随着 1960 年代（一些）东南亚问题专家对美国介入越南的批评而式微的。一方面，他写道，"是狗去咬喂它的那只手"，这导致了可想而知的对区域研究资助的削减；另一方面，"鼓吹"国家政策过去和现在都不是"大学的职能"。[Winks, *Clock and Gown: Scholars in the Secret War, 1939-1961*（New York: William Morrow, 1987），447-449.]

3 巴里·凯茨（Barry Katz）曾写过一部材料丰赡、钻研深透之著作，惜乎在涉及从事情报工作的学者们时，只对相关问题做了浮光掠影的检讨；另外，他把故事停在了 1940 年代后期。参见 Katz, *Foreign Intelligence: Research and Analysis in the Office of Strategic Services, 1942-1945* (Cambridge, Mass: Harvard University Press, 1989)。罗伯特·霍尔（Robert B. Hall）1947 年为社会科学研究委员会所做的开创性研究至今仍不失为引人入胜之作，不过，霍尔当然无缘见到有关政府与区域研究的保密情报档案。[Hall, *Area Studies with Special Reference to Their Application for Research in the Social Science*（New York: Social Science Research Council, 1947）.]

4 1993 年，在亚洲研究学会（AAS）为纪念《亚洲研究学人通讯》成立 25 周年举行的小型座谈会上，我介绍了本章部分观点。1996 年，在亚洲研究学会的一次会议上，我又就本章内容做了非常简短的发言，随后在《亚洲研究学人通讯》的一个专题论文集中发表了本章较早的一个版本 [29, no. 1（January-March 1997）: 6-26]。不少人对该文发表了评论，我在随后一期中对这些评论进行了回应 [29, no. 2（April-June 1997）: 56-60]。正如我在后来的文章中所说，我对这些问题的研究绝不是，也不可能是结论性的。理由何在？因为关于我们的专业及其与权力的关系，还远没有达到真相，也没有足够的证据允许我们对这一关系进行评估、争辩。相对于其他学科的档案研究，我所收集的材料还十分零散；但我选择将这些材料形诸文字，或用其他方式公之于众、引发讨论，以期方家增益。另外需要说明的是，同躺在国家安全部门尤其是中情局深宫内府中的档案相比，我的材料不过是九牛一毛，然而但凡涉及冷战期间真正的重大事件，安全部门的档案都至今仍几乎完全没有解密（比如1953年伊朗摩萨台政权的倒台、第二年危地马拉阿尔本兹政权的被推翻、猪湾事件）。因此，围绕过去半个世纪的区域研究和国际关系问题，绝不可能有任何盖棺定论式的答案。好在一些基金会（如福特）和一些大学（不包括哈佛）已经不同程度地开放了其档案，这使得对上述三角关系中的一两个方面的管窥蠡测成为可能。不过最为重要的一个方面仍无迹可寻。不少学者针对本章的不同版本发表过建设性讨论，笔者深表感谢。他们是：阿里夫·德里克（Arif Dirlik）、比尔·道布和南希·道布伉俪（Bill and Nancy Doub）、哈里·哈鲁图尼亚、理查德·奥达卡（Richard Odaka）、莫斯·罗伯特（Moss Robert）、马克·谢尔登（Mark Selden）、克里斯·辛普森（Chris Simpson）、玛丽莲·勇（Marilyn Yong）、三好将夫以及田中斯特凡（Stefan Tanaka）。毋庸置疑，我对所有发表过的观点负责。

5 很显然，我这种矛盾并举的思想来自孔子。《论语》第十八章有一个命题：无可，无不可。意思是说，在为国家服务这个问题上，"不要（全盘）接受或拒绝"。莫斯·罗伯特提醒我注意这一命题，谨致谢忱。

6 Katz, *Foreign Intelligence*, 11, 29, 99,115.

7 比如，中情局禁止雇员未经安全审查擅自撰写任何有关为该机构工作的文字，同时终身起诉或限制那些以任何方式撰写过工作经历的雇员［如弗兰克·斯内普（Frank Snepp）和菲利浦·阿吉（Phillip Agee）］。

8 Katz, *Foreign Intelligence*, 2-5.

9 同上书，第159—161页；同时参见 Winks, *Cloak and Gown*, 60-115.

10 Immanual Wallerstein, "Open the Social Science", *Items*, 50, no. 1 (Social Science Research Council, March 1966): 3.

11 Vogel, *Japan as Number One*.

12 William Nelson Fenton, *Area Studies in American Universities: For the Commission on Implications of Armed Services Educational Programs* (Washington, D. C.: American Council on Education, 1947), 帕拉特对之进行了解读，见 Ravi Arvind Palat, "Building Castles on Crumbling Foundations: Excavating the Future of Area Studies in a Post-American World" (University of Hawaii, February 1993)。（帕拉特先生惠寄文稿，谨致谢忱。）

13 Cora DuBois, *Social Forces in Southeast Asia* (Minneapolis: Universtiy of Minnesota Press, 1949), 10-11, quoted in Katz, *Foreign Intelligence*, 198.

14 Katz, *Foreign Intelligence*, 160.

15 同上书。同时参见 Palat, "Building Castles on Crumbling Foundations"；Richard Lambert et al., *Beyond Growth*: *The Next Stage in Language and Area Studies* (Washington, D.C.: Association of American Universities, 1984), 8-9。

16 See Betty Abrahamson Dessants, "The Sillent Partner: The Academic Community, Intelligence, and the Development of Cold War Ideology, 1944-1946", Organization of American Historians annual meeting, 28-31 March 1996. 卡茨（Katz, *Foreign Intelligence*, 57-60）认为，在战略情报局的反法西斯政治活动与中情局的反共产主义政治活动之间有一段间隔，但是，仔细阅读其文本，有迹象表明从战时到战后有诸多的连续性，亚历克斯·英克尔斯（Alex Inkeles）、菲利普·莫斯利（Philip Mosely）、罗斯托（W. W. Rostow）等许多人都可以为证；另外一种解读则是：反法西斯主义者中有许多左翼自由主义者还没有被剔除或清洗，1947 年之后，当美国战后政策经历了拐点之后，这些人开始处于险境。

17 信上标注的日期是 1948 年 11 月 28 日。欲深究这一案例者，可以在卡莱尔军事学院（Carlisle Military Institute）编号为 box 73a 的威廉·多诺万档案中找到更多文档。参与该计划的还有包括埃夫龙·柯克帕特里克（Evron Kirkpatrick）、罗伯特·洛维特（Robert Lovett）、理查德·斯卡蒙（Richard Scammon）在内的众多人等。辛普森（Christopher Simpson）称该机构为"欧亚研究所"，认为它是凯南和戴维斯的一项特别计划，柯克帕特里克曾参与其中。See Simpson, *Blowback: America's Recruitment of Nazis and Its Effects on the Cold War* (New York:

Weidenfeld & Nicolson, 1988), 115 n; 戴蒙德 (Diamond) 的 *Compromised Campus* (103—105) 也提供了有用资料。

18 Diamond, *Compromised Campus*, chaps. 3 and 4. 戴蒙德还以几章的篇幅论述了耶鲁的相关情况。[在《斗篷和礼服》中,] 罗宾·温克斯 (Robin Winks) 以档案材料详细地证明了耶鲁大学在为美国秘密机关提供教职工支持、招募学生等方面所发挥的异乎寻常的作用, 不过他对这一现象颇为心安理得, 这与作为批评者的戴蒙德大为不同。和其他分析者一样, 温克斯认为区域研究源于战时情报工作, 尤其是战略情报局研究分析处:"毫不夸张地说, 区域研究计划的快速发展……脱胎于驻外事务处、战略情报局和相关辅助单位的工作……人们可以看到, 战略情报局的前成员遍布于有代表性的区域研究项目。"

19 Boston FBI to FBI Director, 9 February 1949, quoted in Diamond, *Compromised Campus*, 47; see also 109-110.

20 Anthony Summers, *Official and Confidential: The Secret Life of J. Edgar Hoover* (New York: G. P. P. Putnam's Sons, 1993). 萨莫斯关于胡佛着异性服装参加同性恋活动的证据并不充分, 明显是为了吸引眼球, 但是有关胡佛屈从于黑社会的大量材料, 似乎无可辩驳。

21 比如, [哥伦比亚大学的] 戴维斯档案中的大量材料表明, 1952—1954 年, 雷蒙德·鲍尔 (Reymond A. Bauer) 始终无法得到一张为中情局工作所必需的机密工作许可书, 因为他曾经与威廉·雷明顿 (William Remington) 颇为熟稔, 而后者被联邦调查局认为是共产主义者 (见 box 22)。

22 同上书, box 15.

23 Memo from SAC Boston to J. Edgar Hoover, 7 March 1949, ibid., box 13.

24 Boston FBI report of 1 February 1949, ibid.

25 Boston FBI report of 1 November 1949, ibid. 编号 box 14 的档案中还保存了罗伯特·沃尔夫 (Robert Lee Wolff) 于 1951 年成为中情局顾问之前接受安全审查的详细文件。

26 莫斯利的档案文件表明, 1949 年, 他与约翰·霍普金斯大学运筹研究办公室合作开展了若干保密项目; 1951 至 1954 年, 获得中情局绝密工作许可; 1957 年,和中情局签订协议，成为隶属于中情局的国防行政准备（委员会）成员，1958年，重新签订协议，而职务也有变动；1958年，参与美国大学特别行动研究办公室一个匿名项目；1961年，获准参与防御分析研究所（IDA，系政府安全部门最主要的学术团队）的绝密工作；同年，在参与美国学术团体委员会/社会科学研究委员会与苏联的学术交流活动而到该国旅行时，持续地向中情局的阿博特·史密斯（Abbort Smith）通报了相关情况。参见 Mosely Papers, University of Illinois, box 13, Operations Research Office to Mosely, 28 February 1949 and 2 November 1949（其中后一条备忘录提及"最大限度地利用社会科学开展运筹研究"）；又见 "Naional Defense Executive Reserve, Statement of Understanding"，莫斯利于1957年12月19日签署，1958年6月26日重新签署［后一条备忘录同样表明，除了参与（国防）行政准备方面的工作外，莫斯利还和中情局签订了一份"合同"］；又见 Mosely to Abbort Smith, 10 March 1961。（莫斯利给史密斯的信起首写道："遵照时下的惯例，我想向您汇报一下我接下来的旅行计划。"）史密斯系中情局重要官员，雷伊·克莱恩（Ray Cline）、威廉·邦迪（William Bundy）等人之同僚，但这里并没有透露其中情局身份。下列著作则指明了其身份：Ludwell Lee Montague, *General Walter Bedell Smith as Director of Central Intelligence* (University Park: Pennsylvania State University Press, 1992), 138-139, 其中有史密斯为中情局工作的材料。1961年，莫斯利参与了防御分析研究所题为"共产主义中国与核战争"的秘密项目。(Mosely Papers, S. F. Giffin, Institute for Defense Analysis, to Mosely, 24 November 1961, and Mosely to Giffin, 6 December 1961.) 同时参见 box 2 中的多种备忘录，其中包括莫斯利的机密工作许可书。

27 Mosely Papers, box 4, letter from W. W. Rostow, MIT, to Mosely, 6 October 1952.

28 Ibid., Frederick Barghoorn (Yale University) to Mosely, 17 January 1952.

29 Ibid., Whitman to Mosely, 5 October 1955; Mosely to Whitman, 10 October 1955.

30 Ibid., box 13, Nathan B. Lenvin, U. S. Department of Justice, to Mosely, 20 April 1953.

31 Ellen Schrecker, *The Age of McCarthyism: A Brief History with Documents* (Boston: Bedford Books of St. Martin's, 1994).

32 Mosely Papers, box 18, Langer to Mosely, 11 May 1953.

33 Ibid., Paul Langer to Mosely, Carl Spaeth, and Cleon O. Swayze, 17 May 1953.

34 Ibid., "Report Submitted by Paul F. Langer to the Director of Research, Board on Overseas Training and Research, the Ford Foundation", 15 April 1953. 白鲁恂后来的著作有：*Guerrilla Communism in Malaya* and *The Spirit of Burmese Politics*。Daniel Lerner's *The Passing of Traditional Society* (New York: The Free Press, 1958)，作为比较政治学的又一经典文本，也可归入这批成果；勒纳曾经与白鲁恂、伊锡尔·普尔（Ithiel deSola Poole）等政治科学家在麻省理工学院国际问题研究中心共同参与有关传播与社会的研究项目，该项目的许多见解后来被中情局运用于越南"凤凰计划"。此项研究的绝大部分之所以能够得到资助，是因为有中情局或政府以心理战为研究目的的合同。请参看 Christopher Simpson, "U. S. Mass Communication Research and Counterinsurgency after 1945: An Investigation of the Construction of Scientific 'Reality'", in *Ruthless Criticism: New Perspectives in U. S. Communications History*, ed., William S. Solomon and Robert W. McChesney (Minneapolis: University of Minnesota Press, 1993)。

35 会议于 1953 年 10 月 9—10 日举行。参会人员名单见：Mosely Papers, box 18。

36 同上，正如戴蒙德指出的那样，这种考量导致了卡耐基的一条通则：拒绝左倾学者，这一度引发了对德克·卜德（Derk Bodde）和阿瑟·小施莱辛格（Arthur Schlesinger Jr.）的忧虑，而甘纳·缪达尔（Gunnar Myrdal）则更棘手；不过，相比于卡耐基对太平洋关系研究所和赖德懋（Owen Lattimore）的关切来说，这些都不值一提。（*Compromised Campus*, 299-301.）

37 Mosely Papers, box 18, George B. Baldwin to Mosely, 21 December 1954.

38 Ibid., Swayze to Mosely, 21 October 1954; 兰格说他参与了中国研究的启动，见 Langer to Mosely, Spaeth and Swayze, 17 May 1953。

39 Joint Committee on Contemporary China, *Report on the Conference on the Status of Studies of Modern and Contemporary China* (SSRC, New York, March 1968), quoted in Diamond, *Compromised Campus*, 98.

40 Mosely Papers, box 13, Smith to Mosely, 28 February 1961; see also notations on

Mosely to Smith, 10 March 1961.

41 Ibid., Mosely to Smith, 16 March 1961.

42 Ibid., Mosely to King, 17 April 1962.

43 Ibid., Mosely to John R. Thomas (of the IDA), 19 July 1963, 信中提及兰德基金帮助柴哥里亚完成了学位论文，而防御分析研究所则资助柴哥里亚完成了一个博士后研究项目。另见 Mosely to Brzezinski, 20 August 1963。

44 比如，以"政治发展研究"丛书为例。该丛书由美国社会科学研究委员会比较政治委员会发起，据我统计，共推出了7种著作，全部由普林斯顿大学出版社于1960年代中期出版，而所有这些著作后来都成为了政治学二级学科比较政治学的必读书：Lucian W. Pye, ed., *Communications and Political Development*；Joseph LaPalombara, ed., *Bureaucracy and Political Development*; Robert Ward and Dankwart Rustow, *Political Modernization in Japan and Turkey*；James S. Coleman, ed., *Education and Political Development*；Joseph LaPalombara and Myron Weiner, eds., *Political Parties and Political Development*；Lucian W. Pye and Sidney Verba, eds., *Political Culture and Political Development*；and Leonard Binder, eds., *Crises and Sequences in Political Development*。加布里埃尔·阿尔蒙德（Gabriel Almond）和詹姆斯·科尔曼（James S. Coleman）则著有该丛书的开山之作：*The Politics of the Developing Areas* (Princeton, N.J.: Princeton University Press, 1960)。阿尔蒙德也是当时参与情报研究项目的学者之一。麻省理工的马克斯·米利肯（Max Millikan）档案文件表明，阿尔蒙德系1958—1961年"非常规武器态度研究"秘密工作委员会成员，其他成员包括空军将军柯蒂斯·李梅、哈佛学者托马斯·谢林（Thomas Schelling）以及麻省理工的普尔等。该委员会研究"原子能、生物、化学等各种各样的非常规武器，以用于有限战争"。社会科学家则被寄望于能够通过将人们的注意力转移到武器的使用上，从而使负面反应"最小化"——或者如米利肯在邀请阿尔蒙德加入委员会的信中所说，委员会将商讨对策，"将使用众多此类武器的不良政治影响降至可容忍之水平"，并讨论如何在使用大规模杀伤性武器的同时确保"有限冲突的有限性"（Max Millikan Papers, box 8, Millikan to Almond, 3 November 1958）。米利肯1961年1月10日写给委员会

的备忘录篇幅很长，其中清楚地写到，使用此类武器意味着可能用到会毁灭农作物的药剂，而这极有可能引发普遍的灾荒；一方面，这些非常规武器只能秘密地使用，另一方面，又必须公开否认美国曾经使用过这些武器。他提到的一个重要案例是，美国将运用这些武器以制止中国对东南亚某个国家的常规攻击（Max Millikan Papers, box 8）。

45 Simpson, "U. S. Mass Communication Research and Counterinsurgency". 辛普森开列了一份很长的战时曾为战略情报局和其他情报机构工作的社会科学家的名单，其中包括 Harold Lasswell, Hadley Cantril, Daniel Lerner, Nathan Leites, Heinz Eulau, Elmo Rope, Wilbur Schramm, Clyde Kluckhohn, Edward Shils, Morris Janowitz 等。战后，"一个异常醒目的有男有女的小圈子"继续为国家工作，其中包括 Lasswell, Lerner, Cantril, Janowitz, Kluckhohn, Eulau 等。

46 Ellen Schrecker, *No Ivory Tower: McCarthyism and the Universities* (New York: Oxford University Press, 1986), 97-104, 125.

47 Jane Sanders, *Cold War on the Campus: Academic Freedom at the University of Washington, 1946-1964* (Seattle: University of Washington Press, 1979). 在其索引中，埃德加·胡佛有两个条目，联邦调查局有三个条目，但都没有涉及 1949 年的案件。

48 对艾伦这份"很快受到学术界热烈欢迎"、影响深远的处分说明，施雷克的解释是："学者有'凭着理性之诚实、正直进行质疑的特殊义务'。共产主义要求不加批判地接受党的路线，这就有悖于对真理的探询，'而探询真理恰恰是教师最重要的义务和责任'……[因此]艾伦总结道……'既然承认了自己的共产党员身份……[这两名教师便是]不称职的，是缺乏理性之诚实的，[他们]没有尽到教授真理的义务。'"（Schrecker, *No Ivory Tower*, 103.）

49 参见多诺万给艾伦校长的建议：Donovan Papers, box 75A, item 889, handwritten notes dated 3 February 1949（此前早已提出过该建议）。乔治·泰勒也和艾伦一起商量过解聘共产党人和激进分子的有效对策。参见 Sanders, *Cold War on the Campus*, 79。

50 See Diamond Papers, box 15.

51 Ibid., Lew Nichols to Charles Tolson, 18 May 1948.

52 同上，参看同一档案 1948 年 5 月的其他备忘录，以及 FBI Seattle to Hoover, 4 November 1948。5 月 6 日，艾伦拜会了胡佛，并于 1948 年、1949 年数次连续造访联邦调查局。按照 1948 年 5 月 19 日克莱德·托尔森（Clyde Tolson）给尼克尔斯（Nichols）的备忘录，洛杉矶联邦调查局有位名叫胡德的（Hood）官员，他与加州大学洛杉矶分校并无特别关系，但"与某位校领导有私谊，几天前，这位领导因为私事写信给他，同时希望得到某一情报"。备忘录说德并未提供情报给他。其后，艾伦校长写信给当地负责与华盛顿联系的联邦调查局官员，请求对方提供 6 位教授的信息，托尔森却让该官员提供了信息（Tolson to Nichols, 21 June 1948）。艾伦同时请求联邦调查局提供梅尔文·雷德（Melvin Rader）的信息。就我在华大任教的记忆，雷德是一位十足的激进分子，但从未被指控为共产党，但联邦调查局的情报表明，艾伦曾告诉联邦调查局，他认为雷德"和共产党来往密切"——但并未提供证据。事实是，后来联邦调查局为雷德捏造了证据。（Sanders, *Cold War on Campus*, 86.）

53 Diamond Papers, box 15, Seattle FBI to Director FBI, 26 January 1949.

54 关于这段其后若干年内一直让华大在科学界蒙羞的奇闻，可参看 Sanders, *Cold War on Campus*, 138-142。奥本海默原被邀请到华盛顿大学和俄勒冈大学讲演；到波特兰后，他被告知了两件事情：(1) 当他人在旅途时，爱因斯坦去世了；(2) 华盛顿大学取消了邀请。

55 Diamond Papers, box 15, Seattle FBI to Director FBI, 8 June 1955; Seattle FBI to Director FBI, 24 August 1955. 会议邀请的嘉宾包括来自国会、美国之音、自由欧洲电台的代表；特邀演讲嘉宾是亚历克斯·英克尔、泰勒以及历史学家唐纳德·特里高德（Donald Treadgold）。

56 Sanders, *Cold War on Campus*, 94. 心理战略委员会最出色的研究成果是 Gregory Mitrovich, "The Limits of Empire" (New York, 1997)。蒙米特洛维奇允读大著，不胜感念。米氏著作表明，麦乔治·邦迪和瓦特·罗斯托深度介入了中情局的一系列心理战项目，其中便包括自由欧洲电台——福特和洛克菲勒基金会都曾深度介入过这个秘密项目（70—71）。

57 Simpson, *Blowback*, 118-122; Robert P. Newman, *Ownen Lattimore and "Loss" of China* (Berkeley: University of California Press, 1992), 363-364. 有关泰勒对曼德尔的引荐，见 Diamond, *Compromised Campus*, 308. [鲍培向来否认他曾是纳粹党卫军官员，称作为外国人，他不可能加入纳粹党卫军；他还声称，他的"研究"和"最后解决"没有任何关系。——"最后解决"，1942 年 1 月由纳粹党卫军首领莱茵哈德·海因里希（Reinhard Heydrich）在万湖研究所提出，阿道夫·艾希曼（Adolph Eichmann）当时在场。见 Simpson, *Blowback*, 48 n。]

58 例如，参见 Richard D. Lambert, *Points of Leverage: An Agenda for a National Foundation for International Studies* (New York: Social Science Research Council, 1986)。

59 Guide to the Max Franklin Millikan Papers, MIT.

60 会议记录是凯·伯德（Kai Bird）提供给我的，而他则是从大卫·阿姆斯特朗处得到的，后者正在撰写有关罗斯托兄弟的学位论文。原始文件的前几页缺失，因此有些参加者无法查证；更重要的是，记录员对与会者的发言有删减和缩略。会议于 1959 年 5 月 18 日举行。（文本中的所有引文均来自这份会议记录。）米利肯于 1951—1952 年任中情局局长助理，1952—1969 年任国际问题研究中心主任，死于任上。

61 戴蒙德教授每篇有关哈佛大学俄罗斯研究中心的文章都会在开篇"以官方口吻"宣讲该中心的活动："没有秘密合同"；"我们的所有研究都源于我们自身的学术旨趣"；"为数众多的中心和研究所都是由没有利益关系的基金会创建的"；总之，所有相反看法都反映了程度不同的阴谋论。(*Compomised Campus*, 50-51, 65.)

62 提要作者为中东研究协会执行主任安妮·贝特里奇（Anne Betteridge），见 *Asian Studies Newsletter* (June-July 1992): 3-4。

63 同上书，4—5；本段引文均同上。

64 同上。

65 Stanley J. Heginbotham, "The National Security Education Program", *SSRC Items*, 46, nos. 2-3 (June-September 1992): 17-23; 此后对赫金博瑟姆的引文均同此出处。

66 "区域研究学者最为敏感的事情莫过于，一旦被发现与美国情报或军队机构有染，自己的声誉可能会受到损害，获得国外资助的机会也将减少。"（同上书，第 22 页。）

67 See Amy Rubin, "South Korean Support for U. S. Scholars Raises Fears of Undue Influence", *The Chronicle of Higher Education* (4 October 1996): 10-11.

68 Mark Selden, James K. Boyce, and the BCAS Editors, "National Security and the Future of Asian Studies", *Bulletin of Concerned Asian Scholars*, 24, no. 2(April-June 1992): 84. 同时参看该刊最新材料：*Bulletin of Concerned Asian Scholars*, 24, no. 3 (July -September 1992) : 52-53。

69 参看我们的工作报告、费正清的商榷文章、莫斯·罗伯特的再商榷文章，以及大卫·霍洛维茨的论文："Politics and Knowledge: An Unorthodox History of Modern China Studies", in *Bulletin of Concerned Asian Scholars*", , Special Supplement: Modern China Studies", 3, nos. 3-4 (summer-fall 1971): 91-168。

70 同上书，第 127 页。

71 同上书，第 105 页。

72 我看到过重建计划的多份草案以及几个联合委员会的回应，时间都在 1995 年末至 1996 年初，但按照他们对我的要求，我不能引用这些文件；正如社会科学研究委员会负责人回应对新计划的建议和指责时所说，这么做并不是因为保密的原因，而是因为新计划只是草案，还在修订之中。以上所说也适用于肯尼思·普莱维特（Kenneth Prewitt）之"主席条款"，见社会科学研究委员会 1996 年 3 月份简报中的《章程》部分。《章程》基本反映了我所见到的重建草案之精神。

73 Prewitt, "Presidential Items", 15.

74 See Chalmers Johnson and E. B. Keehn, "Rational Choice and Area Studies", *The National Interest*, no. 36 (summer 1994): 14-22.

75 Robert Bates, contribution to *PS: Political Science and Politicas*, 30, no. 2 (June 1997): 169. 此为美国政治科学学会简报。

76 Prewitt, "Presidential Items", 16.

77 Stanley J. Heginbotham, "Rethinking International Scholarship: The Challenge of Transition from the Cold War Era", *Items* (SSRC, June-September 1994).

78 Robert T. Huber, Blair A. Rude, and Peter J. Stavrakis, "Post-Cold War 'International' Scholarship: A Braver New World or the Triumph of Form over Sustance?" *Items* (SSRC, March-April 1995).

79 赫金博瑟姆写道："冷战初期形塑、创建国际研究机构的人士，本应对包括学者和学术机构之自主性、操守在内的一系列问题给予更多的关心。"（"Rethinking International Scholarship"）为探求真相，胡贝尔（Huber）、鲁德（Rude）、斯达夫拉基斯（Stavrakis）要求赫金博瑟姆点出姓名：他们问道，"究竟哪些人不关心学术自主性和学术操守？"——既然这些人理应"有机会为自己辩护"。（"Post-Cold War 'International' Scholarship"）

80 有一本书堪称好例——该书缘于由拉丁美洲委员会资助的一次会议，见 David Collier, ed., *The New Authoritarianism in Latin America* (Princetion, N.J.: Princetion University Press, 1979)。

81 赫金博瑟姆的批评者指责说："30 年前，极其强劲的行为科学浪潮所带来的危害席卷了美国的社会科学界。"然而，1980 年代、1990 年代理性选择浪潮所带来的危害至少同样强大。

82 Bruce Cumings and Meredith Woo-Cumings, eds. *Contending Cultures of Human Rights and Democracy*（即出）.

83 还需指出的是，肯·普鲁伊特（Ken Prewitt）用以正当化社会科学研究委员会新路线的全球化修辞，与理查德·兰伯特 10 年前所使用的修辞非常相像，参见后者，*Points of Leverage*（普鲁伊特为其撰写了序；具体例证见第 1-2、7、27-31 页）。"全球化"可能是一条新的咒语，但是想方设法满足我们的全球化公司之需求已无济于事。

84 Wallerstein, "Open the Social Sciences", 6-7.

85 Miyoshi, *Off Center*.

86 Quoted in Diamond, *Compromised Campus*, 43.

第八章 东亚与美国

1 关于美国霸权及其形成过程，有学者新近做出了周严的解释，参见 Robert

Latham, *The Liberal Moment* (New York: Columbia University Press, 1997)。

2　沃勒斯坦和乔万尼·阿里吉（Giovanni Arrighi）为我提供了诸多出版物，并和我进行过多次讨论，这直接影响了我在霸权问题上的看法，谨致谢忱。我在行文中使用了"极有可能的"一词，是因为我完全不能确定，1980年代、1990年代泛滥的金融投机是否可以视为霸权衰败的一个独立因素。当时，伴随着一场由美国领导的、堪与蒸汽机的应用相提并论的技术革命亦即信息革命——而它无疑是助推当代霸权的因素之一，美国霸权正走向衰退。

3　比如，参见亚当·史密斯对两部论述日本政治经济的著作的评论，*The New York Times Book Review*, 19 March 1995。

4　Robert Scalapino, "Perspectives on Modern Japanese Foreign Policy", in *The Foreign Policy of Modern Japan*, ed. Robert Scalapino（Berkeley: University of California Press, 1977）, 400.

5　Sato, "Foundations of Modern Japanese Foreign Policy", 372.

6　Norman，*Origins of the Modern Japanese State*, 118, 144. 不妨和施乐伯作一比较：日本"制服所传播的共同文化……也许是一个关键因素，使得日本得以避免臣服于影响了大部分亚洲国家的西方"（"Perspectives"，395）。有一部最早将世界体系理论运用于日本和中国却未引起重视的著作，参见 Frances V. Moulder, *Japan, China and the Modern World Economy* (New York: Cambridge University Press, 1977)。

7　Sato, "Foundations of Modern Japanese Foreign Policy", 374.

8　更为详尽的阐述，参见 Cumings, "Origins and Development of the Northeast Asian Political Economy"。

9　Iriye, *Power and Culture*, 65, 68. 或者以为，1941年以后日本在东北亚的发展具有"正统西方"之特性，入江昭对此进行了批驳，并且发现许多有关日本"文化精髓"的论证都非常空洞。"*Shutaisei*"（主体性）乃是类似于如下原则的某物：永远将日本（或韩国）置于首位，绝不屈服于，也绝不吸收被推定的某一国家的独特性及永恒本质（等等）。

10　H. D. Harootunian, *Overcoming Modernity* (forthcoming).

11 当时，哈里·科恩——规模不大的"日本游说团"的领导人——在谈到美日关系时说，"遥控最好"。(Hary Kern, "American Policy toward Japan", 1948, a privately circulated paper, in Pratt Papers, box2.) 科恩对"遥控"的引证同样适用于乔治·桑塞姆（George Sansom）对这一概念的运用。

12 Cumings, *Origins*, 1: chap. 3. 入江昭的《权力与文化》持同样看法。

13 工业补偿政策是一个例外。该政策是冷战时期欧洲最初发展的关键因素，但1946 年底，这一政策在东亚却被彻底否决，理由是它会使日本共产党或正在共产化的邻国渔利，并影响日本的民主化。

14 See William S. Borden, *The Pacific Alliance: United States Foreign Economic Policy and Japanese Trade Recovery, 1947-1955* (Madison: University of Wisconsin Press, 1984).

15 关于"大星月"计划，威廉·博登和迈克尔·沙勒做了开创性工作（1949——1950 年，艾奇逊和国务院曾数次使用过这一名词）。参见 Borden, *Pacific Alliance*, and Michael Schaller, *The American Occupation of Japan: The Origins of the Cold War in Asia* (New York: Oxford University Press, 1985)。关于这一问题，我曾有过更为详细的论述，参见 *Origins*, 2:chaps. 2 and 5。

16 National Archives, 740.0019 Control (Korea) file, box 3827, Marshalls note to Archeson of 29 January 1947, attached to Vincent to Archeson, 27 January 1947.

17 John W. Dower, *Empire and Aftermath: Yoshida Shigeru and the Japanese Experience, 1878-1945* (Cambridge, Mass.: Council on East Asia Studies, Harvard University, 1979), 316. 日本在整个太平洋战争中损失了大约两百万人口。

18 在 1953 年 4 月 8 日美国国家安全委员会第 139 次会议上，"总统表达了这样的信念：除非为日本提供满洲和华北的市场及原材料，否则日本将没有未来"。财政部长汉弗莱（Humphrey）希望美国在为日本和西德提供安全保障时应更为"积极进取"，以确保两国能够"兴旺发达，并为其男性人口提供生存空间"。在他看来，从某种意义上说，"我们在上一次战争中已经鞭笞过这两个犯了错误的国家了"。唯其如此，"卡特勒先生 [Cutler，总统特别助理] 才会咨询国会是否会更进一步采取策略，以重建日本失去的殖民帝国"。艾克（Ike）说不，这是不可能的。[Eisenhower Presidential Library, Eisenhower Papers（Whitman file），

National Security Council Series, box 4.]

19　Woo, *Race to the Swift*, chap.3.

20　参议员弗兰克·丘奇（Frank Church）1963 年 4 月 22 日的讲话可能是这部旷日持久的大戏的开场戏。参见 Makato Momoi, "Basic Trends in Japanese Security Policies", in *The Foreign Policy of Modern Japan*, ed. Robert Scalapino (Berkeley: University of California Press, 1977), 353。

21　参见伍对肯尼迪图书馆档案的分析：Woo, *Race to the Swift*。关于这一时期，还有一份一向都被忽视的更早一些的材料：Kim Kwan Bong, *The Korea-Japan Treaty Crisis and the Instability of the Korean Political System* (New York: Praeger, 1968)。施乐伯认为，1960 年代，日本经济之影响还只是"初露端倪"："（在"二战"之后）不到 30 年的时间里，日本便已经重新出现在了亚洲大陆。在东北亚，日本的重现主要表现为它对韩国经济咄咄逼人的压力。"（Scalapino, "Perspective", 397.）

22　Lester Thurow, *Head to Head: The Coming Economic Battle among Japan, Europe and America* (New York: Morrow, 1992), 84. 这种解释业已过时。

23　Aaron L. Friedberg, "Ripe for Rivalry: Prospects for Peace in a Multipolar Asia", *International Security*, 18, no.3 (winter 1993-1994): 19-23.

24　参见 1993 年 5 月 23 日、7 月 24 日《纽约时报》上的多篇文章。在下列文献中，猪口孝为东北亚缺乏地区联合提供了强有力的证据："Dialectics of World Order", in *Whose World Order? Uneven Globalization and the End of the Cold War*, ed., George Sorenson and Hans-Henrik Holm (Boulder, Colo.: Westview Press, 1996), 10-12。

25　有关这一点，可参见三好将夫在《逃离中心》中的精彩讨论。

26　话语自主是霸权主义的又一特权；霸权国家总是拥有说话的权力（以英美而论，所说为某些形式的盎格鲁—撒克逊实证主义），而同一体系内其他国家的话语权则从得不到充分保证到压根儿没有，不一而足。唯其如此，我们才会看到石原慎太郎 1989 年的畅销书《日本可以说不》，以及 1996 年的《中国可以说不》。

27　Jean-Claude Derian, *America's struggle for Leadership in Technology*, trans. Severen

Schaeffer (Cambridge, Mass.: MIT Press, 1990); Clyde Prestowitz, *Trading Places* (New York: 1989). 普雷斯托维茨写道，日本仿佛已经成为了霸权国家；声称美国"在 1970 年代中期，事实上已经输掉了其消费类电子工业"，而且其半导体工业也面临着同样的危机。

28 Derian, *America's struggle*，285.

29 1996 年 9 月，美国宣布斯堪的亚实验室有能力建造可以进行浮点运算（每秒万亿次运算）的雅奴斯超级并行计算机，这无疑是世界上运算最快的计算机。

30 Derian, *America's struggle*，5—6.

31 数据来自大卫·黑尔（David D. Hale），参见 *Business Week* (10 April 1995): 120。

32 *New York Times*, 19 March 1994；财政部长劳埃德·本特森（Lloyd Bentsen）对加利福尼亚一位听众说，"未来 50 年，亚洲大陆在经济上将超过欧洲和美洲之和"。这种夸张的说法表明当前的增长率被推及到了未来。无独有偶，1993 年，世界货币基金组织声称中国经济要比通常所认为的强大四倍，因此应排在世界第三位；或者认为，到 2010 年，中国将成为世界上最大的经济体。但上述说法都没有解释：在一个 70% 的人口都还系于农民土地经济时，这一切将如何可能发生；以及农民离开土地后，会有什么样的工业或城市工作接纳他们。参见 Steven Greenhouse, "New Tally of World's Economy Catapults China into Third Place", *New York Times*, 20 May 1993。类似的夸大其词，还可参见："When China Wakes", *The Economist*, 28 November 1992。

33 Richard K. Betts, "Wealth, Power and Instablity: East Asia and the United States after the Cold War", *International Security*, 18, no.3 (Winter 1993-1994): 55-59.

34 Friedberg, "Ripe for Rivalry", 31-32.

35 Samuel Huntington, "Why International Primacy Matters", *International Security*, 17, no.4 (spring 1993): 72-73, 82.

36 George Friedman and Meredith LeBard, *The Coming War with Japan* (New York: St. Martin's Press, 1991). 有关日本将取代美国成为全球霸主的其他主张，参见 Ezra Vogel, "Pax Nipponica", *Foreign Affairs*, 64, no.4 (spring 1986): 752-767；以及 Ron Morse, "Japan's Drive to Pre-Eminence", *Foreign Policy*, 69 (winter 1987-

1988): 3-21。

37 Betts, "Wealth, Power and Instability", 61.

38 布鲁金斯学会的布鲁斯·布莱尔（Bluce Blair）曾寄给我一份五角大楼档案。该档案以 1993 年度一份关于 1994 年拓展新的标准综合行动计划（SIOP）的咨议报告为基础，其中在题为"标准综合行动计划之影响"的部分，提议有必要成立一支全天候待命的"核远征军"，以应对"中国及其他第三世界国家"。

39 John Reilly, ed., *American Foreign Policy and Public Opinion*, 1995 (Chicago: Chicago Council on Foreign Relations, 1995).

40 See Takashi Inoguchi, "Four Japanese Scenarios for the Future", *International Affairs*, 65, no.1 (winter 1988-1989): 27.

41 Takashi Inoguchi, "Development on the Korean Peninsula and Japan's Korea Policy", *The Korean Journal of Defense Analysis*, 5, no.1 (summer 1993): 34.

42 Bruce Cumings, "The Seventy Years' Crisis and the Logic of Trilateralism in the New World Order", *World Policy Journal* (Spring 1991), and "Comment", *World Policy Journal* (spring 1994).

43 读者可能会奇怪为什么俄罗斯没有名列其中。个中原因，参见：Vladislav M. Zubok, "Russia: Between Peace and Conflict", in *Whose World Order? Uneven Globalization and the End of the Cold War*, ed., George Sorenson and Hans-Henrik Holm (Boulder, Colo.: Westview Press, 1996), 164。佐布克认为，俄罗斯差不多已经跌落到世界经济的半边缘地位了。

44 玛丽·卡尔多（Mary Kalor）认为，西欧和东欧的群众运动在摧毁铁幕、终结冷战的过程中发挥了关键作用。参见："After the Cold War", *New Left Review* no.180 (March-April 1990): 25-40。

45 U.S. Central Intelligence Agency, *World Factbook* (Wshington, D.C.: 1997).

46 Polanyi, *Great Transformation*, 133.

47 See Perry Anderson, "Modernity and Revolution", *New Left Review*, no. 144 (March-April 1984): 96-113.

48 最有代表性的人物是约翰·米尔斯海默（John Mearsheimer），参见其广为征引的文章："Back to the Future: Instability in Europe after the Cold War", *International Security*, 15, no.1 (summer 1990): 5-36。

49 最杰出者当推卡莱尔·沃尔夫廉，其《日本权力之谜》不仅复活了战前日本的刻板形象，并且在战后也没有看到任何实质性变化，与此同时他还将"德国"和"纳粹"相互替换使用。然而，最出色的德国研究成果却认为，德国吸取了欧洲内战的教训，它不仅希望舒服地生存在一个多极、多元的欧洲，同时还通过政治制度的建构来促成这一目标。彼得·卡赞斯坦将联邦共和国定义为"半主权国家"：被北大西洋公约组织安全机制全面渗透；"深深陷入到了"诸如欧共体之类的多边经济组织之中；不屈不挠地抵制着想要重燃强烈民族情绪的倒行逆施。德国国内同样是"半主权"的，通过一整套政治制度，德国显然已经去中心化并充分实现了民主。参见 Peter Katzenstein, *Policy and Politics in West Germany: The Growth of Semisovereign State* (Philadelphia: Temple University Press, 1987), 9-10, 15-23, 371-385。

50 新近有一部著作，从不同的角度对我的诸多观点给予了支持，参见 Latham, *Liberal Moment*。

51 阿伦·弗里德伯格（Aron Friedberg）在其 1994 年的论文中，开篇即断言"当前世界政治的主流趋势与其说是全球化，不如说是地区化"，但令人不解的是通篇并没有提供任何证据。参见 Friedberg, "Ripe for Rivalry", 5。

52 据《远东经济评论》评估，太平洋消费者共同体约为 3.3 亿人，但其中并不包括中国沿海和内地有能力购买耐用消费品的 1.5 亿至 2 亿消费者。

53 引自 Drinnon, *Facing West*, 241, 315-318。